XINGSHIFA YANJIU

DISANJUAN

XINGSHISUSONGFAXUE

刑事法研究

第三卷
刑事诉讼法学

张智辉　著

中国检察出版社

作者简介

张智辉，男，陕西武功人，1954年10月生。法学博士，国务院政府特殊津贴享有者，首批"当代中国法学名家"。现任湖南大学教授、博士生导师，最高人民检察院咨询委员，国家检察官学院教授。兼任国际刑法学协会中国分会副主席、中国廉政法制研究会副会长、中国刑法学研究会学术委员会副主任。曾任最高人民检察院检察理论研究所所长，中国检察官协会秘书长，中国检察学研究会秘书长，最高人民检察院司法体制改革领导小组办公室主任。

自 序

人到了老年往往会怀旧，喜欢回忆曾经的辉煌和趣事。一个学者，当学术思想枯竭的时候，也会追溯以往的成就，一方面是总结学术研究之路，宽慰自己的一生没有白过；另一方面也是给自己的家人、同行、亲友及弟子一个交待，留下一生劳苦的瞬间喜悦。

我与大多学者有所不同。一方面，我不是一个专门从事学术研究或教学的学者。自 1984 年从中国人民大学刑法专业硕士研究生毕业之后，在中国人民公安大学学报编辑部（后来并入中国人民公安大学出版社）当编辑、编辑部主任、副总编辑，到 1996 年调入最高人民检察院检察理论研究所（亦称"中国检察理论研究所"）担任编译部主任、《检察理论研究》副主编、《中国刑事法杂志》主编（2012 年卸任），我一直从事"为他人作嫁衣裳"的工作。同时，在最高人民检察院检察理论研究所和司法体制改革领导小组办公室工作期间，我的"主业"是科研管理和行政管理工作。直到 2014 年退休以后被湖南大学聘为全职教授，才算专门从事法学教学研究工作。所以，我的理论研究，在很大程度上是一种业余爱好。另一方面，我虽然学的是刑法，但研究的范围并不全是刑法。围绕着刑法学的研究，我把自己的视野扩展到与刑法学密切相关的国际刑法学、犯罪学、犯罪被害者学、刑事诉讼法学、检察学、司法制度及其改革等多个领域，形成刑事一体化的研究领域。《刑事法研究》中所汇集的就是我这些年来围绕刑事法学进行研究所取得的部分成果。这些成果，对于现今的学者是否有参考意义我不敢断言，但对我个人而言，毕竟是值得珍视的。

（一）关于刑法学的研究

在大学读书时，我虽然每一门功课都是优秀，但自己还是比较喜欢刑法，觉得刑法是惩恶扬善、伸张正义的法律。大学三年级选择学年论文时，我写了"论过失犯罪"，其中第二部分以"试论过失犯罪负刑事责任的理论根据"为题发表在《法学研究》1982 年第 2 期。1982 年 2 月，我提前毕业，考入中国人民大学，跟随高铭暄、王作富教授攻读刑法专业硕士学位。硕士学位论文《我国刑法中的流氓罪》，由群众出版社1988 年出版（1991 年获北京市高等学校第二届哲学社会科学中青年优秀成果奖），成为新中国成立以来第一部以单个罪名为题出版的学术著作。1999 年，我重返中国人民大学跟随高铭暄教授攻读博士学位。博士学位论文《刑法理性论》（2003 年获中国人民大学优秀博士学位论文，2004 年获教育部和国务院学位委员会颁发的"全国优秀博士学位论文"），由北京大学出版社 2006 年出版。

在刑法学研究中，我针对当时刑法立法中"宜粗不宜细"的指导思想，首次提出了刑法立法的明确性原则（1991 年）；针对不同地方的不同定罪标准，首次提出了刑法的公平观（1994 年）；针对刑法适用中存在的问题，把刑事司法引入刑法学研究的视野，首次指出了刑事司法中的地方化、行政化、大众化对刑法适用的负面影响（2002 年）；作为大陆学者，首次在我国台湾地区出版了"学术著作·大专用书"之《刑事责任比较研究》（1996年）。

作为一个业余的刑法学者，我未能参加每年的全国刑法学年会，但在30年来的历届刑法学年会优秀论文评选中，我都获得了一等奖或特别奖，成为最幸运的学者：《论刑法的公平观》一文，2000年获中国法学会"海南杯世纪优秀论文"（中国法学会刑法学研究会1984—1999优秀年会论文）一等奖；《论贿赂外国公职人员罪》一文，2006年获中国法学会"西湖杯优秀论文"（中国法学会刑法学研究会2000—2005优秀年会论文）一等奖；《社会危害性的刑法价值》（与我的博士研究生陈伟强联合撰写）一文，2011年获中国法学会"马克昌杯优秀刑法论文"（中国刑法学研究会2006—2010优秀年会论文）特别奖；《网络犯罪：传统刑法面临的挑战》一文，2016年获中国刑法学研究会（2011—2016）优秀年会论文一等奖；《刑事责任通论》一书（警官教育出版社1995年版），1999年获全国检察机关精神文明建设"金鼎奖"图书奖一等奖第一名；《刑法改革的价值取向》一文（载《中国法学》2002年第6期），2003年获全国检察机关精神文明建设"金鼎奖"文章类一等奖第一名，并被收入《改革开放三十年刑法学研究精品集锦》（中国法制出版社2008年版）。

此外，我有幸参与了高铭暄教授主编的系统总结新中国成立30年刑法学研究的代表作《新中国刑法学研究综述》（河南人民出版社1988年版）和高铭暄、王作富教授联合主编的代表新中国成立30年来刑法学研究最高水平的著作《新中国刑法的理论与实践》（河北人民出版社1989年版）的撰写；参与了中国与法国刑法合作研究项目（该项目的研究成果以中文版三卷本在中国人民公安大学出版社出版、法文版四卷本在法国巴黎第一大学出版社出版）；参与了香港城市大学与中国人民大学为香港回归所做的香港法律中文文本的编撰工作。我还有幸作为最高人民检察院刑法修改研究小组成员参加了 1997 年刑法修改的相关工作。这些学术活动对我研究刑法问题提供了极好的机会和很大的帮助。

（二）关于国际刑法学的研究

我在 1983 年就与大学同学刘亚平携手翻译了巴西奥尼代表国际刑法学协会起草的《国际刑法及国际刑法典草案》（译稿全文经夏登俊、杨杜芳老师审校，西南政法学院《国外法学参考》以 1983 年增刊的形式印发），部分内容收录在群众出版社 1985 年出版的《国际刑法与国际犯罪》和四川人民出版社 1993 年出版的《国际刑法概论》等著作中，是中国大陆最早出现的国际刑法学译文。1991 年应邀撰写了《中华法学大辞书·刑法学卷》中国际刑法部分的全部词条。1993 年出版了《国际刑法通论》（中国政法大学出版社 1993 年版），1999 年出版了《国际刑法通论》（增补版），2009 年出版了《国际刑法通论》（第三版）。20 多年来，该书一直被许多大学作为刑法专业研究生的教材或必读参考书。

我从 1990 年加入国际刑法学协会以来，参加了一系列国际刑法学方面的会议、论坛及活动。1995 年起担任国际刑法学协会中国分会秘书长，2002 年起担任国际刑法学协会中国分会副主席，2009—2014 年担任国际刑法学协会理事。2002 年起草了中国分会向国际刑法学协会提交的国别报告《国际经济交往中的贿赂犯罪及相关犯罪》；2003 年带领中国法学会代表团出席了在东京大学召开的第 17 届国际刑法大会专题预备会；

2004 年全程参与了国际刑法学协会第 17 届世界刑法大会的筹备和会务工作，并担任了第三单元大会讨论的联合主持人；2005 年参加了在北京召开的第 22 届世界法律大会，并作为中方代表作了题为"惩治腐败犯罪应加强国际合作"的大会发言。这些活动，促使我不得不关注国际刑法问题，也为我研究国际刑法提供了素材和灵感。

（三）关于刑事诉讼法学的研究

尽管在大学读书时就学习过刑事诉讼法学，但对这门科学只是初步的了解。1984 年研究生毕业后分配到中国人民公安大学学报编辑部继而并入出版社工作期间，因为负责法学方面的稿件，我开始学习有关刑事诉讼法学方面的知识。在检察院工作期间，经常接触到刑事诉讼方面的问题，于是便开始了对刑事诉讼法学的研究。特别是 2000 年，我带领最高人民检察院代表团应香港保安局的邀请赴香港对内地与香港的刑事诉讼制度进行比较研究，为香港市民撰写了宣传内地刑事诉讼制度的小册子，这件事进一步激发了我研究刑事诉讼法学的兴趣。2000 年，我协助主编完成了国家哲学社会科学研究规划基金资助的重点课题"庭审改革后的公诉问题研究"，并撰写了该项目的结题报告；2003 年主持召开了"预防超期羁押与人权保障研讨会"；2006 年主持完成了国家哲学社会科学基金项目"刑事非法证据排除规则研究"；2009 年主持完成了福特基金会资助项目"辩诉交易制度比较研究"；2011 年主持完成了丹麦人权研究中心资助项目"附条件不起诉制度研究"。此外，我还主持完成了"认罪案件程序改革研究""强制措施立法完善""简易程序改革研究"等刑事诉讼方面重要课题的研究。作为最高人民检察院刑事诉讼法修改研究的职能部门负责人，我有幸参与了2012年刑事诉讼法修改后期的部门协商工作。

在刑事诉讼法学研究领域，我不仅是一个业余研究人员，而且是一个后学者，对刑事诉讼的许多问题都缺乏深入的研究。值得一提的是，2001年最高人民检察院检察理论研究所最早把"量刑建议"作为研究课题，我有幸主持召开了检察机关量刑建议研讨会，先后在《检察日报》和《法制日报》上组织发表了两版有关量刑建议的文章，促进了检察机关量刑建议工作的开展和最高人民法院对量刑问题的重视。从2007年起，检察理论研究所就协同全国8个地方的公检法机关开展认罪案件从简从轻处理试点研究，2009年在我主持召开的"认罪案件程序改革试点"总结会议上，我提出的对犯罪嫌疑人认罪的案件在程序上应当从简、在实体上应当从轻的观点，受到与会的全国人大法工委刑法室的领导和其他刑事诉讼法学界专家们的认同。这个观点与2012年修改后的刑事诉讼法关于简易程序的规定高度契合，即对认罪案件，除特殊情况外，都可以适用简易程序审理，对不认罪案件适用普通程序审理。此外，我在1999年就提出了刑事司法的理性原则，2005年提出了检察机关有权介入死刑复核程序的观点，2006年提出了"二审全面审理制度应当废除"的观点等，都受到了有关领导机关和刑事诉讼法学界的广泛关注。

（四）关于犯罪学与犯罪被害者学的研究

在读研究生期间，我翻译了《经济犯罪学》（载北京政法学院1984年编印的《犯罪学概论》），和同届研究生一起翻译了《新犯罪学》（华夏出版社1989年版）。此后，我出版了个人著作《犯罪学》（四川人民出版社1993年版）。1992年，中国犯罪学研究会成立时，我有幸成为第一批理事（以后担任常务理事，后来由于工作繁忙未能坚持参加研究会的活动而脱离了中国犯罪学研究会）。我参与了《美国犯罪预防的理论实践与评价》（中国人民公安大学出版社1993年版）的翻译，参与了《中国劳改法学百科辞书》（中国人民公安大学出版社1993年版）犯罪学部分的联合主编和部分词条的撰写，参与了《犯罪学大辞书》（甘肃人民出版社1995年版）部分犯罪被害者词条的撰写，参与了国家哲学社会科学"九五"规划重点科研项目《中国预防犯罪通鉴》（人民法院出版社1998年版）第一编的联合主编和部分章节的撰稿。1997年参与了司法部法学教材编辑部编审的高等学校法学教材《犯罪学》（法律出版社1997年第一版）的撰写，该书此后曾多次再版，成为普通高等教育"十一五"国家级规划教材和教育部普通高等教育精品教材。2009年，我与国务院法制办副主任张穹联合主持完成了国家社会科学基金重点项目"权力制约与反腐倡廉"，提出了制度链理论。

在犯罪学与犯罪被害者学的研究方面，我首次提出了犯罪的制度性原因；首次把日本学者宫泽浩一的《犯罪被害者学》三卷本编译成中文；针对国内学者多数运用第二、第三手资料研究西方犯罪学的状况，邀请从国外留学回国的学者，首次运用不同国家的第一手资料共同编写了《比较犯罪学》；首次提出了治安预防、技术预防、刑罚预防三位一体的犯罪预防思路。

（五）关于检察学的研究

我调入最高人民检察院检察理论研究所（原称"中国检察理论研究所"）工作后，研究重心转向了检察学的研究。特别是在我主持检察理论研究所工作期间，我力主检察机关的研究机构要把研究检察理论作为自己的中心工作，并身体力行地带领研究人员从事检察理论研究。幸运的是，这期间的三任检察长和主管领导都非常重视检察理论研究，最高人民检察院还专门下发了《关于加强检察理论研究的决定》。据此，我主持筹备了12届全国检察理论研究年会（2000—2011年），主编了《中国检察》（1—20卷），创办了《中国检察论坛》，先后主持完成了加拿大刑法改革与刑事政策国际中心资助项目"检察官作用与准则比较研究"（2001年）、最高人民检察院重点研究课题"检察改革宏观问题研究"（2004年）、国家社会科学基金重点项目"检察权优化配置研究"（2014年）等课题，主持编写了最高人民检察院教材编审委员会审定的《拟任检察官培训教程》（2004年），与朱孝清副检察长联合主编了《检察学》。我独立撰写的《检察权研究》（中国检察出版社2007年版）于2008年获得了最高人民检察院2007年度检察基础理论研究优秀成果特等奖，同年获得了中国法学会首次评审的"中国法学优秀成果奖"三等奖。此外，我主持了《法制日报》"检察话语"专栏52期（2004—2005年）。

在检察学研究领域，我重点论证了中国把检察机关作为国家的法律监督机关来建设的历史必然性和现实合理性，论证了法律监督的基本内涵及其与其他类型监督的异同，论证了检察权的基本构造和运行机制，提出了检察权优化配置的指标体系。

（六）关于司法改革的研究

1997年党的十五大报告提出司法改革的任务之后，我与国内的多数学者一样，对中国的司法制度及其改革投入了较大的热情，一直关注司法改革的进程，并就司法改革中的问题进行研究。2000 年，在与刘立宪联合主编的《司法改革热点问题》一书中，我提出了把理想与现实结合起来，理性地对待司法改革的观点。同年，我在《检察日报》上分期介绍了法国、澳大利亚、日本、德国的司法改革，希望借鉴国外司法改革的经验，冷静地思考和对待中国司法制度与司法实践中存在的问题。由于工作原因，我对司法改革的研究重点在检察制度的改革方面，先后提出了检察改革的宏观目标和切入点。特别是2012 年担任最高人民检察院司法体制改革领导小组办公室主任以后，我有幸参与了第四轮司法体制改革的顶层设计，并主持完成了司法部重点课题"司法体制改革问题研究"（2014 年）和国家哲学社会科学基金重点项目"优化司法职权配置研究"（2018 年），就司法体制改革中的一些重大问题提出了自己的看法。

马克思说过"人是最名副其实的社会动物"。[1] 人的一生，都与他所处的社会有着千丝万缕的联系，既离不开前人所创造的物质财富和精神文明而独自生存，也不能摆脱社会环境的羁绊如天马行空。一个人的学术道路和学术思想总是不可避免地印着他所处时代的烙印。我们这一代人处在新旧交替的改革年代，我们的学术研究无论在内容上还是在深度上都难以避免地带有这个时代的特殊性和局限性。就个人而言，我是在农村长大的孩子，骨子里有着吃苦耐劳的精神，从不吝惜自己的体力和智力，但是学术上的每一个成就，一方面离不开部队的锤炼、老师的教诲、领导的要求、同学同事的帮助、家人的支持，另一方面离不开改革开放的时代所提出的研究课题、所提

---

〔1〕《马克思恩格斯全集》（第12卷），人民出版社1962年版，第734页。

供的学术环境，以及研究空间供给的学术资源。加之我本人又是在工作与生活的夹缝中进行学术研究的，难以进行深入的思索和系统的考证。在个人的学术生涯中，我虽然奉行刑事一体化的思路，倡导理性地对待犯罪问题，力图多视角地研究犯罪及其对策，但仍未能把这些方面有机地结合为一个整体，所研究的成果也未必都是自己的理想之作。但它毕竟是时代的产物，是自我思考的成果。诚望《刑事法研究》能给后来的学者提供一些研究的线索和批判的笑料。

需要说明的是，为了反映研究的历史足迹，《刑事法研究》中收集的文章基本保留了发表时的原貌，只是为了减少重复，对个别文章作了删节。原文中引用的法律条文，也是以当时有效的法律为蓝本。由此给阅读带来的不便，敬请读者见谅。

张智辉

2019 年 9 月 12 日于北京广泉小区

目　录

刑事司法的理性原则

刑事司法是一种最具理性色彩的活动。不论是刑事司法体制的改革，还是具体的刑事司法活动，都应当受到刑法目的的制约，坚持理性原则。

一、刑法的理性化是历史发展的必然

刑法的发展史，是随着人类对犯罪认识的深化和人类文明的发展而不断寻找更有效的制裁手段的过程，是人类从本能的报复向理智的惩罚演进的理性化过程。

在古代，人们把犯罪仅仅看成一种恶害，只要哪里有统治者认为是犯罪的损害事实发生，刑法的魔鞭就要打到哪里，以为这样就可以消灭犯罪。犯罪的认定完全采取"客观归罪"的方式。当人们认识到犯罪是在人的心理因素支配下实施的反叛行为时，立法者很快便把刑事制裁的重点转向了导致人们实施犯罪行为的犯罪思想，把主观上的故意过失作为认定犯罪的重要因素，在刑法中强调人的道义责任。而当对犯罪人实证性的研究使统治者认识到犯罪并不完全是个人的意志自由选择的结果，而是在一定程度上受到遗传、素质和社会环境所决定的，人只能在一定限度内控制和选择犯罪行为时，立法者逐渐地放弃了绝对报应的刑法原则，主张在认定犯罪时既要考虑犯罪的具体行为，也要考虑犯罪人的具体情况和犯罪时的具体环境。

与对犯罪的认识相适应，人类对犯罪的制裁也经历了一个从本能到理性的进化过程。刑法产生之前，一个人对另一个人的侵害，往往是由被侵害的个人或其所属的民族、家族向对方"讨还血债"。这种基于本能的血亲复仇受感情的驱使，往往是任性而无节制的。刑法的产生，明确地宣布惩罚加害者的权力只有国家才能享有，从而禁止个人之间的报复行为。这就意味着人类制裁犯罪的活动开始走上了理性发展的道路。在刑法产生的初期，本能的报复观念和传统的复仇方式还左右着惩罚犯罪的活动。刑罚的适用，不仅罪及个人，而且罪及家人，株连之风盛行。特别是随着统治者对犯罪发生过程中心理因素的支配作用的认识，以为依靠刑事制裁的残酷性在人们心理上产生的畏惧就可以遏制犯罪的发生时，刑罚的残酷性达到了极点。而当统治者意识到残酷刑罚的长期适用使它最初在人们心理上产生的恐怖感觉已经麻木，通过残酷的刑罚来镇压犯罪的做法失去了原有的效果时，刑罚亦开始走向缓和。刑法的运用公共权力制裁犯罪的性质在整体上、制度上使私人报复得到了有效的遏制，并且通过法律的形式限定惩罚的规模、方式和程度，进而制定必要的制裁程序，使报复加害者的活动走上制度化、程式化的道路。从禁止同态复仇——消除本能报复的遗风，到废除肉刑——减少惩罚的残酷性；从确立罪刑法定原则和罪刑相适应原则——限制惩罚的随意性，到从报复刑向教育刑过渡——强调刑法的目的性，刑法的每一步发展，都标志着人类从本能的报复走向理智的制裁的进化，都意味着人类在对犯罪设定和追究刑事责任的过程中更加理智地控制人类感情，更加理智地选择实现目的的手段，而不断减少以恶止恶的传统，更多地、更自觉地以善止恶。

伴随着刑法的发展，刑事诉讼也经历了一个逐渐理性化的过程。在刑法产生之初，被害人向地方官提出的控告，如果被告人不承认，则借助神灵来裁判，或者通过司法决斗来裁判有罪无罪。随着人类文明和理智的发展，刑事诉讼中的宗教色彩逐渐减少，掌握国家权力的教会、封建领主、司法官将控告、审判犯罪嫌疑人甚至包括行刑的权力集于一身，一旦确定犯罪发生并找到犯罪嫌疑人，掌握国家司法权的官员便将犯罪嫌疑人关押起来与外界隔绝对其进行刑讯以迫使其承认犯了被指控的罪。而犯罪嫌疑人的供认，反过来又被认为是对其定罪的充分证据。随着刑法的进一步发展，刑事诉讼逐渐走向专门化，不仅司法权与行政权相分离，而且侦查、控告、审判、行刑分别由不同的司法机关行使，并受到程序规则的严格限制，以致刑事诉讼不再是一种本能的、专断的、盲目的社会反应，而是经过深思熟虑的、有规则可循的司法活动。从控告式诉讼的神明裁判到纠问式诉讼的罪刑擅断，再到控辩式诉讼的依法裁量，理智的成分不断增多，本能的因素逐渐减少，呈现出明显的理性化过程。

刑法及其适用的理性化过程是以人类对自己的目的和实现目的的手段的认识的不断深化为基础的。人类随着对犯罪现象的认识的不断深入、对同犯罪作斗争的经验的不断积累，创造了更多的选择预防和禁止犯罪的方法的余地；随着对刑法目的意识的不断强化，刑事司法活动更加自觉地服从于预防犯罪目的的要求。可以说，使整个刑法制度更趋向于合理化、更有助于预防犯罪目的的实现，是刑事立法和刑事司法的价值追求，也是人类文明在刑法领域的理性选择。特别是随着法制现代化的进程，人们对刑法理性化的要求越来越高，刑事立法的理性色彩越来越明显。

二、刑法的理性化必须通过刑事司法的理性运作来实现

刑法的目的只有通过理性的刑事司法才能实现。没有刑事司法的理性运作，刑法的理性化就只能是人们的美好愿望，而不具有任何现实性。

刑事司法是刑事司法机关运用国家司法权，适用刑事法律进行刑事诉讼的活动。从总体上看，刑事司法主要涉及三个方面：一是刑事司法系统的运作机制，包括刑事司法机关的机构设置、职权划分、运作规则等；二是刑事司法人员的执法观；三是适用刑事法律的活动。因此，要保障刑法目的的实现，就必须在刑事司法的体制、观念和活动三个方面坚持理性原则，自觉服从刑法目的的要求。

1. 关于刑事司法体制改革

刑事司法体制的改革，关系到整个刑事司法系统的运作。因此，改革应当是理性选择的结果，而不应当是盲目的标新立异和追逐时尚。

理性是意志自由的表现。按照马克思、恩格斯的观点，"意志自由只是借助于对事物的认识来作出决定的那种能力"，"自由不在于幻想中摆脱自然规律而独立，而在于认识这些规律，从而能够有计划地使自然规律为一定的目的服务"。[1] 人对周围环境，对自己面临的一切有利的和不利的因素，对客观规律与自己利益之间的各种联系认识得越具体、越深刻、越全面，人由此作出的判断的内容就越具有必然性，人的这个判断就越是自由。反之，毫无根据的胡思乱想，或者根据一知半解

---

〔1〕《马克思恩格斯选集》（第3卷），人民出版社1972年版，第153—154页。

就轻易下判断，这看起来好像是在许多不同的和相互矛盾的可能的决定中任意进行选择，实际上却是盲目地受着客观必然性的支配，表明其意志的不自由。

在刑事司法体制改革中坚持理性原则，首先应当从中国国情的实际出发，应当建立在对刑事司法活动的规律性的深刻认识和对中国法制建设的实际状况的全面了解的基础之上。邓小平理论之所以伟大，就在于它把马克思主义与当代中国的具体实践相结合，从中国的国情出发来建设社会主义，而不是照搬照抄马克思主义的基本原理。正如江泽民同志在党的十五大报告中指出的："面对改革攻坚和开创新局面的艰巨任务，我们解决种种矛盾，澄清种种困惑，认识为什么必须实行现在这样的路线和政策而不能实行别样的路线和政策，关键还在于对所处社会主义初级阶段的基本国情要有统一认识和准确把握。"[1] 同样地，在司法改革中，我们不能不顾中国国情的实际，完全照搬照抄别国的制度、体制和做法。中国的法治，需要向其他国家学习，需要汲取其他国家的成功经验来充实和改造我们的司法体制及其运作方式，但是这种学习借鉴必须与中国法制建设的发展阶段相适应，必须经过理性的思考。不能以为凡是发达国家的做法我们都应当照搬，凡是发达国家的成功经验在我们国家也一定能成功；更不能把发达国家曾经实行过但是已经被改革了的东西作为我国司法改革的目标模式。因为任何成功的经验都有其生长的特殊土壤和与之相配的条件。离开了特定的历史条件和文化背景，离开了相应的社会基础和人文环境，成功的经验也会把改革引入歧途。只有在理性思考的

---

[1] 江泽民：《把建设有中国特色的社会主义事业全面推向 21 世纪》，中国言实出版社 1997 年版，第 15 页。

基础上，将其他国家成功的经验与中国的实际情况相结合，才能达到学习借鉴的目的。

在刑事司法体制改革中坚持理性原则，还必须对我国现行的刑事司法体制的利弊得失进行科学的分析。只有对症下药，才会卓有成效。没有深入细致的分析，没有找到中国刑事司法体系的症结所在，就凭借一孔之见、一时冲动，来给司法改革开药方，未必能真正解决司法体制中的弊端，未必有助于消除甚至可能加剧司法腐败。应当看到，我国司法体制的最大弊端是不能有效地防止司法权的滥用，司法权的行使以及对司法权的监督制约不是按照司法活动的特殊规律在运作，而是按照一般行政管理的方式在运作。从表面上看，制约司法权的因素很多，但是实际上这些因素，有的妨碍了司法权的正确行使，有的起不到监督制约的作用。司法腐败的严重现实，使我们不得不深刻反思我国司法体制的症结所在，不得不理智地对待我国刑事司法体制中的某些传统制度和做法，不能再采取那些隔靴搔痒的改革方案了。

理性的特点之一是舍得割爱。在刑事司法体制的运作过程中，对于自己曾经主张或者钟爱的某些制度，对于某些习以为常的传统做法，一旦实践证明其不利于刑事司法权的依法正确行使时，勇于正视现实，革除弊端，是理性的表现，而固执己见、知错不改或者知难而退，则是缺乏理性的表现。

总之，坚持刑事司法的理性原则，就应当按照理性的要求，在充分论证的基础上选择最合适的改革方案和配套措施，而不是凭借一时的心血来潮，跟着感觉搞改革。只有在理性选择的基础上，才能建立起科学合理、职责分明、协调一致、高效运作，能够及时准确地惩罚犯罪并能保障刑事司法权依法行使而不被滥用的刑事司法体制。

2. 关于刑事执法观

执法观念的更新，也应当坚持理性原则。刑事法制的现代化，要求与其相适应的执法观。但是执法观念的更新，既不是已经被历史淘汰了的执法观的沉渣泛起，也不是不切合同犯罪作斗争的实际的一厢情愿。刑事执法观的更新，应当建立在对同犯罪作斗争的规律性的认识的基础上，并且应当有利于指导刑事司法活动实现刑法的目的。

刑事执法观的更新，主要涉及三个问题：一是对刑法功能的认识；二是对刑事实体法与刑事程序法关系的认识；三是对刑事诉讼中不同主体法律地位的认识。

我国 1997 年刑法第 1 条明确规定："为了惩罚犯罪，保护人民，根据宪法，结合我国同犯罪作斗争的具体经验及实际情况，制定本法。"第 2 条进一步规定："中华人民共和国刑法的任务，是用刑罚同一切犯罪行为作斗争，以保卫国家安全，保卫人民民主专政的政权和社会主义制度，保护国有财产和劳动群众集体所有的财产，保护公民私人所有的财产，保护公民的人身权利、民主权利和其他权利，维护社会秩序、经济秩序，保障社会主义建设事业的顺利进行。"1996 年刑事诉讼法第 1 条也明确规定："为了保证刑法的正确实施，惩罚犯罪，保护人民，保障国家安全和社会公共安全，维护社会主义社会秩序，根据宪法，制定本法。"第 2 条又规定："中华人民共和国刑事诉讼法的任务，是保证准确、及时地查明犯罪事实，正确应用法律，惩罚犯罪分子，保障无罪的人不受刑事追究，教育公民自觉遵守法律，积极同犯罪行为作斗争，以维护社会主义法制，保护公民的人身权利、财产权利、民主权利和其他权利，保障社会主义建设事业的顺利进行。"这些规定再清楚不过地表明，刑法、刑事诉讼法的目的是惩罚犯罪、保护人民。

刑法的功能，首先是保护功能，即通过惩罚犯罪保护社会安宁、经济发展和人民生命财产安全。这是刑法最基本的功能。其次是为了保障刑事追诉的正当与公平，刑法也具有保障犯罪嫌疑人、被告人的合法权益的功能。刑法的保障功能是保护功能的衍生和延续。

刑事司法作为贯彻执行刑法、刑事诉讼法的司法活动，毋庸置疑地应当把惩罚犯罪、保护人民作为自己的根本宗旨。但是在更新执法观念的讨论中，有些人只是强调保护犯罪嫌疑人和被告人的合法权益，而不谈如何有效地惩罚犯罪。这对刑事司法人员执法观念的引导是十分有害的。

诚然，在刑事司法工作人员中，长期存在着重打击轻保护的执法观，特别是在很长一段时间内存在着对保护犯罪嫌疑人、被告人的合法权益重视不够的现象。随着依法治国方略的推进，这种执法观必须坚决纠正，但是矫枉必须理智，不能从一个极端走到另一个极端，不能忘记刑事司法的根本目的是惩罚犯罪、保护人民。

在刑事司法活动中强调保护犯罪嫌疑人、被告人的合法权益，对于保障无罪的人不受刑事追究、有罪的人不受非法待遇，是十分必要的。但是同时，刑事司法活动更应当强调保护整个社会的稳定、安宁和秩序，重视保护广大人民群众的根本利益和被害人的合法权益，不能把犯罪嫌疑人和被告人的权利保障提到不适当的高度，似乎保障犯罪嫌疑人和被告人的权利成了刑事诉讼法的最高的或唯一的价值追求，以致忽视了或者说有意无意地回避了刑法的根本目的和更应当受到保护的被害人的合法权益。

在刑事实体法与刑事程序法的关系问题上，传统的观点认为，实体法与程序法的关系是内容与形式的关系，实体法决定程序法，程序法保障实体法规范的实现。[1] 但是在有关司法公正的讨论中，有的学者提出，程序公正优先于实体公正，在实体公正与程序公正发生冲突时应选择程序公正。[2] 按照这些学者的观点，宁肯牺牲实体公正，也要符合程序公正。对此，人们不禁要问：程序公正的目的何在？意义何在？程序公正本来是为了保障实体公正而存在的，是为实现实体公正服务的。如果可以撇开实体公正而不顾，那么，追求程序公正又有何价值？诚然，实体公正离不开程序公正，只有通过公正的诉讼程序，才能有效地实现诉讼结果的实体公正。但是程序公正并不必然意味着实体公正。在公正的诉讼程序的外壳下，违反实体公正的原则而导致错判误判、量刑畸轻畸重的结果的现象，无论是在中国还是在外国，都不鲜见。因此，理智地看待程序法与实体法的关系，应当坚持实体法与程序法并重、程序公正服从和服务于实体公正的原则，而不是与之相反。

有的学者提出，司法公正中包含的平等意味着犯罪嫌疑人、被告人在刑事诉讼中的诉讼地位与国家控诉机关的诉讼地位平等，进而主张把废除我国刑事诉讼法关于"阻碍刑事诉讼中控辩平等"的立法保留作为刑事诉讼法"改革的主要方向"。[3] 这种主张不能不使人怀疑作者是否了解刑事诉讼的基本特征、是否还记得刑事诉讼的目的和任务。如果理智地观察一下刑事诉讼的过程，就会发现：作为控诉方的公诉机关，不仅其参与诉讼的活动具有主动性，而且其享有法律规定的许多权力；而作为辩护方的被告人，其人身自由本身往往要受到一定程度的限制，法律规定其享有的权利更是有限的，控辩双方

---

[1] 柴发邦主编：《诉讼法大辞典》，四川人民出版社1989年版，第400页。
[2] 参见中国法学会诉讼法学研究会1998年年会论文。
[3] 马贵翔：《刑事诉讼对控辩平等的追求》，载《中国法学》1998年第2期。

的诉讼地位不可能具有平等性。这种显然不对等的状况，既是由刑事诉讼的本质特征即国家追诉犯罪的活动所决定的，也是由控辩双方的不同诉讼角色所决定的。在刑事诉讼中，控诉方有证明被告人犯罪的责任，但是被告人并没有证明自己未犯罪的义务。在追诉主体与（可能的）追诉对象之间侈谈平等，不仅是不切实际的空谈，而且可能把刑事诉讼的改革引向歧途。

3. 关于刑事司法活动

在刑事司法活动中，非理性的东西严重地妨碍着刑事法律的正确适用，妨碍着中国刑事法制的发展。其中甚为突出的是：

（1）侦查活动的片面性。例如，在调查取证中只考虑办案需要，甚至在办案过程中故意耍威风显特权而不考虑其社会影响，如开着警车到单位询问犯罪嫌疑人或证人，不考虑其行为给企业声誉和经营活动造成的巨大损失，甚至故意给对方造成不利影响即所谓心理压力；在侦查活动中只求破案，不考虑起诉和定罪的证据要求，以致收集的证据不完整、不充分、不符合规格，无法据以证实犯罪；有的侦查人员在侦查活动中只注意收集有罪证据，而不注意收集或者有意无意地忽视无罪证据，甚至对犯罪嫌疑人的辩解不加分析地统统视为不认罪的表现，对其动用刑具或各种变相体罚。

（2）强制措施的无节制性。例如，刑事诉讼法第 60 条明明规定，"对有证据证明有犯罪事实，可能判处徒刑以上刑罚的犯罪嫌疑人、被告人，采取取保候审、监视居住等方法，尚不足以防止发生社会危险性，而有逮捕必要的，应即依法逮捕"。但是有的人只要查到能够证明犯罪事实的证据，就要求逮捕犯罪嫌疑人，而不管是否可能判处徒刑以上刑罚，更不考虑采取取保候审、监视居住等方法，是否不足以防止发生社会危险性而有逮捕必要。对于已经逮捕的犯罪嫌疑人，在法定期限内不能侦查终结或者不能提起公诉的，侦查机关和公诉机关往往不愿意释放犯罪嫌疑人而改用其他强制措施，以致超期羁押现象长期严重存在。有的侦查机关对于已经拘留的犯罪嫌疑人，提请批准逮捕而没有获准时，不是立即释放犯罪嫌疑人，而是对其继续拘留甚至对其决定劳动教养，以继续羁押。

（3）刑罚适用的任意性。对于基本相同的犯罪行为，不同的审判机关甚至同一审判机关判处的刑罚，有时相距甚大，而有时对情节轻重明显不同的犯罪行为，则又判处基本相同的刑罚。例如，有的审判机关对多次盗窃累计 5000 元的，判处 3 年有期徒刑；有的审判机关对多次盗窃累计 3 万元的，也判处 3 年有期徒刑。同一起强奸案，一审判处有期徒刑 3 年，缓刑 4 年；3 个月后再审时，在犯罪事实和情节没有发现重大变化的情况下判处有期徒刑 10 年，剥夺政治权利 3 年。

（4）刑事司法机关之间缺乏合作精神。宪法和刑事诉讼法都规定，人民法院、人民检察院和公安机关进行刑事诉讼，应当分工负责、互相配合、互相制约，以保证准确有效地执行法律。但是实践中，个别地方的公、检、法三机关在分工负责的基础上强调互相制约多，强调互相配合少。在刑事诉讼过程中互相顶牛、互不服气，形不成司法合力，妨碍了追诉犯罪的正常进行。这种现象严重地妨碍了运用刑法同犯罪作斗争的实际效果。

凡此种种，都是刑事司法活动中缺乏理性、任意司法的表现，都是与刑法的目的追求背道而驰的做法。其结果必然妨碍刑法功能的有效发挥和刑法目的的实现。这些现象也表明，在刑事司法活动中强调理性原则十分必要。

三、如何坚持司法的理性原则

在刑事司法活动中坚持理性原则，重点应当从以下三个方面入手：

1. 严格依法

严格依法包括严格依照程序规定办理案件和严格依照实体规定认定犯罪、裁量决定刑罚两个方面。在刑事诉讼过程中，既要强调把惩罚犯罪、保护人民作为最基本的价值追求，对有罪的人和事要一查到底，又要强调严格依照刑事诉讼法规定，理智地办理刑事案件，保证刑事诉讼活动在法律规定的范围内、按照法律规定的方式进行。诚然，在立案侦查的过程中、在审查起诉的过程中、在刑事审判的过程中，都可能出现由于工作方法、办案能力、认识问题的角度以及对法律规定的理解程度等原因而导致的失误和不当，这些错误往往是难以避免的。但是缺乏理性，为所欲为、不计后果，滥用刑事司法权的现象，却是可以并且必须避免的。这类现象，不仅严重地违反了法律的规定，而且它所造成的危害具有普遍性的特征，因而是应当高度重视、着力解决、坚决杜绝的。

2. 节制司法

刑事司法活动本身是打击犯罪、伸张法律正义的过程。但是也应当看到，刑事司法权运用得不当，就可能侵犯公民的合法权益，造成社会的灾难。因此在刑事司法活动中，要强调刑事司法权的慎用，强调刑事司法权运用的正当性。一方面，要保障无罪的人不受枉法追诉，防止刑事司法权的运用给无罪的人特别是没有污点的证人造成的不利后果，保障公民的合法权利不受刑事司法活动的不当干扰；另一方面，对于可能有罪的人要严格按照法律规定的程序进行追诉，既要保障其能够按照自己的原意行使法律赋予的权利，又要尽可能地减少刑事司法活动对其带来的不利影响。特别是在侦查起诉阶段，对于犯罪嫌疑人的合法权益应当给予充分的尊重，对于犯罪嫌疑人行使其合法权益的活动应当给予必要的保障，不能因为怀疑其犯有某种罪行就任意践踏其合法权益，就无视其基本人权。即使经过法院的判决认定其有罪，没有依法剥夺的权利，仍然应当予以保护。公、检、法三机关对于自己的工作人员在刑事诉讼过程中的违法行为，一经发现，应当及时、坚决地予以纠正，而不应文过饰非、搞"下不为例"。

3. 公正司法

司法公正是司法活动理性运作的结果。但是司法公正并不仅仅体现在裁判公正上。特别是在刑事司法过程中，有罪不判、轻罪重判、重罪轻判，是司法不公的表现；该立案的不立案、不该立案的故意立案，该采取强制措施的有意不采取措施、不该采取强制措施的任意采取强制措施，该起诉的故意不起诉，该采用的证据故意不采用，也是司法不公的表现。因此，为了实现司法公正，必须强调公正司法。公正司法的基础是严格遵守刑事诉讼的程序规则和证据规则、准确把握刑事法律的实体规范、全面了解适用对象的真实情况、深思熟虑地综合考虑各种因素。公正司法的关键是根据刑法目的的要求理智地、合理地作出决定，而不受个人（或者部门、地区、小团体）的利害、好恶、情绪或者第三者的意愿的影响。只有把这两个方面有机地结合起来，才能做到公正司法。在公正司法的情况下，即便是结果错了，也容易纠正。

（原载《中国刑事法杂志》1999 年第 4 期）

刑事诉讼中的人权保障

随着人类文明的发展，对人权的保障越来越受到重视。特别是在最可能侵犯到人权的刑事诉讼领域，保障人权的必要性，受到人们的普遍认同。我国在 2012 年修改刑事诉讼法的过程中，社会各界对保障人权达成了重要的共识，在刑事诉讼的任务中增加了"尊重和保障人权"的内容，从而使刑事诉讼的任务，不仅包括保证准确、及时地查明犯罪事实，正确应用法律，惩罚犯罪分子，保障无罪的人不受刑事追究，教育公民自觉遵守法律，积极同犯罪行为作斗争，维护社会主义法制，而且包括尊重和保障人权，保护公民的人身权利、财产权利、民主权利和其他权利。这意味着，我们国家在刑事诉讼中的人权保障进入了一个新的发展阶段。为了保证刑事诉讼法规定的这个任务的完成，我国的刑事诉讼程序进行了许多重要的修改，以建立能够更好地保障人权的诉讼制度。而切实贯彻落实 2012 年刑事诉讼法中关于保障人权的规定，则是实现刑事诉讼法修改的精神，完成刑事诉讼任务的必经之路。特别是在审前程序中，保障人权的任务更为艰巨。能否有效地保障人权，直接关系到刑事诉讼任务的完成。检察机关在贯彻执行刑事诉讼法的过程中应当特别予以关注。

一、刑事诉讼中的人权理念

（一）人权的一般含义

人权是一个十分重要而又十分宽泛的概念。说它十分重要，是因为它关系到在现实社会中生活的每一个人的生存质量；说它十分宽泛，是因为它所包含的内容可能涉及人类生存的各个方面，它既包括作为人的存在本身应当享有的权利，如生存权、人格尊严等；也包括作为社会活动的主体参与社会活动时应当享有的基本权利，如公民在政治、经济、文化等方面享有的权利；同时也包括在某些专门性的领域作为特殊主体应当享有的权利，如在刑事诉讼中，作为被告人或者作为被害人所享有的权利。人的这些权利，随着社会的发展，随着人们生存条件的改善，特别是随着人类对自身价值和发展需求的认识的不断深化，在内容上、在范围上都在不断扩展。

尊重和保护人的基本权利，历来受到世界各国人民和整个国际社会的高度关注和重视。因为尊重和保护人的基本权利，是人类社会生存和发展的基本需要。1945 年 6 月 26 日签订的《联合国宪章》就重申了基本人权、人格尊严与价值以及男女平等权利的信念，1948 年 12 月 10 日联合国大会通过的《世界人权宣言》明确规定了世界各国人民应当享有的基本权利。1966 年 12 月 9 日联合国大会通过的《公民及政治权利国际公约》和《经济、社会、文化权利国际公约》，以及 1984 年 12 月 10 日联合国大会通过的《禁止酷刑和其他残忍、不人道或有辱人格的待遇或处罚公约》等，都进一步规定了保障人权的最低限度的要求。特别是联合国大会通过的《公民权利和政治权利国际公约》，全面、集中地规定了国际社会公认的刑事司法中人权保障的基本准则。其主要内容有：（1）一切个人享有同等权利（第2条第1项）；（2）保证权利或自由被侵犯后能得到有效的司法补救（第2条第3项）；（3）不得任意剥夺任何人的生命，严格限制死刑的适用（第6条）；（4）对任何人不得施以酷刑或残忍的、不人道的或侮辱性的待遇或刑罚（第7条）；（5）对任何人不得加以任意逮捕或拘禁，被逮捕、拘禁的人有权向法院提起诉讼（第9条）；（6）所有被剥夺自由的人应给予人道或尊重人格尊严的待遇，监狱制度应包括以争取囚犯改造和回归社会的基本目标的待遇（第10条第1节第3项）；（7）所有的人在法庭前一律平等（第14条第1项）；（8）人人有资格由一个依法设立的合格的、独立的和无偏倚的法庭进行公正和公开的审判（第14条第1项）；（9）凡受刑事控告者，在未依法证实有罪之前，应有权被视为无罪（第14条第2项）；（10）受刑事指控的人有权亲自辩护和选择律师辩护，并享有法律援助权利（第14条第3项乙、丁目）；（11）在法庭上有权在同等条件下讯问对其不利和有利的证人（第14条第3项戊目）；（12）在法庭上能免费获得译员的援助（第14条第3项己目）；（13）不被强迫作不利于自己的证言或强迫承认犯罪（第14条第3项庚目）；（14）对未成年人的案件在程序上应考虑到他们的年龄和帮助他们重新做人的需要（第14条第4项）；（15）被判有罪者有权由较高级法官进行复审（第14条第5项）；（16）根据新事实原有罪判决确实错误而被推翻时，受刑罚人应依法得到赔偿（第14条第6项）；（17）任何人的任何行为或不行为，在其发生时依照国家法律或国际法均不构成刑事罪者，不得据以认为犯有刑事罪（第15条第1项）。

我国一贯重视国际社会保障人权的呼声，积极参与联合国有关人权公约的起草工作。如1985年9月6日第七届联合国预防犯罪和罪犯待遇大会建议通过、1985 年 11 月 29 日联合国大会通过的《联合国少年司法最低限度标准规则》（北京规则）；1984 年 12 月 10 日联合国大会通过的《禁止酷刑和其他残忍、不人道或有辱人格的待遇或处罚公约》（1987 年 6 月 26 日生效）等，我国都积极参与并及时批准加入。此外，我国还于1998 年签署了《公民权利和政治权利国际公约》和《经济、社会、文化权利国际公约》。这就意味着，这些国际公约所确立的有关在刑事诉讼中保障人权的条款，我国政府已经予以认可，在刑事诉讼的立法和司法中应当得到充分的体现和遵守。

（二）刑事诉讼中人权保障的对象

在刑事诉讼领域，法律所要保障的人权，主要包括六个方面的人权：

1. 社会上绝大多数人的权利

刑事诉讼的客体是犯罪，犯罪本身是危害国家、社会和公民利益的行为，其中大多数犯罪都对公民的人身权利、民主权利、财产权利及其他权利造成了严重的侵害。能否有效地运用刑法惩治犯罪，直接关系到社会上广大人民群众的权利保障。

2. 被告人的权利

被告人，在狭义上，仅指在法庭上被控告有罪的人；在广义上，可以泛指一切在刑事诉讼中受追诉的人。广义上的被告人，包括犯罪嫌疑人、刑事被告人、被判有罪的人（罪犯）、被执行刑罚的人（服刑人）；但是在通常意义上主要是指犯罪嫌疑人和被指控犯罪的人。刑事诉讼法关于被告人的权利规定的最多，因为他在刑事诉讼中始终是受追诉的对象。被告人的权利大小及其保障程度，不仅反映了一个国家司法制度发展的阶段和司法文明的程度，而且关系到刑事诉讼的任务能否客观公正地实现。

3. 被害人的权利

在刑事诉讼中，被害人是受犯罪侵害的人。在广义上，被害人不仅包括直接遭受犯罪侵害的人本身，而且包括他的近亲属以及其他法定代理人。被害人有时候也是证人。被害人的权利能否得到有效的保护，直接关系到刑事诉讼法适用的社会效果。

4. 证人的权利

证人是了解案件情况的人。证人在广义上也包括鉴定人和见证人。证人在刑事诉讼中扮演着重要的角色，对于查明案件的事实真相、有效地追诉犯罪和保障无罪的人不受刑事追诉，起着极为重要的作用。因此，保护证人，保障其在刑事诉讼中的权利，是刑事诉讼中人权保障的应有之义。

5. 辩护人的权利

辩护人是帮助犯罪嫌疑人、被告人行使辩护权的人。辩护人的权利及其行使权利的状况代表着一个国家刑事诉讼制度的文明程度和发展水平，对于查明案件的事实真相，对于防止刑事诉讼中公权力的滥用，对于保护犯罪嫌疑人、被告人的诉讼权利，都具有极为重要的作用。切实保障辩护人的权利，是现代刑事诉讼制度的基本特征。2012 年刑诉法第 47 条特别规定：辩护人、诉讼代理人认为公安机关、人民检察院、人民法院及其工作人员阻碍其依法行使诉讼权利的，有权向同级或者上一级人民检察院申诉或者控告。人民检察院对申诉或者控告应当及时进行审查，情况属实的，通知有关机关予以纠正。

6. 其他诉讼参与人的权利

"其他诉讼参与人"是指被告人、被害人、证人、辩护人以外的参加刑事诉讼的人。这类人包括被告人和被害人的法定代理人（即被代理人的父母、养父母、监护人和负有保护责任的机关、团体的代表），诉讼代理人（即委托代为参加诉讼的人，包括公诉案件的被害人及其法定代理人或者近亲属、自诉案件的自诉人及其法定代理人委托代为参加诉讼的人，附带民事诉讼的当事人及其法定代理人委托代为参加诉讼的人），附带民事诉讼的原告人，自诉案件中的自诉人，鉴定人和翻译人员等。其他诉讼参与人，当其以被害人及其代表者的身份参与诉讼时，他所行使的权利在很大程度上是法律赋予被害人的权利。

（三）刑事诉讼中人权保障的重点

刑事诉讼中的人权涉及上述六个方面的权利，这些权利都应当得到尊重和保障。但是，应当看到，刑事诉讼中人权保障的核心，或者说，刑事诉讼中所说的人权保障，主要是指对被告人和被害人的权利保障，特别是对被告人的权利保障。

为什么说，被告人包括犯罪嫌疑人的权利是刑事诉讼中人权保护的重点？其理由主要有四个方面：

第一，被告人包括犯罪嫌疑人在刑事诉讼中处于一种十分特殊的地位。他既是刑事诉讼的对象，也是刑事诉讼的主体之一。刑事诉讼始终是围绕着犯罪嫌疑人、被告人是否犯罪、是否应当承担刑事责任展开的。犯罪嫌疑人和被告人的权利如何以及其权利能否得到有效的保障，直接关系到刑事诉讼是否公正、客观、有效地进行。犯罪嫌疑人、被告人，如果确实是实施犯罪行为的人，那么，他就是最了解犯罪过程的人。保障他的权利、尊重他的人格，让他感到司法机关在教育挽救他，而不是简单地惩罚他，他就可能尊重司法工作人员，如实地交代犯罪的过程和动机，配合司法工作人员查明案件的事实真相，有助于司法机关收集更多的证据材料。即使是对于那些负隅顽抗的犯罪分子，保障他的权利，可以彰显刑事诉讼程序的公正性和司法机关及其工作人员办案的客观性，保障案件客观公正地处理。如果犯罪嫌疑人、被告人不是真正的罪犯，保障他的权利，让他能够充分地为自己辩解，有利于及时地洗刷他的犯罪嫌疑，使司法机关及时调整侦查方向，把精力用在查找真正的罪犯身上；也有利于防止冤错案件的发生。

辩护人的权利在刑事诉讼中也十分重要，但是辩护人的权利是从被告人的辩护权中派生出来的，并且始终是围绕着被告人的权利进行的，是为了帮助被告人更好地行使法律赋予他的权利。相对于被告人的权利而言，辩护人的权利虽然具有一定的独立性，但总是服务于被告人的权利的。没有被告人的权利，就很难有辩护人的权利。如果被告人的权利得不到有效的保障，为被告人服务的辩护人的权利就不可能得到有效的保障。相对应辩护人的权利而言，被告人的权利更广泛、更具本源性，因而也应当更受保障。

在刑事诉讼中，证人对于查明案件的事实真相也是十分重要的。因此保障证人的权利也非常重要。但是，保障证人的权利主要是保障其作为证人在刑事诉讼过程中作证时所享有的权利。在整个刑事诉讼过程中，证人本身的人身自由没有受到限制、证人的公民权利没有被剥夺。因此，无论是在范围上还是在内容上，证人的权利，与犯罪嫌疑人、被告人的权利之间，是没有可比性的。此外，证人所了解的案件事实毕竟没有犯罪嫌疑人、被告人那么具体、直接，证人证言受到证人的认知能力、认知条件、作证时的心理甚至包括对个人利益的权衡等诸多因素的影响。相对于证人证言而言，犯罪嫌疑人、被告人自愿作出的供述，更有助于司法机关查明案件的事实真相。因此，在保障证人权利的同时，应当突出对犯罪嫌疑人、被告人的权利保障。

第二，被告人包括犯罪嫌疑人是国家刑事司法权直接作用的客体，容易受到国家刑事司法权滥用的侵害。刑事司法系统及其工作人员，在刑事诉讼中承担着"惩罚犯罪，保护人民，保障国家安全和社会公共安全，维护社会主义社会秩序"的任务，具有一定的社会压力，因而为了完成任务，很容易出现滥用司法权侵犯被告人合法权益的情况。同时，刑事诉讼法中规定的强制措施都是针对被告人包括犯罪嫌疑人的，这些措施的运用都意味着对被告人包括犯罪嫌疑人一定权利的限制。如果这些措施使用不当，就可能给被告人包括犯罪嫌疑人的权利造成不应有的侵害。因此，在刑事诉讼中强调保障被告人的权利，从某种意义上讲，就是提醒司法机关及其工作人员不得滥用自己手中的刑事追诉权，任意侵犯被告人包括犯罪嫌疑人的权利。

第三，被告人在刑事诉讼中相对处于弱势，他的权利需要特别予以保护。刑事案件的被告人往往是加害者。相当于被害人而言，他也许是强悍、蛮横的。但是被告人作为受追诉的对象，在刑事诉讼中往往受到国家刑事司法权的强制，处在受控制的状态。与强大的国家刑事司法系统相比，被告人总是处于弱势，在其权利受到侵犯的时候，很难有效地进行抗争，所以需要辩护人的帮助，同时也需要行使公权力的主体给予特别的关注。

保障被告人的权利，并不意味着忽视被害人的权利。因为，刑事诉讼的过程，在一定意义上，本身就是为被害人讨回公道的过程，是伸张正义的过程。在刑事诉讼的过程中，国家司法机关追诉犯罪的活动本身，就是为了保护被害人的权利，实现对被害人的权利救济。同时，刑事诉讼法还专门规定了被害人在刑事诉讼中的权利。因此，对被告人权利的保障，丝毫不意味着放弃或者削弱对被害人权利的保障。

第四，对犯罪嫌疑人、被告人权利的保障可以反射到对所有公民权利的保障。在国家权力面前，任何一个公民都可能成为潜在的犯罪嫌疑人、被告人。这并不是说，司法机关办案是任意怀疑别人是犯罪嫌疑人，而是因为，在人民法院依法判决有罪之前，犯罪嫌疑人或者被告人，可能确实是实施犯罪的人，也可能是没有实施犯罪的人。特别是在刑事案件侦查的过程中，一个人被锁定为犯罪嫌疑人，可能是因为各种迹象和证据表明他就是实施犯罪的人，也完全有可能是因为某种巧合或者偶然事件把他与犯罪现场联系起来，从而被怀疑为犯罪嫌疑人。刑事司法实践中的大量案件表明，即使是目击证人甚至包括被害人本人所指认的犯罪嫌疑人都未必是真正实施犯罪的人，更何况仅仅是基于某种迹象或某些证据进行判断而事后得出的结论。即使是在美国那样刑事司法技术极为发达的国家，自 20 世纪 80 年代末 DNA 技术被用于刑事侦查以来，"已经有超过 320 名无辜者通过定罪后的 DNA 检测被无罪释放"[1]。尽管刑事诉讼中被确定为犯罪嫌疑人的人，多数都最终被认定有罪，但是不可否认的事实是：总有一些并没有犯罪的人甚至"好人"是被有意无意地纳入刑事诉讼而成为犯罪嫌疑人、被告人的。他们是普通公民甚至是守法的公民，然而一旦被作为犯罪嫌疑人、被告人，就要在刑事诉讼过程中被依法限制某些公民权利甚至包括人身自由。

因此，保障犯罪嫌疑人、被告人的权利，从一定意义上讲，就是保护可能成为潜在的犯罪嫌疑人和被告人的所有公民

---

〔1〕〔美〕布兰登·L. 加勒特著：《误判》，李奋斗等译，中国政法大学出版社 2015 年版，中译本序，第Ⅵ页。

的权利。如果一个公民在其成为犯罪嫌疑人、被告人的时候，他的权利不能得到有效地保障，那么，他作为公民的基本权利就难以有效地受到保护。像好心的司机"张氏叔侄"[1]，像前途无量的年轻干部于英生[2]，甚至像手中握有公权力的人民警察杜培武[3]，一旦被确定为犯罪嫌疑人，如果其基本的人权得不到应有的保护，都可能被屈打成招，都可能成为刑事诉讼中公权力的受害者。即使是真正的犯罪分子，那也应当等到人民法院依法判决其有罪之后来限制甚至剥夺他作为罪犯的某些权利。因此，被告人的权利，虽然表现为个体利益，但在本质上是一种社会利益的反映，是一种以个体利益的形式表现出来的社会普遍利益。

---

〔1〕 2003年5月18日，女青年王冬搭乘张辉、张高平叔侄驾驶的长途运输卡车，到杭州市郊下车。因约好接王冬的朋友未到。王借用张的手机给朋友打电话后，张氏叔侄即开车前往上海。不幸的是，5月19日早晨，王冬被人杀害，尸体被抛至杭州市西湖区留下镇留泗路东穆坞村路段的路边溪沟。经公安机关侦查，认定系张辉、张高平所为，因王东是搭乘张氏叔侄的车到杭州的，且最后一次通话记录是用张氏的手机打出的。张氏叔侄因此于2003年5月23日被刑事拘留，同年6月28日被逮捕。2004年2月，杭州市人民检察院以张辉、张高平犯强奸罪向杭州市中级人民法院提起公诉。2004年4月21日，杭州市中级人民法院以强奸罪分别判处张辉死刑、张高平无期徒刑。2004年10月19日，浙江省高级人民法院二审分别改判张辉死刑、缓期二年执行，张高平有期徒刑15年。2013年3月26日，浙江省高级人民法院依法对张辉、张高平强奸再审案公开宣判，撤销原审判决，宣告张辉、张高平无罪。

〔2〕 于英生，男，1962年出生，安徽蚌埠人，原本是前途光明的国家机关干部。1996年到蚌埠市东市区下派锻炼，任区长助理。1996年12月2日上午，于英生下班回家发现妻子韩露在家中遇害，遂向公安机关报案。因于英生之前与其妻发生过争执，家中门窗没有被破坏的痕迹，蚌埠市公安机关经侦查，锁定于英生为犯罪嫌疑人，蚌埠市人民检察院提起公诉，蚌埠市中级人民法院以故意杀人罪判处于英生无期徒刑，安徽省高院二审裁定维持原判。17年后的2013年8月13日再审宣告无罪释放。

〔3〕 杜培武原本是昆明市公安局的戒毒民警。因在同一公安局工作的妻子王晓湘和昆明市石林县公安局副局长王俊波于1998年4月20日被人枪杀在一辆警车上，公安机关经侦查认为，杜培武因知道其妻与王俊波通奸而怀恨在心，并将二人杀害。尽管杜培武始终不承认自己杀人，但经侦查、起诉，昆明市中级人民法院还是于1999年2月5日以故意杀人罪判处杜培武死刑，剥夺政治权利终身。杜培武不服提起上诉，云南省高级人民法院于1999年10月20日以故意杀人罪判处杜培武死刑，缓期二年执行，剥夺政治权利终身。2000年7月6日，云南省高级人民法院再审改判杜培武无罪，并当庭释放。

正因为如此，刑事诉讼法第 14 条明确规定："人民法院、人民检察院和公安机关应当保障犯罪嫌疑人、被告人和其他诉讼参与人依法享有的辩护权和其他诉讼权利。"这里，在强调司法机关应当在刑事诉讼中保障人权的时候，在"其他诉讼参与人"之前特别提出了"犯罪嫌疑人、被告人"。这样的规定也就意味着犯罪嫌疑人、被告人的权利在诉讼参与人权利保障中是重点保障的对象。

当然，在刑事诉讼中保障被告人的权利，并不是保障他作为公民的所有权利，而是保障他作为刑事案件的被告人依法享有的权利。这些权利具有特定的内容和行使的条件。

二、刑诉法关于被告人权利的规定

在刑事诉讼中，犯罪嫌疑人、被告人的权利包括两个方面：一是实体性权利；二是程序性权利。

刑事被告人的实体性权利主要有：要求依法认定本人有罪无罪的权利；认定无罪时要求不受刑罚处罚的权利；认定有罪时要求得到正确定罪和适当量刑的权利。对实体性权利的保障措施主要是刑法中的三大原则和有关定罪量刑规格的规定，同时也包括刑事诉讼法中有关正当程序的规定。

犯罪嫌疑人、被告人的程序性权利，从刑事诉讼法的规定看，主要有 18 项权利，应当予以保障：

1. 知情权

犯罪嫌疑人、被告人有权了解针对其本人所采取的诉讼行为的合法性及其具体情况。当犯罪嫌疑人、被告人的人身自由受到限制时，他的家属应当知道其身在何处。知情权包括：

（1）检验证件。我国宪法第 37 条明确规定："任何公民，非经人民检察院批准或者决定或者人民法院决定，并由公安机关执行，不受逮捕。禁止非法拘禁和以其他方法非法剥夺或者限制公民的人身自由，禁止非法搜查公民的身体。"人身自由是公民的一项宪法性权利，限制公民的人身自由必须经法律授权的国家机关批准或者决定，并由公安机关执行。因此，任何公民在被作为犯罪嫌疑人、被告人而拘留、逮捕、搜查时，都有权检验有关的法律文书或者证件，以确认该行为的合法性。为此，刑事诉讼法第 83 条规定："公安机关拘留人的时候，必须出示拘留证"；第 91 条规定："公安机关逮捕人的时候，必须出示逮捕证"；第 136 条规定："进行搜查，必须向被搜查人出示搜查证。在执行逮捕、拘留的时候，遇有紧急情况，不另用搜查证也可以进行搜查。"此外，刑事诉讼法第 117 条规定："对不需要逮捕、拘留的犯罪嫌疑人，可以传唤到犯罪嫌疑人所在市、县内的指定地点或者到他的住处进行讯问，但是应当出示人民检察院或者公安机关的证明文件。对在现场发现的犯罪嫌疑人，经出示工作证件，可以口头传唤，但应当在讯问笔录中注明。"这个规定也意味着，被传唤的犯罪嫌疑人有权检验人民检察院或者公安机关的证明文件，口头传唤时有权检验司法工作人员的工作证。

犯罪嫌疑人、被告人被羁押时，他的家属有权知道其被羁押的事实。刑事诉讼法第 83 条规定："拘留后，应当立即将被拘留人送看守所羁押，至迟不得超过二十四小时。除无法通知或者涉嫌危害国家安全犯罪、恐怖活动犯罪通知可能有碍侦查的情形以外，应当在拘留后二十四小时以内，通知被拘留人的家属。有碍侦查的情形消失以后，应当立即通知被拘留人的家属。"第 91 条也规定："逮捕后，应当立即将被逮捕人送看守所羁押。除无法通知的以外，应当在逮捕后二十四小时以内，通知被逮捕人的家属。"第 137 条规定："在搜查的时候，应当有被搜查人或者他的家属，邻居或者其他见证人在场。"这些规定，都是为了保障犯罪嫌疑人、被告人能够了解对其进行的诉讼行为。

（2）审核笔录。刑事诉讼法第120条："讯问笔录应当交犯罪嫌疑人核对，对于没有阅读能力的，应当向他宣读。如果记载有遗漏或者差错，犯罪嫌疑人可以提出补充或者改正。犯罪嫌疑人承认笔录没有错误后，应当签名或者盖章"；第201条规定："法庭审判的全部活动，应当由书记员写成笔录，经审判长审阅后，由审判长和书记员签名。法庭笔录应当交给当事人阅读或者向他宣读。当事人认为记载有遗漏或者差错的，可以请求补充或者改正。当事人承认没有错误后，应当签名或者盖章。"这些规定，实际上就赋予了犯罪嫌疑人、被告人审核笔录的权利，以确认司法机关工作人员就其供述或者辩解所作的笔录与其所讲的完全一致。这项权利，也是为了保障犯罪嫌疑人、被告人有机会了解讯问笔录、法庭笔录的内容。

（3）获得起诉书、抗诉书副本。刑事诉讼法第182条规定："人民法院决定开庭审判后，应当确定合议庭的组成人员，将人民检察院的起诉书副本至迟在开庭十日以前送达被告人及其辩护人"；第221条规定：地方各级人民检察院对同级人民法院第一审判决、裁定的抗诉的，原审人民法院应当将将抗诉书副本送交当事人。第220条规定：自诉人、附带民事诉讼的原告人通过原审人民法院提出上诉的，原审人民法院应当在三日以内将上诉状连同案卷、证据移送上一级人民法院，同时将上诉状副本送交同级人民检察院和对方当事人；自诉人、附带民事诉讼的原告人和被告人直接向第二审人民法院提出上诉的，第二审人民法院应当在三日以内将上诉状交原审人民法院送交同级人民检察院和对方当事人。这些规定，都是为了保障被告人及时了解对他提出的指控、抗诉或上诉，以便于其有针对性的进行答辩或辩护。

（4）了解判决结果。刑事诉讼法第 196 条规定："宣告判决，一律公开进行。当庭宣告判决的，应当在五日以内将判决书送达当事人和提起公诉的人民检察院；定期宣告判决的，应当在宣告后立即将判决书送达当事人和提起公诉的人民检察院。"人民法院的判决直接关系到被告人的权利，因此他有权及时收到判决书，以便了解判决的内容。

2. 辩护权

辩护权是犯罪嫌疑人、被告人最重要的一项权利。当一个人被作为犯罪嫌疑人而限制人身自由或者被指控犯罪的时候，无论他是否实施了犯罪行为，都有权为自己进行辩护。犯罪嫌疑人、被告人，如果没有实施被认为或被指控的犯罪行为，他有权为自己辩解，有权提供证据证明自己的清白；如果他确实实施了犯罪行为，他也有权说明自己实施犯罪行为的原因，为自己的行为进行辩解。特别是当一个行为是不是犯罪而有争议的时候，犯罪嫌疑人、被告人更有权为自己行为的合法性进行辩解。辩护权的有效行使，有利于司法机关通过刑事诉讼查明案件的真实情况，保证办案的客观真实性，也有利于案件的公正处理。因此法律不仅赋予了犯罪嫌疑人、被告人自行辩护的权利，而且赋予了犯罪嫌疑人、被告人委托律师或其他人为自己辩护的权利。

（1）获得辩护。刑事诉讼法第 11 条规定："人民法院审判案件，除本法另有规定的以外，一律公开进行。被告人有权获得辩护，人民法院有义务保证被告人获得辩护。"

（2）委托他人为自己辩护。刑事诉讼法第 32 条规定："犯罪嫌疑人、被告人除自己行使辩护权以外，还可以委托一至二人作为辩护人。下列的人可以被委托为辩护人：（一）律师；

（二）人民团体或者犯罪嫌疑人、被告人所在单位推荐的人；
（三）犯罪嫌疑人、被告人的监护人、亲友"；第 33 条规定：
"犯罪嫌疑人自被侦查机关第一次讯问或者采取强制措施之日
起，有权委托辩护人；在侦查期间，只能委托律师作为辩护
人。被告人有权随时委托辩护人。"

（3）获得关于辩护权的告知。刑事诉讼法第 33 条规定：
"侦查机关在第一次讯问犯罪嫌疑人或者对犯罪嫌疑人采取强
制措施的时候，应当告知犯罪嫌疑人有权委托辩护人。人民检
察院自收到移送审查起诉的案件材料之日起三日以内，应当告
知犯罪嫌疑人有权委托辩护人。人民法院自受理案件之日起三
日以内，应当告知被告人有权委托辩护人。犯罪嫌疑人、被告
人在押期间要求委托辩护人的，人民法院、人民检察院和公安
机关应当及时转达其要求。"在现实社会中，有些人因为不懂
法律，不知道当自己成为犯罪嫌疑人、被告人时还有辩护权，
因此法律规定，无论是公安机关、检察机关还是审判机关，在
对犯罪嫌疑人、被告人进行讯问、审查、审判的时候，应当告
知其依法享有的辩护权，以便其行使这项权利。

（4）代为委托。刑事诉讼法第 33 条规定："犯罪嫌疑人、
被告人在押的，也可以由其监护人、近亲属代为委托辩护人。"
这就意味着，当犯罪嫌疑人、被告人被采取强制措施而处于被
羁押的状况，自己因与外界隔离而无法亲自委托他人为自己辩
护时，有权通过自己的监护人或者近亲属为自己委托辩护人，
从而保障辩护权的行使。

3. 获得帮助权

（1）翻译帮助。刑事诉讼法第 9 条规定："各民族公民都
有用本民族语言文字进行诉讼的权利。人民法院、人民检察院
和公安机关对于不通晓当地通用的语言文字的诉讼参与人，应

当为他们翻译。"这个规定意味着，无论是少数民族的人在其他民族聚居的地方受到刑事追诉，还是汉族的人在少数民族聚居的地方受到刑事追诉，都有权要求司法机关提供通晓当地语言的人为其进行翻译，以保证其了解诉讼的具体内容，保证其所进行的陈述或辩解能够被司法机关和其他诉讼参与人了解。

（2）法律援助。刑事诉讼法第 34 条规定："犯罪嫌疑人、被告人因经济困难或者其他原因没有委托辩护人的，本人及其近亲属可以向法律援助机构提出申请。对符合法律援助条件的，法律援助机构应当指派律师为其提供辩护。犯罪嫌疑人、被告人是盲、聋、哑人，或者是尚未完全丧失辨认或者控制自己行为能力的精神病人，没有委托辩护人的，人民法院、人民检察院和公安机关应当通知法律援助机构指派律师为其提供辩护。犯罪嫌疑人、被告人可能被判处无期徒刑、死刑，没有委托辩护人的，人民法院、人民检察院和公安机关应当通知法律援助机构指派律师为其提供辩护"；第 267 条规定："未成年犯罪嫌疑人、被告人没有委托辩护人的，人民法院、人民检察院、公安机关应当通知法律援助机构指派律师为其提供辩护。"根据这些规定，犯罪嫌疑人、被告人在四种情况下，有权要求获得法律援助：一是因经济困难等原因没有委托辩护人；二是因犯罪嫌疑人、被告人本身是盲、聋、哑人或限制责任能力的精神病人且没有委托辩护人；三是犯罪嫌疑人、被告人可能被判处无期徒刑、死刑且没有委托辩护人；四是犯罪嫌疑人、被告人本身是未成年且家长没有为其委托辩护人。在这四种情况下，人民法院、人民检察院、公安机关都有义务通知法律援助机构指派律师为其提供辩护

（3）委托诉讼代理人。刑事诉讼法第 44 条规定："公诉案件的被害人及其法定代理人或者近亲属，附带民事诉讼的当事

人及其法定代理人，自案件移送审查起诉之日起，有权委托诉讼代理人。自诉案件的自诉人及其法定代理人，附带民事诉讼的当事人及其法定代理人，有权随时委托诉讼代理人。人民检察院自收到移送审查起诉的案件材料之日起三日以内，应当告知被害人及其法定代理人或者其近亲属、附带民事诉讼的当事人及其法定代理人有权委托诉讼代理人。人民法院自受理自诉案件之日起三日以内，应当告知自诉人及其法定代理人、附带民事诉讼的当事人及其法定代理人有权委托诉讼代理人。"根据这个规定，被告人及其法定代理人，在附带民事诉讼中，作为当事人之一，有权委托诉讼代理人。在公诉案件中，自案件移送审查起诉之日起，被告人就可以在附带民事诉讼中委托诉讼代理人；人民检察院有义务及时告知被告人有权委托诉讼代理人。在自诉案件中，自自诉人提起自诉附带民事诉讼之日起，被告人就有权委托诉讼代理人，人民法院有义务及时告知被告人有权委托诉讼代理人。

（4）要求法定代理人到场。刑事诉讼法在未成年人刑事案件的特别程序中，专门规定了讯问犯罪嫌疑人、被告人时法定代理人或者合适成年人到场的制度。其第270条明确规定："对于未成年人刑事案件，在讯问和审判的时候，应当通知未成年犯罪嫌疑人、被告人的法定代理人到场。无法通知、法定代理人不能到场或者法定代理人是共犯的，也可以通知未成年犯罪嫌疑人、被告人的其他成年亲属，所在学校、单位、居住地基层组织或者未成年人保护组织的代表到场，并将有关情况记录在案。到场的法定代理人可以代为行使未成年犯罪嫌疑人、被告人的诉讼权利。到场的法定代理人或者其他人员认为办案人员在讯问、审判中侵犯未成年人合法权益的，可以提出意见。讯问笔录、法庭笔录应当交给到场的法定代理人或者其他人员阅读或者向他宣读。"这个规定，实际上是赋予未成年犯罪嫌疑人、被告人在被讯问、审判时获得其法定代理人及其他合适成年人帮助的权利。

4. 申请回避权

为了保证刑事诉讼的公正进行，刑事诉讼法设置了回避制度。请求与案件有利害关系或者其他可能影响案件公正办理的司法工作人员回避，是法律赋予犯罪嫌疑人、被告人的一项权利。这项权利，既可以在侦查阶段行使，也可以在审查起诉阶段和法庭审理阶段行使。

刑事诉讼法第 28 条规定："审判人员、检察人员、侦查人员有下列情形之一的，应当自行回避，当事人及其法定代理人也有权要求他们回避：（一）是本案的当事人或者是当事人的近亲属的；（二）本人或者他的近亲属和本案有利害关系的；（三）担任过本案的证人、鉴定人、辩护人、诉讼代理人的；（四）与本案当事人有其他关系，可能影响公正处理案件的"；第 29 条规定："审判人员、检察人员、侦查人员不得接受当事人及其委托的人的请客送礼，不得违反规定会见当事人及其委托的人。审判人员、检察人员、侦查人员违反前款规定的，应当依法追究法律责任。当事人及其法定代理人有权要求他们回避"；第 185 条规定："开庭的时候，审判长查明当事人是否到庭，宣布案由；宣布合议庭的组成人员、书记员、公诉人、辩护人、诉讼代理人、鉴定人和翻译人员的名单；告知当事人有权对合议庭组成人员、书记员、公诉人、鉴定人和翻译人员申请回避；告知被告人享有辩护权利。"犯罪嫌疑人、被告人申请审判人员、检察人员、侦查人员回避的，被申请人所在的法院院长、检察院检察长、公安机关负责人应当及时作出是否同意的决定。申请法院院长回避的，由本院审判委员会决定；申请检察院检察长和公安机关负责人回避的，由同级人民检察院检察委员会决定。回避的申请被驳回的，当事人及其法定代理人还可以申请复议一次。

5. 沉默权

沉默权是犯罪嫌疑人、被告人一项重要的诉讼权利。在相对强大的公权力面前，沉默权是犯罪嫌疑人、被告人用以对付侦查机关和侦查人员刑讯逼供的法律武器。2012年刑事诉讼法第50条专门增加了"不得强迫任何人证实自己有罪"的规定。这个规定，实际上是赋予犯罪嫌疑人、被告人以沉默权。"不得强迫任何人证实自己有罪"，意味着侦查人员在讯问犯罪嫌疑人、被告人的时候，不得使用强迫的手段逼迫犯罪嫌疑人、被告人作出自己有罪的供述。这本身就意味着犯罪嫌疑人、被告人在被讯问的时候，有权保持沉默，不回答侦查人员的提问。2012年刑事诉讼法在规定"不得强迫任何人证实自己有罪"的同时，确立了非法证据排除规则。这两个规定一起，为进一步禁止以刑讯逼供、威胁、引诱等非法方法获取供述，保障犯罪嫌疑人、被告人不被强迫的供述的权利，提供了法律上的保障。当然，按照刑事诉讼法第118条的规定，犯罪嫌疑人对于侦查人员的提问，应当如实回答[1]。这种回答，应当是在自愿的基础上予以回答。如果犯罪嫌疑人不意愿回答，任何人不得强迫他回答。这就在客观上意味着犯罪嫌疑人有保持沉默即选择不回答的权利。

6. 与人身有关的权利

在刑事诉讼中，犯罪嫌疑人、被告人其人身自由可能被依

---

〔1〕 "应当如实回答"强调的是犯罪嫌疑人在回答侦查人员的提问时不得讲假话，而不是必须回答。否则，在犯罪嫌疑人不愿意回答的时候要求他必须回答，那就是强迫他回答，这与"不得强迫任何人证实自己有罪"的重大修改，就形成明显的冲突。

法限制，但是与人身有关的其他权利仍然应当受到保障。这些权利包括：

（1）人身权。犯罪嫌疑人、被告人无论人身自由是否受到限制，都具有人身不受残害、意志不受强迫的权利。刑事诉讼法第50条规定："严禁刑讯逼供和以威胁、引诱、欺骗以及其他非法方法收集证据，不得强迫任何人证实自己有罪。"为了保证这个规定的贯彻，刑事诉讼法第54条规定："采用刑讯逼供等非法方法收集的犯罪嫌疑人、被告人供述和采用暴力、威胁等非法方法收集的证人证言、被害人陈述，应当予以排除"；第55条进一步规定："人民检察院接到报案、控告、举报或者发现侦查人员以非法方法收集证据的，应当进行调查核实。对于确有以非法方法收集证据情形的，应当提出纠正意见；构成犯罪的，依法追究刑事责任。"这些规定，都是为了保障犯罪嫌疑人在侦查过程中，人身不受刑讯逼供等非法取证方式的残害。

（2）健康权。健康权是公民的一项重要权利。在刑事诉讼中，司法机关及其工作人员应当保护犯罪嫌疑人、被告人的健康，犯罪嫌疑人、被告人的健康出现问题时，有权及时获得治疗。刑事诉讼法第117条规定："不得以连续传唤、拘传的形式变相拘禁犯罪嫌疑人。传唤、拘传犯罪嫌疑人，应当保证犯罪嫌疑人的饮食和必要的休息时间"；第72条规定："人民法院、人民检察院和公安机关对符合逮捕条件，有下列情形之一的犯罪嫌疑人、被告人，可以监视居住：（一）患有严重疾病、生活不能自理的……"这些规定，都是为了保证犯罪嫌疑人、被告人的健康。

（3）人格尊严。刑事诉讼法第130条规定："为了确定被害人、犯罪嫌疑人的某些特征、伤害情况或者生理状态，可以对人身进行检查，可以提取指纹信息，采集血液、尿液等生物样本。犯罪嫌疑人如果拒绝检查，侦查人员认为必要的时候，可以强制检查。检查妇女的身体，应当由女工作人员或者医师进行"；第133条规定："为了查明案情，在必要的时候，经公安机关负责人批准，可以进行侦查实验。侦查实验的情况应当写成笔录，由参加实验的人签名或者盖章。侦查实验，禁止一切足以造成危险、侮辱人格或者有伤风化的行为"；第137条规定："搜查妇女的身体，应当由女工作人员进行。"这些规定，都是为了保护犯罪嫌疑人的人格尊严，特别是女性犯罪嫌疑人的人格尊严不受男性的侵犯。

7. 财产权

在刑事诉讼过程中，犯罪嫌疑人、被告人与犯罪有关的财产可能被查封、扣押或冻结。但是，与犯罪无关的财产，依然受到法律的保护，一旦被违法查封、扣押或冻结，犯罪嫌疑人、被告人有权要求解除。

刑事诉讼法第139条规定："在侦查活动中发现的可用以证明犯罪嫌疑人有罪或者无罪的各种财物、文件，应当查封、扣押；与案件无关的财物、文件，不得查封、扣押。对查封、扣押的财物、文件，要妥善保管或者封存，不得使用、调换或者损毁"；第140条规定："对查封、扣押的财物、文件，应当会同在场见证人和被查封、扣押财物、文件持有人查点清楚，当场开列清单一式二份，由侦查人员、见证人和持有人签名或者盖章，一份交给持有人，另一份附卷备查"；第143条规定："对查封、扣押的财物、文件、邮件、电报或者冻结的存款、汇款、债券、股票、基金份额等财产，经查明确实与案件无关的，应当在三日以内解除查封、扣押、冻结，予以退还。"这些规定，都意味着，犯罪嫌疑人、被告人所拥有的，与犯罪无关的财产，不得查封、扣押、冻结；已经被查封、扣押、冻结了的，一经查明与案件无关，就应当退还。司法机关及其工作人员如果违反这些规定，犯罪嫌疑人、被告人就有权要求解除或者返还被查封、扣押或冻结的财产。

此外，刑事诉讼法第 282 条还规定："人民法院经审理，对经查证属于违法所得及其他涉案财产，除依法返还被害人的以外，应当裁定予以没收；对不属于应当追缴的财产的，应当裁定驳回申请，解除查封、扣押、冻结措施。对于人民法院依照前款规定作出的裁定，犯罪嫌疑人、被告人的近亲属和其他利害关系人或者人民检察院可以提出上诉、抗诉。"第 283 条规定："……没收犯罪嫌疑人、被告人财产确有错误的，应当予以返还、赔偿。"这些规定表明，在没收财产的特别程序中，不属于应当追缴范围的财产依然受到法律的保护。对于不属于应当追缴的财产，人民检察院提出没收申请的，人民法院应当裁定驳回，已经查封、扣押、冻结的，应当予以解除；人民法院裁定没收的，犯罪嫌疑人、被告人的近亲属和其他利害关系人有权提出上诉；已经被没收的，犯罪嫌疑人、被告人的近亲属和其他利害关系人有权要求返还，财产受到损失的，有权要求赔偿。

8. 解除或者变更强制措施的申请权

在刑事诉讼中，司法机关有权对犯罪嫌疑人、被告人采取强制措施，但是犯罪嫌疑人、被告人具有申请解除或者变更强制措施的权利。

刑事诉讼法第 95 条规定："犯罪嫌疑人、被告人及其法定代理人、近亲属或者辩护人有权申请变更强制措施。人民法院、人民检察院和公安机关收到申请后，应当在三日以内作出决定；不同意变更强制措施的，应当告知申请人，并说明不同意的理由"；第 96 条规定："犯罪嫌疑人、被告人被羁押的案件，不能在本法规定的侦查羁押、审查起诉、一审、二审期限内办结的，对犯罪嫌疑人、被告人应当予以释放；需要继续查证、审理的，对犯罪嫌疑人、被告人可以取保候审或者监视居住"；第 97 条规定："人民法院、人民检察院或者公安机关对被采取强制措施法定期限届满的犯罪嫌疑人、被告人，应当予以释放、解除取保候审、监视居住或者依法变更强制措施。犯罪嫌疑人、被告人及其法定代理人、近亲属或者辩护人对于人民法院、人民检察院或者公安机关采取强制措施法定期限届满的，有权要求解除强制措施。"

为了保障这项权利的行使，刑事诉讼法第 115 条特别规定："当事人和辩护人、诉讼代理人、利害关系人对于司法机关及其工作人员有下列行为之一的，有权向该机关申诉或者控告：（一）采取强制措施法定期限届满，不予以释放、解除或者变更的；……受理申诉或者控告的机关应当及时处理。对处理不服的，可以向同级人民检察院申诉；人民检察院直接受理的案件，可以向上一级人民检察院申诉。人民检察院对申诉应当及时进行审查，情况属实的，通知有关机关予以纠正。"

9. 不公开审理的申请权

刑事诉讼法第 183 条规定："人民法院审判第一审案件应当公开进行。但是有关国家秘密或者个人隐私的案件，不公开审理；涉及商业秘密的案件，当事人申请不公开审理的，可以不公开审理。不公开审理的案件，应当当庭宣布不公开审理的理由。"根据这个规定，被告人对于涉及其商业秘密的案件，有权申请不公开审理。

10. 排除非法证据的申请权

刑事诉讼法第 54 条规定："采用刑讯逼供等非法方法收集

的犯罪嫌疑人、被告人供述和采用暴力、威胁等非法方法收集的证人证言、被害人陈述，应当予以排除。收集物证、书证不符合法定程序，可能严重影响司法公正的，应当予以补正或者作出合理解释；不能补正或者作出合理解释的，对该证据应当予以排除"；第56条规定："当事人及其辩护人、诉讼代理人有权申请人民法院对以非法方法收集的证据依法予以排除。申请排除以非法方法收集的证据的，应当提供相关线索或者材料。"根据这个规定，犯罪嫌疑人、被告人，如果在侦查期间受到刑讯逼供的，有权申请人民法院对以非法方法收集的证据予以排除。

11. 重新鉴定的申请权

犯罪嫌疑人、被告人在诉讼过程中对用作证据的鉴定意见，有权申请补充鉴定或者重新鉴定。刑事诉讼法第164条规定："侦查机关应当将用作证据的鉴定意见告知犯罪嫌疑人、被害人。如果犯罪嫌疑人、被害人提出申请，可以补充鉴定或者重新鉴定"；第192条规定："法庭审理过程中，当事人和辩护人、诉讼代理人有权申请通知新的证人到庭，调取新的物证，申请重新鉴定或者勘验。公诉人、当事人和辩护人、诉讼代理人可以申请法庭通知有专门知识的人出庭，就鉴定人作出的鉴定意见提出意见。"按照这些规定，不仅在侦查阶段，侦查机关应当将用作证据的鉴定意见告知犯罪嫌疑人，犯罪嫌疑人认为鉴定意见有问题或者不完整的，有权申请补充鉴定或者重新鉴定，而且在庭审阶段，被告人也有权申请重新鉴定。

12. 质证权

（1）申请获取新的证据。刑事诉讼法第192条规定："法庭审理过程中，当事人和辩护人、诉讼代理人有权申请通知新的证人到庭，调取新的物证，申请重新鉴定或者勘验。公诉人、当事人和辩护人、诉讼代理人可以申请法庭通知有专门知识的人出庭，就鉴定人作出的鉴定意见提出意见。"根据这个规定，被告人在法庭审理过程中，有权申请通知新的证人到庭、调取新的物证，有权申请法庭通知有专门知识的人出庭，就鉴定人作出的鉴定意见提出意见。这些权利的行使，就被告人而言，就是为了对检察机关提供的证据进行质疑。

（2）辨认。刑事诉讼法第 190 条规定："公诉人、辩护人应当向法庭出示物证，让当事人辨认，对未到庭的证人的证言笔录、鉴定人的鉴定意见、勘验笔录和其他作为证据的文书，应当当庭宣读。审判人员应当听取公诉人、当事人和辩护人、诉讼代理人的意见。"这个规定，意味着被告人对于提交法庭的证据，具有进行辨认的权利，可以就证据的真实性发表自己的意见。

（3）发问。刑事诉讼法第 189 条规定："证人作证，审判人员应当告知他要如实地提供证言和有意作伪证或者隐匿罪证要负的法律责任。公诉人、当事人和辩护人、诉讼代理人经审判长许可，可以对证人、鉴定人发问。"根据这个规定，被告人在法庭上，有权向证人发问。

（4）对质。刑事诉讼法第 59 条规定："证人证言必须在法庭上经过公诉人、被害人和被告人、辩护人双方质证并且查实以后，才能作为定案的根据。"根据这个规定，证人所做的证言，被告人有权在法庭上提出质疑；证人出庭的，有权与证人对质。为了保证这项权利的行使，刑事诉讼法第 187 条专门规定："公诉人、当事人或者辩护人、诉讼代理人对证人证言有异议，且该证人证言对案件定罪量刑有重大影响，人民法院认为证人有必要出庭作证的，证人应当出庭作证。"这个规定，从某种意义上讲，就是为了保证质证权的行使。

13. 最后陈述权

刑事诉讼法第 193 条第 3 款特别规定："审判长在宣布辩论终结后，被告人有最后陈述的权利。"这是法律赋予被告人的一项重要权利，即最后陈述权。在法庭调查和法庭辩论结束后，被告人有权就针对自己所展开的法庭审理情况发表总结性的意见，并且这种意见，不容其他诉讼参与人包括公诉人的反驳（当然，法庭是否采纳被告人的最后陈述意见，取决于审判人员的认识）。

14. 反诉权

在自诉案件中，被告人具有反诉的权利。所谓自诉案件是指被害人直接向人民法院提起控诉的案件。自诉案件包括下列案件：（一）告诉才处理的案件；（二）被害人有证据证明的轻微刑事案件；（三）被害人有证据证明对被告人侵犯自己人身、财产权利的行为应当依法追究刑事责任，而公安机关或者人民检察院不予追究被告人刑事责任的案件。在这些案件中，由于原告人是作为独立的个人向法庭提起刑事诉讼的，被告人就可以反过来把原告人作为被告人向法院提出刑事诉讼，指控自诉案件的原告人犯罪。

刑事诉讼法第 207 条规定："自诉案件的被告人在诉讼过程中，可以对自诉人提起反诉。反诉适用自诉的规定。"在自诉案件中，被告人作为被指控犯罪的人，有权对原告人提出犯罪的指控。当然，这种反诉必须有一定的事实根据。

15. 上诉权

上诉权是被告人的一项重要权利。被告人行使上诉权，可以直接引起刑事案件二审程序的启动。

刑事诉讼法第 216 条规定："被告人、自诉人和他们的法定代理人，不服地方各级人民法院第一审的判决、裁定，有权用书状或者口头向上一级人民法院上诉。被告人的辩护人和近亲属，经被告人同意，可以提出上诉。附带民事诉讼的当事人和他们的法定代理人，可以对地方各级人民法院第一审的判决、裁定中的附带民事诉讼部分，提出上诉。对被告人的上诉权，不得以任何借口加以剥夺。"为了保障被告人上诉权的行使，刑事诉讼法第 226 条特别规定："第二审人民法院审理被告人或者他的法定代理人、辩护人、近亲属上诉的案件，不得加重被告人的刑罚。第二审人民法院发回原审人民法院重新审判的案件，除有新的犯罪事实，人民检察院补充起诉的以外，原审人民法院也不得加重被告人的刑罚。人民检察院提出抗诉或者自诉人提出上诉的，不受前款规定的限制。""上诉不加刑"原则的确立，就是为了防止被告人因担心被加重刑罚而不敢上诉，以保障其上诉权的行使。

16. 控告权

在刑事诉讼过程中，犯罪嫌疑人、被告人的权利如果受到不应有的侵害，有权向有关机关提出控告。

刑事诉讼法第 14 条规定："人民法院、人民检察院和公安机关应当保障犯罪嫌疑人、被告人和其他诉讼参与人依法享有的辩护权和其他诉讼权利。诉讼参与人对于审判人员、检察人员和侦查人员侵犯公民诉讼权利和人身侮辱的行为，有权提出控告。"这里所指的诉讼参与人，首先就是犯罪嫌疑人、被告人，因为犯罪嫌疑人、被告人作为刑事诉讼的对象，是始终参与刑事诉讼的人，也是权利最容易受到公权力侵犯的人。

此外，刑事诉讼法第 115 条还规定："当事人和辩护人、诉讼代理人、利害关系人对于司法机关及其工作人员有下列行为之一的，有权向该机关申诉或者控告：（一）采取强制措施法定期限届满，不予以释放、解除或者变更的；（二）应当退还取保候审保证金不退还的；（三）对与案件无关的财物采取查封、扣押、冻结措施的；（四）应当解除查封、扣押、冻结不解除的；（五）贪污、挪用、私分、调换、违反规定使用查封、扣押、冻结的财物的。受理申诉或者控告的机关应当及时处理。对处理不服的，可以向同级人民检察院申诉；人民检察院直接受理的案件，可以向上一级人民检察院申诉。人民检察院对申诉应当及时进行审查，情况属实的，通知有关机关予以纠正。"这个规定，不仅意味着犯罪嫌疑人、被告人有权就司法机关及其工作人员的不当行为向有关机关提出控告，而且意味着在有关机关不处理或者犯罪嫌疑人被告人对处理结果不服时，有权向检察机关提出申诉。

17. 申诉权

被告人对人民法院的生效判决、裁定不服时，有提出申诉的权利。刑事诉讼法第 241 条规定："当事人及其法定代理人、近亲属，对已经发生法律效力的判决、裁定，可以向人民法院或者人民检察院提出申诉，但是不能停止判决、裁定的执行"；第 242 条规定："当事人及其法定代理人、近亲属的申诉符合下列情形之一的，人民法院应当重新审判：（一）有新的证据证明原判决、裁定认定的事实确有错误，可能影响定罪量刑的；（二）据以定罪量刑的证据不确实、不充分、依法应当予以排除，或者证明案件事实的主要证据之间存在矛盾的；（三）原判决、裁定适用法律确有错误的；（四）违反法律规定的诉讼程序，可能影响公正审判的；（五）审判人员在审理该案件的时候，有贪污受贿，徇私舞弊，枉法裁判行为的。"

18. 索赔权

根据《国家赔偿法》的规定，被告人在刑事诉讼中因被追诉而遭受到不应有的损害时，有权申请国家赔偿。

《国家赔偿法》第 17 条规定："行使侦查、检察、审判职权的机关以及看守所、监狱管理机关及其工作人员在行使职权时有下列侵犯人身权情形之一的，受害人有取得赔偿的权利：（一）违反刑事诉讼法的规定对公民采取拘留措施的，或者依照刑事诉讼法规定的条件和程序对公民采取拘留措施，但是拘留时间超过刑事诉讼法规定的时限，其后决定撤销案件、不起诉或者判决宣告无罪终止追究刑事责任的；（二）对公民采取逮捕措施后，决定撤销案件、不起诉或者判决宣告无罪终止追究刑事责任的；（三）依照审判监督程序再审改判无罪，原判刑罚已经执行的；（四）刑讯逼供或者以殴打、虐待等行为或者唆使、放纵他人以殴打、虐待等行为造成公民身体伤害或者死亡的；（五）违法使用武器、警械造成公民身体伤害或者死亡的。"根据这个规定，犯罪嫌疑人、被告人，一旦被人民法院的生效判决（包括一审生效判决、二审终审判决、再审判决）宣告无罪，或者人民检察院对案件作出了不起诉决定，或者案件被撤销，在诉讼过程中被拘留或者逮捕的，都有权申请国家赔偿。犯罪嫌疑人、被告人，因被刑讯逼供或殴打、虐待等行为，或者因司法工作人员违法使用武器、警械等行为，造成身体伤害的，有权申请国家赔偿；因上述行为造成死亡的，其亲属可以代为申请国家赔偿。

此外，国家赔偿法第 18 条还规定："行使侦查、检察、审判职权的机关以及看守所、监狱管理机关及其工作人员在行使职权时有下列侵犯财产权情形之一的，受害人有取得赔偿的权利：（一）违法对财产采取查封、扣押、冻结、追缴等措施的；（二）依照审判监督程序再审改判无罪，原判罚金、没收财产已经执行的。"根据这个规定，犯罪嫌疑人、被告人，对于司法机关及其工作人员违法采取查封、扣押、冻结、追缴等措施的，有权申请国家赔偿；犯罪嫌疑人、被告人经再审程序被改判无罪的，如果原判罚金、没收财产已经执行，就有权申请国家赔偿，以弥补其受到的财产损失。

三、刑诉法关于被害人权利的规定

被害人是直接受到犯罪行为侵害的人，他不仅对整个案件的经过、犯罪人的样貌、犯罪人的作案手段等情况有所了解，而且与案件有着直接的利害关系，刑事诉讼的结果将会严重影响到被害人的利益。因此，刑事诉讼法在保障被告人权利的同时，对被害人的权利也进行充分的保护。关于被害人在刑事诉讼中的权利，2012 年刑事诉讼法的规定主要有 18 个方面：

1. 控告权

刑事诉讼法第 108 条规定："……被害人对侵犯其人身、财产权利的犯罪事实或者犯罪嫌疑人，有权向公安机关、人民检察院或者人民法院报案或者控告"；第 109 条规定："报案、控告、举报可以用书面或者口头提出。接受口头报案、控告、举报的工作人员，应当写成笔录，经宣读无误后，由报案人、控告人、举报人签名或者盖章。接受控告、举报的工作人员，应当向控告人、举报人说明诬告应负的法律责任。但是，只要不是捏造事实，伪造证据，即使控告、举报的事实有出入，甚至是错告的，也要和诬告严格加以区别。公安机关、人民检察院或者人民法院应当保障报案人、控告人、举报人及其近亲属的安全。报案人、控告人、举报人如果不愿公开自己的姓名和报案、控告、举报的行为，应当为他保守秘密。"这些规定表明，被害人不但具有报案、控告的权利，而且公安机关、人民检察院、人民法院都有义务保障被害人及其近亲属的安全不因报案或者控告而受到威胁或者损伤。被害人报案或者控告的犯罪事实即使与实际情况有出入，只要不是诬告，就不承担法律责任。

2. 提起附带民事诉讼的权利

被害人由于被告人的犯罪行为而遭受物质损失的，在刑事诉讼过程中，有权要求被告人予以补偿。

（1）提起附带民事诉讼。刑事诉讼法第 99 条规定："被害人由于被告人的犯罪行为而遭受物质损失的，在刑事诉讼过程中，有权提起附带民事诉讼。被害人死亡或者丧失行为能力的，被害人的法定代理人、近亲属有权提起附带民事诉讼。"这个规定意味着，被害人因被告人的犯罪行为而遭受物质损失时，在整个刑事诉讼过程（通常应当是在法庭审理前）中，都有权提起附带民事诉讼。如果被害人因为死亡或者丧失行为能力而不能自己提起，他的法定代理人或者近亲属有权提起附带民事诉讼。

（2）申请财产保全。在附带民事诉讼案件中，如果被害人及其法定代理人、近亲属发现被告人及其近亲属有转移财产的可能时，有权向人民法院申请保全措施。刑事诉讼法第 100 条规定："人民法院在必要的时候，可以采取保全措施，查封、扣押或者冻结被告人的财产。附带民事诉讼原告人或者人民检察院可以申请人民法院采取保全措施。人民法院采取保全措施，适用民事诉讼法的有关规定。"根据这个规定，被害人及其法定代理人、近亲属作为附带民事诉讼的原告人，有权申请人民法院采取保全措施，查封、扣押、冻结被告人的财产。

（3）撤回附带民事诉讼。刑事诉讼法第 101 条规定："人民法院审理附带民事诉讼案件，可以进行调解，或者根据物质损失情况作出判决、裁定。"这个规定意味着，在人民法院审理附带民事诉讼案件的过程中，被害人及其法定代理人、近亲属有权接受人民法院的调解，撤回民事诉讼，也有权坚持自己的诉讼请求，继续民事诉讼。

3. 自诉权

（1）提起自诉的权利。被害人在受到犯罪行为的侵害后，除了有权向司法机关报案或者控告之外，对于符合自诉条件的案件，有权直接向人民法院提起自诉。刑事诉讼法第 204 条规定："自诉案件包括下列案件：（一）告诉才处理的案件；（二）被害人有证据证明的轻微刑事案件；（三）被害人有证据证明对被告人侵犯自己人身、财产权利的行为应当依法追究刑事责任，而公安机关或者人民检察院不予追究被告人刑事责任的案件。"按照这个规定，被害人不仅对刑法中规定的告诉才处理的案件，有权提起自诉，而且对于有证据证明的轻微刑事案件也有权提起自诉，特别是对于有证据证明被告人实施了侵犯自己的人身权利或财产权利的行为应当追究刑事责任，而公安机关或者人民检察院不予追究被告人刑事责任的，有权向人民法院提起自诉。

（2）代位起诉的权利。为了保障被害人提起自诉的权利，刑事诉讼法第 112 条特别规定："对于自诉案件，被害人有权向人民法院直接起诉。被害人死亡或者丧失行为能力的，被害人的法定代理人、近亲属有权向人民法院起诉。人民法院应当依法受理。"这个规定，意味着当被害人不能亲自向人民法院提起自诉时，他的法定代理人、近亲属有权代替被害人向人民法院提起自诉。对代为起诉的自诉案件，人民法院有义务受理。

（3）撤诉的权利。刑事诉讼法第 206 条规定："人民法院对自诉案件，可以进行调解；自诉人在宣告判决前，可以同被告人自行和解或者撤回自诉。本法第二百零四条第三项规定的案件不适用调解。"这个规定意味着，在自诉案件中，被害人作为原告人，有接受人民法院的调解，与被告人达成和解的权利，也有不接受调解、拒绝与被告人和解的权利；有撤回自诉、放弃诉讼的权利，也有坚持自己的诉讼主张，要求法院裁判的权利。

4. 代理诉讼的委托权

刑事诉讼法第 44 条规定："公诉案件的被害人及其法定代理人或者近亲属，附带民事诉讼的当事人及其法定代理人，自案件移送审查起诉之日起，有权委托诉讼代理人。自诉案件的自诉人及其法定代理人，附带民事诉讼的当事人及其法定代理人，有权随时委托诉讼代理人。人民检察院自收到移送审查起诉的案件材料之日起三日以内，应当告知被害人及其法定代理人或者其近亲属、附带民事诉讼的当事人及其法定代理人有权委托诉讼代理人。人民法院自受理自诉案件之日起三日以内，应当告知自诉人及其法定代理人、附带民事诉讼的当事人及其法定代理人有权委托诉讼代理人。"按照这个规定，被害人委托诉讼代理人的权利包括三种情况：一是在公诉案件中委托诉讼代理人参与诉讼；二是在刑事附带民事诉讼案件中作为原告人委托诉讼代理人参与诉讼；三是在自诉案件中作为原告人委托诉讼代理人参与诉讼。人民检察院在受理审查起诉案件之后、人民法院在受理案件之后，有义务及时告知被害人要求委托诉讼代理人，以提示被害人行使自己的权利。

5. 申请回避的权利

由于案件的诉讼结果对被害人也有重大的利害关系，所以被害人也有权申请审判人员、检察人员、侦查人员、书记员、翻译人员和鉴定人回避。刑事诉讼法关于犯罪嫌疑人、被告人申请回避的权利，完全适用于被害人，也就是说，被害人与被告人具有同等的申请回避权。

6. 监督立案的权利

被害人认为公安机关对应当立案侦查的案件而不立案侦查的，有权向人民检察院提出。人民检察院经审查，认为被害人要求立案的理由成立的，应当要求公安机关说明不立案的理由。对此，刑事诉讼法第 111 条规定："人民检察院认为公安机关对应当立案侦查的案件而不立案侦查的，或者被害人认为公安机关对应当立案侦查的案件而不立案侦查，向人民检察院提出的，人民检察院应当要求公安机关说明不立案的理由。人民检察院认为公安机关不立案理由不能成立的，应当通知公安机关立案，公安机关接到通知后应当立案。"

7. 取证许可权

在刑事诉讼过程中，辩护律师具有一定的调查权，但是如果要向被害人取证，不仅必须经过人民检察院或者人民法院的许可，而且必须经过被害人的同意。刑事诉讼法第 41 条第 2 款规定："辩护律师经人民检察院或者人民法院许可，并且经被害人或者其近亲属、被害人提供的证人同意，可以向他们收集与本案有关的材料。"这个规定本身意味着，被害人要求拒绝向被告人的辩护律师提供与本案有关的材料。如果被害人不同意向被告人的辩护律师提供证据材料，辩护律师就不得强求被害人。

8. 申请排除非法证据的权利

刑事诉讼法有关申请排除非法证据的权利，不仅适用于被告人，而且适用于被害人。刑事诉讼法第 56 条规定："……当事人及其辩护人、诉讼代理人有权申请人民法院对以非法方法收集的证据依法予以排除。申请排除以非法方法收集的证据的，应当提供相关线索或者材料。"

9. 申请重新鉴定的权利

刑事诉讼法第 146 条规定："侦查机关应当将用作证据的鉴定意见告知犯罪嫌疑人、被害人。如果犯罪嫌疑人、被害人提出申请，可以补充鉴定或者重新鉴定"；第 192 条规定："法庭审理过程中，当事人和辩护人、诉讼代理人有权申请通知新的证人到庭，调取新的物证，申请重新鉴定或者勘验。公诉人、当事人和辩护人、诉讼代理人可以申请法庭通知有专门知识的人出庭，就鉴定人作出的鉴定意见提出意见。"按照这些规定，不仅在侦查阶段，侦查机关应当将用作证据的鉴定意见告知被害人，被害人认为鉴定意见有问题或者不完整的，有权申请补充鉴定或者重新鉴定，而且在庭审阶段，被害人作为当事人也有权申请通知新的证人到庭，调取新的物证，申请重新鉴定或者勘验。

10. 申请不公开审理的权利

刑事诉讼法第 183 条规定："人民法院审判第一审案件应当公开进行。但是有关国家秘密或者个人隐私的案件，不公开审理；涉及商业秘密的案件，当事人申请不公开审理的，可以不公开审理。"这个规定同样适用于被害人。被害人作为刑事诉讼的当事人，如果认为案件涉及自己的商业秘密或个人隐私时，就有权申请人民法院不公开审理该案件。

11. 人格尊严不受侵犯的权利

刑事诉讼法第 130 条规定："为了确定被害人、犯罪嫌疑人的某些特征、伤害情况或者生理状态，可以对人身进行检查，可以提取指纹信息，采集血液、尿液等生物样本。……检查妇女的身体，应当由女工作人员或者医师进行。"这个规定意味着，被害人的人格尊严受到保护，在检查女性被害人的时候，必须由女工作人员进行。

12. 受保护的权利

刑事诉讼法第 62 条规定："对于危害国家安全犯罪、恐怖活动犯罪、黑社会性质的组织犯罪、毒品犯罪等案件，证人、鉴定人、被害人因在诉讼中作证，本人或者其近亲属的人身安全面临危险的，人民法院、人民检察院和公安机关应当采取以下一项或者多项保护措施：（一）不公开真实姓名、住址和工作单位等个人信息；（二）采取不暴露外貌、真实声音等出庭作证措施；（三）禁止特定的人员接触证人、鉴定人、被害人及其近亲属；（四）对人身和住宅采取专门性保护措施；（五）其他必要的保护措施。证人、鉴定人、被害人认为因在诉讼中作证，本人或者其近亲属的人身安全面临危险的，可以向人民法院、人民检察院、公安机关请求予以保护。"这个规定表明，被害人因在刑事诉讼中作证，本人或者其近亲属的人身安全面临危险时，有权请求司法机关予以保护。

13. 发表意见的权利

在刑事诉讼过程中，被害人对案件的处理始终具有发表意见的权利。这种权利包括：

（1）在审查起诉阶段发表意见。刑事诉讼法第 170 条规定："人民检察院审查案件，应当讯问犯罪嫌疑人，听取辩护人、被害人及其诉讼代理人的意见，并记录在案。辩护人、被害人及其诉讼代理人提出书面意见的，应当附卷。"这个规定意味着，被害人及其诉讼代理人，在人民检察院审查案件的过程中有权发表意见，人民检察院必须听取被害人及其诉讼代理人的意见。

（2）在庭审阶段发表意见。在法庭审理阶段，被害人作为当事人，有出席法庭的权利，也有在法庭审理过程中发表意见的权利。并且，这种权利是多方面的。刑事诉讼法第 186 条规

49

定："公诉人在法庭上宣读起诉书后，被告人、被害人可以就起诉书指控的犯罪进行陈述，公诉人可以讯问被告人。被害人、附带民事诉讼的原告人和辩护人、诉讼代理人，经审判长许可，可以向被告人发问"；第187条规定："公诉人、当事人或者辩护人、诉讼代理人对证人证言有异议，且该证人证言对案件定罪量刑有重大影响，人民法院认为证人有必要出庭作证的，证人应当出庭作证。……公诉人、当事人或者辩护人、诉讼代理人对鉴定意见有异议，人民法院认为鉴定人有必要出庭的，鉴定人应当出庭作证"；第189条规定："……公诉人、当事人和辩护人、诉讼代理人经审判长许可，可以对证人、鉴定人发问"；第190条规定："公诉人、辩护人应当向法庭出示物证，让当事人辨认，对未到庭的证人的证言笔录、鉴定人的鉴定意见、勘验笔录和其他作为证据的文书，应当当庭宣读。审判人员应当听取公诉人、当事人和辩护人、诉讼代理人的意见"；第192条规定："法庭审理过程中，当事人和辩护人、诉讼代理人有权申请通知新的证人到庭，调取新的物证，申请重新鉴定或者勘验。公诉人、当事人和辩护人、诉讼代理人可以申请法庭通知有专门知识的人出庭，就鉴定人作出的鉴定意见提出意见"；第193条规定："……经审判长许可，公诉人、当事人和辩护人、诉讼代理人可以对证据和案件情况发表意见并且可以互相辩论。"

这些规定表明，在法庭审理阶段，被害人作为当事人出席法庭时，有权向被告人发问，有权向证人发问，有权对鉴定意见提出异议，有权对未到庭的证人证言笔录、鉴定意见、勘验笔录和其他作为证据的文书发表意见，有权对专家证人作出的鉴定意见提出意见，有权对证据和案件情况发表意见并且可以互相辩论。

此外，被害人也有审核庭审笔录的权利。刑事诉讼法第201条规定："法庭审判的全部活动，应当由书记员写成笔录，经审判长审阅后，由审判长和书记员签名。……法庭笔录应当交给当事人阅读或者向他宣读。当事人认为记载有遗漏或者差错的，可以请求补充或者改正。当事人承认没有错误后，应当签名或者盖章。"这个规定表明，被害人出席法庭审理的，有权对法庭笔录进行审核。

14. 对不起诉决定提出异议的权利

被害人对人民检察院的不起诉决定不服的，有权提出异议。这种提出异议的权利，既包括向上一级人民检察院申诉，请求提起公诉，也包括直接向人民法院起诉。对此，刑事诉讼法第176条规定："对于有被害人的案件，决定不起诉的，人民检察院应当将不起诉决定书送达被害人。被害人如果不服，可以自收到决定书后七日以内向上一级人民检察院申诉，请求提起公诉。人民检察院应当将复查决定告知被害人。对人民检察院维持不起诉决定的，被害人可以向人民法院起诉。被害人也可以不经申诉，直接向人民法院起诉。人民法院受理案件后，人民检察院应当将有关案件材料移送人民法院。"

此外，刑事诉讼法第271条规定："人民检察院在作出附条件不起诉的决定以前，应当听取公安机关、被害人的意见。对附条件不起诉的决定，公安机关要求复议、提请复核或者被害人申诉的，适用本法第一百七十五条、第一百七十六条的规定。"这个规定意味着，人民检察院对未成年犯罪嫌疑人作出附条件不起诉决定的，被害人不但有权在作出决定前提出意见，而且在人民检察院作出附条件不起诉决定之后，如果对该决定不服，有权向上一级人民检察院提出申诉，或者直接向人民法院起诉。

15. 对裁判结果提出异议的权利

（1）获得判决书的权利。被害人作为刑事诉讼的当事人，有权获知人民法院对案件的裁判结果。刑事诉讼法第 196 条规定："宣告判决，一律公开进行。当庭宣告判决的，应当在五日以内将判决书送达当事人和提起公诉的人民检察院；定期宣告判决的，应当在宣告后立即将判决书送达当事人和提起公诉的人民检察院。判决书应当同时送达辩护人、诉讼代理人。"

（2）请求抗诉的权利。被害人及其法定代理人不服各级人民法院的第一审判决的，有权请求人民检察院提起抗诉。第 218 条规定："被害人及其法定代理人不服地方各级人民法院第一审的判决的，自收到判决书后五日以内，有权请求人民检察院提出抗诉。人民检察院自收到被害人及其法定代理人的请求后五日以内，应当作出是否抗诉的决定并且答复请求人。"

（3）提起上诉的权利。在自诉案件中，被害人作为原告人，有权对地方各级人民法院的第一审判决提起上诉；在附带民事诉讼案件中，被害人作为原告人，有权对地方各级人民法院的第一审判决、裁定的附带民事诉讼部分提出上诉。对此，刑事诉讼法第 216 条规定："被告人、自诉人和他们的法定代理人，不服地方各级人民法院第一审的判决、裁定，有权用书状或者口头向上一级人民法院上诉。……附带民事诉讼的当事人和他们的法定代理人，可以对地方各级人民法院第一审的判决、裁定中的附带民事诉讼部分，提出上诉。"

（4）申诉的权利。被害人及其法定代理人对已经发生法律效力的判决、裁定有权向人民法院或人民检察院提出申诉。刑事诉讼法第 241 条规定："当事人及其法定代理人、近亲属，对已经发生法律效力的判决、裁定，可以向人民法院或者人民检察院提出申诉，但是不能停止判决、裁定的执行"；第 242

条规定："当事人及其法定代理人、近亲属的申诉符合下列情形之一的，人民法院应当重新审判：（一）有新的证据证明原判决、裁定认定的事实确有错误，可能影响定罪量刑的；（二）据以定罪量刑的证据不确实、不充分、依法应当予以排除，或者证明案件事实的主要证据之间存在矛盾的；（三）原判决、裁定适用法律确有错误的；（四）违反法律规定的诉讼程序，可能影响公正审判的；（五）审判人员在审理该案件的时候，有贪污受贿，徇私舞弊，枉法裁判行为的。"

（5）申请复议的权利。刑事诉讼法第287条规定："……被决定强制医疗的人、被害人及其法定代理人、近亲属对强制医疗决定不服的，可以向上一级人民法院申请复议。"根据这个规定，人民法院决定对被告人采取强制医疗的，如果被害人不服该决定，就有权向上一级人民法院申请复议。

16. 与被告人和解的权利

新的刑事诉讼法在特别程序中专门规定了刑事和解程序。刑事和解程序的进行，在很大程度上取决于被害人是否愿意行使与被告人和解的权利。

刑事诉讼法第277条规定："下列公诉案件，犯罪嫌疑人、被告人真诚悔罪，通过向被害人赔偿损失、赔礼道歉等方式获得被害人谅解，被害人自愿和解的，双方当事人可以和解：（一）因民间纠纷引起，涉嫌刑法分则第四章、第五章规定的犯罪案件，可能判处三年有期徒刑以下刑罚的；（二）除渎职犯罪以外的可能判处七年有期徒刑以下刑罚的过失犯罪案件"；第278条规定："双方当事人和解的，公安机关、人民检察院、人民法院应当听取当事人和其他有关人员的意见，对和解的自愿性、合法性进行审查，并主持制作和解协议书。"这些规定表明，刑事和解的基本条件是犯罪嫌疑人、被告人真诚悔罪，通过向被害人赔偿损失、赔礼道歉等方式获得被害人谅解，被害人自愿和解的。如果犯罪嫌疑人、被告人没有获得被害人的谅解，被害人不愿意和解的，刑事和解就不可能进行。因此，是否愿意与犯罪嫌疑人、被告人和解，是被害人的一项重要权利。

17. 要求返还财产的权利

公安机关、人民检察院、人民法院扣押、冻结的犯罪嫌疑人、被告人的财物及其孳息，属于被害人合法财产的，被害人有权要求及时返还。刑事诉讼法第 234 条规定："公安机关、人民检察院和人民法院对查封、扣押、冻结的犯罪嫌疑人、被告人的财物及其孳息，应当妥善保管，以供核查，并制作清单，随案移送。任何单位和个人不得挪用或者自行处理。对被害人的合法财产，应当及时返还。"

18. 要求法定代理人在场的权利

刑事诉讼法在未成年人刑事案件的特别程序中，专门规定了讯问犯罪嫌疑人、被告人时法定代理人或者合适成年人到场的制度。其第 270 条第 5 款特别规定：该制度适用于询问未成年被害人。

四、检察机关在保障人权中的责任

对于刑事诉讼中的人权保障，公安机关、检察机关、审判机关和刑罚执行机关都负有责任，但是检察机关的责任更大。因为第一，虽然公、检、法和刑罚执行机关都是刑事诉讼的主体，但是其他机关都是只参与刑事诉讼的一个阶段，执行特定的诉讼任务，唯有检察机关参与刑事诉讼的全过程，对每一个诉讼阶段中的人权保障都负有责任；第二，虽然公、检、法和刑罚执行机关都参与刑事诉讼，但是其他机关都是单方面执行刑事诉讼法规定的任务的，唯有检察机关是在控辩双方的对抗中执行刑事诉讼法的任务的，需要更加尊重当事人的权利；第三，检察机关不仅作为诉讼主体参与刑事诉讼，而且作为国家的法律监督机关监督其他机关遵守和执行刑事诉讼法，对于其他机关在刑事诉讼中保障人权的情况实行法律监督，对于违反法律规定侵犯当事人诉讼权利的行为，有权提出纠正意见。因此，刑事诉讼中人权保障的程度，在很大程度上取决于检察机关履行职责的情况。

新刑事诉讼法实施以来，全国各级检察机关把尊重和保障人权作为规范司法行为的一个重要方面，认真贯彻执行刑事诉讼法中有关保障人权的规定，严格遵守刑事诉讼规则，大大改善了我们国家在刑事诉讼中保障人权的状况。但是也要看到，在刑事诉讼中，公权力面对私权利时总有一种优越感，特别是长期以来形成的"重打击、轻保护"，片面强调追诉犯罪的执法理念，依然影响着刑事诉讼中的人权保障，检察机关在刑事诉讼中保障人权的任务依然艰巨，责任十分重大。切实担负起这种责任，需要付出更多的努力。在这方面，需要正确处理三个关系：

（一）完成诉讼任务与保障人权的关系

检察机关在刑事诉讼中担负着繁重的任务，受到四个方面的压力。一是来自公安机关的压力。公安机关担负着维护社会治安的重大责任。一旦发生重大犯罪，公安机关迫于社会各个方面的压力，必须尽快破案，锁定犯罪嫌疑人，并尽可能快地收集犯罪嫌疑人犯罪的证据，以便移交检察机关审查起诉。公安机关由于时间紧迫，警力有限，以及技术装备、侦查能力等方面的限制，所能收集到的证据往往是有限的。而案件一旦移送到检察机关，就希望检察机关能够依法提起公诉，追究犯罪嫌疑人、被告人的刑事责任。但是，对于证据有瑕疵或者不够确实充分的案件，检察机关面临着起诉不能、退回补充侦查不力、自行侦查困难的窘境。二是来自被害人的压力。被害人因为受到犯罪行为的侵害，对犯罪嫌疑人、被告人自然具有切齿之恨，案件一旦移送到检察机关，无论犯罪嫌疑人、被告人是否真正的罪犯，无论证据是否确实充分，是否符合起诉的条件，都要求检察机关尽快将犯罪嫌疑人、被告人送上法庭。三是来自反腐败的压力。这些年来，我们国家反腐败斗争一直是一浪高过一浪，人民群众对腐败分子的不满，强烈要求检察机关不断加大查办腐败犯罪案件的力度，党和国家也要求检察机关依法严肃查办职务犯罪案件。这些要求，对于人员、手段、技术、条件都十分有限的检察机关来说，始终是一种巨大的压力。四是来自法庭审判的压力。检察机关提起公诉的案件必然要接受法庭审判的检验。只有案件的事实和证据完全符合法院定罪的要求，犯罪嫌疑人、被告人才能被依法追究刑事责任。如果案件的证据不够充分，程序出现瑕疵，被告人就可能被宣告无罪，检察机关提起公诉的案件就面临质量问题的诘问和国家赔偿的压力。

面对这些压力，检察机关自然而然地普遍重视诉讼任务的完成，容易忽视对犯罪嫌疑人、被告人权利的保障。在刑事诉讼中，检察机关为了完成刑事诉讼的任务，更多地关注犯罪嫌疑人、被告人有罪证据的审查判断，不大关心犯罪嫌疑人、被告人的权利是否得到应有的保障，以致长期以来形成了根深蒂固的追诉理念。

即使是在 2012 年刑事诉讼法实施以后，检察机关"重打击、轻保障"的观念和做法依然存在。

1. 受公安机关、被害人甚至是审判机关的压力，批准逮捕把关不严

对一些本来可以不需要逮捕的犯罪嫌疑人，公安机关提请批准逮捕的，检察机关往往予以批准。有的检察机关甚至受当地法院关于外地户籍的被告人不逮捕就不受理案件规定的压力，对一些罪行较轻、可能判处拘役或者缓刑的被告人也批准逮捕。刑事诉讼法虽然赋予了犯罪嫌疑人、被告人申请变更强制措施的权利，并且赋予检察机关对犯罪嫌疑人、被告人被逮捕的案件进行羁押必要性审查的权力，但是检察机关很少行使这种权力，犯罪嫌疑人、被告人被逮捕后一直关押到法庭审理结束的现象依然存在。

2. 受反腐败斗争的压力，检察机关在职务犯罪侦查中尽可能多地使用强制性侦查手段

在职务犯罪案件侦查过程中，许多地方的检察机关都千方百计地利用刑事诉讼法规定的强制措施突破案件，而较少考虑犯罪嫌疑人的权利保障。例如，在新的刑事诉讼法中，监视居住本来是作为逮捕的替代措施被规定的，也就是说，只有符合逮捕条件的犯罪嫌疑人存在刑事诉讼法第 72 条规定的 5 种情形之一的，或者符合取保候审条件，但犯罪嫌疑人、被告人不能提出保证人，也不缴纳保证金的，才可以适用监视居住。而指定居所的监视居住，适用时，不仅应当符合刑事诉讼法第 72 条规定的条件，并且必须符合该法第 73 条规定的条件，即"犯罪嫌疑人、被告人无固定住处"，或者"涉嫌危害国家安全犯罪、恐怖活动犯罪、特别重大贿赂犯罪，在住处执行可能有碍侦查的"。但是在实践中，一些地方的检察机关为了突破案件，往往采取"变通"的办法执行这些规定。

一是对没有刑事诉讼法第 75 条规定的五种情形[1]即不符合逮捕条件的犯罪嫌疑人适用指定居所的监视居住。

二是人为造成适用条件。犯罪嫌疑人本来在立案管辖的检察机关有固定住处，但是通过"指定管辖"的程序，将其变为"没有固定住处"，以便"合法"地对其进行指定居所的监视居住。

三是人为扩大"特别重大贿赂犯罪"的范围。按照刑事诉讼法的规定，在职务犯罪案件侦查过程中只有"特别重大贿赂犯罪案件"才能适用指定居所的监视居住。对"特别重大贿赂犯罪"，最高人民检察院在《人民检察院刑事诉讼规则》第 45 条中专门作了限定，即："有下列情形之一的，属于特别重大贿赂犯罪：（一）涉嫌贿赂犯罪数额在五十万元以上，犯罪情节恶劣的；（二）有重大社会影响的；（三）涉及国家重大利益的。"在实践中，许多检察机关对于只要是涉嫌贿赂犯罪数额在 50 万元以上的，无论犯罪情节是否恶劣，都适用指定居所监视居住。至于"重大社会影响""国家重大利益"，更不在考虑之列。

四是扩大适用的对象。刑事诉讼法虽然使用了"特别重大

---

[1] 刑事诉讼法第 79 条规定："对有证据证明有犯罪事实，可能判处徒刑以上刑罚的犯罪嫌疑人、被告人，采取取保候审尚不足以防止发生下列社会危险性的，应当予以逮捕：

（一）可能实施新的犯罪的；

（二）有危害国家安全、公共安全或者社会秩序的现实危险的；

（三）可能毁灭、伪造证据，干扰证人作证或者串供的；

（四）可能对被害人、举报人、控告人实施打击报复的；

（五）企图自杀或者逃跑的。

对有证据证明有犯罪事实，可能判处十年有期徒刑以上刑罚的，或者有证据证明有犯罪事实，可能判处徒刑以上刑罚，曾经故意犯罪或者身份不明的，应当予以逮捕。

被取保候审、监视居住的犯罪嫌疑人、被告人违反取保候审、监视居住规定，情节严重的，可以予以逮捕。"

贿赂犯罪案件"的用语而没有对犯罪嫌疑人作出任何限制，但是从理论上讲，指定居所监视居住适用的对象应当是受贿犯罪的犯罪嫌疑人，因为一方面贿赂犯罪无论在立法上还是在司法中打击的重点都是受贿人而不是行贿人；另一方面"特别重大"的用语本身表明立法的原意是严格限制指定居所监视居住的适用，一个行贿一二十万元又没有特别恶劣情节的人很难说是"特别重大贿赂犯罪"案件的犯罪嫌疑人。然而在实践中，有的检察机关往往把一般的行贿人作为"特别重大贿赂犯罪案件"的犯罪嫌疑人，对其适用指定居所监视居住。其理由是该案中的受贿人涉嫌受贿 50 万元以上的特别重大贿赂犯罪，所以该案中的每一个犯罪嫌疑人（甚至包括检察机关认定的"污点证人"）都可以适用指定居所监视居住。有的地方，甚至对个别牵涉贿赂犯罪的贪污案件、渎职案件的犯罪嫌疑人也适用指定居所监视居住的措施。这些做法，都在一定程度上不必要地限制了犯罪嫌疑人的人身自由。

3. 受检察资源紧缺的压力，检察机关较少适用不起诉决定

尽管刑事诉讼法规定，检察机关可以在三种情况下作出不起诉决定，特别是新刑事诉讼法专门规定了对未成年犯罪嫌疑人的附条件不起诉制度，但是在实践中，检察机关较少适用不起诉。1996 年刑事诉讼法修改以后，最高人民检察院曾要求各级检察机关作出不起诉的决定要提交检察委员会讨论决定，以便严格控制不起诉的适用。2013 年新刑事诉讼法实施以来，许多检察院几乎没有适用过附条件不起诉。其原因：

一是担心不起诉被滥用。由于相对不起诉和存疑不起诉的适用缺乏明确严格的标准，容易被用于与当事人进行私下交易或者放纵罪犯，为了防止出现"关系案""人情案""金钱案"，作出不起诉决定的权力始终由检察长或检察委员会行使。

　　二是因为人力有限。全国检察机关的公诉部门普遍存在着"案多人少"的矛盾，而办理不起诉的案件，与办理提起公诉的案件相比，需要做更多的工作，如征求公安机关的意见，做被害人的思想工作，向检察委员会说明不起诉的理由、制作不起诉的法律文书等，所以办案的检察人员对于罪行较轻的刑事案件，宁肯按程序提起公诉，不愿提出作不起诉处理的意见。

　　三是配套措施不足。按照刑事诉讼法的规定，附条件不起诉的案件必须设定 6 个月以上 1 年以下的考验期，并且在考验期内，由作出附条件不起诉决定的人民检察院对被附条件不起诉的未成年犯罪嫌疑人进行监督考察。而检察机关内部并没有专门从事这项工作的机构或人员，一旦作出附条件不起诉的决定，承办案件的检察官就要花费很长的时间来监督考察被附条件不起诉的未成年犯罪嫌疑人，在许多检察机关的公诉部门，都没有这么多的精力从事这项工作，以至于附条件不起诉的制度形同虚设。许多办案人员认为，一个附条件不起诉案件，需要听取公安机关、被害人的意见，公安机关与被害人意见不一致时，还要进行协调和汇报；需要对涉案未成年人进行不低于半年的监督考察、跟踪帮教；需要在考察前、考察后多次汇报，出具多份法律文书；需要作出两次不起诉决定，即先作出附条件不起诉决定，之后或者撤销附条件不起诉而直接起诉，或者对考察期满符合条件的再次作出不起诉决定，觉得这项工作程序复杂，工作量大，不愿适用这项制度，而宁愿选择适用程序相对简便的相对不起诉或者起诉。

　　上述情况，检察机关都不存在违反刑事诉讼法规定的行为，但是从保障人权的角度看，却不当地限制了犯罪嫌疑人、被告人的权利。对应该作出不起诉决定的犯罪嫌疑人提起公诉，本身就延长了其刑事追诉的时间，使其不能及时从刑事追诉中解脱出来。如果犯罪嫌疑人被羁押，自然会延长其被羁押的时间。而对没有必要羁押的犯罪嫌疑人予以羁押，或者对应当解除羁押的没有及时解除，应该说，都属于过度限制了犯罪嫌疑人的人身自由。指定居所监视居住实际上也是一种限制人身自由的强制措施。如果没有逮捕的必要而对其适用指定居所监视居住，同样是不必要地限制了犯罪嫌疑人的人身自由。因此，这些强制措施的过度适用或者不必要的适用，都不符合刑事诉讼中保障人权的要求。

有鉴于此，笔者认为，检察机关在刑事诉讼中，应当注意正确处理完成刑事诉讼任务与保障人权的关系。

第一，要全面理解刑事诉讼的任务。

刑事诉讼法第 2 条明确规定："中华人民共和国刑事诉讼法的任务，是保证准确、及时地查明犯罪事实，正确应用法律，惩罚犯罪分子，保障无罪的人不受刑事追究，教育公民自觉遵守法律，积极同犯罪行为作斗争，维护社会主义法制，尊重和保障人权，保护公民的人身权利、财产权利、民主权利和其他权利，保障社会主义建设事业的顺利进行。"这个规定表明，检察机关在刑事诉讼中的任务，决不仅仅是有效地追诉犯罪，惩罚犯罪分子。通过准确、及时地查明犯罪事实，惩罚犯罪分子，来教育公民自觉遵守法律，积极同犯罪行为作斗争，维护社会主义法制，保护公民的人身权利、财产权利、民主权利和其他权利，保障社会主义建设事业的顺利进行，是检察机关在刑事诉讼中的首要任务，也是公、检、法三机关的共同任务。

但是也要看到，除了这个任务之外，尊重和保障人权、保障无罪的人不受刑事追究、保障法律的正确实施，同样是检察机关在刑事诉讼中的重要任务。

因此，检察机关要从客观公正的立场出发来完成刑事诉讼的任务，不能仅仅从追诉犯罪的立场出发去履行自己的诉讼职能。要把追诉犯罪和保障人权都作为刑事诉讼的任务来完成，在二者之间保持必要的平衡。一方面，在追诉犯罪的过程中要考虑保障犯罪嫌疑人、被告人及其他诉讼参与人的权利，让他们有充分地行使权利、发表意见的机会，尊重和重视他们行使权利的行为；另一方面要积极主动地收集和审查证据，尽可能地去发现案件的事实真相，使真正的犯罪分子受到法律的制裁，使无罪的人及时从刑事诉讼中解脱出来。不能一味地强调打击犯罪，一味地考虑如何使有罪的人受到应有的惩罚，而忽视了犯罪嫌疑人、被告人的权利，更不能忽视对被害人、证人、辩护人及其他诉讼参与人的权利保障。这是现代刑事诉讼的基本要求，也是全国推进依法治国的本质要求。

第二，严格掌握强制措施的条件。

强制措施是为了保证刑事诉讼的顺利进行不得已时采取的限制犯罪嫌疑人、被告人一定权利的临时措施。特别是逮捕和指定居所监视居住，都在一定程度上限制了犯罪嫌疑人、被告人人身自由，因此应当极为慎重地使用。对于没有逮捕必要的犯罪嫌疑人、被告人，就不应该适用逮捕的强制措施。对此，2012 年刑事诉讼法进一步明确规定了逮捕的条件。在实践中，检察机关审查批准逮捕或者决定逮捕，应当按照刑事诉讼法的规定严格掌握逮捕的适用条件。对于确实具有刑事诉讼法第 79 条规定的社会危险性，并且有证据证明采取取保候审、监视居住不足以防止发生这种社会危险性的犯罪嫌疑人、被告人，应当及时批准或者决定逮捕，但是对于没有法律规定的社会危险性的犯罪嫌疑人、被告人，不能仅仅因为其涉嫌犯罪的行为可能判处徒刑以上刑罚，就予以批准或者决定逮捕，更不能因为犯罪嫌疑人、被告人在本地没有户籍就批准或者决定逮捕。指定居所监视居住作为逮捕的替代措施，更应当慎重使用。这不仅是因为刑事诉讼法对指定居所监视居住规定了严格的适用条件，而且这个措施的使用需要投入更多的人力物力，具有更大的办案风险。最大限度地减少指定居所监视居住的适用，不仅是保障人权的需要，也是保证办案安全的需要。

此外，刑事诉讼法第 94 条、第 95 条明确规定，采取强制措施不当的，应当及时撤销或者变更；犯罪嫌疑人、被告人及其法定代理人、近亲属或者辩护人有权申请变更强制措施。第 115 条特别规定了对强制措施和强制性侦查措施使用不当的申诉权，并且赋予检察机关对这种申诉进行监督的职责[1]。检察机关应当认真履行这种职责，及时审查有关申诉，负责任地纠正有关机关的不当行为，保障犯罪嫌疑人、被告人的权利。

第三，及时启动羁押必要性审查。

2012 年刑事诉讼法赋予了检察机关对羁押必要性进行审查的权力。刑事诉讼法第 93 条规定："犯罪嫌疑人、被告人被逮捕后，人民检察院仍应当对羁押的必要性进行审查。对不需要继续羁押的，应当建议予以释放或者变更强制措施。有关机关应当在十日以内将处理情况通知人民检察院。"检察机关应当

---

〔1〕 刑事诉讼法第 115 条规定："当事人和辩护人、诉讼代理人、利害关系人对于司法机关及其工作人员有下列行为之一的，有权向该机关申诉或者控告：

（一）采取强制措施法定期限届满，不予以释放、解除或者变更的；

（二）应当退还取保候审保证金不退还的；

（三）对与案件无关的财物采取查封、扣押、冻结措施的；

（四）应当解除查封、扣押、冻结不解除的；

（五）贪污、挪用、私分、调换、违反规定使用查封、扣押、冻结的财物的。

受理申诉或者控告的机关应当及时处理。对处理不服的，可以向同级人民检察院申诉；人民检察院直接受理的案件，可以向上一级人民检察院申诉。人民检察院对申诉应当及时进行审查，情况属实的，通知有关机关予以纠正。"

重视这个权力的行使，以保障犯罪嫌疑人、被告人的权利。在实践中，尽管拘留或者逮捕犯罪嫌疑人、被告人是完全正确的，但是，在犯罪嫌疑人、被告人被羁押之后，由于某些情况的变化，出现了没有继续羁押的必要性，是完全可能的。如，案件证据发生重大变化，不足以证明有犯罪事实或者犯罪行为系犯罪嫌疑人、被告人所为；案件事实或者情节发生变化，犯罪嫌疑人、被告人可能被判处管制、拘役、独立适用附加刑、免予刑事处罚或者判决无罪的；犯罪嫌疑人、被告人实施社会危险性行为的可能性已被排除的；案件事实基本查清，证据已经收集固定，符合取保候审或者监视居住条件；继续羁押犯罪嫌疑人、被告人，羁押期限将超过依法可能判处的刑期的；羁押期限届满；因为案件的特殊情况或者办理案件的需要，变更强制措施更为适宜等。在这种情况下，检察机关就应当及时启动羁押必要性审查程序，监督有关机关变更强制措施，以便保障在没有必要性的情况下犯罪嫌疑人、被告人不被羁押，恢复人身自由。

第四，大胆适用不起诉决定。

刑事诉讼法规定的不起诉制度赋予了检察机关在法定条件下终结刑事诉讼的权力，而刑事诉讼的终结可以使犯罪嫌疑人、被告人从刑事追诉中解脱出来。因此，检察机关对于符合不起诉条件的案件应当及时作出不起诉的决定。实践中，有的检察机关对于证据有疑点达不到起诉标准的案件，为了转移压力，或者为了躲避被害人的诘问，勉强起诉；有的办案人员因为怕麻烦，对可以做相对不起诉的案件，也起诉了事。这样做，无疑增加了犯罪嫌疑人、被告人的诉讼成本，使其将更多的时间和精力消耗在刑事诉讼中。如果从保障人权的责任上看，检察机关对于符合不起诉条件的案件，无论是符合绝对不起诉、存疑不起诉的案件，还是对符合相对不起诉、附条件不起诉的案件，都应该及时作出不起诉的决定，并做好说服被害人的工作，使案件及时终结在检察环节。特别是对于不需要判处刑罚的轻微刑事案件，检察机关应当切实贯彻宽严相济刑事政策，及时作出不起诉的决定。这不仅可以使犯罪嫌疑人、被告人尽可能早地从刑事追诉中解脱出来，而且可以节省司法资源。

随着以审判为中心的诉讼制度改革的推进，法庭审理对证据的要求将会更加严格；法庭审理中的实质性质证将会给公诉案件带来更大的变数。检察机关应当预见到诉讼制度的这种变化，及时转变观念，调整工作思路，严格对证据的审查判断，严格排除非法证据，对于关键证据有疑点的案件，敢于作出存疑不起诉的决定，杜绝这类案件进入法庭审理。

（二）保障被告人权利与保障被害人权利的关系

在刑事诉讼中，检察机关始终面临着犯罪嫌疑人、被告人与被害人权利之间的对抗与冲突。在现代刑事诉讼中，检察机关是作为公共利益的代表者参与诉讼的，公共利益不仅包括国家利益，而且包括社会公众的利益。而社会公众的利益既包括大多数公民的利益，也包括具体的被害人的利益。因此，检察机关维护具体被害人的利益和权利，是自己的职责所在。但是，从另一方面看，检察机关作为公共利益的代表者，为了保证刑事诉讼客观公正地进行，也要维护法律赋予犯罪嫌疑人、被告人的权利。而被害人的利益和权利，与犯罪嫌疑人、被告人的权利往往是直接对立的，有时甚至是冲突的。在这二者之间，检察机关既要保障被害人的权利，又要保障犯罪嫌疑人、被告人的权利，就必须善于平衡二者之间的关系。

从一般原则上讲，正确处理保障被害人权利与保障犯罪嫌疑人、被告人权利的关系，应当做到以下几点：

第一，理解。

检察机关及其办案人员应当充分理解被害人在犯罪行为中遭受的痛苦和损失，对他们行使权利的行为尽可能地提供方便，给予支持，保障他们能够充分行使法律赋予的权利。但同时，也要理解犯罪嫌疑人、被告人行使权利的行为。他们毕竟是刑事追诉的对象，刑事诉讼的结果与他们的命运和利益密切相关。在选择诉讼行为或者作出决定的时候，应当考虑到该行为或决定对犯罪嫌疑人、被告人权利的影响，尽可能不妨碍犯罪嫌疑人、被告人行使他们的权利。

第二，尊重。

无论是对待被害人的权利还是对待犯罪嫌疑人、被告人的权利，检察机关都要尊重他们的选择。既然是权利，权利主体就有根据自己的意愿行使或者不行使这种权利的选择权。当事人自己不愿意行使其权利的时候，检察机关不能强迫其行使权利；当事人决定行使权利的时候，检察机关不能阻止其行使权利。对待被害人的权利，要尊重他的选择，如是否与被告人和解，要求赔偿的数额是多是少，包括是否提起附带民事诉讼，是否出席法庭，是否提起申诉等，检察机关及其办案人员应当告知被害人法律赋予他的权利，但不能强求他们怎么做，不能代替他们行使权利。对待犯罪嫌疑人、被告人的权利，检察机关同样要尊重当事人的选择。在告知其法律赋予的权利之后，如果当事人要求行使这种权利，检察机关就不能阻止，不能人为地给当事人行使权利设置障碍；如果当事人不愿意行使这种权利，检察机关同样不能强迫其行使这种权利。

第三，协调。

当被害人要求行使的权利与犯罪嫌疑人、被告人要求行使的权利发生冲突时，检察机关应当站在客观公正的立场上进行协调，给他们讲清楚行使权利可能带来的结果以及对方的权利，尽可能地保障双方都能行使权利，或者双方都做一些必要的让步以便都能行使自认为更重要的权利。如在伤情鉴定、损失评估、损害赔偿、被害人出庭等问题上，被害人与犯罪嫌疑人、被告人的意愿发生冲突时，检察机关不能片面地满足一方行使权利的要求而忽视另一方行使权利的要求。

从具体案件上讲，正确处理保障被害人权利与保障犯罪嫌疑人、被告人权利的关系，要考虑双方关系的具体情况。在实践中，被害人与犯罪嫌疑人、被告人的关系，有两种类型：

一是认知型。在这种类型中，被害人与加害人有过直接正面的接触，彼此能够认出对方，有的甚至彼此熟悉，能够叫出对方的名号。被害人确信犯罪嫌疑人、被告人就是加害于他的人，因此，对犯罪嫌疑人、被告人有着愤怒的情绪和具体的要求。在这种类型中，就案件发生的原因来看，可能有三种情况：第一种情况：加害事实的发生完全是由犯罪嫌疑人、被告人的加害行为引起的，如抢劫、盗窃、强奸、绑架等案件。在这种情况下，犯罪行为发生的原因完全在犯罪嫌疑人、被告人一方，被害人作为无辜的受害者，其权利应当得到充分的保障，包括其提出的诉讼请求，只要是合理的，检察机关就应当尽可能地予以满足，或者帮助其实现。第二种情况：双方共同的不当行为导致了加害事实的发生。如邻里纠纷、家庭纠纷、公共场合中的摩擦等引起的故意伤害案件。在这种情况下，双方对犯罪行为的发生都有一定的原因力。检察机关既要考虑被害人的利益诉求和权利，也要考虑犯罪嫌疑人、被告人的权利。第三种情况：加害行为的发生是直接由被害人的不当行为引起的。如正当防卫中的防卫过当，加害别人时被对方反制等。在这种情况下，被害人本身具有重大过错，其诉讼权利与被告人的诉讼权利都应当得到保障，而他的实体性权利即利益诉求是否要满足则应根据案件的具体情况和利益诉求的合理程度来考虑。

二是怀疑型。在这种类型中，被害人并没有与犯罪嫌疑人、被告人正面接触过，不能确定其所受之害是不是犯罪嫌疑人、被告人所为。如在网络诈骗犯罪案件中，被害人从来没有见过犯罪人的庐山真面目，案件侦破后抓获的犯罪嫌疑人、被告人是不是骗取被害人钱财的人，被害人不能确定。又如在故意杀人案件中，被害人已经死亡，其法定代理人、近亲属在提起附带民事诉讼中享有当事人的权利。甚至在一些强奸案件中，被害人由于被强奸时受到惊吓，并没有看清楚犯罪人的真实面目，难以确认犯罪嫌疑人、被告人就是加害人。在诸如此类的案件，犯罪嫌疑人、被告人是不是真正实施犯罪行为的人本身有待证实，被害人与犯罪嫌疑人、被告人的对抗关系在一定程度上可以说是虚拟关系。在这种情况下，检察机关应当平等地对待被害人与犯罪嫌疑人、被告人的权利。无论是被害人还是犯罪嫌疑人、被告人，在他们要求行使法律赋予的诉讼权利时，检察机关都要予以保障，允许他们按照自己的意愿行使权利。对于实体性权利，则应予以保留，等待法院的裁判。

（三）监督他人与约束自己的关系

刑事诉讼法第 8 条明确规定："人民检察院依法对刑事诉讼实行法律监督。"2012 年刑事诉讼法在许多方面明确赋予检察机关对刑事诉讼活动实行法律监督的职权，特别是在审前程序的监督中，检察机关享有许多法定的带有纠错性质的监督权。如：根据被害人控告，对公安机关应当立案侦查的案件而不立案侦查的监督权；根据犯罪嫌疑人的投诉，对侦查人员非法收集证据的调查核实权，对违法侦查活动的监督权；根据辩护人、诉讼代理人申诉或者控告，对公安机关及其工作人员阻碍其依法行使诉讼权利的行为进行审查监督的权力等。根据当事人和辩护人、诉讼代理人、利害关系人的申诉，对于司法机关及其工作人员实施的采取强制措施法定期限届满，不予以释放、解除或者变更的；应当退还取保候审保证金不退还；对与案件无关的财物采取查封、扣押、冻结措施；应当解除查封、扣押、冻结不解除；贪污、挪用、私分、调换、违反规定使用查封、扣押、冻结的财物等行为进行审查纠正的权力等。

这些权力的有效行使，对于保障人权具有重要的意义，特别是对侦查活动的监督，对于防止刑讯逼供、暴力取证等违法行为，保障犯罪嫌疑人以及其他诉讼参与人的权利，十分重要。认真履行这些职权，充分发挥检察机关的监督职能，既是检察机关的职责所在，也是保障人权的客观需要。检察机关应当切实履行这些职责，担负起在刑事诉讼中保障人权的责任。

根据刑事诉讼法的规定和司法实践，《人民检察院刑事诉讼规则》提出了侦查监督的重点，即：（一）采用刑讯逼供以及其他非法方法收集犯罪嫌疑人供述的；（二）采用暴力、威胁等非法方法收集证人证言、被害人陈述，或者以暴力、威胁等方法阻止证人作证或者指使他人作伪证的；（三）伪造、隐匿、销毁、调换、私自涂改证据，或者帮助当事人毁灭、伪造证据的；（四）徇私舞弊，放纵、包庇犯罪分子的；（五）故意制造冤、假、错案的；（六）在侦查活动中利用职务之便谋取非法利益的；（七）非法拘禁他人或者以其他方法非法剥夺他人人身自由的；（八）非法搜查他人身体、住宅，或者非法侵入他人住宅的；（九）非法采取技术侦查措施的；（十）在侦查过程中不应当撤案而撤案的；（十一）对与案件无关的财物采取查封、扣押、冻结措施，或者应当解除查封、扣押、冻结不解除的；（十二）贪污、挪用、私分、调换、违反规定使用查封、扣押、冻结的财物及其孳息的；（十三）应当退还取保候审保证金不退还的；（十四）违反刑事诉讼法关于决定、执行、变更、撤销强制措施规定的；（十五）侦查人员应当回避而不回避的；（十六）应当依法告知犯罪嫌疑人诉讼权利而不告知，影响犯罪嫌疑人行使诉讼权利的；（十七）阻碍当事人、辩护人、诉讼代理人依法行使诉讼权利的；（十八）讯问犯罪嫌疑人依法应当录音或者录像而没有录音或者录像的；（十九）对犯罪嫌疑人拘留、逮捕、指定居所监视居住后依法应当通知家属而未通知的。这些都是侦查活动可能发生的违法行为，检察机关应当加强对这些侵犯诉讼当事人权利行为的监督，切实担负起刑事诉讼中保障人权的监督之责。

刑事诉讼法明确赋予了检察机关保障律师执业的权利。按照刑事诉讼法第 47 条的规定，辩护人、诉讼代理人认为公安机关、人民检察院、人民法院及其工作人员阻碍其依法行使诉讼权利时，有权向同级或者上一级人民检察院申诉或者控告。最高人民法院、最高人民检察院、公安部、国家安全部、司法部联合印发的《关于依法保障律师执业权利的规定》第 42 条对此作了具体的规定：“在刑事诉讼中，律师认为办案机关及其工作人员的下列行为阻碍律师依法行使诉讼权利的，可以向同级或者上一级人民检察院申诉、控告：（一）未依法向律师履行告知、转达、通知和送达义务的；（二）办案机关认定律师不得担任辩护人、代理人的情形有误的；（三）对律师依法提出的申请，不接收、不答复的；（四）依法应当许可律师提出的申请未许可的；（五）依法应当听取律师的意见未听取的；（六）其他阻碍律师依法行使诉讼权利的行为。律师依照前款规定提出申诉、控告的，人民检察院应当在受理后十日以内进行审查，并将处理情况书面答复律师。情况属实的，通知有关机关予以纠正。情况不属实的，做好说明解释工作。"律师的执业活动对于保障诉讼当事人的权利十分重要。能否有效地保障律师的执业活动，直接关系到能否切实保障诉讼当事人的权利。检察机关应当认真对待律师及其他辩护人、诉讼代理人的投诉，切实履行审查纠正职责，保障律师及其他辩护人、诉讼代理人的权利。

另外，检察机关作为诉讼主体从事职务犯罪案件的侦查和所有公诉案件的审查起诉工作，而这些工作中都可能涉及诉讼参与人的权利保障问题。因此检察机关在监督其他公权力机关的同时，应当更加自觉地遵守刑事诉讼法的规定，有意识地避免对诉讼参与人权利造成侵害。

首先，要转变司法观念，增强人权保护意识。

检察机关在履行诉讼职能的过程中，要树立保障当事人的权利就是保障所有人的权利的观念，把是否充分保障当事人的诉讼权利作为贯彻执行刑诉法的重要任务来完成。凡是涉及当事人权利的，要设身处地地考虑当事人的权利，不能为了完成诉讼任务甚至办案指标而对当事人的权利置若罔闻，更不能有意识地钻法律的漏洞，把侵犯人权的行为"合法化"。

其次，要严格遵守刑事诉讼法和人民检察院刑事诉讼规则的具体规定。

最高人民检察院根据刑事诉讼法的立法精神和检察工作的实际，修改了《人民检察院刑事诉讼规则》，进一步细化了刑事诉讼法的规定。各级检察机关在刑事诉讼过程中，应当善意地理解和执行其所规定的内容，严格遵守规则的要求，保证刑事诉讼法的正确实施，保证诉讼当事人特别是犯罪嫌疑人、被告人的权利得到应有的保障。刑事诉讼规则中的任何规定都不能理解为可以突破刑诉法的规定而给当事人的权利造成侵害。例如，关于逮捕必要性的规定、指定居所监视居住的规定、关于不允许律师会见的规定、关于不通知家属的规定等，不能仅仅考虑是否符合条件，而且应当考虑是否有必要限制当事人权利。

严格依法依规办案的关键是提高办案能力和水平。实践证明，办案手段匮乏，就只能靠获取口供；讯问水平不高，无法突破案件，就只能靠刑讯逼供。随着司法文明和人权保障的呼声越来越高，随着侦查手段和侦查技术的广泛应用，检察机关转变传统的执法观念和办案模式，势在必行。检察机关应当不断拓展侦查手段，提高法律政策水平和讯问技巧，学会在宽松的讯问环境中突破案件，善于运用多种证据证明案件事实，从而减少对口供的依赖。如是，刑事诉讼中侵犯当事人诉讼权利的现象就会大大减少。

最后，要严肃查处和纠正自身的违法违规行为。

对于检察机关及其工作人员违反刑事诉讼法或者违反人民检察院刑事诉讼规则的行为，检察机关应当像对待其他机关及其工作人员的违法违规行为一样，严肃处理，认真纠正，表现出执法的公正性，不能对内部的违法违规行为睁只眼闭只眼，不闻不问，甚至姑息迁就。检察机关要做严格执法的模范，同时也要做勇于纠错的模范，发挥自己在刑事诉讼中独有的作用。

（原载《审前程序问题研究》，
中国检察出版社 2016 年版）

庭审方式改革后的
公诉问题[*]

　　公诉是刑事侦查与刑事审判的桥梁，是刑事诉讼不可或缺的一个环节，特别是在改革后的"控辩式"庭审方式中，公诉的职能和要求都发生了很大的变化。承担公诉职能的检察机关和检察人员如何适应庭审方式改革的要求，充分发挥其指控犯罪、证实犯罪的职能，既是全国各级检察机关及其工作人员在实践中遇到的迫切需要解决的问题，也是直接制约庭审过程和庭审效果乃至整个刑事诉讼的目标和效率的重要方面。

　　因此，公诉问题，既是庭审方式改革中的一个重大理论问题，也是司法实践中迫切需要研究和解决的重大实际问题。对公诉问题进行深入地研究，无论是对于建立和完善具有中国特色社会主义的公诉制度，还是对于指导新的庭审方式下的公诉工作，保障庭审改革的正确、高效实施，都具有重要的理论价值和重大的现实意义。

---

　　* 本文是作者为国家哲学社会科学基金重点项目"庭审改革后的公诉问题研究"撰写的专项报告。原标题为《公诉工作如何适应庭审改革》。

一、机遇与挑战：庭审方式改革对公诉活动的影响

（一）公诉权的有效行使依赖于公诉主体对庭审方式的适应性

公诉是为了维护公共利益而代表国家对认为确有犯罪行为、应当追究刑事责任的人向法院提起诉讼，请求依法判定被告人有罪并对其判处刑罚的活动。

公诉活动的发动，是以享有公诉权为前提的。只有享有公诉权的主体，才有资格代表国家，对犯罪行为提起公诉。因为公诉权是国家追诉权的集中体现。保障国家安全和社会安宁，保护公民的人身权利、财产权利和民主权利不受非法侵害，维护社会的正常秩序，是国家的基本职能之一。为了实现这种职能，在制度上，国家制定法律，禁止犯罪，同时设定刑罚，追究犯罪人的刑事责任；在实践中，国家就必然要运用自己的权力使这种制度性设定在实际发生犯罪行为的每一个场合得以实现。公诉权正是代表国家对危害国家和社会利益的行为进行追诉的权力。正因为公诉权是国家权力的重要组成部分，所以只有国家通过法律特别授权的机关才能代表国家行使公诉权。我国刑事诉讼法第 136 条规定："凡需要提起公诉的案件，一律由人民检察院审查决定。"这一规定，明确地将刑事案件的公诉权全部集中地赋予了人民检察院，只有人民检察院才能代表国家行使公诉权。

检察机关作为行使公诉权的主体，要保证公诉权的有效行使，就必须适应庭审方式改革的要求。这是因为：

第一，公诉权在本质上是一种追诉请求权[1]，追诉目的的

---

[1] 公诉权虽然包含了具有裁决性质的不起诉权，但是不起诉权本身是起诉决定权在行使过程中必然派生的一种附属性权力，它既不反映公诉权的内在本质，也不代表公诉权的发展方向。

实现依赖于审判权的行使。虽然从性质上看，公诉权属于法律监督权，是法律监督权的一种具体权能[1]，但是从实现方式上看，公诉权只是追诉犯罪行为的一种请求权。行使公诉权的主体（简称公诉主体），只能请求法院通过刑事审判活动来实现追究犯罪行为人刑事责任的目的，而不能自己决定对犯罪行为人的刑事追究。公诉主体要让法院接受追诉犯罪的请求，就必须按照法院审判活动的要求来提供证据，以揭露犯罪、证实犯罪，使法院确信自己提出的追诉犯罪的要求是正确的和必要的，从而把自己的诉讼请求变为法院的裁判决定。离开了审判权的实际运用，公诉主体就不可能达到公诉活动的目的，公诉权的运用也就无法发挥自己的功效。因此公诉权的行使必须围绕审判权进行，必须适应审判权行使方式的要求。

第二，公诉权的核心内容是向法庭揭露犯罪、证实犯罪，公诉权行使的效果取决于法庭的认可程度。公诉权的内容包括许多方面，如对侦查活动的监督指导和对侦查结果的审查判断，对起诉和不起诉的裁定，对提起公诉的案件出庭支持公诉，以及对审判结果进行抗诉等，其中最核心的是揭露犯罪、证实犯罪。因为公诉活动的目的是通过揭露犯罪和证实犯罪，来使法院对犯罪行为人适用刑罚，制裁危害社会的行为，维护社会的稳定和安宁。公诉权的行使始终是围绕着这个目的进行的。检察机关对侦查活动（包括公安机关立案侦查的和检察机关自己立案侦查的案件）的监督指导，主要是为了保证在侦查阶段收集到合法有效的能够证实犯罪的证据，以便在法庭上成功地揭露和证实犯罪；对侦查结果的审查判断，主要是为了认

---

〔1〕 法律监督的对象包括法律实施的各个环节，即守法、执法和适用法律。公诉是通过追诉和制裁触犯法律的行为来监督法律的实施。

定是否存在需要追究刑事责任的情况，以便作出是否提起公诉的决定；只有有效地揭露犯罪、证实犯罪，才能使法院确信被告人实施了犯罪行为、需要追究刑事责任，从而实现公诉活动的目的。

第三，公诉活动的舞台主要是法庭。公诉权的行使，有许多工作要做，但是最能体现公诉活动特点的，是公诉人在法庭上的活动。为了追究犯罪行为人的刑事责任，公诉主体在出庭支持公诉之前，要做大量的工作，但是这些工作的目的是在法庭上揭露犯罪、证实犯罪，这些工作的效果如何，要在法庭上接受检验。只有通过公诉人在法庭上的活动，才能证实公诉主体提出的追究被告人刑事责任的诉讼请求具有事实根据和法律依据，才能使法官和法院确信追诉请求的合法性和必要性。公诉主体能否有效地揭露犯罪、证实犯罪，实现公诉活动的目的，关键在于公诉人能否适应法庭审判方式的要求，令人信服地展示认定犯罪和判处刑罚所必须具备的要素。

正是由于以上原因，公诉主体必须认真研究庭审方式，适应庭审方式改革的需要。

（二）庭审方式改革给公诉工作带来了良好的发展机遇

2012 年修订后的《刑事诉讼法》对我国传统的庭审方式进行了重大的改革。庭审方式改革的重点是在职权主义庭审方式中，大大增加了当事人主义的色彩，以至形成了基本上是以控辩双方对抗、法官居中裁判为特征的庭审模式。

庭审方式的这种改革，为公诉权的行使提供了广阔的活动空间，使公诉人在庭审过程中可以充分发挥自己的主动性来证实犯罪。

首先，庭审方式的改革使公诉人在法庭调查中居于主动地位，可以充分发挥公诉功能，以揭露犯罪、证实犯罪。按照

1979 年刑事诉讼法的规定，法庭调查是在法官的主持下进行的。公诉人在法庭上宣读完起诉书之后，就由法官来主持法庭调查，哪些证据需要在法庭上展示，哪些问题需要向被告人或证人发问，甚至哪些事实需要在法庭上查明，哪些事实可以忽略，主要由法官决定。公诉人在法庭调查中处于被动地位。但是庭审方式改革之后，公诉人承担了全部的举证责任，法官在法庭上主要是处于消极听讼、居中裁判的地位。为了强化公诉人在法庭上指控犯罪的职能，修改后的刑事诉讼法规定，公诉人在法庭调查中，可以通过讯问被告人，向证人、鉴定人发问，向法庭出示、宣读证据，发表对证据的意见等一系列证明活动，来证实控诉主张的真实性；同时还可以通过对被告人及其辩护人提供的证人进行发问，对辩护证据进行质证，对辩护意见进行反驳等活动，来排除对控诉主张的异议。庭审方式的改革，给公诉人提供了更大的活动空间，使公诉人可以更充分地利用法庭调查和法庭辩论的机会来揭露犯罪、证实犯罪，以强化自己的诉讼主张。

其次，庭审方式的改革增强了控辩双方之间的抗辩性，使公诉人能够客观全面地了解案情，保证公诉权的正确行使。尽管检察机关在审查起诉的过程中应当客观全面地审查证据，既要注意对犯罪嫌疑人不利的证据，也要注意对犯罪嫌疑人有利的证据。但是由于侦查工作的性质和目的所决定，侦查机关收集证据的时候必然要更多地注意收集能够证实犯罪的证据，从而使检察机关审查起诉时在了解对犯罪嫌疑人有利的证据方面受到一定程度的限制。但是按照改革后的庭审方式的要求，检察机关在法庭审理之前，可以更全面地了解对犯罪嫌疑人不利和有利两个方面证据。按照 2012 年修改之前刑事诉讼法的规定，被告人的辩护律师只能在检察机关提起公诉之后，到人民法院去查阅案卷材料。但是按照 2012 年修改后的刑事诉讼法，律师在侦查机关第一次对犯罪嫌疑人讯问之后就可以为其提供法律帮助。在检察机关提起公诉之后，辩护律师不仅可以查阅案件，而且可以进行一定的调查，以至律师在法庭审理之前对案件已经有了比较充分的了解。这就使公诉人和辩护律师在法庭审理之前相互交换证据成为可能。庭前相互交换证据，既有利于律师充分行使辩护权，也有利于公诉人全面了解案件事实，客观公正地行使公诉权。

再次，庭审方式的改革增强了被害人的诉讼地位，使公诉活动受到更多的监督制约，有利于促使检察机关严格依法行使公诉权。在传统的庭审模式中，公诉案件的被害人，只有在附带民事诉讼中，才能作为原告当事人参与法庭审理。在法庭对刑事部分的审理中，被害人只能作为证人享有权利和义务。但是随着庭审方式的改革，在新的庭审过程中，被害人不仅有权就附带民事诉讼部分充当独立的诉讼主体参与案件的审理，而且有权参与法庭对刑事部分的调查。被害人在法庭审理中诉讼地位的提高，在客观上有助于加强公诉力量，提高公诉人揭露和证实犯罪的能力，同时也有助于监督检察机关的公诉活动，督促检察机关更好地履行公诉职能。此外，2012 年修改后的刑事诉讼法还规定，检察机关决定不起诉的，被害人可以直接向人民法院提起诉讼。这个规定，虽然是在检察机关不行使追诉权的情况下赋予被害人的一种特别救济手段，但是它在客观上有助于促使检察机关依法充分行使公诉权。

最后，庭审方式的改革对公诉人的综合素质提出了更高的要求，有利于促进检察机关的素质教育，搞好公诉队伍建设。庭审方式的改革使公诉人在法庭审理过程中处于各种矛盾的聚焦点上：在控辩双方的对抗中，他作为控诉方，要运用确实充分的证据证实自己诉讼主张的正确性，并反驳辩护方提出的各种辩护理由；在实现追诉请求的过程中，他要说服法庭确信被告人犯有被指控的罪行并且应当依法追究刑事责任；在与被害人的关系上，他既要代表社会正义，满足被害人追诉犯罪的要求，又要严格依法办事，客观公正地依法保护被告人的合法权益。公诉人要想游刃有余地处理好这些关系，有理有据地揭露和证实犯罪，卓有成效地完成公诉任务，就必须具有很高的综合素质。这就促使检察机关不得不高度重视公诉人员的素质教育和培训，重视发挥公诉人员的办案积极性。

（三）庭审改革对公诉活动提出的挑战

庭审方式的改革，打破了传统的刑事诉讼模式和工作格局，在给公诉工作带来良好的发展机遇，为公诉队伍建设注入新的动力的同时，也向公诉活动提出了新的挑战，使公诉活动的进行面临许多难题和困惑。

1. 提起公诉的风险增加

我国传统的庭审方式具有浓厚的职权主义色彩。在开庭审理之前，法院首先要对检察机关起诉的案件进行实体审查。法院在审查检察机关移送的全部案卷之后，认为不具备定罪条件的，会主动与检察机关沟通，要求检察机关撤回起诉。通常只是当法院认为犯罪事实清楚，证据充分，可能判处被告人刑罚的时候，才决定开庭审理。这就使检察机关提起公诉的案件，在开庭审理中胜诉的可能性比较大。但是庭审方式改革的一个重要方面，正是为了防止庭审活动中的"先入为主""先定后审"的现象，将法院在庭审前的实体性审查改变为程序性审查[1]，使法院在开庭审理之前并不真正了解案件的事实和证据。审判的结果主要取决于法庭调查和法庭辩论的情况。这就大大减小了检察机关胜诉的把握，增加了提起公诉的案件不被法院认可的风险。

2. 追诉犯罪的力量削弱

在传统的庭审过程中，法官主持法庭调查，检察官作为公诉人出席法庭主要是"支持公诉"。检、法两家共同承担追诉犯罪的任务，从而使法庭上的力量对比，呈现出一个倒三角的关系，即公诉人与庭审法官联袂揭露和证实犯罪，与被告人及其辩护人对垒。但是在庭审改革后，庭审法官置于控辩双方之外，不再与公诉人共同对付被告人，而是作为居中裁判的主体来从控辩双方的举证和辩论中判断被告人是否有罪、是否应当追究刑事责任，然后决定如何对被告人作出判决。揭露和证实犯罪的任务，则由公诉人独立承担。这就在一定程度上减弱了揭露和证实犯罪的司法力量。

3. 支持公诉的难度加大

庭审方式的改革，一方面使辩护律师有更多的机会和条件了解案件的情况和公诉方的诉讼主张及其所掌握的证据材料，来反驳控诉主张及理由，从而增加了公诉人维护控诉主张的难度；另一方面由于审判过程中的问题主要在法庭上来解决，减少了检、法两家在庭下交换意见的机会，公诉人与法官达成共识的难度明显增加。同时，由于庭审方式的改革，法庭调查和法庭辩论在刑事审判中的作用大大增加，而法庭调查和法庭辩论的情况又是公诉人所无法控制的，这个过程中可能出现的问

---

〔1〕 当然，这种改革，鉴于目前法官队伍的实际状况，并不彻底。法院在开庭审理之前所进行的审查并不完全是程序性审查。

题有时是公诉人所无法预料的。公诉人要在这种情况下完成支持公诉的任务，难度比过去要大得多。

4. 公诉活动的规范要求更加严格

随着庭审活动的公开进行、被害人诉讼地位的确立、被告人辩护能力的加强，以及公民法律意识的提高，公诉活动受到的监督制约因素明显增加。特别是在庭审过程中，公诉人的活动，一方面要受到被害人的监督，另一方面要受到被告人及其辩护人的挑剔，同时还要受到庭审法官的评判。因此公诉活动必须严格依法进行，任何不符合法律规范要求的行为，都可能受到指责，从而影响公诉活动的效果。

庭审方式改革对公诉活动的上述影响，使承担公诉职能的检察机关不得不认真研究新的庭审方式的特点，探索与新的庭审方式相适应的公诉活动的规律，以便更好、更有成效地履行公诉职能。

二、转变观念：树立适应对抗式庭审方式的公诉意识

随着庭审方式的改革，检察机关要做好公诉工作，首先必须转变公诉观念，合理定位公诉角色，树立与庭审改革的内在精神相适应的公诉观：

（一）程序意识

庭审方式的改革，大大增加了庭审活动的透明度，同时也使检察机关和检察人员行使公诉权的活动置于案件当事人的监督制约之下，任何违反诉讼程序的行为，都可能引起当事人及其辩护人或诉讼代理人的质疑，都可能导致公诉活动的失败。检察机关和检察人员在公诉活动中，既要严格按照实体法的规定确保追诉犯罪的准确性，又要严格遵守程序法的规定确保程序的合法性。

但是长期以来，由于受中华法系传统文化的影响，重实体轻程序的观念一直困扰着公诉权的行使。其突出表现是，在审查起诉中，只注重审查有罪证据的证明力，而不注重审查证据来源的合法性，对于侦查机关违反法定程序获取的证据，只要能与其他证据相互印证，就不提出纠正意见，甚至作为呈堂证据使用。

程序法和实体法都是国家权力机关制定的法律，具有同等的法律效力。不论是执行法律还是监督法律的实施，都应当坚持程序法和实体法并重的观念。并且，程序法本身是从办案的内在规律中演化形成的必要规范，是保障案件事实的实质真实和实体法的正确适用的法律屏障。不严格遵守程序法的规定，就很难保证正确地适用实体法。刑讯逼供取得的证据，即使与被害人的证言相一致，也很难保证其真实性。因此在公诉活动中，检察机关和检察人员要牢固树立程序法和实体法并重的思想，严格遵守程序法的规定，保证诉讼程序的合法性。

（二）平等意识

控辩平等是现代刑事诉讼的一个基本原则。庭审方式的改革，明显地体现了这一原则，增加了控辩双方的对抗性。

关于控辩平等的原则（是否绝对平等；是否延伸到庭审前的各个诉讼阶段），学术界存在着不同的理解。但是至少，在法庭调查和法庭辩论过程中，公诉人坚持自己的诉讼主张，证实被告人犯有被指控的犯罪并且应当依法追究其刑事责任，与被告人及其辩护人为被告人的行为进行辩解，证实被告人没有实施被指控的犯罪或者犯罪情节轻微，或者依法不应当追究被告人的刑事责任，其诉讼地位是平等的。

公诉人在庭审过程中，应当尊重被告人及其辩护人的诉讼权利，平等待人，以理服人。要通过摆事实、讲道理的方式，用确凿、充分的证据和适用正确的法律依据来揭露和证实犯罪，反驳辩护人的辩护理由，而不能以"国家公诉人"自居，有意无意地把自己凌驾于辩护人之上，以势压人。更不能以法律监督机关的代表自居，无视法院的审判权威，在法庭上对法官主持法庭调查和法庭辩论的活动指手画脚。

平等意识不仅要体现在庭审过程中，而且要体现在庭前准备活动中。公诉人在庭前准备活动中，要以在法庭调查和法庭辩论时平等主体之间的对抗中实现公诉目标的要求，来考虑和准备证据材料和控诉理由，仔细研究辩护方可能提出的质疑和辩护理由。同时要尊重法律赋予辩护方庭前调查的诉讼权利，不得妨碍辩护人依法收集证据和了解案件事实的活动，对于辩护方提出的证据要认真研究、正确对待。

（三）证据意识

刑事诉讼中最重要的问题是证据问题。公诉任务的完成，在很大程度上取决于证据的收集和运用。收集证据、固定证据、审查证据、运用证据，既是公诉活动的主要内容，也是公诉活动的基本任务。尤其是在法庭审理过程中，由于控辩双方主要是围绕着举证、质证、辩证进行的，法官对控辩双方所举证据是否采信亦是认定被告人有罪无罪以及罪轻罪重的根据，公诉人出席法庭指控犯罪能否成功，关键取决于公诉人对证据的掌握、运用程度。因此，公诉人要树立正确的证据意识，高度重视证据的收集和运用。

过去，一些检察人员习惯于用被告人的口供来突破案件、证实犯罪。但是在新的庭审方式下，由于辩护律师的提前介入和被告人法律知识的增加，被告人在法庭上翻供的现象甚为普遍。因此树立证据意识，转变以口供为核心的证据观念，重视客观证据的收集和运用，学会运用确凿充分的证据来指控和证实犯罪，尤为重要。

（四）保护意识

公诉权是一种追诉权，同时又是一种保护性的权力。它一方面是为了保护社会公共利益而行使追诉权，另一方面它本身也是保护犯罪行为人的合法权利的一种制度性保障，它的程序性设计有助于防止对犯罪行为人滥用刑罚权。公诉权与自诉权，作为国家权力与个人权利，它们之间的最大区别是，行使公诉权的主体必须站在客观公正的立场上，充分考虑社会的整体利益，而不是像被害人那样只需考虑自己的利益就行了；公诉人不是站在被害人的立场上追诉犯罪，而是代表国家站在社会公共利益的立场上追诉犯罪。所以它既要有效地揭露和证实犯罪，使犯罪行为人受到应有的法律制裁，又要防止无罪的人受到不应有的刑罚的伤害。

由于历史及文化传统等因素，在诉讼价值上，我国历来强调惩罚犯罪、有罪必罚和实体真实，忽视被告人的权利保障。按照这种观念，所有的程序设计和程序保障都只是为了有助于追诉机构和裁判机构查明案件事实真相，正确适用法律，及时、有效地惩罚犯罪，进而维护社会安定和公共秩序。这种工具主义程序价值观的绝对化，必然导致实践中把有罪必罚奉为绝对优先的目标；司法人员容易产生"宁肯错究，亦不放纵"的价值取向，以致容忍只要能实现惩罚犯罪的目的而不惜侵害犯罪嫌疑人和被告人合法权益的现象。实践证明，这种观念具有极大的危害性。

2012年刑事诉讼法基于对历史和现实的反思，在强调惩罚犯罪的同时，也强调了对被告人权利的保障，在注重实体真实的同时，也强调程序合法的重要。这就要求公诉人员全面、准确、深刻地领会立法精神，转变刑事诉讼价值观念，将立法上对被告人的权利保障转化为现实的对犯罪嫌疑人和被告人的权利保障。

三、规范活动：保障公诉权的依法公正行使

随着庭审方式的改革，检察机关在行使公诉权的过程中，应当更加严格地遵守法律规则，按照法律的有关规定规范公诉活动，防止公诉权的不当运用。

规范公诉活动，应当从以下几个方面入手：

（一）严格遵守公诉活动的基本原则

公诉活动的基本原则是指贯穿公诉活动全过程中的、体现公诉活动一般价值而对公诉权的行使具有普遍指导意义的诉讼准则，是公诉活动中一切法律规则、制度及规范的基础和本源。公诉活动基本原则是对公诉活动中重要问题的高度概括和总结。它对公诉权的启动、运作过程和结果具有指导、调节作用，能够保证公诉机关和公诉人员站在客观公正的立场上履行公诉职能。

公诉活动的基本原则，既包括公诉活动中必须遵守的一般司法原则，如司法独立原则，法治原则，分工负责、互相配合、互相制约原则，无罪推定原则等，也包括公诉活动中必须遵守的特有原则，如依法独立行使公诉权原则，发现真实原则，公益原则，适度原则等。从公诉活动的实际状况看，当前应当重点强调的是以下三个原则：

1. 法治原则

第九届全国人民代表大会第二次会议通过的宪法修正案把"依法治国，建设社会正义法治国家"写进了宪法，使之成为一项宪法原则。依法治国，要求各个领域都要严格依法办事。对于作为国家法律监督机关的检察机关来说，其履行法律监督职能的每一项活动更要特别强调严格依法进行。

公诉活动是检察机关履行法律监督职能的一项重要活动。

在公诉过程中，检察机关和检察人员必须自觉地遵守法律、服从法律，严格依照法律的规定办事。不仅要重视实体上的合法性，而且要重视程序上的合法性。在审查起诉的过程中，既要审查证据本身是否真实、有无证明力，也要审查证据来源和证据形式的合法性。要重视监督侦查活动的合法性，坚决纠正侦查活动中的违法现象。在出庭支持公诉的过程中，要严格遵守刑事诉讼法的有关规定和法庭规则，而不能以法律监督者或国家公诉人自居，无视法庭活动的规则。同时要杜绝非法取得的证据在法庭上的使用。

在公诉活动中坚持法治原则，特别要注意在行使起诉裁量权的过程中严格遵守法律的规定，符合法律的内在精神，防止公诉权的滥用。对于有证据证明实施了犯罪行为、应当追究刑事责任的人，一定要依法提起公诉；对于没有实施犯罪行为的人，绝不能任意进行追诉。

2. 公益原则

公益，即公共利益的简称。公益作为公诉权行使所追求的目标或活动的一项基本准则，有其深远的历史根源和理论基础。从历史起源看，检察机关或检察官从其产生之日起就作为公益的代表参与刑事诉讼，因而，公益原则，可以说是检察机关或检察官活动的根本原则。

从理论上讲，犯罪不仅侵犯了被害人个人的利益，同时也侵犯了国家所维护的公共秩序和社会利益。为了避免私人起诉的缺陷和更好地维护公共秩序和社会利益，国家设置了检察机关并赋予其公诉权以代表国家和社会公众利益对犯罪提起公诉，因而代表公益就成为公诉活动的一项重要原则。

公益原则作为公诉活动的一项基本准则，已为世界各国所普遍承认和确立。我国检察机关作为行使国家公诉权的唯一机关，代表国家对犯罪进行追诉，维护受到犯罪损害和威胁的国家和社会利益以及公民的合法权益。因此，代表公益就理所当然地成了我国检察机关活动的出发点和归宿。检察机关或检察人员在公诉活动中必须坚持公益原则。

公益原则要求检察机关或检察人员在公诉活动中必须考虑三方面的内容，即国家和社会的公共利益、被害人的利益和被告人的利益（权利）。

在我国的法律传统中，虽然我们一贯强调公诉活动的价值取向是维护公共利益，但是我们所强调的公共利益主要是指国家和社会的利益，而很少重视作为社会利益之组成部分的个人利益，尤其是对被告人的权利重视不够。2012 年修改后的刑事诉讼法进一步加强了对公民权利的保护，不仅明确规定"未经人民法院依法判决，对任何人都不得确定有罪"，而且通过提高犯罪嫌疑人和被告人的诉讼地位、保障辩护权的充分行使、提前提供法律帮助等制度设计，保护犯罪嫌疑人和被告人的诉讼权利和实体权利，同时也强化了对被害人权利的保护，增加了被害人的诉讼权利，提高了被害人在刑事诉讼中的地位。检察机关在行使公诉权的过程中，应当按照公益原则的要求，在把依法维护国家和社会的公共利益作为公诉活动的根本要求的同时，切实保护公民个人的合法权益。

坚持公益原则，在实践中要特别注意以下三个问题：

第一，维护国家和社会的公共利益必须依照法定程序进行。公诉活动是通过提请追究被告人刑事责任的方式来实现维护国家和社会公共利益之目的的，因此公诉权的行使，必然涉及对某些作为个体的公民权利的限制或剥夺。尤其是为了保证公诉活动的顺利进行，检察机关可以对犯罪嫌疑人或被告人适用逮捕等刑事强制措施，在一定时间内限制其人身自由。这种权力运用不当，就可能构成对公民个人权利的侵犯。所以，检察机关行使公诉权，一定要充分尊重公民个人的权利，严格依照法律规定的权限、条件和程序进行，决不能为了国家利益或社会利益而不择手段，更不能借口维护国家利益和社会利益而侵犯犯罪嫌疑人、被告人和其他诉讼参与人的合法权益。尤其是在审查起诉的过程中，要公正有效地维护国家和社会的公共利益，就必须以高度的责任感，追求案件的实体公正，防止放纵犯罪，同时又要追求程序的公正，防止伤及无辜。

第二，行使公诉权要保持客观公正的态度，防止当事人倾向。2012 年修改后的刑事诉讼法增强了控辩双方的对抗性，公诉人必须按照控辩平等原则的要求，履行控诉职能。这种对抗性，可能使行使公诉权的检察机关和检察人员尤其是出庭支持公诉的人员有意无意地产生当事人倾向，在证据的收集和运用中片面重视和强调控诉证据，而忽视或者隐瞒无罪证据；在法庭审理过程中扮演当事人角色，过分追求胜诉的诉讼结果，而忘记公益原则。因此在新的庭审方式下，为了保证公诉权行使的客观公正性，有必要特别强调全面正确地理解公益原则，正确处理公共利益、被害人利益和被告人权利的关系。检察机关和检察人员要始终把"客观公正"作为行使公诉权的基点，要始终想到公诉活动是代表国家维护法律的统一正确实施，而不是作为诉讼的一方当事人进行公诉。

第三，在行使公诉权的过程中要重视法律监督。在我国，法律体现着国家利益、社会利益和公民合法权益的有机统一。检察机关在公诉活动中坚持公益原则，就必须注意运用法律赋予自己的法律监督权，保障追诉犯罪活动的依法进行。其中既包括通过行使审查批准逮捕权和审查起诉权，对侦查机关在立案侦查活动中对有犯罪事实而不立案的行为的监督，以维护国家和社会的公共利益，对侦查活动中不当运用刑事强制措施以及刑讯逼供、超期羁押等违法行为的监督，以保护犯罪嫌疑人的合法权益，也包括通过参与法庭调查和法庭辩论等活动，对审判活动中有罪判无罪、重罪判轻罪等行为的监督。这种监督，是公益原则的内在要求。

3. 适度原则

在公诉权的历史发展中曾经出现过两种不同的模式，即起诉法定主义和起诉便宜主义。起诉法定主义要求对一切按照法律规定构成犯罪的刑事案件，不论被告人及其罪行的具体情形如何，公诉机关都必须提起公诉。起诉便宜主义则允许公诉机关对于已经构成犯罪的刑事案件，从被告人及其罪行的具体情况出发，有选择地提起公诉。

起诉法定主义有利于保证法律的严肃性，避免公诉机关滥用权力，但却过于刻板，缺乏相应的灵活性。起诉便宜主义可以避免许多从刑事政策上看是不必要的诉讼程序，节约司法资源，但是由于赋予公诉机关较大的自由裁量权而可能导致公诉权的滥用。

我国与世界上多数国家一样，采取起诉便宜主义，允许检察机关在一定条件下对某些刑事案件作出不起诉的决定。检察机关和检察人员在公诉活动中，运用法律赋予的这种起诉裁量权时，必须坚持适度原则，防止起诉裁量权的滥用。

适度原则，是指公诉的提起要以适用刑罚的必要为限度。适度原则是法律赋予检察官的自由裁量权在公诉活动中的具体运用。公诉活动的目的是通过审判对实施了犯罪行为的人适用刑罚，因此提起公诉的对象必须是实施了犯罪行为并且应当被判处刑罚的人。没有实施犯罪行为的人固然不应当对其进行追诉，就是实施了犯罪行为的人，如果不是必须对其适用刑罚，也不应当对其提起公诉。因为提起公诉本身，就可能使被告人陷入被司法权力强制的状态，无论审判的结局是否认定被告人有罪，都会对其造成不利的影响。适度原则就是为了防止对被告人的不必要的追诉，而强调公诉权的行使必须控制在确实必要的限度之内。

坚持适度原则，在公诉实践中要注意防止两种倾向：

一是任意拔高、有罪必诉。在刑事政策上，由于我们长期以来一直强调严厉打击严重刑事犯罪，以致一些同志在思维定势上重视打击犯罪而忽视保护犯罪嫌疑人和被告人的合法权益，更少考虑诉讼效益和诉讼成本，唯恐担当打击不力的责任。有的对凡是有犯罪行为的案件，不管情节轻重，一律提起公诉；有的对共同犯罪的案件，不分参与者的行为如何，一律按照同案犯提起公诉；有的在出庭支持公诉的过程中，为了与辩护人辩论，有意拔高犯罪情节的严重程度。凡此种种，都违反了适度原则的要求。

在此，有必要澄清一个理念上的误区，即把"有罪必究"等同于"有罪必诉"。有罪必究是一项法治原则。只有坚持有罪必究，才能维护法律的尊严，保障法律的实施。但是追究犯罪的方式可以有多种。如我国刑法第 37 条规定的训诫、具结悔过、赔礼道歉、赔偿损失以及行政处罚、行政处分等，都是追究犯罪的方式。而提起公诉的目的（即可能出现的结果）是对被告人定罪判刑。定罪判刑本身具有"贴标签"的作用，尤其是在中国，老百姓对犯罪看得很重，一旦对某人定罪判刑，就可能影响到他的一生，甚至影响到他的家人。有罪必诉，就使凡是实施了犯罪行为的人，统统陷入被起诉的境地，而忽视了非刑罚处罚方法适用的必要性。这不能不说是对有罪必究的一种误解。

二是有罪不诉、重罪轻诉。公诉权本身包含了酌定不起诉的权力，但是这种权力的运用必须适度。对于实施了犯罪行为的人，只有在综合全案的情况，确实不需要判处刑罚的情况下，才应当适用不起诉的权力。对于实施了犯罪行为本应判处刑罚的人，决定不起诉，就是不起诉权力的滥用。在实践中，有的基于"人情"、"关系"、金钱等原因，对应当提起公诉的案件或者应当进行追诉的人，故意不予起诉，或者对应当以较重的罪起诉的，故意以较轻的罪进行起诉。这种现象，破坏了公诉权的公正性，妨碍了社会正义的伸张。

庭审方式改革以后，检察机关在运用不起诉权方面还存在着另一种现象，即存疑不起诉权的滥用。一些从事审查起诉工作的同志，为了避免在法庭辩论时陷入被动，对证据稍有疑点的案件，即使应当判处刑罚的，也作不起诉处理，而不是积极主动地去补充、收集证据，排除疑点，使确实有罪的犯罪嫌疑人受到应有的刑罚处罚。这种现象，是从消极的方面对起诉裁量权的滥用，也是一种失职的表现。

坚持适度原则，要注意克服这两种倾向，正确把握行使公诉权的必要限度，既要确保罪该追诉的人依法受到应有的追诉，也要确保无罪的人不受到追诉，同时对于虽然有罪但可以不适用刑罚的人也要避免使其受到不应有的追诉。

（二）正确把握公诉活动的条件规则

检察机关在公诉活动中，除了必须遵循法治的基本原则之外，在具体问题的处理上，必须严格遵守法律规定的条件。因为公诉权是一种法定的权力，公诉权只有依法行使，才能有效地发挥其追诉犯罪的功能。而依法行使的基本要求是公诉权的启动必须遵守法律规定的条件，符合法律要求的标准。在公诉活动中严格把握法定条件，应当重点研究以下几个问题：

1. 不起诉的实质条件。按照刑事诉讼法的规定，检察机关可以在三种情况下作出不起诉的决定：（1）犯罪嫌疑人有刑事诉讼法第15条规定的情形之一的（即法定不起诉）；（2）犯罪情节轻微，依照刑法规定不需要判处刑罚或者免除刑罚的（即酌定不起诉）；（3）经过补充侦查，仍然认为证据不足，不符合起诉条件的（即存疑不起诉）。这三种情况中，都存在一个对不起诉的实质条件的把握问题。因为在法定不起诉的条件即刑事诉讼法第15条规定的情形中，除了"犯罪已过追诉时效期限""经特赦令免除刑罚""依照刑法告诉才处理的犯罪，没有告诉或者撤回告诉""犯罪嫌疑人、被告人死亡"的情形，可以依据客观事实进行判断之外，"情节显著轻微，危害不大，不认为是犯罪"和"其他法律规定免予追究刑事责任"的情形，都存在一个如何认定的问题。而在酌定不起诉中，何谓"犯罪情节轻微，依照刑法规定不需要判处刑罚或者免除刑罚"；在存疑不起诉中，何谓"证据不足"，同样存在一个认定标准问题。对于这些问题的不同理解，直接影响到对不起诉的法定条件的把握。

在审查起诉过程中，判断案件的情节是"显著轻微""轻微"还是其他，判断对实施了犯罪行为的人是否需要判处刑罚或者免除刑罚，应当综合全案的具体情况进行分析认定，特别是要遵循依法、适度、公益原则，充分考虑起诉或不起诉的社会效果。其中，应当重点从三个方面进行分析认定：

一是刑法的有关规定。在具体案件中，要根据刑法关于与其行为有关的犯罪所规定的构成要件，确定情节轻重与否的标准。例如，刑法第153条将偷逃应缴税额5万元规定为构成走私普通货物、物品罪的数额标准，那么，在对走私普通货物、物品的行为决定起诉不起诉时，如果行为人的走私行为偷逃应缴税额不满 5 万元，就应当以"情节显著轻微，危害不大，不认为是犯罪"来认定。但是同样是偷税数额，由于刑法第 201 条将偷税数额 1 万元且超过应纳税额 10% 规定为构成偷税罪的数额标准，在办理偷税案件中就不能像走私案件那样把偷税数额不满 5 万元的统统视为"情节显著轻微"而不予起诉。另外，要根据刑法中关于"从轻处罚""减轻处罚""免除处罚""不予处罚"的规定，结合案件的具体情况来认定案件是否符合不起诉的实质条件。凡是具体案件中具有刑法中明文规定的"免除处罚"和"不予处罚"情节的，都应当首先考虑不起诉；凡是行为所触犯的罪名本身属于轻罪，又具有刑法中规定的"从轻处罚"或"减轻处罚"情节的，也应当首先考虑不起诉。

二是行为的客观危害。分析行为的客观危害，首先要看行为本身的性质，其次要看行为造成的结果。如果案件所涉及的行为本身性质就不严重，又没有造成明显的危害结果，就不能认定为必须追诉的行为而予以起诉。但是如果行为本身是刑法中规定的严重犯罪的行为，或者其行为性质虽不严重但在客观上造成了严重的损害事实或有比较严重的情节，就不能认为不需要判处刑罚而不予起诉。

三是行为人的情况。如果案件所涉及的行为在客观上属于可诉可不诉的行为，那就要看行为人的情况如何。如果行为人多次实施类似性质的行为，经教育而不改，或者行为人基于恶劣的犯罪动机或故意而实施该行为，或者在共同犯罪中起主要作用，那就要考虑对其提起公诉的必要性。如果行为本身性质并不严重，行为人又是初犯，且没有造成严重的后果，或者行为人实施犯罪行为时确实具有可以谅解的动机或情况，就可以考虑不对其提起公诉。如果犯罪性质和情节本身就不严重，行为人又是共同犯罪中的从犯，亦可以考虑不对其提起公诉。

2. 起诉的证据标准

刑事诉讼法第 141 条规定，人民检察院认为犯罪嫌疑人的犯罪事实已经查清，证据确实、充分，依法应当追究刑事责任的，应当作出起诉决定。犯罪嫌疑人的犯罪事实是否已经查清，关键要看证据是否确实、充分。那么，证据达到什么标准，就算确实、充分，就可以提起公诉？这是一个值得认真研究的问题。

起诉的证据标准，在不同的案件中，有不同的具体要求，但是就一般规律而言，我们认为，任何刑事案件在提起公诉的时候，都应当符合一些基本条件，达到一定的规格。这些基本条件，主要是：

（1）证据的来源合法。刑事诉讼法第 43 条规定，"严禁刑讯逼供和以威胁、引诱、欺骗以及其他非法方法收集证据"。在审查起诉中，对于采取非法方法收集的证据，一定要依法予以排除，不能在法庭上作为控诉证据使用。

（2）证据本身真实可靠。刑事诉讼法第 42 条规定，"证据必须经过查证属实，才能作为定案的根据"。因此在起诉中使用的证据，必须是经过查证真实可靠的证据。有关人员提供的证据，没有经过查证的，或者虽然经过查证但是不能排除其伪造、篡改可能的，就不能作为起诉书认定犯罪事实的依据，更不能在法庭上作为控诉证据使用。证据本身真实可靠，还包括提供证据者具备提供证据的资格，如证人证言必须是知道案件情况并且具有辨别是非和正确表达能力的自然人所提供的；鉴定结论必须是具有与鉴定内容相关的专门知识并且依法取得了鉴定资格的人作出的，等等。

（3）证据与证明对象之间具有相关性，能够证明被指控的犯罪事实。

（4）各种证据之间能够排除合理的怀疑，得出排他性的结论。尤其是对于犯罪嫌疑人的供述和辩解与其他证据之间的矛盾，要认真核查，不能轻易排除。对于共同犯罪中各个犯罪嫌疑人之间的供述，则应强调基本一致，而不能追求完全吻合。

据以作出起诉决定的证据，如果不能达到上述要求，应当退回补充侦查，或者自行侦查。经过补充侦查或自行侦查仍然不能达到上述要求的，应当作出存疑不起诉的决定。

3. 抗诉条件中的"确有错误"

抗诉是公诉权的重要内容。刑事诉讼法第181条规定，地方各级人民检察院认为本级人民法院第一审的判决、裁定确有错误的时候，应当向上一级人民法院提出抗诉。但是什么是"确有错误"的判决、裁定，实践中往往存在着不同的认识和理解，并且这种认识上的分歧直接制约着抗诉权的有效行使。

关于抗诉条件中的"确有错误"，最高人民检察院发布的《人民检察院刑事诉讼规则》列举了6种情况：（1）认定事实不清、证据不足的；（2）有确实、充分证据证明有罪而判无罪，或者无罪判有罪的；（3）重罪轻判，轻罪重判，适用刑罚明显不当的；（4）认定罪名不正确，一罪判数罪、数罪判一罪，影响量刑或者造成严重的社会影响的；（5）免除刑事处罚或者适用缓刑错误的；（6）人民法院在审理过程中严重违反法律规定的诉讼程序的。

对此，我们认为，应当重点从以下几个方面来把握：

（1）对关键证据（即能够证明犯罪构成要件事实的证据），该认定的没有认定，不该认定的认定了；

（2）定性上把轻罪认定为重罪，或把重罪认定为轻罪；

（3）共同犯罪中主犯与从犯认定中的角色错误；

（4）与法定刑档次有关的情节轻重认定上的错误：畸轻畸重，或者该认定的没有认定，不该认定的反而认定了；

（5）不同档次法定刑适用上的错误，包括对不应当免除刑事处罚的被告人适用免除刑事处罚，对不符合缓刑条件的被告人适用缓刑，以及对具有法定从轻、减轻、免除或者从重、加重情节的被告人在刑罚适用上没有体现相应的法律规定等；

（6）判决标的超出了起诉范围，如以起诉书中没有指控的事实给被告人定罪，对起诉书中没有指控的人进行认定等；

（7）审判程序上出现重大错误，如合议庭的组成人员的身份、人数不合法；审判人员应当回避的没有回避；非法剥夺被告人的辩护权等可能影响公正判决的情形。

除了"确有错误"之外，还应当考虑提起抗诉的必要性。如果法院在判决时虽然在证据认定和行为定性上存在某种错误，但是综合全案，判决结果与应然的判决之间并没有实质性差别，就没有必要进行抗诉。因为对这类案件进行抗诉，不仅是对司法资源的一种浪费，而且将使有关案件当事人再次陷入不必要的诉讼之中，这也是对当事人的精力和财力不负责任的表现。

（三）严格遵守公诉活动的程序规则

程序公正是实体公正的保障。检察机关行使公诉权的活动，必须严格按照刑事诉讼法规定的程序进行。特别是在试行主诉检察官办案责任制的过程中，强调诉讼效率必须以严格遵守法定程序为前提。严格遵守公诉活动的程序规则，包括三个方面：

1. 严格按照法定程序进行公诉活动

检察机关在审查起诉的过程中，在作出不起诉决定的过程中，在提起公诉的过程中，以及在提起抗诉的过程中，要严格按照法律规定的程序，包括最高人民检察院制定的《人民检察院刑事诉讼规则》及其他有关司法解释所规定的程序，履行必要的法律手续，遵守法律规定的条件，制作规范的法律文书。不能片面强调提高工作效率而图省事、走捷径，省略必要的法律程序，更不能有意地规避或违反法定程序，只追求实体上的正确而忽视程序上的合法。

2. 自觉遵守法庭规则

检察机关的检察人员在履行公诉职能的时候，不仅要遵守刑事诉讼法的规定和检察机关自己制定的规则，而且要尊重其他司法机关和其他国家机关制定的相关规定。特别是在出庭支持公诉的过程中，要严格遵守人民法院制定的法庭规则，服从审判长的指挥，不能以法律监督者自居而无视法庭规则。

3. 遵守法定的办案时限

检察机关行使公诉权的活动，必须在法定期限内进行。不论是审查起诉，还是起诉后的补充侦查，抑或提起抗诉，都要在法律规定的办案期限内办理完毕。确实不能在法定期限内办结的，应当按照法律规定的程序办理延期手续，或者终止案件。特别是在犯罪嫌疑人或被告人被羁押的情况下，不能以任何借口超期羁押犯罪嫌疑人或被告人。

（四）依法充分行使公诉活动中的自由裁量权

按照刑事诉讼法的规定，检察机关在公诉活动中享有一定的自由裁量权。法律之所以赋予检察机关这些自由裁量权，是由检察机关在刑事诉讼中所担负的任务决定的。同时也是由刑事案件的复杂性决定的。检察机关要充分运用法律赋予的这种自由裁量权，完成刑事诉讼的任务。在公诉活动中依法充分行使自由裁量权，要注意以下几个问题：

1. 自由裁量权的运用要以党和国家的刑事政策为指导

要坚持惩办与宽大相结合的原则，对不该判刑的坚持不起诉。近年来，因轻罪判刑，刑满释放后犯重罪的，明显增加。这除了劳动改造工作质量方面的原因之外，监狱本身在客观上就存在着交叉感染的问题，而定罪判刑本身也存在着贴标签的作用。对于根据办案需要必须逮捕的，一定要及时批准逮捕；对于应当判处刑罚的，一定要坚持起诉。但是对于可捕可不捕的，不能为了防止承担责任而予以逮捕；对于可诉可不诉的，不能为了避免"打击不力"的诘难而予以起诉。

在此，应当正确理解打击与保护的关系。保护，不仅包括对被害人和无罪的人的保护，对犯有轻罪的人，不使其身陷囹圄，也是对其保护的一种措施。

2. 要注意简易程序的运用，集中精力起诉大要案

刑事诉讼法规定简易程序的目的，是在一些比较轻微的案件中简化程序，避免司法资源的浪费。如果大案小案都按照普通程序起诉，检察机关现有的人力资源必然要长时期地处于透支状态，以致影响案件起诉的质量。与其如此，还不如将相当数量的轻微刑事案件通过简易程序进行起诉，以便节约公诉资源，集中力量抓好对大要案的审查起诉和出庭支持公诉的工作，保证严重犯罪分子受到应有的法律制裁。

另外，严厉打击严重刑事犯罪是党和国家在新的历史时期所坚持的基本刑事政策之一。严厉打击的重点是对国家和人民危害较大的犯罪分子。检察机关只有集中精力确保对严重犯罪案件的起诉，使严重犯罪分子受到应有的法律制裁，才能算完成了刑事诉讼的任务。如果大案小案一起抓，就会迷失打击的重点，就难以保证有足够的精力来办理大要案，就有可能使某些严重犯罪分子得不到应有的追究。担心对犯罪分子打击不

力，才是最大的打击不力。

前两年，有些地方的检察机关为了防止不起诉权的滥用，严格控制不起诉的适用。这本来是正确适用刑事诉讼法的一项措施。但是有的检察机关在具体执行中从一个极端走向另一个极端，明确规定不起诉案件的比例。这种做法，违背了公诉活动的基本规律，使一些本来不应当起诉的案件以及一些做不起诉处理社会效果会更好的案件，也起诉到法院，导致起诉案件的不适当增加和起诉质量的相对下降。这种现象，应当坚决纠正。

检查不起诉，主要是检查不起诉的质量，防止对应当起诉的犯罪分子作出不起诉的决定，而不是限定不起诉的数量，保持不起诉的比例。不能把不起诉数量的多少和比例的大小作为衡量起诉工作好坏的标准。

3. 公诉活动中自由裁量权的运用要坚持依法公正的原则，保障自由裁量权的正确行使

检察机关和检察人员特别是主诉检察官在办案过程中，既要大胆充分地运用自由裁量权处理案件，又要严格遵守法律规定，追求司法公正，确保自由裁量权行使的正确性。

同时要增强完善制约机制，在自由裁量权的行使中引进公开透明原则、司法民主原则，实现对自由裁量权的有效监督。

四、调整关系：建立良性高效的公诉机制

在行使公诉权的过程中，检察机关必须正确处理各种关系，建立良好的公诉运行机制。

（一）正确处理外部关系，主动造就司法合力

公诉权的发动是以对案件事实的了解为基础的，所以要与担任刑事案件侦查职能的公安机关发生联系，只有侦查环节上的调查取证工作做扎实了，检察机关才能在法庭上得心应手地

完成指控犯罪的任务。另外，公诉活动的目的，又是通过审判权的运用来实现的，检察机关追诉犯罪的诉讼主张，只有通过法院的审判活动，被法庭审理过程中所查证核实的证据所证实，从而为法院所确认，才能使被告人受到应有的刑事追究。所以，检察机关在刑事诉讼中要有效地担负起公诉职能，就必须按照"分工负责、互相配合、互相制约"的原则，积极主动地处理好与侦查机关和审判机关的关系，以保障公诉活动的有效、顺利进行。

不仅如此，刑事诉讼法规定的任务，是公、检、法三机关共同的任务。公、检、法三机关在分工负责的原则下，密切配合，形成司法合力，是完成刑事诉讼的任务，有效地惩罚犯罪和保护人民的客观现实需要。而检察机关在刑事诉讼中处于中间环节，是联系侦查机关和审判机关的桥梁，在运用和展示侦查机关的工作成果、提供刑事审判的事实根据，保证准确及时地查明犯罪事实，正确应用法律，惩罚犯罪分子，并保障无罪的人不受刑事追究方面，担负着承前启后的重任，对于司法合力的形成，负有更多的责任，也具有优越的地位。检察机关应当充分利用自己的优势，协调处理好三机关的关系。特别是在新的庭审方式下，检察机关应当主动协助侦查机关做好调查取证工作，保证侦查工作在查清犯罪事实的过程中及时准确地收集到确凿充分的、能够通过法庭展示和法庭质证来揭露和证实犯罪的证据，及时发现和纠正侦查活动中的不当或违法行为，保证证据来源的合法性。同时要尊重侦查机关的劳动，充分运用侦查机关在侦查过程中收集的证据材料，并在必要时对之进行补充。检察机关也要主动与审判机关保持分工负责、互相配合的关系，在客观公正和符合法律的前提下，求得对案件的共识。要防止片面强调监督制约，而忘却共同的使命。在庭审过程中，代表检察机关出庭支持公诉的公诉人员，要尊重和服从审判人员的职能活动，自觉克服唯我独尊的工作作风；同时要虚心听取审判人员的意见和要求，特别是对于审判人员在法庭上提醒公诉人注意的事项，要认真研究对待，及时调整公诉方略，保证公诉活动的有效性。

此外，检察机关在公诉活动中，还要注意处理好与被害人（证人）、被告人、律师的关系，主动接受他们的监督。特别是在诉讼主张的提出、证据的庭前展示、法庭调查和法庭辩论等过程中，要充分尊重和保障被害人（证人）、被告人、律师及其他诉讼代理人的诉讼权利，克服权力至上思想，防止当事人倾向。对于有被害人的案件，检察机关在作出不起诉决定的时候，在被害人不服一审判决要求检察机关提起抗诉的时候，要充分考虑被害人的意见；在法庭审理过程中要充分尊重被害人的诉讼地位和诉讼主张，注意与被害人的合作。对于律师了解案情、会见犯罪嫌疑人的活动，要尽可能地提供方便。律师在办案过程中提出的批评意见，检察机关和检察人员一定要认真研究、正确对待。

（二）合理调整内部关系，努力提高公诉效率

正在全国检察系统全面推行的主诉检察官办案责任制，是为了适应庭审方式改革的需要而进行的检察改革的一项重大举措。主诉检察官办案责任制的推行，大大增强了检察官个人办案的积极性和责任感，提高了公诉效率。

但是也要看到，主诉检察官办案责任制的改革，实际上是公诉权运作机制的变革。它在一定程度上改变了传统的公诉权运作模式，引起了检察机关内部不同主体之间职责范围的重新界定。在以主诉检察官为办案主体的情况下，合理界定具体案件办理过程中承办案件的主诉检察官与行政领导、检察委员

会、检察长各自的职责权限，正确处理主诉检察官与其主管领导，与检察长乃至检察院的关系，以及下级检察院与上级检察院的关系，就显得特别重要。

我们认为，建立新的公诉权运作机制，应当重点解决以下几个方面的问题：（1）如何正确处理实体公正与程序合法的关系，保障公诉权行使的公正性；（2）如何保障证据收集的全面、充分、确实，提高公诉效率；（3）如何保障公诉权行使过程中的有效制约，防止公诉权的滥用。

五、提高素质：保障公诉活动的质量

真正实现庭审方式改革的价值取向，从根本上依赖于司法人员整体素质的提高。特别是庭审方式的改革，大大增加了公诉工作的难度，对公诉人员的素质提出了更高的要求。同时，随着公诉权运作机制的调整，公诉人员的素质直接关系到公诉权的有效行使。因此，提高公诉人员的政治素质和业务素质，是检察机关适应庭审方式改革挑战的一项迫切任务。

提高公诉人员的素质，重点应当抓好以下几个方面的工作：

（一）在组织上严格把关，努力保证公诉队伍的基本素质

公诉活动是检察机关对外活动的一个窗口。检察机关行使公诉权的活动，不仅向社会展示着检察机关的整体形象，而且是成就检察机关主要职能的一个关键环节。检察机关对贪污贿赂案件、渎职案件、侵权案件的立案侦查，对公安机关侦查终结的案件的审查判断，对司法工作人员违法犯罪案件的监督，最终都要通过公诉活动来实现惩罚犯罪的目的。因此在检察机关的队伍建设中，应当把公诉人员的队伍建设作为组织工作的重点，认真抓好。

在公诉人员的队伍建设上，要树立公诉队伍数量与质量并

重的观点，改变单纯强调增加数量的做法。在公诉人员的选拔聘任中，要严格按照检察官法规定的基本条件进人，同时要做好组织调整工作，把不符合检察官任职资格的公诉人员从公诉人员队伍中淘汰出去，保证公诉人员队伍的基本素质。

（二）业务上积极培训，不断提高公诉人员的业务素质

在公诉人员的素质培养上，要树立理论业务学习与实践经验积累并重的观念。既要积极组织公诉人员研究总结办案实践，从办案实践中积累经验、提高才干。同时要建立岗位培训制度，使公诉人员能够定期地参加短期脱产培训。

脱产培训要重视理论武装，但是要改变每次都是"普法教育"的低层次重复的培训方法，讲求实效和深度。要研究培训的内容，改革培训的方法，使参加培训的人员经过短期的脱产学习，在法学理论或者实践经验的某个方面真正有所提高。

（三）管理上完善考核，逐步淘汰低素质的公诉人员

随着办案机制的改革，考核机制应当进一步完善。完善的考核机制不仅具有监督制约检察人员认真、正确履行职责的机能，而且具有激励检察人员努力提高业务素质和政治素质，确保办案质量的功用。

我们认为，公诉人员考核机制的完善，应当着重从两个方面入手：一是在考核的内容上，应当减少务虚的成分，增加实务标准；二是在考核的方法上，应当改变一年一度的形式主义的考核方式，改为随时计分、累计积分的方式，使考核工作实实在在地与公诉人员的政治待遇、经济收入挂钩。

同时，应当建立相应的制度，保障严格依法办事、工作业绩突出的公诉人员具有良好的工作环境和稳定的工作岗位，以便逐渐形成专业化的公诉人员队伍。而对于工作效率和质量不高，甚至利用工作或职务便利违法乱纪，滥用检察权的人员，

要能够保证从制度上将其淘汰或清除出公诉人员队伍，以便保证公诉人员队伍的纯洁性和高素质。

（原载《公诉问题研究》，中国人民
公安大学出版社 2000 年版）

公诉权论

公诉权，即刑事追诉权，是检察机关运用公权力对违反刑事法律构成犯罪的人诉请国家审判机关依法追究其刑事责任的权力。公诉权在世界各国几乎都是检察机关独享的一种国家权力，是检察权的一种标志性的权力。深入研究公诉权理论，对于保障刑事法律的正确实施，对于完善诉讼程序和检察制度，都具有十分重要的意义。

一、公诉权的基本内容

从世界各大法系主要国家的法律规定看，检察机关（包括代表检察机关行使权力的检察官）的公诉权主要包括以下内容：

（一）立案决定权或立案控制权

公诉的目的是追诉犯罪。决定追诉的权力也因此属于公诉权的组成部分。在有些国家，作出立案侦查的决定是刑事诉讼的开始，所以立案侦查的决定权或者控制权也就由检察机关行使。如在大陆法系国家中，作为典型代表的法国，追诉决定权是由检察机关行使的。"原则上，就是否提起追诉的问题作出必要决定的是共和国检察官。"〔1〕 "作出追诉决定才是刑事诉讼正式阶段的第一步。"〔2〕《法国刑事诉讼法典》第 40 条规定："共和国检察官接受告诉与控告，并审查、确定应当做出的适当处理。不予立案的，共和国检察官应通知告诉人，以及在已经查明受害人时通知受害人。任何依法设立的权力机关，任何公务助理人员或公务员，在履行职务中知悉重罪或轻罪的，应当立即报告共和国检察官并向其转送与此有关的一切材料、笔录与文书。"这种规定的目的是保障检察机关能够及时作出追诉的决定。

在法国，刑事案件的侦查是由预审法官负责进行的。但是，预审法官的侦查是以检察官的"立案侦查意见书"为前提的。《法国刑事诉讼法典》第 80 条规定："预审法官只有根据共和国检察官的立案侦查意见书始能进行侦查。立案侦查意见书得对指名的人提出，或者对不指名的人提出。预审法官一经了解到立案侦查意见书中并未涉及到的事实，应立即将与之相关的告诉或确证此种告诉的笔录报送共和国检察官。"按照法国权威学者的解释，"立案侦查意见书"对于确定预审法官受理案件的范围具有重要的意义。共和国检察官提出的这一意见书是其提出的第一份诉讼意见书，其功能是"旨在发动公诉"，因此也称"提起公诉意见书"。依此意见书，检察机关要求预审法官（对案件）进行侦查并发动公诉。如果涉及新的事实，预审法官则应当经补充侦查意见书才能受理并进行侦查。〔3〕 在

---

〔1〕 ［法］卡斯东·斯特法尼、乔治·勒瓦索、贝尔纳·布洛克著：《法国刑事诉讼法精义》（下），罗结珍译，中国政法大学出版社 1999 年版，第 488 页。

〔2〕 ［法］卡斯东·斯特法尼、乔治·勒瓦索、贝尔纳·布洛克著：《法国刑事诉讼法精义》（下），罗结珍译，中国政法大学出版社 1999 年版，第 488 页。

〔3〕 参见［法］卡斯东·斯特法尼、乔治·勒瓦索、贝尔纳·布洛克著：《法国刑事诉讼法精义》（下），罗结珍译，中国政法大学出版社 1999 年版，第 520—522 页。

德国的刑事诉讼法中，侦查被规定为"公诉之准备"，由检察院负责（见《德国刑事诉讼法典》第二编第二章）。按照《德国刑事诉讼法典》的规定，通过告发或者其他途径，检察院一旦了解到有犯罪行为嫌疑时，应当对事实情况进行审查，以决定是否提起公诉。为此目的，检察院可以要求所有的公共机关部门提供情况，并且要么自行，要么通过警察机构部门及官员进行任何种类的侦查。警察机构部门及官员负有接受检察院请求、委托的义务。证人、鉴定人负有应传唤前往检察院就案件作出陈述或者鉴定的义务。甚至在有迹象表明某人是非正常死亡或者发现无名尸体的时候，"埋葬尸体，需经检察院书面同意"[1]。尽管在实务方面，侦查通常都是由警察机关进行的，但是法律的这一规定，意味着检察机关具有启动侦查程序和控制侦查活动的权力。

在美国，立案侦查的决定权是由警察行使的，但是警察如果要对犯罪嫌疑人采取强制措施，则必须经过检察官向治安法官申请令状。如果检察官不同意警察的做法，警察就不可能对犯罪嫌疑人采取强制措施。因此，检察官从警察接触犯罪嫌疑人的时候开始，就实际上已经介入了侦查活动，并且在这个阶段具有一定的控制权，只是没有侦查指挥权。

公诉权在本质上是一种追诉犯罪的权力。因此当一个违法行为发生时，要不要将其作为犯罪予以追诉，应当由具有追诉犯罪权力的检察机关来决定。但是在实践中，犯罪行为一旦发生，就会给社会造成危害。为了防止危害的扩散并及时有效地控制犯罪，法律通常赋予负责社会治安的警察机关首先进入现场或接触罪犯采取措施的权力。警察机关的这种活动则被称为

---

[1] 参见《德国刑事诉讼法典》第159—161条

刑事诉讼开始之前的"预备性阶段"。一般来说，刑事诉讼，经过预备阶段之后，就按照"追诉决定"而真正开始。[1]

（二）提起公诉的权力

提起公诉的权力由检察机关行使，几乎是现代世界各国的通例。公诉由检察机关实行，被称为"国家追诉主义"[2]，即只有国家才有进行公诉的权力。因为国家追诉可以摆脱私人追诉情况下由于个人的私人感情和地域的特殊情况而导致的有失公平的诉讼，保障法律的统一实施。而国家行使公诉权的机关是检察机关。因此，除了法律明确规定可以由当事人自诉的案件之外，所有侦查终结的刑事案件一律交由检察机关进行审查以决定是否需要追究犯罪嫌疑人的刑事责任而向有管辖权的法院提起公诉，是检察机关的法定职责。正如《德国刑事诉讼法典》第152条规定的："（一）提起公诉权，专属检察院行使。（二）除法律另有规定外，在有足够的事实根据时，检察院负有对所有的可予以追究的犯罪行为作出行动的义务。"

从各国对提起公诉的条件的规定来看，也可以发现大致相同的规律，即提起公诉都需要一定的条件，并且这些条件都要求有充分的证据，几乎接近法院判定有罪的条件。正如我国刑事诉讼法第141条所规定的："人民检察院认为犯罪嫌疑人的犯罪事实已经查清，证据确实、充分，依法应当追究刑事责任的，应当作出起诉决定，按照审判管辖的规定，向人民法院提起公诉。"这是因为，公诉权是一种"以预先认为可以获得有

---

〔1〕 〔法〕卡斯东·斯特法尼、乔治·勒瓦索、贝尔纳·布洛克著：《法国刑事诉讼法精义》（下），罗结珍译，中国政法大学出版社1999年版，第488页。

〔2〕 与国家追诉主义相对的是私人追诉主义和民众追诉主义。私人追诉主义又有由被害人实施私人追诉的被害人追诉主义（德国）与由警察作为私人进行追诉的私人追诉主义（英国）。民众追诉主义是指由大陪审团进行起诉的制度。

罪判决为前提的实体性判决请求权",因此提起公诉的条件就应当是存在"犯罪的高度嫌疑"。所谓高度的嫌疑,在实务中就是起诉的标准是否存在根据确凿的证据获得有罪判决的可能性。在提起公诉的时候,作为检察官的认识来说,必须达到接近确信的程度。[1]

(三) 决定不起诉的权力

有决定起诉的权力,也就会有决定不起诉的权力。决定不起诉是检察机关起诉裁量权的表现。即使是在像德国那样明确规定起诉法定原则的国家,刑事诉讼法也规定了检察机关可以作出不起诉决定的若干情况。[2] 在法国,检察机关基于"追诉适当原则",可以在三种情况下作出不提起追诉的决定:一是检察官认为追诉不能得到受理;二是检察官认为并不具备犯罪的各项构成要件或者认为要举出证据证明犯罪有不可克服的困难;三是检察官认为提起追诉不适当。共和国检察官还可以依据犯罪人的性格来判断追诉的适当性从而作出不予追诉的决定。并且,对于这种不予追诉的决定,不存在任何司法裁判上的上诉途径,刑事法院就此不得提出批评,当事人不服时只能按照级别向检察长或掌玺官(司法部长)提出申诉。但是,基于"追诉适当规则"而作出的不予追诉的决定只能在涉及发动追诉时作出。公诉一旦发动,在刑事诉讼进行过程中,共和国

---

〔1〕 〔日〕松尾浩也著:《日本刑事诉讼法》(上卷),丁相顺译,金光旭校,中国人民大学出版社 2005 年版,第 160—176 页;〔日〕田口守一著:《刑事诉讼法》,刘迪、张凌、穆津译,卞建林校,法律出版社 2000 年版,第 114—127 页。

〔2〕 按照德国学者的解释,不起诉处分可以基于四种理由作出:一是基于诉讼程序之原因,如时效消灭;二是基于实体法之原因,如发现该行为并不违法;三是基于事实之原因,如不能证明被告人犯该罪;四是基于便宜原则之原因,如微罪不举。检察机关作出的不起诉裁决并不具有确定的法律效力,检察机关可以随时对已经作出不起诉裁决的案件子行侦查。参见:〔德〕克劳思·罗科信著:《刑事诉讼法》(第 22 版),吴丽琪译,法律出版社 2003 年版,第 363—364 页。

检察官不得再以"追诉适当"为理由提出旨在"不予起诉"的意见书。

在美国，检察官被赋予广泛的不起诉裁量权。在实践中，不起诉的决定可能是根据以下情况做出的：（1）被害人表示犯罪不必起诉。（2）考虑到违法的性质，起诉的代价将会很大。（3）检察官认为起诉本身将会对犯罪造成过度的伤害。（4）如果不起诉，罪犯将会帮助达到其他执行目的。（5）犯罪所带来的危害能够不经起诉而得到纠正。虽然美国的刑事司法体系有合理有效的控制确保检察官在证据不充分时不滥用权力，但是对于证据充分时是否起诉的裁量决定却没有类似的控制。对不起诉决定的质疑实际上并没有有效的制约措施。[1] 在我国，检察机关的不起诉被分为绝对不起诉、相对不起诉和存疑不起诉三种情况。其实，绝对不起诉，是因为案件本身不具备或者丧失了提起公诉的条件。在这种情况下，检察机关并没有在起诉与不起诉之间进行选择的权力，因而不属于检察机关起诉裁量权的范围。存疑不起诉也是因为证据不足而不具备起诉的条件。但是存疑不起诉与绝对不起诉不同。对于存疑不起诉的案件，检察机关在获得新的证据以致具备起诉条件的情况下可以再行起诉。唯有相对不起诉，才相当于美国、日本等国刑事诉讼法中所称的不起诉。而相对不起诉仅适用于犯罪情节轻微，依照刑法规定不需要判处刑罚或者免除刑罚的场合。所以，与国外检察机关的起诉裁量权相比，我国检察机关的起诉裁量权是十分有限的。

（四）出席法庭的权力

检察机关一旦决定提起公诉，除了简易程序之外，通常都

---

〔1〕 参见伟恩·R. 拉费弗、杰罗德·H. 伊斯雷尔、南西·J. 金著：《刑事诉讼法》（上册），卞建林、沙丽金等译，中国政法大学出版社 2003 年版，第 744—753 页。

有派员出席法庭进行公诉的权力[1]。检察机关在刑事诉讼中作为公诉方，在法庭调查中承担着控诉犯罪并提供证据的责任，因此出席法庭既是检察机关的权力，也可以说是它的义务。按照《德国刑事诉讼法典》第 226 条的规定，在整个审判过程中，检察机关都必须有人（不需为同一检察官）在场。如果在检察院的人员缺席情形下进行了审判，就构成"绝对上诉理由"（第 338 条）。在刑事法庭上，检察院的参加是必要的参加，并且应当确认在法庭上听取了检察院的意见。[2] 检察官作为检察机关的代表出席法庭，主要任务是控诉犯罪、提供证据包括证人名单或证言，回答质疑，协助法庭调查。

同时，"检察官亦需注意，诉讼过程是否合法举行，其对于有违反刑诉法之情形时，异于辩护人，需立即对之加以更正。"[3] 因为，对于检察官来说，要求法院"正确适用法律"是他的职责。[4] 对法庭审理活动的监督，既包括对法庭组成人员的合法性和法庭调查过程的监督，也包括对其他诉讼参与人在法庭上的活动是否合法进行监督。在一些国家，检察官对诉讼过程是否合法的监督主要是通过对不合法的活动向法庭提出抗议的方式进行的。这样有利于及时纠正不适当的诉讼行为而

---

[1] 这种权力其实是一种权利。

[2] [法] 卡斯东·斯特法尼、乔治·勒瓦索、贝尔纳·布洛克著：《法国刑事诉讼法精义》（下），罗结珍译，中国政法大学出版社 1999 年版，第 755 页。

[3] [德] 克劳思·罗科信著：《刑事诉讼法》（第 22 版），吴丽琪译，法律出版社 2003 年版，第 65 页。

[4] [日] 松尾浩也著：《日本刑事诉讼法》（下卷），张凌译，金光旭校，中国人民大学出版社 2005 年版，第 191 页。

不影响法庭审理的正常进行。[1] 在日本，检察官出席法庭还有一个任务是"求刑"。在法庭全部证据调查结束以后，检察官必须就法庭调查的事实以及法律适用陈述意见。其中包括对应该宣判的刑罚种类、程度等阐述具体的意见。求刑表明了检察官对被告人刑事责任的最终评价。求刑制度不是法律的直接要求，而是日本的一种习惯做法，但是这一制度起到了统一全国范围内检察官法律适用基准的作用，法院通过考虑检察官的求刑意见来防止量刑的不均衡。[2]

（五）变更起诉的权力

检察机关派员出席法庭的另一个重要任务是根据法庭调查的情况修正自己的起诉决定。

在美国，检察官可以通过修改诉状来变更起诉。修改诉状，既包括纠正诉状中的技术错误如引用法律条文不当，也包括主动或为了回应辩护方的动议而纠正诉状中的重大缺陷。在审前或者审判过程中，检察机关都可以根据新发现的证据或者证据变化的情况修改自己的诉状以使诉状与法庭调查的事实相符合。在定罪或裁决之前，只要不追加指控另外的或不同的罪行，不损害被告人的实体权利，法庭就应当允许检察官修改诉状。

在日本，诉讼进展过程中，检察官查明存在与起诉书记载的诉因不同的事实，并认为法院不能预料该诉因事实存在时，

---

［1］ 我国1979年刑事诉讼法也是允许出席法庭的检察官当庭对不适当的诉讼行为提出纠正意见的，但是1996年修改后的刑事诉讼法基于维护庭审权威的考虑取消了这种规定，要求检察机关在庭审之后就法庭审理中违反法律的情形向法院提出意见。然而在实践中，不适当的诉讼行为如果没有严重到足以导致法庭审理无效的程度，事后提出纠正意见是于事无补的，因为法庭审理已经结束，法庭审理过程中的瑕疵也已成过去，不可能再予弥补。

［2］ ［日］松尾浩也著：《日本刑事诉讼法》（上卷），丁相顺译，金光旭校，中国人民大学出版社2005年版，第287—289页。

可以请求变更诉因。诉因是构成犯罪的事实性要素，即证明犯罪事实存在的犯罪主体、时间、地点、客体、方法、行为与结果等。法院接到检察官的请求时，在不损害公诉事实同一性的范围内，必须允许追加、撤回或变更起诉书中记载的诉因或处罚条款。[1]

《德国刑事诉讼法典》第 156 条明确规定："审判程序开始后，对公诉不能撤回。"这本身意味着在审判程序开始之前，检察院可以撤回公诉。在审判的任何一个阶段，检察院认为对已经提起公诉的行为可以不予追诉时，法院可以依检察院的申请停止程序。在审理过程中检察机关可以追加起诉。

（六）上诉的权力

检察机关作为提起公诉的主体，与被告人一样具有全面的上诉权，同时检察机关作为"要求正确适用法律"的人，还有为了被告人的利益而上诉的权力。这是大陆法系的传统。这个传统的典型表达方式是《德国刑事诉讼法典》第 296 条的规定："（一）不论是检察院还是被指控的人，均拥有提起准许的法律救济活动的权利。（二）检察院也可以为了被指控人的利益而提起法律救济活动。"

在法国，准许检察官提出上诉的情形有四个方面：第一，作出裁判决定的程序不符合规定：裁判决定不是由符合法定人数的法官作出的；裁判决定是由并未参加庭审的法官作出的；裁判决定是在没有听取检察官意见的情况下作出的；裁判决定不是公开开庭（法律规定的例外情形除外）或者是在没有公开进行法庭辩论的情况下作出的。第二，作出裁判决定的法院没

---

[1] [日] 田口守一著：《刑事诉讼法》，刘迪、张凌、穆津译，卞建林校，法律出版社2000 年版，第 166—167 页。

有管辖权或者越权：法庭对其作出裁判决定的案件并无管辖权；法庭虽有管辖权但进行了其无权实施的行为。第三，违反了"根本性"的形式：在法律明文规定某项形式"如不遵守，以无效论处"或者法院判例视某项形式为根本性形式并且认定"如不遵守，以无效论处"时，法庭没有遵守该规定。第四，违反实体刑事法律：对法律解释不正确；或者适用刑法条文有错误。[1]

在日本，检察官是"请求正确适用法律"的人，他可以对他认为不当的所有第一审判决和决定提出上诉[2]，也可以对高级法院和最高法院的判决提出上诉。就一审判决提出上诉的理由包括：第一，诉讼程序违反法令。作出判决的法院在组成合议庭上违法，法官在作出判决时有违法行为，在审判公开方面违反有关规定，管辖错误，受理公诉错误，判决有遗漏，判决的理由不充分或者理由相互矛盾，是绝对的上诉理由。其他诉讼程序违反法令并"明显给判决带来影响"的情形，则构成相对的上诉理由。第二，判决内容有错误。其中包括：适用法律有错误（适用法律有错误只有在"明显给判决带来影响"时才能成为上诉理由）；量刑不当；事实认定有错误。第三，其他上诉理由，如刑罚法规在作出判决后被废止或法定刑变更时，只要判决尚未生效，就可以上诉；判决认定的犯罪属于大赦令适用的对象等。[3] 可见检察机关提出抗诉的理由是其认为原审法院的裁判确有错误。这与我国刑事诉讼法的规定是基本相同

〔1〕 ［法］卡斯东·斯特法尼、乔治·勒瓦索、贝尔纳·布洛克著：《法国刑事诉讼法精义》（下），罗结珍译，中国政法大学出版社 1999 年版，第 837—840 页。

〔2〕 在日本，上诉被分为控诉（对一审判决的）、抗告或称即时抗告（对一审决定的）、上告（对二审法院的）和特别上告（对最高法院的）。

〔3〕 ［日］松尾浩也著：《日本刑事诉讼法》（上卷），丁相顺译，金光旭校，中国人民大学出版社 2005 年版，第 216 页以下。

的。"确有错误"本身实际上就包括了重罪轻判或者轻罪重判甚至有罪判无罪、无罪判有罪，以及程序违法等不同的情况。检察机关应当站在客观公正的立场上进行抗诉，其中包括不利于被告人的抗诉，也应当包括有利于被告人的抗诉。这样的抗诉当然就不仅仅是为了追诉犯罪的目的，而且具有维护刑事法律正确实施的目的性。

（七）申请再审的权力

在大陆法系国家，检察机关对于已经生效的裁判有向最高法院申请再审的权力。在德国，有利于受有罪判决人的再审请求，可以由受有罪判决人提出，也可以由检察院提出，但是对被告人不利的再审，只能由检察院提出。而在日本，只能提出对受有罪判决人有利的再审请求，而不能提出对被告人不利的再审请求，但是某项理由既可以受有罪判决人提出，也可以由检察官提出，而某项理由只能由检察官提出。对已经生效的判决提出再审请求，必须具有法定理由。

我国刑事诉讼法第 205 条第 3 款、第 4 款规定："最高人民检察院对各级人民法院已经发生法律效力的判决和裁定，上级人民检察院对下级人民法院已经发生法律效力的判决和裁定，如果发现确有错误，有权按照审判监督程序向同级人民法院提出抗诉。人民检察院抗诉的案件，接受抗诉的人民法院应当组成合议庭重新审理，对于原判决事实不清楚或者证据不足的，可以指令下级人民法院再审。"这表明检察机关具有对生效裁判提出再审的权力，并且只要检察机关依照法定程序提出抗诉，法院就应当进行再审。对生效裁判的抗诉，本身是公诉权的题中应有之意。因为第一，检察机关提起公诉的目的是有效地追诉犯罪。由于法院认定事实错误或者适用法律不当而未能达到行使公诉权的目的时，检察机关提出抗诉、要求再审以实现公诉的目的，是理所当然的。第二，检察机关提起公诉是代表国家行使追诉权的。国家追诉与个人起诉的一个最大区别就在于它不是为了自身的利益，而是为了通过追究破坏刑事法律的人的刑事责任来维护法律的尊严，同时保障无罪的人不受到刑事追究。如果检察机关发现刑事诉讼的结果使有罪的人没有受到追究或者没有受到罚当其罪的追究，或者使无罪的人受到了追究，基于公诉权行使的目的，检察机关也应当有权提出抗诉并通过法定的程序予以纠正。当然在法院的裁判已经生效的情况下，这种要求必须受到一定的限制，只有在符合法律规定的特殊理由的情况下才能行使，否则就可能导致诉讼的无休止的拖延，也影响法院判决的权威性。

（八）监督刑罚执行的权力

在大陆法系国家，对生效判决裁定的执行是由检察机关负责的。"从公诉方面看，指示执行刑罚的是共和国检察官。"[1]《法国刑事诉讼法典》第 707 条规定："裁判决定最终确定之后，依检察院的申请执行之。"第 709 条规定："共和国检察官与检察长有权直接要求公共力量协助，以保证判决执行。"《德国刑事诉讼法典》第 451 条（执行机关）规定："（一）刑罚的执行，由作为执行机关的检察院依据书记处书记员发放的、附有可执行性证书和经过核实的判决主文副本付诸实施。（二）区检察官只有权对州司法管理部门委托执行的刑罚付诸实施。（三）是执行机关的检察院可以接受其他州法院的刑罚执行庭所委托的检察院任务。它也可以将自己的任务移交给负责该法院事务的检察院，以符合受有罪判决人的利益，经刑罚执行庭

---

〔1〕〔法〕卡斯东·斯特法尼、乔治·勒瓦索、贝尔纳·布洛克著：《法国刑事诉讼法精义》（下），罗结珍译，中国政法大学出版社 1999 年版，第 865 页。

所在地检察院同意为限。"《日本刑事诉讼法》第472条和《韩国刑事诉讼法》第460条都规定："裁判的执行，由与作出该项裁判的法院相对应的检察厅的检察官指挥。"

刑罚的执行之所以要由检察机关指挥或者在检察机关的监督下进行，是因为刑罚的执行本身是实现公诉权行使的目的的最终途径。如果不能保证刑罚的有效执行，检察机关从刑事诉讼开始到审判活动结束的整个过程中所做的一切努力，就可能付诸东流，维护法律尊严的正义要求就可能在最后环节上不了了之。所以，为了保证公诉权的有效行使，在法院的裁判最终生效之后，由检察机关负责或者监督刑罚的执行，是完全应该的。

二、提起公诉的效力

公诉权中最核心的内容是提起公诉的权力。提起公诉，不仅可以派生出变更公诉的权力、出庭公诉的权力和上诉（抗诉）的权力等，而且可以产生一系列的法律效力，对包括检察机关在内的其他诉讼主体的活动形成制约。

（一）提起公诉对被告人的效力

检察机关提起公诉的行为，就使犯罪嫌疑人被确定为刑事诉讼中的被告人。被告人因此而处于必须接受法院审判的法律地位。被告人有义务按照法院的要求出现在法庭上，并按照法庭的要求进行诉讼活动。如果被告人在检察机关对其提起公诉之后逃逸，其逃逸行为本身就可能构成一个犯罪。

当然，提起公诉的行为，也产生了被告人自己或者委托他人为自己进行辩护的权利，以及其他作为诉讼当事人应有的诉讼权利。

（二）提起公诉对侦查机关的效力

提起公诉的决定通常是在侦查终结的基础上作出的。检察机关作出提起公诉的决定，即意味着侦查活动的结束。特别是在案件移送法院进行审判之后，侦查机关原则上就不能对相同的人的同一行为再开展侦查活动，除非经过检察机关的申请并经过审理该案件的法院同意。

大陆法系国家素有检察官指挥侦查或者亲自侦查的规定。这类规定所蕴含的基本理念是侦查服务于公诉所以应当满足公诉的需要。在英美法系国家，检察官虽然没有指挥侦查的权力，但是警察有义务按照检察官的要求出席法庭作证，其主旨也是为了保证检察官在法庭上有效指控犯罪。我国关于补充侦查的规定，同样也是为了保障侦查满足公诉的需要。这些规定，反映了公诉权运作的基本规律，表明公诉与侦查之间具有目的与手段的关系。因此，检察机关提起公诉的行为，必然要引起侦查机关与检察机关相互配合共同完成举证任务的义务，包括根据法庭审理的情况及时补充新的证据的义务。

（三）提起公诉对检察机关的效力

检察机关提起公诉的行为，本身就使检察机关自己处于刑事诉讼中控方的法律地位：第一，失去对案件的控制权而将案件交由法院，由法院主持继后的调查。在法国，检察机关一旦提起追诉，其后的预审（即侦查）就由预审法官主持进行（在预审阶段检察机关还继续保持对案件的控制权），侦查终结之后，案件如何处理，几乎完全由法院决定。而在其他国家，自提起公诉之后，诉讼的进程才交由法院控制。第二，产生接受法院审查的义务。检察机关提起公诉的行为本身，要受到法院的审查。只有在法院经审查认为提起公诉的行为符合一定的条件时，才会受理案件并作出开始审判的决定。如果法院认为检察机关提起公诉的行为不符合审判的条件，检察机关就应当按照法院的要求进行补充或者撤回公诉。当然，法院对检察机关提起公诉行为的审查，也要受到一定的限制，只能是对形式要件的审查。在美国，检察机关提起公诉的行为，可能因被告人的要求而提交大陪审团审查，也可能受到被告人及其辩护人的质疑而由法院进行审查。如果法院认可辩方的质疑，检察机关就得修改或者撤回公诉。第三，出庭的义务。除了法律规定可以不出庭的情况之外，检察机关在自己提起公诉的案件审理过程中，有义务派员出席法庭审理的全过程。这既是公诉权的组成部分，也是检察机关提起公诉的行为必然产生的义务。第四，服从裁判的义务。作为控方必须服从法院的决定，包括法院对审判方式的选择，审判时间地点的安排，审判进程以及庭审过程中审判长的指挥，直至最终的审判结果。第五，配合的义务。检察机关必须配合法院完成审判活动，包括需要补充侦查或者需要变更起诉时，根据法庭审理的情况，检察机关应当及时提出补充侦查或者变更起诉的申请并及时进行必要的补救措施，以保证审判的顺利进行。第六，对于检察机关提起公诉的案件，法院一旦受理，非因法定事由，检察机关不得就同一犯罪事实对同一被告人向同一或不同法院再提起公诉。

（四）提起公诉对审判机关的效力

检察机关提起公诉的行为，意味着检察机关把特定的刑事案件移交给法院，由此也就启动了法院的审判活动并对审判活动产生制约。第一，引起法院审判的义务。检察机关一旦提起公诉，只要符合起诉条件，受理公诉的法院就必须对案件依法进行审判，法院不得拒绝受理和审判。第二，通知被告人的义务。检察机关提起公诉的起诉书，在法院受理案件之后，经审查，如果没有不符合起诉条件的情况，应当及时将起诉书送达被告人，让其了解检察机关对他的指控及其内容。第三，设定法院审判和判决的标的。提起公诉的行为本身具有设定审判标的的功能。法院审判案件，只能在起诉书所指控的范围内进行法庭调查和作出判决，而不能在起诉书指控的范围之外进行法庭调查和作出判决。以"检察院指控有遗漏"为由径直对检察机关没有提出指控的犯罪行为对被告人判处刑罚的做法，是违背国家公诉原则的越权判决。对此，《德国刑事诉讼法典》的规定非常明确。其第 155 条第 1 款规定："法院的调查与裁判，只能延伸到起诉书中写明的行为和以诉讼指控的人员。"第 264 条规定："（一）作判决的事项，是公诉中写明的、根据审理结果所表明的行为。（二）法院不受开始审判程序的裁定所依据的对行为的评断之约束。"法院受诉讼标的的拘束，原则上只能审理被起诉的犯罪行为和犯罪行为人，是国家公诉原则的必然要求。确立法院不得任意独断地扩张调查范围的原则，是为了免除中世纪罪刑擅断的纠问程序的弊端，保护被告人的利益。

诉讼对象即应当构成犯罪的事实或称公诉事实的设定者是检察官[1]。诉讼对象在审判程序中具有两个方面的作用：第一，诉讼对象始终是双方当事人和法院审判活动的目标。罪状承认与否、口头程序的陈述、证据调查的请求与实施、总结发言以及最后辩论，都是或主要是围绕公诉事实的成败进行的。第二，诉讼对象是制约该案件程序的主要要素。案件的管辖、是否需要控告、时效是否完成、是否适用简易程序、适用合议庭还是独任审理、必要的辩护还是非必要的辩护、是否免除被

---

〔1〕"审理判决的对象是由检察官提起的公诉所指向的犯罪事实，也就是'诉因'。换句话说，将法院审理、判决的权限以及责任义务限定为诉因。虽然这一诉因并不因起诉书的记载而完全固定下来，有时会在审理过程中发生变更，但即使这时候，变更的权限和责任、义务也属于检察官"。参见：［日］松尾浩也著：《日本刑事诉讼法》（上卷），丁相顺译，金光旭校，中国人民大学出版社 2005 年版，第 187 页。

告人的出庭义务，等等，这些程序的基本走向都取决于公诉事实。[1] 当然，作为诉讼对象或审判标的的案件事实必须与起诉书所指控的犯罪行为具有同一性，是就事实本身而言的，即审判所及的案件事实必须是起诉书所指控的犯罪行为事实，它并不意味着对事实的法律评价的同一性和构成公诉事实的各个要素的完全一致。

三、公诉权行使中几个问题的探讨

为了保证公诉权的正确行使，人们提出了公诉权行使的一系列原则。通过这些原则，为公诉权的行使设定了行为准则。这些原则包括：法治原则、自由裁量原则、客观公正原则、公益权衡原则等。

但是从实践中看，公诉权的行使，最容易出现滥用的是公诉裁量权。因此如何有效地防止公诉裁量权的滥用，既是诉讼制度设计中要重点解决的问题之一，也是研究公诉权理论所要关注的难点问题。为了保证公诉权的正确行使，防止公诉权的滥用，我认为，应当重点解决以下三个方面的问题：

（一）发动公诉的必要性问题

公诉的发动应当强调必要性原则，即只要在十分必要的情况下才可以动用国家追诉权对特定的人提起公诉。

提起公诉之所以要强调必要性原则，是因为提起公诉的决定在刑事诉讼中是一个至关重要的阶段。首先，提起公诉的决定，将导致被告人在审判之前或审判期间失去自由，使被告人面临法庭审判的经济和社会损耗。不管审判的结果如何，指控本身就可能使被告人损害声誉，并使被告人负担为辩护作准备

---

〔1〕 参见 〔日〕松尾浩也著：《日本刑事诉讼法》（下卷），张凌译，金光旭校，中国人民大学出版社 2005 年版，第 379 页。

的相当可观的支出。在实践中，由于对企业领导人提起公诉而导致整个企业衰败或破产的现象时有发生。这进一步提醒检察机关应当十分谨慎地对待公诉权的发动。其次，提起公诉的决定，对社会的影响也是明显的。由于国家追诉本身是代表国家对行为的一种否定性评价，因此当一种造成损害的行为发生之后，检察机关是否对其提起公诉，往往引导着社会行为的趋向。最后，提起公诉的决定同时也必然引起司法资源的消耗，导致检察机关、审判机关甚至刑罚执行机关为此付出一定的人力物力。因此是否决定对一个人提起公诉，检察机关应当十分慎重。日本学者强调："因为提起公诉会对被告人带来事实上、法律上的不利，例如心理上、时间上、经济上、社会上的负担，以及停职处分的危险等，所以如果没有高度的嫌疑，就不允许提起公诉。"[1] 在提起公诉之前，检察机关不仅应当审查犯罪事实是否确实存在，而且应当十分重视是否有交付审判的必要。对于依照刑法的规定可以免除刑罚或者不需要判处刑罚的，特别是在犯罪行为发生之后，犯罪人采取积极的补救措施对被害人进行补偿并得到被害人谅解的轻微犯罪，检察机关就不应当对其提起公诉。

在此，值得研究的问题是如何认定有无提起公诉的必要。

我认为，在具体案件中认定有无提起公诉的必要，首先应当区分三种情况：一是是否属于不应当提起公诉的案件；二是是否属于可以起诉也可以不起诉的案件；三是是否属于必须提起公诉的案件。然后再根据案件的具体情况决定是否发动公诉。

---

〔1〕〔日〕松尾浩也著：《日本刑事诉讼法》（上卷），丁相顺译，金光旭校，中国人民大学出版社 2005 年版，第 160—161 页。

一个案件，如果本身属于不应当提起公诉的案件，自然就没有提起公诉的必要。对这类案件提起公诉，就是公诉权的滥用。

界定一个案件是否属于不应当提起公诉的案件，应当从三个方面来考虑：第一，行为是否构成犯罪。只有对于构成犯罪的行为，检察机关才能提起公诉。就案件所涉及的具体罪名而言，如果案件事实表明犯罪嫌疑人的行为并不完全符合刑法关于该犯罪所规定的全部构成要件，不能完全认定犯罪嫌疑人的行为构成犯罪，该案件就是不应当提起公诉的案件。对于这样的案件，即使造成的危害比较严重，即使某些情节比较恶劣，检察机关也不能发动公诉。第二，行为人是否存在不应当追究刑事责任的情况。在行为符合刑法规定的具体犯罪构成要件的情况下，应当进一步考察行为人是否具有不应当追究刑事责任的情况。刑法明示或者暗示地规定了一些不负刑事责任的情况，比如：刑法第17条中规定："已满十四周岁不满十六周岁的人，犯故意杀人、故意伤害致人重伤或者死亡、强奸、抢劫、贩卖毒品、放火、爆炸、投毒罪的，应当负刑事责任"，这就暗示着不满14周岁的人实施了刑法规定的犯罪行为以及已满14周岁不满16周岁的人实施了刑法第17条第2款规定的7类犯罪以外的犯罪行为，就不负刑事责任；刑法第18条第1款规定："精神病人在不能辨认或者不能控制自己行为的时候造成危害结果，经法定程序鉴定确认的，不负刑事责任"；刑法第20条第1款规定："为了使国家、公共利益、本人或者他人的人身、财产和其他权利免受正在进行的不法侵害，而采取的制止不法侵害的行为，对不法侵害人造成损害的，属于正当防卫，不负刑事责任"；刑法第20条第3款规定："对正在进行行凶、杀人、抢劫、强奸、绑架以及其他严重危及人身安全的暴力犯罪，采取防卫行为，造成不法侵害人伤亡的，不属于防卫过当，不负刑事责任"；刑法第 21 条规定："为了使国家、公共利益、本人或者他人的人身、财产和其他权利免受正在发生的危险，不得已采取的紧急避险行为，造成损害的，不负刑事责任。"在一个具体案件中，尽管行为符合刑法规定的构成某种具体犯罪的要件，但是如果具备刑法中规定的这些不负刑事责任的情况，检察机关就不能对该犯罪嫌疑人提起公诉。第三，案件本身是否存在不能起诉的情况。刑事诉讼法第 15 条规定了 6 种不追究刑事责任的情况，即：（一）情节显著轻微、危害不大，不认为是犯罪的；（二）犯罪已过追诉时效期限的；（三）经特赦令免除刑罚的；（四）依照刑法告诉才处理的犯罪，没有告诉或者撤回告诉的；（五）犯罪嫌疑人、被告人死亡的；（六）其他法律规定免予追究刑事责任的。"这 6 种情况中有的是不应当起诉，有的则是案件事实本身是应当起诉的但是由于案件的特殊情况而不能起诉。如果一个案件具有刑事诉讼法规定的这些情况之一，检察机关就不应提起公诉。

在认定行为构成犯罪，并且不存在不应当或不能够提起公诉的情况的前提下，检察机关应当进一步考虑案件是否属于可以起诉也可以不起诉的案件。这类案件主要是指案件本身或者具体的犯罪嫌疑人存在着刑法中规定的可以免除处罚的情况。如对于又聋又哑的人或者盲人犯罪，对于正当防卫明显超过必要限度造成重大损害的或者紧急避险超过必要限度造成不应有的损害的，对于预备犯或没有造成损害的中止犯，对于共同犯罪中的胁从犯，刑法规定可以免除处罚。在具体案件中，对于具体的行为人，检察机关可以根据案件的具体情况决定是否需要对其免除处罚，从而决定是否可以不提起公诉。

此外，刑法第 37 条还规定："对于犯罪情节轻微不需要判处刑罚的，可以免予刑事处罚"；刑事诉讼法第 142 条第 2 款规定："对于犯罪情节轻微，依照刑法规定不需要判处刑罚或者免除刑罚的，人民检察院可以作出不起诉决定。" 根据这些规定，如果检察机关认为某个案件或者某个犯罪嫌疑人的犯罪情节轻微不需要判处刑罚，就可以对该案件或者该犯罪嫌疑人作出不起诉的决定。在这种情况下，是否发动公诉，检察机关具有较大的裁量权。实践中，在犯罪事实确实存在而按照法律规定检察机关可以提起公诉也可以不提起公诉的情况下，哪些犯罪嫌疑人是应当提起公诉的，哪些犯罪嫌疑人是可以不起诉的，其必要性如何把握，不仅检察机关与被害人之间可能存在分歧，而且检察机关内部的认识本身也会出现分歧。笔者认为，在这种情况下把握提起公诉的必要性，应当坚持三个标准或者从三个方面来衡量：一是犯罪情节的轻重。只有对于犯罪性质和后果并不十分严重的犯罪，才可以考虑有无提起公诉必要的问题。如果犯罪本身的性质比较严重，或者犯罪的情节比较严重，或者犯罪的手段非常恶劣，或者犯罪的后果比较严重，检察机关就应当依法提起公诉，而不能因为其他考虑而不予追究。二是犯罪嫌疑人的人身危险性。对于情节比较轻微的犯罪，如果犯罪行为人是没有劣迹的未成年人，不是惯犯或累犯，或者犯罪时客观上存在着可以宽恕的动机，或者犯罪被害人本身存在一定的过错，或者导致犯罪的原因不能完全归咎于犯罪行为人，检察机关就可以考虑不予起诉。但是如果犯罪行为人以往的表现表明其具有一定的人身危险性，或者犯罪的动机具有无法宽恕的性质，检察机关就不能仅仅因为犯罪情节轻微而不予起诉。三是其他处罚的有效性。对于情节比较轻微的犯罪，如果存在着可以对其进行治安行政处罚或者其他处罚的可能性，能够通过非刑罚的方式达到教育犯罪人的目的，或者在有具体被害人的案件中通过赔偿、道歉等方式获得了被害人的真诚谅解，检察机关就可以考虑对其不予起诉。

在日本，按照《日本刑事诉讼法》第 248 条的规定，酌定不起诉应该考虑三个方面的事项：（1）关于犯人的事项："性格"包括品行、癖性、习惯、健康状态、有无前科劣迹、是否惯犯等；"年龄"包括年轻年老等；"境遇"包括家庭环境、职业、人际关系等。（2）关于犯罪事实的事项："罪行轻重"包括法定刑的轻重、受害程度；"犯罪的情况"包括犯罪动机、方法，与被害人的关系、犯罪的社会影响等。（3）关于犯罪后情况的事项：包括有无悔改之意、是否谢罪与恢复损害、有无逃跑与销毁证据、有无对被害人赔偿、有无达成和解、被害人的受害感情、时间经过、社会形势的变化、法令的更改等。检察官要根据上述多种判断，从各种角度综合考虑，然后决定是否对犯罪嫌疑人酌定不起诉。日本学者认为，这样做有三个优点：第一，可以利用刑事政策处理犯罪嫌疑人。被宣布酌定不起诉的人不承受提起公诉的负担，可以早日回归社会。第二，可以考虑被害人与其他市民的意愿。即使认为犯罪嫌疑人有罪，如加害人与被害人之间和解成立，被害人表示宽宥，也可以不予追诉。第三，有利于诉讼经济。它减轻了司法机关对轻微案件的负担，可以投入更多力量慎重处理重大案件。

除了按照法律的规定检察机关有权在可以提起公诉也可以不提起公诉的案件中根据案件的具体情况裁量决定是否发动公诉之外，对于必须提起公诉的案件，检察机关就必须依法履行法定职责，毫不犹豫地提起公诉，而没有自由裁量的余地。对于什么是"必须提起公诉的案件"，在实践中可能会有争议。但是在理论上，应该承认某些案件是必须提起公诉的。比如，严重侵犯他人人身权利、严重危害社会治安的案件，依照刑法应当判处较重刑罚而又没有从轻减轻处罚情节的案件，动机特别恶劣、手段特别残忍的故意犯罪案件，重新犯罪的故意犯罪案件，等等，对于这类案件，不依法追究就不利于伸张正义、不利于维护社会稳定和法律尊严，检察机关如果不予提起公诉就是重大的失职。因此对于这类案件，检察机关必须切实履行法定职责，及时有效地提起公诉以追究有关人员的刑事责任，不能强调自由裁量权而放弃追诉犯罪的职责。

需要强调的是，起诉裁量权属于检察机关。对于构成犯罪的案件，其他国家机关没有不予起诉而自行处理的权力。按照法律的规定，对于在行政管理或者其他公权力行使过程中发现的犯罪，有关机关必须依法移交有管辖权的公安机关，经公安机关侦查后移交检察机关，或者直接移交检察机关进行审查以决定是否需要提起公诉。其他任何国家机关不能根据自己的判断更不能基于本部门的利益而不移交刑事案件；任何个人不得私自对犯罪人进行制裁或者隐瞒包庇犯罪嫌疑人。

（二）公诉裁量的证据问题

在分析刑事诉讼的模式时，人们通常把不同国家的刑事诉讼划分为犯罪控制模式与正当程序模式，或者实体真实主义与正当程序主义，或者职权主义与当事人主义，并且认为前者重视运用国家刑罚权来打击犯罪，后者强调抑制国家的刑罚权而保护人权。但是在提起公诉的标准问题上，我们看到，强调正当程序模式的美国与强调实体真实模式的德国具有惊人的一致：《德国刑事诉讼法典》明确规定："在有足够的事实根据时，检察院负有对所有的可予追究的犯罪行为作出行动的义务"（第152条第2款）；"侦查结果提供了足够的提起公诉理由时，检察院应当向对案件有管辖权的法院递交起诉书提起公诉"（第170条第1款）。美国学者则认为，检察官在决定是否提起公诉时首先要考虑"是否存在充分的证据支持起诉"，"作为一个实践问题，检察官可能要求可采性证据显示出有罪的极大可能性，那就是说，有充分的证据支持赢得有罪认定的信念"。[1] 我国刑事诉讼法第141条也规定："人民检察院认为犯罪嫌疑人的犯罪事实已经查清，证据确实、充分，依法应当追究刑事责任的，应当作出起诉决定，按照审判管辖的规定，向人民法院提起公诉。"这表明，提起公诉必须有确实充分的或者说足够的证据，从而具有使法院经过审理评定被告人有罪的信心或把握，可以说是不同法系的共同要求。

那么，一个案件，具备哪些证据就属于确实充分，缺乏哪些证据就不能认为证据确实充分，就是决定是否提起公诉的一个关键性问题。与之相联系，在一个特定案件中，如果检察机关认为证据不够确实充分，它就可以不提起公诉。正如我国刑事诉讼法第140条规定的：人民检察院认为"证据不足，不符合起诉条件的，可以作出不起诉的决定"。在审查起诉过程中，证据是否确实充分，是由检察机关自行判断的，有时甚至是由具体办理案件的检察官个人进行判断的。在这种情况下，就有可能出现不当使用或者滥用存疑不诉的权力，影响案件的公正处理，甚至还可能出现用存疑不诉的权力与犯罪嫌疑人进行私下交易的现象，放纵犯罪。因此，如何审查判断证据是否确实充分，就需要一定的标准来限制检察机关存疑不诉的权力。

所谓确实充分，在审查起诉中，是指案件所具有的证据能够证明犯罪嫌疑人实施了刑法规定的某种具体犯罪，并且这些证据的相互结合中不存在犯罪事实没有发生或者犯罪行为不是

---

〔1〕 伟恩·R. 拉费弗、杰罗德·H. 伊斯雷尔、南西·J. 金著：《刑事诉讼法》（上册），卞建林、沙丽金等译，中国政法大学出版社2003年版，第741—742页。

犯罪嫌疑人所为的合理怀疑[1]。证据确实的标准是指证据本身的客观性。证据的客观性包括证据来源的真实性和证据内容的真实性。证据充分的标准则要根据案件的具体情况来确定。在通常情况下，证据充分是指一个案件中具有足够的证据能够证明犯罪行为确实发生并且该行为系犯罪嫌疑人所为的各个方面。至于证据的数量多少算"充分"，则不存在固定的标准。一般来说，孤立的一个证据或者两个相互矛盾的间接证据，不能说是充分的。如果虽然只有一个直接证据证明犯罪嫌疑人实施了犯罪行为，但是同时有若干个间接证据可以印证这个直接证据，同样可以视为证据充分。证明有罪的直接证据与证明无罪的直接证据之间虽然有矛盾，但是间接证据或者生活的常识可以否定无罪证据的真实性，也可以视为证据充分。总之，只有根据案件的具体情况，才能判断证据是否确实充分。从实践中看，审查判断证据是否确实充分时，应当从三个方面来考虑：

第一，侦查所收集的所有证据是否能够证明需要指控的犯罪嫌疑人所实施的犯罪行为的整个过程。证据所证明的，应当是有关犯罪构成要件[2]的事实，而不应当是案件的每一个细节。因为"犯罪事实"是对客观事实抽象概括的结果，起诉所依据的只是犯罪嫌疑人实施了法律规定的犯罪行为的事实。至于客观事实中的某些细节，如果不是与法律规定的犯罪行为直接相关，不影响犯罪嫌疑人的行为是否构成犯罪，就不应当成为提起公诉必须证明的事实要素。在实践中，有些案件的细节可能存在疑点或有不同认识，但是如果这些疑点并不影响对所

---

〔1〕 视为"合理"怀疑，就不能是无端的怀疑，即怀疑本身需要有一定的根据。

〔2〕 这里所说的犯罪构成要件是指刑法条文中规定的具体犯罪的所有要件，而不是刑法理论上的犯罪构成要件。

指控犯罪构成要件事实存在与否的认定，就不能因为这些疑点的存在而对整个案件作出存疑不诉的决定。

第二，用于证明犯罪行为发生的证据是否真实可靠。首先，应当审查用于证明案件事实的证据在收集过程中是否采用了刑讯逼供等侵犯人身权利的非法手段。如果是采取非法手段获取的证据，就应当排除，至少应当十分谨慎地对待。其次，应当审查用于证明案件事实的证据本身是否具有客观性，特别是那些言词证据是否符合生活的常识和一般的逻辑，是否符合提供言词证据的人的身份及其当时所处的具体情况。再次，应当审查证据形成或者取得的方法是否科学。特别是对于鉴定结论等证据的审查，要特别注意检材的真实性和完整性以及鉴定方法的科学性。最后，还应当审查证明案件事实的每一个证据相互之间是否存在不一致的地方，而这种不一致的原因是否能够得到合乎逻辑的解释。

第三，证明案件事实的证据缺乏时，究竟是侦查中尚未收集还是客观上不能收集。如果是由于侦查活动的疏漏而没有收集，就应当通过原侦查机关或者检察机关自行进行补充侦查，进一步收集证明犯罪事实所需要的证据。只有在穷尽了各种侦查手段仍然暂时无法收集到充分的证据时，才可以作为存疑的案件不予提起公诉。如果是本来可以进一步收集证据而不去下功夫收集，轻率地作出存疑不诉的决定，对于检察机关来说，就是一种失职。

（三）公诉裁量权的程序控制问题

公诉裁量权的滥用，主要表现在两个方面：一是滥用起诉权，即片面强调追诉犯罪的职责，对于不应当提起公诉、不能提起公诉或者可以不提起公诉的案件，一味地强调提起公诉；二是滥用不起诉权，即对于应当或者必须提起公诉的案件，因为担心出现无罪判决甚至为了私下交易而以证据不足为由不予提起公诉。这两种做法都是违背公诉权行使的宗旨的。因此应当通过必要的程序控制，防止公诉权的滥用。

防止公诉权的滥用，有三种控制模式：一是美国的大陪审团模式；二是日本的检察审查会模式；三是法国的双重控制模式。

在美国，检察官不对犯罪嫌疑人提起公诉或者不对其中的某些犯罪提起公诉，几乎没有什么限制，但是对于检察官提起公诉的决定，则存在两个方面的制约。一是按照美国宪法的规定，对于检察官决定提起公诉的案件，被告人享有要求大陪审团[1]审查的权利。根据美国宪法第五修正案的规定，联邦政府要对可能判处死刑的犯罪或者不名誉的犯罪[2]进行起诉，必须首先获得大陪审团的同意，被告人也有权要求把针对自己的指控提交大陪审团审查。由于大陪审团在历史上曾经被看作无辜者反对轻率的、邪恶的起诉的安全保障，并且大陪审团成员都是由普通民众担任，容易做出有利于被告人的裁判。所以大陪审团审查起诉，在一定程度上是对检察官起诉权的制约。二是检察官决定提起公诉的行为要受到法院的审查。对于检察官的

---

〔1〕 "大陪审团被誉为美国刑事司法程序的剑和盾。当大陪审团作为在政府和个人之间发挥审查职能的机构时，它犹如一面盾牌。在决定是否起诉的过程中，大陪审团负责审查政府的证据，实际也是审查公诉人起诉的决定。当证据不充分或者起诉表现出不公正时，大陪审团通过拒绝起诉的方式，在控方和辩方之间起到盾的作用，保护了公民个人免受政府不公正、无根据的起诉。当大陪审团作为调查机构行使职能时，则可被比喻为剑。在这里大陪审团不是复查公诉人准备起诉的案件，而是考查仍然在调查阶段的案情。利用其调查权利，大陪审团披露那些公诉人先前没有取得的证据，并通过这种方式为使政府确保原本不能获得的有罪判决提供了一把利剑。"参见：伟恩·R.拉费弗、杰罗德·H.伊斯雷尔、南西·J.金著：《刑事诉讼法》（上册），卞建林、沙丽金等译，中国政法大学出版社2003年版，第437页。

〔2〕 所谓不名誉的犯罪是指所有可能被判处在监狱或其他类似机构被监禁并从事繁重劳动的惩罚的犯罪。美国联邦刑事程序规则7规定，符合以下三个条件之一的犯罪必须由大陪审团起诉：（1）可能判处死刑的犯罪；（2）可能判处一年以上监禁的犯罪；（3）可能判处监禁和繁重劳动的犯罪。

起诉决定，被告人及其律师可以提出各种各样的"审前动议"，以质疑检察官的起诉决定。如"歧视起诉"即认为检察官的起诉决定违反了平等保护条款，"报复性起诉"即认为由于被告人行使他的法定权利而被升格起诉，"违背诺言的起诉"即认为检察官违背其在辩诉交易中的承诺而对被告人起诉等。当被告人及其律师以这些理由对起诉决定提出质疑时，起诉决定本身将会受到法院的审查。

为了保障检察官起诉裁量权的正当行使，日本采取了两个方面的措施：一是设立了检察系统内部的公开案件处理的程序；二是建立了事后审查机制。公开案件处理的程序就是检察机关必须向有关人员提供案件处理的信息以保证行使追诉裁量权本身的正当性。按照《日本刑事诉讼法》第259条的规定，在犯罪嫌疑人请求时，检察官应当将不起诉处分的结果通知犯罪嫌疑人本人。如果犯罪嫌疑人不同意不起诉处分，检察官则应作起诉处分，以保障其接受审判审理的权利。检察官也必须将不起诉处分通知控告人、检举人或请求人，以保障其根据所提供的信息参见诉讼程序。对检察官起诉裁量权的事后审查机制，包括公民的检察审查会制度，即根据1948年《日本检察审查会法》建立的审查检察官不起诉处分的系统[1]；准起诉制度，即对于公务员滥用职权侵犯人权的案件，如果检察官作出不起诉处分的决定，控告人可以在接到不起诉处分通知之日

---

〔1〕 检察审查会设在地方法院及其支部，目的是反映公民对公诉权实施的意见、衡量公诉权实施是否公正。检察审查会的成员从拥有选举权的人中提供抽签方式选出的11名组成，任期6个月。检察审查会根据控告人、检举人、请求人或犯罪被害人的申请或根据其职权审查检察官不起诉处分是否适当、对检察业务的改进提出意见与劝告。审查程序不公开，作出应当起诉的决定必须有8名以上的多数赞成。检察审查会的决议必须以决议书形式送交检察长，检察长参考该决议，认为应该提起公诉时，必须实行起诉程序。但是检察审查会的决议对检察官并无约束力。

起 7 天以内请求将案件交付法院审判，如果法院作出交付审判决定，即视为提起公诉；上级检察官行使指挥监督权三种途径。[1] 在法国，检察官的追诉决定和不追诉决定都要受到制约。检察官的追诉决定要受到预审法官的制约。由于追诉决定是在发现犯罪事实之初作出的。追诉决定作出后所进行的侦查是在预审法官的主持下进行的，并且预审法官有权直接根据预审的情况决定案件的去向。所以检察官在预审之后，几乎没有权力决定是否对案件提起公诉。至于检察官在审查案件的时候所作出的不予追诉的决定，法国设置了三个制度以防止不予追诉权力的滥用，并保证追诉的有效进行：第一，共和国检察官必须服从上级的监督。如果共和国检察官作出的不予立案决定违背社会利益，检察长就有可能向其提出意见，甚至司法部长也可以向其提出应当遵守的意见，直至命令其发动公诉。第二，在共和国检察官作出不予起诉的决定时，受害人有发动公诉的权利（在存在刑事附带民事诉讼的情况下）。第三，在特定的案件中共和国检察官将某些人或某些事实排除在已经提起的追诉之外时，上诉法院起诉审查庭可以命令对已经移送其审查的所有人的案卷的各项事由进行侦查。这些保证使人们有理由认为检察院所作的决定仅仅是基于社会利益的考虑。[2]

在上述三种模式中，美国主要是控制检察机关提起公诉的权力，这充分体现了权利本位主义国家法律制度的基本特征。而日本则主要是控制检察机关不起诉的权力，这与维护法律尊严、有效打击犯罪的法治国思想密切相关。法国既注意控制起

〔1〕 〔日〕田口守一著：《刑事诉讼法》，刘迪、张凌、穆津译，卞建林校，法律出版社 2000 年版，第 103—113 页。

〔2〕 〔法〕卡斯东·斯特法尼、乔治·勒瓦索、贝尔纳·布洛克著：《法国刑事诉讼法精义》（下），罗结珍译，中国政法大学出版社 1999 年版，第 499—504 页。

诉权也重视对不起诉权的控制，这又显然与凡事追求完美的思维模式有关。

我们国家在 1996 年修改刑事诉讼法的时候，针对检察机关的不起诉权，设置了两种控制程序。一是公安机关的复议权，即刑事诉讼法第 144 条规定，对于公安机关移送起诉的案件，人民检察院决定不起诉的，应当将不起诉决定书送达公安机关。公安机关认为不起诉的决定有错误的时候，可以要求复议，如果意见不被接受，可以向上一级人民检察院提请复核。二是被害人的自诉权，即刑事诉讼法第 145 条规定，对于有被害人的案件，决定不起诉的，人民检察院应当将不起诉决定书送达被害人。被害人如果不服，可以自收到决定书后 7 日以内向上一级人民检察院申诉，请求提起公诉。人民检察院应当将复查决定告知被害人。对人民检察院维持不起诉决定的，被害人可以向人民法院起诉。被害人也可以不经申诉，直接向人民法院起诉。人民法院受理案件后，人民检察院应当将有关案件材料移送人民法院。除此之外，检察机关内部也设置了一定的程序来控制甚至可以说是限制不起诉权的行使。而对于检察机关的起诉权几乎没有什么限制。这种制度设计，可以说是源自我们国家长期坚持"严打"方针、努力维护社会稳定的指导思想。

为了贯彻宽严相济的刑事政策，使检察机关十分有限的司法资源能够集中在起诉严重犯罪上，我认为，法律应当给予检察机关更多的不起诉裁量权，而不是严格限制不起诉权的行使。相反对于检察机关的起诉权应该设置严格的条件，并且应当通过强化被告人的辩护权来增强其抗衡起诉权的能力（法院的审判活动本身是对起诉权的控制，但只有被动审查的作用）。

在扩大检察机关不起诉权的同时，应当强化对不起诉权的程序控制。目前刑事诉讼法规定的两种控制程序并不是理想的控制模式，因为：第一，对不服不起诉决定的复议仍然是由检察机关审查的，很难发挥程序控制的作用；第二，公诉案件由被害人直接向法院起诉必然遇到证据方面的障碍。因此，有必要改造现行的程序设计，加强对不起诉权的控制。

改造的方式可以借鉴日本检察审查会的做法，在目前检察机关试行的人民监督员制度的基础上进行。具体地讲，就是将目前由检察机关组织和主持下的人民监督员的监督转化为由检察机关联系、由同级人大常委会或者司法行政机关组织和主持下的人民监督员。一方面，检察机关拟作不起诉决定的案件，应当在作出不起诉决定之前，通告公安机关和被害人，公安机关或者被害人不同意不起诉的，由公安机关或者被害人直接向人民监督员办公室提出，并由人民监督员会议进行审查。人民监督员会议认为应当起诉的，检察机关要执行人民监督员会议的决议，依法提起公诉。同时取消有关人民法院判决无罪时检察机关承担赔偿责任的规定。另一方面，对于检察机关提起公诉的决定，被告人认为检察机关行使起诉权不当时，可以通过审理案件的法院向人民监督员办公室提出申请，由人民监督员会议对检察机关提起公诉的决定进行审查。人民监督员会议认为检察机关提起公诉的决定不当时，可以通知检察机关撤回起诉，并不得就同一案件在没有新的证据的情况下再起诉。这种程序设计，可以克服检察机关自己审查自己行使公诉权的正确性的弊端，并且可以有效地控制公诉权的行使，保障被告人和被害人双方的合法权益。

（原载《中国法学》2006 年第 6 期）

重构审前羁押制度的
若干思考

审前羁押是限制人身自由以保障刑事诉讼活动顺利进行的一种强制措施。这种措施的设计和运用直接关系到公民权利的保护。落实宪法修正案中提出的"尊重和保护人权"的要求，应当高度重视审前羁押制度的完善问题。

一、羁押制度改革的价值取向是严格限制审前羁押措施的适用

目前，我们国家刑事诉讼中存在着三大顽症，即刑讯逼供、超期羁押和律师会见难，这是不争的事实。其中每个问题都与羁押制度有关：刑讯逼供在羁押状态下发生的最多，而且如果是在羁押状态下发生的，就难以取证，更无法纠正；如果没有羁押，也就不存在超期羁押的问题；没有羁押，也不存在会见难的问题。所以解决刑事诉讼中的三大顽症，首先就应该从羁押制度入手，尽可能地使我国的羁押制度完善、科学、合理。

我国羁押制度，在立法方面，存在着两个问题：

一是刑事诉讼法只规定了批准逮捕的制度，而没有规定羁押的期限。一旦犯罪嫌疑人被逮捕，羁押多长时间，就只受办案期限的限制。按照刑事诉讼法的规定，"对犯罪嫌疑人逮捕后的侦查羁押期限不得超过二个月"（第 124 条）；"在侦查期间，发现犯罪嫌疑人另有重要罪行的，自发现之日起依照本法第一百二十四条的规定重新计算侦查羁押期限"（第 128 条）。这就意味着，在侦查阶段，一旦犯罪嫌疑人被检察机关批准逮捕，侦查机关就可以直接将犯罪嫌疑人羁押 2 个月，甚至可以以"发现另有重要罪行"为名，将羁押期限延长至 4 个月、6 个月、8 个月，而不需要再经过批准逮捕的机关的批准，并且，在这个限度内，具体羁押多长时间，完全取决于侦查机关的意愿。另外，刑事诉讼法还规定，"公安机关对被拘留的人，认为需要逮捕的，应当在拘留后的三日以内，提请人民检察院审查批准。在特殊情况下，提请审查批准的时间可以延长一日至四日。对于流窜作案、多次作案、结伙作案的重大嫌疑分子，提请审查批准的时间可以延长至三十日"（第 69 条）。但是，什么是"特殊情况"，什么是"流窜作案、多次作案、结伙作案的重大嫌疑分子"，由谁来认定，法律都没有规定。在实践中完全由公安机关自己决定。这就意味着，公安机关把犯罪嫌疑人羁押 1 个月，可以不需要检察机关的批准。这种制度设计，与逮捕犯罪嫌疑人必须经过检察机关的批准或者法院决定的初衷是相悖的。因为，逮捕犯罪嫌疑人之所以要经过检察机关批准或者法院决定，一个最基本的原因就是要限制警察羁押犯罪嫌疑人的权力，防止警察任意羁押犯罪嫌疑人。

二是对羁押条件的规定过于笼统。刑事诉讼法第 60 条第 1 款规定："对有证据证明有犯罪事实，可能判处徒刑以上刑罚的犯罪嫌疑人、被告人，采取取保候审、监视居住等方法，尚不足以防止发生社会危险性，而有逮捕必要的，应即依法逮捕。"按照这个条件，对于"有证据证明有犯罪事实"的犯罪嫌疑人，只要是可能判处半年以上有期徒刑，都可以采取逮捕的措施，而且其被羁押的时间都可能达到一年以上时间。因为，在这个规定中，并没有区分犯罪嫌疑人犯罪事实的严重程度，无论对于犯什么罪的人，都可以采取相同的逮捕，而其中作为限制性条件的"逮捕必要性"又是一个难以说得清和难以具体衡量的标准。有的地方法院规定，对于户籍是外地的犯罪嫌疑人，无论罪轻重，被告人没有羁押的，就不受理案件。其理由是被告人没有处在羁押状态就无法保证被告人在开庭时到庭。因此，凡是户籍在外地的犯罪嫌疑人和被告人，要提起公诉，就有逮捕的必要。至于是否"足以防止发生社会危险性"更是一个谁也不敢断言的问题。因而，刑事诉讼法规定的这个限制性条件，在实践中根本无法发挥立法者所期望于它的作用。久而久之，在司法实践中，提请批准逮捕的办案人员和决定批准逮捕的办案人员，往往只考虑和审查逮捕的前两个条件，而有意无意地忽略了有逮捕必要这个条件。这种状况，与法律规定本身不无关系。这也是造成羁押的人数过多的一个重要原因。

三是对导致超期羁押的责任人没有惩罚措施。刑事诉讼法虽然规定了公检法三机关办理刑事案件的期限，但是对于超过办案期限的，特别是犯罪嫌疑人处于羁押状态下而自行延长办案期限的责任人，法律没有规定任何法律责任。虽然对于超过办案期限而持续办案的情况，检察机关可以进行法律监督，但是由于法律没有规定超期办案人员的法律责任，所以即使检察机关提出纠正意见，有关的办案人员不理不睬，检察机关也没有办法。这种状况，无疑是导致超期羁押的问题长期难以解决的一个重要原因。

由于上述原因的存在，我国审前羁押的人太多、羁押的时间太长。这样做的直接后果是引起一大批人对社会的不满情绪，造成被羁押人之间的交叉感染。

因此，为了切实保障人权，应该减少审前羁押的人数、缩短审前羁押的时间，把审前羁押措施的使用限制在最必要的即不得不使用的限度内。为此，在立法方面，可以考虑从以下几个方面入手：

1. 严格规定羁押的条件

刑事诉讼法应当明确规定哪些情况不应逮捕，可以考虑从犯罪的种类、犯罪的情节、犯罪嫌疑人的个人情况等方面，规定一些限制性的条件，防止把没有逮捕必要的人关押在羁押场所。如对于过失犯罪的犯罪嫌疑人和被告人，对于未成年的犯罪嫌疑人和被告人，对于身份、地址确实并且案情简单的轻微犯罪的嫌疑人和被告人，对于不是流窜作案的经济犯罪嫌疑人和被告人，对于一般的职务犯罪嫌疑人和被告人，应该采取缴纳保证金的方式取保候审。

2. 规定羁押的时间

在批准逮捕的时候，应当根据犯罪事实的严重程度和人身危险性的大小，明确规定对该犯罪嫌疑人或被告人的羁押期限。羁押期限届满而侦查活动不能终结的，无论是因为案件复杂、重大，还是因为发现新的犯罪事实，都应当重新申请羁押。没有重新申请羁押的，羁押场所就应当及时释放被羁押人。

3. 限定延长羁押的次数

按照刑事诉讼法的规定，侦查机关不仅可以因为案情复杂延长羁押期限，可以因为特殊原因延长羁押期限，可以因为法定情况延长羁押期限，可以因为罪行严重延长羁押期限，而且可以因为在侦查期间发现犯罪嫌疑人另有重要罪行时重新计算侦查羁押期限。刑事诉讼法规定的"侦查羁押期限不得超过二个月"，在实践中形同虚设，实际羁押的期限往往是"二个月"的数倍。因此有必要限制延长侦查羁押的次数，以保障犯罪嫌疑人的权利。

二、羁押制度改革的重点是如何保障被羁押人的权利

在刑事诉讼中，保障人权主要是如何保障犯罪嫌疑人的权利。其理由主要有四个方面：第一，被告人包括犯罪嫌疑人在刑事诉讼中处于一种十分特殊的地位。他既是刑事诉讼的对象，也是刑事诉讼的主体之一。刑事诉讼始终是围绕着犯罪嫌疑人或被告人是否犯罪、是否应当承担刑事责任展开的。犯罪嫌疑人和被告人的权利如何以及其权利能否得到有效的保障，直接关系到刑事诉讼是否公正、客观、有效地进行。第二，被告人包括犯罪嫌疑人是国家刑事司法权直接作用的客体，容易受到国家刑事司法权滥用的侵害。刑事司法系统及其工作人员，在刑事诉讼中承担着"惩罚犯罪，保护人民，保障国家安全和社会公共安全，维护社会主义社会秩序"的任务，具有一定的社会压力，因而为了完成任务，很容易出现滥用司法权侵犯被告人合法权益的情况。同时，刑事诉讼法中规定的强制措施都是针对被告人包括犯罪嫌疑人的，这些措施的运用都意味着对被告人包括犯罪嫌疑人一定权利的限制。如果这些措施使用不当，就可能给被告人包括犯罪嫌疑人的权利造成不应有的侵害。第三，被告人在刑事诉讼中相对处于弱势。被告人作为受追诉的对象，在刑事诉讼中往往受到国家刑事司法权的强制，处在受控制的状态。与强大的国家刑事司法系统相比，被告人总是处于弱势，在其权利受到侵犯的时候，很难有效地进行抗争，所以需要给予特别的关注。第四，对犯罪嫌疑人或被告人权利的保障可以反射到对所有公民权利的保障。在国家权力面前，任何一个公民可能成为潜在的犯罪嫌疑人或被告人。保障犯罪嫌疑人或被告人的权利，从一定意义上讲，就是保护可能成为潜在的犯罪嫌疑人和被告人的所有公民的权利。如果一个公民在其成为犯罪嫌疑人或被告人的时候，他的权利不能得到有效的保障，那么，他作为公民的基本权利就难以有效地受到保护。因此，被告人的权利，虽然表现为个体利益，但在本质上是一种社会利益的反映，是一种以个体利益的形式表现出来的社会普遍利益。

为了有效地保障犯罪嫌疑人和被告人的合法权益，在羁押制度的重构方面，应当重点考虑以下几个方面：

1. 实行侦押分离制度

在我国，刑事案件的绝大部分，都是由公安机关立案侦查的。目前由公安机关负责看管被羁押人的制度，在客观上为个别侦查人员刑讯逼供、侵犯被羁押人合法权利提供了条件，并增加了纠正这类问题的难度。可以考虑实行侦押分离制度，羁押犯罪嫌疑人和被告人统一由司法行政机关负责管理，侦查机关不介入对被羁押人的看管活动。这样就使侦查人员提审被羁押人的活动在一定程度上受到羁押场所管理人员的监督，便于保护被羁押人的权利。

2. 增加救济渠道

审前羁押应明确规定，除了紧急情况由公安机关先行拘留外，一律由检察机关批准。对于检察机关批准逮捕的决定不服的，可以在批准逮捕之后，由其本人、律师或近亲属向批准逮捕的检察机关的上一级检察院提出复查的申请，或者向人民法院提出就逮捕决定是否合法进行裁定的申请，以便错误的逮捕得以及时纠正，减少不当羁押状态的持续。

3. 增加提审的成本

犯罪嫌疑人和被告人如果处在羁押状态，办案人员提审时，应当规定严格的程序，以防止随时任意提审。同时，可以考虑建设审讯室全程录像设备，对于讯问过程进行全程录像，以便及时发现和纠正讯问过程中侵犯被讯问人权利的行为。

4. 增加不当羁押的民事责任行政责任

目前，我国刑法对非法拘禁他人的行为作为犯罪严格禁止并规定了目前的刑事责任。但是对于在刑事诉讼过程中有权羁押犯罪嫌疑人和被告人的司法机关和办案人员违反规定不当羁押犯罪嫌疑人和被告人的行为，法律没有规定任何的处罚措施。这对于遏制不当羁押的问题极为不利。有必要在国家赔偿之外，明确规定有关个人的民事责任或行政责任。当然，规定办案人员的民事责任或行政责任时，应当同时规定羁押的条件和不当羁押的认定标准，合理界定正常的工作活动与违法责任的界限，不能因为目前责任而影响办案人员的工作积极性。

三、羁押制度改革应当与相关措施配套进行

羁押制度中存在的问题，既有立法方面的原因，也有实践方面的原因。例如，在刑事政策方面，由于司法机关长期面临着维护社会稳定的压力，在刑事政策的价值选择上，始终把打击犯罪放在首位。为了维护社会治安，宁肯超越法律的规定，也不敢或不愿放纵一个"坏人"的指导思想，使司法机关在对待刑讯逼供、超期羁押等问题上无法采取果断有效的措施。特别是对一些有犯罪事实发生但又一时查不清的案件，到底是放人还是不放人，这涉及打击犯罪以保护人权两种价值的选择问题，在这两种冲突的价值之间，哪一个优先？在我国传统的执法观念和刑事政策中，人们往往会选择有利于打击犯罪，而不会选择有利于保护人权。这也是我们长期以来无法解决超期羁押问题的一个重要原因。又如，司法方面，虽然刑事诉讼法中规定了取保候审和监视居住的强制措施，但是在实践中，由于这些措施的使用难以保证犯罪嫌疑人到案。特别是取保候审的措施，往往是犯罪嫌疑人交了保证金，就逃之夭夭，根本不想"候审"。因此，司法机关和司法人员普遍认为，不羁押就难以保证被告人在审判时到庭。于是，有的地方法院受理案件，只要是外地被告人，没有羁押的就不收案件。这样规定的结果，就迫使检察机关对于公安机关报请批准逮捕的案件，只要是外地犯罪嫌疑人并且有犯罪事实，就批准逮捕，根本不考虑是否符合刑事诉讼法明文规定的逮捕的三个条件。再如，在管理方面，公检法三机关目前的司法人员的管理只重视办案的数量和结果，而不重视办案过程中出现的违法行为。司法人员考评机制和考评标准有利于打击犯罪而不利于保护犯罪嫌疑人和被告人的人权。为了保护办案人员的积极性，也为了保本单位的先进或者避免本单位在各种评比中失利，单位领导往往对本单位办案人员的违法行为进行"护短""粉饰"。这些都严重妨碍了对超期羁押、刑讯逼供等严重侵犯公民合法权益的行为的查处。

这些问题是我们在研究羁押制度改革时不得不充分考虑的因素。因此，我主张，在羁押制度重构的问题上，一定要充分考虑相关制度的配套问题，充分考虑中国文化传统所制约的执法观念、社会政治制度所决定的司法体制、执法机关的管理水平和执法人员的素质等相关方面的种种实际情况。既不能脱离中国国情，盲目地照搬某个国家的模式，也不能就事论事地只考虑某个制度的改革。

首先，羁押制度改革必须与取保候审、监视居住制度的改革同步进行。没有切实有效的取保候审和监视居住制度的支撑，羁押制度的改革就举步维艰。在这方面，应当建立一整套健全的社会监控措施，包括引进国外有关技术，利用电子监控设备，保证被取保候审、监视居住的人始终处在执行机关的监控之下。否则，保释以后就再也找不到犯罪嫌疑人和被告人了，司法机关和办案人员当然不敢轻易采取取保候审等措施。这个问题不解决，羁押人数多、时间长的问题就难以得到有效的解决。

其次，羁押制度的改革必须与执法人员管理制度的改革同步进行。对执法人员的管理和考核制度不改革，执法人员的观念就难以转变，执法活动中的某些忽视人权的习惯做法就难以革除，羁押制度就仍然有可能被传统的习惯势力所束缚或利用。在司法实践中，改变行政化的管理模式可以说是势在必行。

审前羁押是限制人身自由以保障侦查工作顺利进行的一种强制措施。这种措施的设计和运用直接关系到公民权利的保护。落实宪法修正案中提出的"尊重和保护人权"的要求，应当高度重视审前羁押制度的完善问题。

（原载《羁押制度与人权保障》，
中国检察出版社 2005 年版）

逮捕制度的价值取向

逮捕制度的价值决定了逮捕制度的内容，进而决定了逮捕在实践中的执行状况。逮捕制度在实践中的执行情况反过来又反映了逮捕制度的内容和逮捕制度的价值定位是否合理和科学。研究我国逮捕制度的价值取向，完善有关逮捕制度，对于解决逮捕中的实践问题，防止逮捕权的滥用对公民人身自由的不必要侵害，无疑具有重要意义。

一、逮捕及其制度设计的基本价值

在一个国家，一项法律制度只有具有价值，才能被法律确立，并不断完善。逮捕作为一项制度，在刑事诉讼中发挥着重要作用，具有重要的价值。逮捕的价值，是指逮捕措施在刑事诉讼活动中所应当发挥的积极作用，或者追求的价值目标。关于逮捕的价值，目前法学界有两种观点：一种观点认为，逮捕的价值是打击犯罪和保障人权，二者同等重要。一些学者认为，打击犯罪和保障人权是刑事诉讼的目的，逮捕作为刑事诉讼活动中的一种强制措施，其价值也应当体现打击犯罪和保障人权。逮捕既可以实现刑事诉讼打击犯罪、惩罚犯罪，从而实现国家的刑罚权，又可以保证无罪的人不受刑事追究，保护被告人的人权。打击犯罪和保障人权是相辅相成的，没有打击犯罪，任由涉诉公民自己处理刑事纠纷，公民自身利益的维护都只能是奢望；没有人权保障，对犯罪的追诉也是很难实现的。因此，应该认识到，逮捕价值的打击犯罪与人权保障具有内在的密切联系，是不能割裂的。逮捕羁押是强度最大、对公民权利影响最为深刻的强制措施，在保证侦查效益与贯彻无罪推定原则的双重要求下，逮捕应当确立打击犯罪和保障人权并重的思想。[1] 另一种观点认为，逮捕的首要价值是保障人权，其次才是惩罚犯罪。一些学者认为，刑事诉讼法是一种"限权法"，其旨在保护犯罪嫌疑人、被告人的权利，因而逮捕的首要价值宜为"人权保障"。当然，惩罚犯罪也是逮捕的价值，但与人权保障相比，它只是次位的价值。因为从目前逮捕的实践现状看，很多司法人员都习惯性地将逮捕的价值定位为惩罚犯罪，往往容易忽视犯罪嫌疑人、被告人个人的人权保障问题。在弱小的个人与强大的国家机器之间，法律的天平应当给予个人更长的力臂，给个人以更多的人权保障。也就是说，在人权保障的需求和惩罚犯罪的需要发生矛盾的时候，人权保障优先于惩罚犯罪。[2]

我们认为，上述两种观点都存在不妥之处。一方面，将打

---

〔1〕 陈光中主编：《刑事诉讼法》，中国政法大学出版社1990年版，第117页；龙宗智：《逮捕制度改革应注重中立性和相对司法性》，载《检察日报》2009年10月26日；李忠诚：《刑事强制措施制度研究》，中国人民公安大学出版社1995年版，第16—18页；杨正万：《逮捕制度目的反思》，载《贵州民族学院学报（哲学社会科学版）》2007年第1期；等等。

〔2〕 参见陈卫东、隋光伟：《现代羁押制度的特征、目的及实施要件》，载《中国司法》2004年第9期；刘计划：《逮捕目的的异化及其矫正》，载《政治与法律》2006年第3期；冯英菊：《论逮捕的价值回归》，载《云南大学学报》2006年第6期；李桂华、李迅华：《论人权保障下逮捕的价值》，载《中国检察官》2008年第1期；等等。

击犯罪作为逮捕的价值不符合法治要求。因为"打击犯罪"不是一个严格意义上的法律用语，而是一种政治性的宣示口号，具有浓厚的政治色彩，虽然"打击犯罪"通俗易懂地表达了国家在对付威胁社会秩序的犯罪现象方面所采取的鲜明立场，但是，它不符合现代法律价值的基本追求，更不可能成为任何法律的根本目的，因而将其作为逮捕的价值是不合适的。我国刑事诉讼法第1条开宗明义地规定了刑事诉讼的根本是"为了保证刑法的正确实施，惩罚犯罪，保护人民，保障国家安全和社会公共安全，维护社会主义社会秩序，根据宪法，制定本法。"这里用了"惩罚犯罪"，而不是"打击犯罪"。可见，将"打击犯罪"作为逮捕的价值，也缺乏法律依据。更为重要的是，将"打击犯罪"作为逮捕的价值，很容易让人联想到"阶级斗争""阶级敌人""敌我矛盾"，很容易将逮捕作为打击犯罪嫌疑人、被告人的工具，出现滥用逮捕措施的现象，而且会将犯罪嫌疑人、被告人作为敌人对待，忽视其人权保障。这显然不是确立逮捕措施的初衷，也不符合和谐社会所倡导的"以人为本"的精神。此外，将"打击犯罪"作为逮捕的价值，也不符合现代刑事诉讼无罪推定的原则。因为逮捕措施主要是从侦查阶段开始适用，而在侦查阶段，犯罪嫌疑人尚处在涉嫌犯罪状态，其是否真的实施犯罪尚不确定，这时强调逮捕"打击犯罪"的作用，显然存在有罪推定之嫌。

另一方面，将人权保障作为逮捕的价值存在一定的悖论。因为人权是一个广泛的概念，刑事诉讼中的人权既包括被害人和一般公民的人权，也包括犯罪嫌疑人、被告人的人权。为了保护被害人的权利和社会公众的安全、自由或生存权，就需要对犯罪嫌疑人、被告人进行逮捕，但是，这又侵犯了或限制了犯罪嫌疑人、被告人的基本人权——人身自由。反之亦然。可见，在逮捕的适用上，难以做到既保障被害人、一般公民的人权，又保障犯罪嫌疑人、被告人的人权，因而在人权保障上存在一定的冲突或悖论。这说明，我们不能从保障人权的角度来解释逮捕的价值或合理性，虽然犯罪嫌疑人、被告人的人权是刑事诉讼关注的重点，但是被害人和一般公民的人权也是需要刑事诉讼予以保护的，否则，就会出现人权保障的偏差。

根据上述分析，我们认为，逮捕的价值应当确定为两个方面：一是保障刑事诉讼程序的顺利进行；二是保障刑事诉讼程序的正当性。保障刑事诉讼程序的顺利进行是逮捕措施的基本价值，因为逮捕的本质特性是限制人身自由，从而可以防止犯罪嫌疑人串供、毁灭证据等妨碍诉讼的行为发生，进而起到保障刑事诉讼顺利进行的作用。保障刑事诉讼程序的正当性是逮捕措施的重要价值，因为根据现代人权保障的要求，为了防止逮捕的滥用而侵犯人权，逮捕应当体现并保障刑事诉讼程序具有正当性。逮捕的这双重价值不是并行的，而是有层次的。逮捕保障刑事诉讼程序顺利进行的价值是逮捕的本质要求，或者说是国家设置逮捕措施的基本出发点，因而保障刑事诉讼程序的顺利进行是逮捕的根本追求，是基本价值。而保障刑事诉讼程序的正当性是逮捕措施在适用过程中所追求的价值，是人权保障的要求，因而保障刑事诉讼程序的正当性是逮捕派生的价值。

虽然我们认为逮捕的双重价值有层次之分，但不认为二者有轻重之别，二者同等重要，都是逮捕的重要价值。逮捕保障刑事诉讼顺利进行的价值古已有之，而逮捕正当程序的价值是近现代法制文明发展的产物。逮捕保障刑事诉讼程序顺利进行的价值可以有效维护程序的效力，树立程序和司法的权威，而逮捕保障刑事诉讼程序正当性的价值可以有效地协调惩罚犯罪和保障人权的关系，使逮捕成为惩罚犯罪有效手段的同时，其对犯罪嫌疑人人身自由剥夺之害限定在最小程度，使逮捕成为正当的逮捕。反之，如果逮捕不按照正当程序进行，就极易侵犯犯罪嫌疑人的人权，也不会对一般公民的人权带来实质性的保护，因为一般公民的人权不需要逮捕的保护，这样逮捕就丧失了其正当性的根据。可见，失去正当性的价值追求，逮捕就会被滥用，正当性程序就成为逮捕的另一重要价值。

从制度设计的初衷看，各国在法律中规定逮捕制度，其根本目的都是保障刑事诉讼活动的顺利进行。因为逮捕是最严厉的一种强制措施，可以成为保障刑事诉讼活动顺利进行的有效手段。在我国，逮捕其实就是国家权力通过法律程序剥夺犯罪嫌疑人、被告人的人身自由，使犯罪嫌疑人、被告人处于被羁押的状态。逮捕的基本价值就是保证刑事诉讼程序的顺利进行。具体来说，逮捕就是为了防止犯罪嫌疑人、被告人逃跑，保证被告人到庭受审；排除犯罪嫌疑人、被告人对诉讼活动的干扰（如串供、毁灭证据、制造伪证等）；预防犯罪嫌疑人、被告人继续犯罪或可能给被害人、证人带来威胁或报复。但是不应忽视的是，逮捕是以牺牲具体人的人身自由为代价的，因而逮捕是一种"恶"。为了防止逮捕的这种"恶"，保证逮捕的正当性，必须保证逮捕的适用是"不得已的恶"，是"两害相权取其轻"。因此，逮捕的适用应当坚持谦抑原则，即在批准或决定逮捕的过程中，应当严格控制适用逮捕，坚持慎捕，尽可能地少捕，以减少逮捕给人权带来的潜在威胁，取得最佳的法律效益和社会效益。[1] 这是人权保障对逮捕的要求，也是逮捕保障刑事诉讼程序正当性的价值所决定的。

---

〔1〕 孙谦著：《逮捕论》，法律出版社 2001 年版，第 150 页。

逮捕的基本价值体现在制度设计上，就是在允许适用逮捕的同时对逮捕的适用设置严格的限制条件和强制性的审查批准程序。一方面，适用逮捕措施，应当确实出于保障侦查程序顺利进行的需要，具有必要性，即逮捕的适用应当具有充分的理由，例如确实存在重大犯罪嫌疑，并且确实存在毁证、串供可能，或者确实存在给社会造成新的侵害的可能，因而具有逮捕的必要性等。我国刑事诉讼法规定，逮捕必须具备三个条件：有证据证明有犯罪事实；可能判处徒刑以上刑罚；有逮捕必要。只有在同时具备这三个条件的情况下，才能对犯罪嫌疑人适用逮捕。西方国家法律对逮捕羁押的理由也作出了明确的规定，一般说来，适用逮捕羁押的理由包括：具有重大的犯罪嫌疑；保证刑事诉讼活动顺利进行所必要；防止发生新的危害社会行为等。[1] 另一方面，侦查机关在刑事诉讼中适用逮捕措施，必须经过法律授权的司法机关审查批准，未经法定机关的审查批准或者决定，不得对任何人适用逮捕这种强制措施。审查批准逮捕的程序价值，就在于控制侦查活动中逮捕的适用，防止逮捕的过度适用对公民人身权利造成不应有的侵害。

二、我国逮捕程序设计中的主要问题

根据以上分析，逮捕程序设置的价值取向在于控制逮捕的适用，防止逮捕的滥用。我国刑事诉讼法中有关逮捕的程序，基本上也是遵循这样的价值取向进行规定的。按照我国刑事诉讼法的规定，逮捕犯罪嫌疑人必须符合法定条件，即"有证据证明有犯罪事实，可能判处徒刑以上刑罚的犯罪嫌疑人、被告人，采取取保候审、监视居住等方法，尚不足以防止发生社会

---

〔1〕 陈瑞华：《未决羁押的法律控制——比较法角度的分析》，载《政法论坛》2001 年第 4 期。

危险性，而有逮捕必要"。逮捕犯罪嫌疑人，必须按照法定程序进行，即公安机关在侦查活动中认为需要逮捕犯罪嫌疑人的时候，应当写出提请批准逮捕书，连同案卷材料、证据，一并移送同级人民检察院审查批准；人民检察院对于公安机关提请批准逮捕的案件进行审查后，应当根据情况分别作出批准逮捕或者不批准逮捕的决定。人民检察院审查批准逮捕犯罪嫌疑人，由办案人员对公安机关移送的证据材料进行审查，提出意见，由检察长决定，重大案件应当提交检察委员会讨论决定。对于人民检察院批准逮捕的决定，公安机关应当立即执行，并且将执行情况及时通知人民检察院；人民检察院不批准逮捕的，公安机关应当在接到通知后立即释放犯罪嫌疑人，并且将执行情况及时通知人民检察院。公安机关逮捕人的时候，必须出示逮捕证。犯罪嫌疑人、被告人被羁押的案件，不能在法律规定的侦查羁押、审查起诉、一审、二审期限内办结，需要继续查证、审理的，对犯罪嫌疑人、被告人可以取保候审或者监视居住。这些规定，都体现了既要保障刑事诉讼的顺利进行而即时逮捕犯罪嫌疑人、被告人，又要严格控制逮捕适用的双重价值取向。

但是，从另一方面看，我国刑事诉讼法关于逮捕程序的规定，也存在着某些与逮捕制度基本价值不相适应的问题。这些问题主要是：

（一）表达意见的片面性

刑事诉讼法第70条规定："公安机关对人民检察院不批准逮捕的决定，认为有错误的时候，可以要求复议，但是必须将被拘留的人立即释放。如果意见不被接受，可以向上一级人民检察院提请复核。上级人民检察院应当立即复核，作出是否变更的决定，通知下级人民检察院和公安机关执行。"这个规定，实际上是对人民检察院不批准逮捕的决定设置了一个救济程序，以保障逮捕的适用。按照这个规定，公安机关对人民检察院不批准逮捕的决定，可以有两次要求复议复核的机会。这对保障应当逮捕的犯罪嫌疑人即时被逮捕，当然是很有必要的。然而，这个救济程序只是单方面强调重视侦查机关的意见，而忽略了被逮捕的犯罪嫌疑人的意见。逮捕涉及被逮捕人的人身自由权利，保护公民人身自由权利不在确有必要的情况下不被侵害，也是逮捕制度的程序价值。如果被逮捕的犯罪嫌疑人认为人民检察院批准逮捕的决定有错误，法律也应该提供相应的救济程序。但是我们在程序设置上，只规定了人民检察院要对公安机关不服不批准逮捕的决定进行复议复核，而没有规定对被逮捕的犯罪嫌疑人不服人民检察院批准逮捕的决定进行复议复核。这在一定程度上，可以说并不完全符合逮捕制度的价值取向。

（二）审查方式的书面化、单向性

刑事诉讼法第66条规定："公安机关要求逮捕犯罪嫌疑人的时候，应当写出提请批准逮捕书，连同案卷材料、证据，一并移送同级人民检察院审查批准。"按照这个规定，逮捕一般由公安机关或其他侦查机关书面提出申请，检察机关负责审查批准。但是，检察机关对逮捕的审查，基本上是对公安机关提供的提请批准逮捕书和案卷材料进行审查。这种审查必然是书面化的审查，并且是仅仅根据公安机关单方面提供的证据和意见进行审查的。这在一定程度上就难以保障逮捕适用的准确性和必要性。虽然该条也规定："必要的时候，人民检察院可以派人参加公安机关对于重大案件的讨论"，但是这种所谓的"提前介入"，仍然是单方面地听取公安机关的意见。而在实践中，提前介入往往是为了快捕，为了引导取证。

（三）变更逮捕的随意性

按照我国刑事诉讼法的规定，人民检察院批准逮捕的决定，公安机关可以在多种情况下自行予以变更：（1）公安机关对于经人民检察院批准逮捕的人，必须在逮捕后的24小时以内进行讯问，在发现不应当逮捕的时候，必须立即释放，发给释放证明（第72条）。这种释放，并不需要经过人民检察院的批准。（2）公安机关如果发现对犯罪嫌疑人、被告人采取强制措施不当的，应当及时撤销或者变更（第73条）。这其中也包括发现对犯罪嫌疑人适用逮捕的强制措施不当。也就是说，经人民检察院批准逮捕的犯罪嫌疑人，公安机关"发现"逮捕适用不当，就可以径直"撤销或者变更"。虽然法律规定，"公安机关释放被逮捕的人或者变更逮捕措施的，应当通知原批准的人民检察院"，但是这只是"通知"而不是"提请批准"。即使人民检察院认为公安机关释放被逮捕的人的行为不当，也无法阻止公安机关释放犯罪嫌疑人。（3）公安机关可以自行延长逮捕以后的羁押期限。按照刑事诉讼法第128条的规定，公安机关在侦查期间，发现犯罪嫌疑人另有重要罪行的，自发现之日起依照刑事诉讼法第124条的规定重新计算侦查羁押期限；犯罪嫌疑人不讲真实姓名、住址，身份不明的，侦查羁押期限自查清其身份之日起计算。在实践中，是否真的"发现"犯罪嫌疑人另有罪行，这种罪行是否属于"重要罪行"，何时开始重新计算羁押期限，完全由公安机关自行决定。（4）对人民检察院批准逮捕的案件，公安机关可以自行撤销。刑事诉讼法第130条规定："在侦查过程中，发现不应对犯罪嫌疑人追究刑事责任的，应当撤销案件；犯罪嫌疑人已被逮捕的，应当立即释放，发给释放证明，并且通知原批准逮捕的人民检察院。"按照这个规定，公安机关在侦查过程中，如果认为犯罪嫌疑人具有不应追究刑事责任的情况，就可以自行撤销案件，即使犯罪嫌疑人已经人民检察院批准予以逮捕，公安机关也可以径直释放被逮捕的犯罪嫌疑人。这些规定，都把自行延长羁押期限或者自行释放被逮捕的犯罪嫌疑人的权力交给了公安机关。这与严格控制逮捕适用的精神和设置人民检察院批准逮捕的价值取向，显然是不相符合的，也在很大程度上破坏了检察机关控制逮捕适用的完整性。这种规定在理论上也不具有合理性。因为从原理上讲，只有享有逮捕决定权的机关，才能拥有逮捕的撤销权和变更权，公安机关不享有逮捕的决定权，因而不应当拥有逮捕的撤销权和变更权。[1] 从司法实践看，虽然我国法律规定的这种逮捕措施的变更程序可以保证公安机关能够根据犯罪嫌疑人和案件情况的变化，迅速地改变强制措施，有利于保护犯罪嫌疑人的合法权利，但是，公安机关自行决定释放被逮捕的犯罪嫌疑人或者变更逮捕措施，不经原批捕的人民检察院审查批准或者同意，无法防止公安机关滥用权力，随意变更检察机关的逮捕决定，从而使检察机关的逮捕决定名存实亡，使法律确立的逮捕司法审查机制名存实亡。

此外，由于我国司法制度的现状在客观上尚不具备由法院审查批准逮捕的制度环境，检察机关自行侦查的职务犯罪案件的批准逮捕权不得不由检察机关行使。这在客观上也存在着一定的局限性，即自己侦查的案件自己决定逮捕，不符合控制逮捕适用的价值取向。

三、完善我国逮捕制度的建议

根据我国逮捕制度中存在的问题，我们认为，应当从以下

---

〔1〕 从权力本源上看，批准逮捕的决定权是本权，而逮捕的撤销权和变更权是本权的派生性权力，本权力是独立的，可以独立存在，而派生性权力来源于本权力，不能独立存在，必须依附于本权力。

几个方面对我国的逮捕制度进行改革完善，以体现和保障逮捕制度设置的基本价值：

（一）从单向审查到合理听取双方意见

审查批准逮捕程序包括受理、审查案卷材料、决定批捕等内容。过去一般是书面审查公安机关移送的材料，是一种单向性的审查，就是只听公安机关的意见，没有听律师和犯罪嫌疑人及其家属的意见。因此，有些学者提出：在审查逮捕的过程中，侦查机关应当提出证据论证逮捕申请的合法性和合理性。在逮捕后，如果被逮捕人对逮捕不服，可以申请检察机关进行听证。在检察机关主持的听证中，被逮捕人及其辩护人对逮捕申请方所提出的理由可以进行反驳。[1] 近年来，为了提高审查批准逮捕工作的质量，保证批准逮捕的准确性，检察机关普遍实行批准逮捕前讯问犯罪嫌疑人的做法，收到了很好的效果。但是也有人质疑这种做法没有法律根据。我们认为，在完善审查批准逮捕程序过程中，应当明确规定：检察机关在审查批准逮捕过程中，不仅要听取公安机关的意见，审查公安机关移送的案卷和证据材料，而且应当讯问犯罪嫌疑人，听取犯罪嫌疑人及其辩护人的意见，以保证审查批准逮捕工作的公正性。

（二）从限制不捕到限制批捕

审查批准逮捕的制度，原本是为了控制逮捕的适用，防止逮捕权的滥用，避免过度侵犯人身自由。但是我国的逮捕制度在程序设计上却出现了悖论：检察机关批准逮捕没有多少程序限制，而不批准逮捕则要受到程序制约，如检察机关不批准逮捕的，公安机关可以要求复议、复核。这与"正当程序"的价

---

〔1〕 宋英辉主编：《刑事诉讼法修改问题研究》，中国人民公安大学出版社 2007 年版，第 236 页。

值取向相背离。因此，作为程序改革的一个思路，可以考虑适当限制公安机关要求复议复核的程序，即公安机关提请批准逮捕的，应当向检察机关说明逮捕的理由，并提供能够证明逮捕必要性的证据。检察机关经审查，认为提请批准逮捕的理由不充分而作出不批准逮捕决定的，公安机关如果提供新的证据，可以申请复议。与此同时，在程序设计上，应当增设被逮捕的犯罪嫌疑人不服人民检察院的逮捕决定时，可以申请复议复核的救济程序；增加被逮捕的犯罪嫌疑人及其监护人、辩护人申请取保候审的权利；进一步完善取保候审制度，使之能够成为逮捕的替代措施。这些都将有助于体现逮捕制度的价值取向，减少逮捕的适用。

（三）从单项控制到多项控制

现行法律只规定了检察机关审查批准逮捕的权力，提供审查批准逮捕的权力来控制逮捕的适用。而与此同时为公安机关赋予了多种撤销或者变更逮捕决定的权力。这就大大削弱了对逮捕的程序控制。为了充分体现逮捕程序设置的价值取向，应当进一步完善检察机关对逮捕的控制，即不仅批准逮捕要经过检察机关的审查批准，撤销逮捕或者将逮捕改为其他强制措施，也要经过检察机关的批准，延长逮捕以后的羁押期限，更应该经过检察机关的审查批准。这样规定，才会真正体现对逮捕的程序控制，防止逮捕的滥用。

（与邓思清合著，原载《河南社会科学》2009 年第 17 卷第 6 期）

检察环节非法证据排除规则的适用

    现代司法意义上的非法证据排除制度起源于十九世纪末的美国[1]，该制度存在的前提是对证据裁判原则的充分认识[2]。但在具有"重实体，轻程序"之法律传统的中国，一直未对非法证据排除制度予以明确的确立及规范。直到 2012 年 3 月 14 日，我国第十一届全国人民代表大会第五次会通过了《全国人民代表大会关于修改〈中华人民共和国刑事诉讼法〉的决定》，非法证据排除制度才得以以法律规定的形式正式确立。

    自 2012 年《刑事诉讼法》实施以来，各地司法机关严格遵照刑事诉讼法的相关规定办理案件，重点注意对新增以及修改条款的适用。非法证据排除规则作为理论界以及实务界一直呼吁确立的新制度，自然也是新法实施中的重中之重。对此，我们于 2015 年上半年对我国四个省份（直辖市）的 18 个各级

---

    〔1〕 杜学毅：《中国非法证据排除规则构建研究》，吉林大学博士学位论文，2013 年，第 5 页。

    〔2〕 吴宪国：《检察机关排除非法证据研究》，吉林大学博士学位论文，2014 年，第 13—14 页。

人民检察院进行走访调研，以座谈的形式了解非法证据排除规则在检察机关的适用现状以及适用问题。鉴于检察机关的职能特性，我们关注的重点在于非法证据排除规则在审前程序，即审查逮捕与审查起诉环节中检察机关排除非法证据的情况。

一、关于非法证据排除法律规定的修改

1996 年的《刑事诉讼法》虽然未对非法证据排除规则予以明确的表述，但其一定程度上反映了非法证据排除的思想。该法第 43 条规定，"审判人员、检察人员、侦查人员必须依照法定程序，收集能够证实犯罪嫌疑人、被告人有罪或者无罪、犯罪情节轻重的各种证据。严禁刑讯逼供和以威胁、引诱、欺骗以及其他非法的方法收集证据"。该条文指明审判人员、检察人员、侦查人员不得以刑讯逼供、威胁、引诱、欺骗等非法方式收集证据。换言之，若以刑讯逼供、威胁、引诱、欺骗等非法方式收集证据，则该类证据属于非法证据。但是当时的刑事诉讼法并没有规定对非法证据应当如何处理，因此与 1979 年的《刑事诉讼法》第 32 条条文一样，事实上属于一种宣示性的法律条文[1]，仅仅表明司法人员不得非法收集证据的要求，而无非法收集证据后的法律责任以及后果。

为了弥补这一立法缺陷，最高人民法院和最高人民检察院分别做了更明确的规定。如 1994 年《最高人民法院关于审理刑事案件程序的具体规定》中第 45 条规定，"凡经查证属实属于采用刑讯逼或者威胁、引诱、欺骗等非法的方法取得的证人证言、被害人陈述、被告人供述，不能作为证据使用"。1998 年最高人民法院颁布的《关于执行〈中华人民共和国刑事诉讼

---

[1] 顾永忠：《我国司法体制下非法证据排除规则的本土化研究》，载《政治与法律》2013 年第 2 期，第 97 页。

法〉若干问题的解释》第 61 条规定再次重申严禁以非法的方法收集证据，并将非法收集证据的法律后果由"不能作为证据使用"更改为"不能作为定案的根据"。其后，1999 年最高人民检察院出台的《人民检察院刑事诉讼规则》第 265 条也作出了相应的规定，只是根据检察机关在诉讼活动中的职能特点，将上述非法取证类证据的法律后果规定为"不得作为指控犯罪的根据"。然而，这些规定仍缺乏更具有可操作性的程序性内容，使得非法证据排除制度未能在实践中得以认真贯彻，我国司法实践中因刑讯逼供等方式导致的冤假错案仍不断出现[1]。

有鉴于此，2010 年 6 月，最高人民法院、最高人民检察院、公安部、国家安全部、司法部联合出台《关于办理刑事案件排除非法证据若干问题的规定》（以下简称《非法证据排除规定》）以及《关于办理死刑案件审查判断证据若干问题的规定》（以下简称《办理死刑案件证据规定》）。这两项规定对非法证据排除规则做了较为系统的规定，标志着我国非法证据排除规则基本框架的形成。这两项规定不仅对非法证据排除作出了实体性规定，更是突破性地对非法证据排除的具体适用做出了程序性的规定，即一方面确立了将排除方式分为强制性排除与裁量性排除的实体构成性规则，另一方面确立了职权启动与诉权启动相结合启动非法证据排除的程序实施性规则。[2] 在2012 年修改的《刑事诉讼法》中，非法证据排除制度在"两个规定"的基础上正式被确立于法律之中。除了原《刑事诉讼法》一直规定的"严禁刑讯逼供和以威胁、引诱、欺骗以及其

---

〔1〕 樊崇义、吴光升：《审前非法证据排除程序：文本解读与制度展望》，载《中国刑事法杂志》2012 年第 11 期，第 3 页。如佘祥林案、赵作海案、杜培武案等。

〔2〕 陈瑞华：《非法证据排除规则的中国模式》，载《中国法学》2010 年第 6 期，第 33—34 页。

他非法方法收集证据"等内容继续得以保留外，2012 年《刑事诉讼法》第 54 条又增加了关于非法证据排除的新规定，即"采用刑讯逼供等非法方法收集的犯罪嫌疑人、被告人供述和采用暴力、威胁等非法方法收集的证人证言、被害人陈述，应当予以排除。收集物证、书证不符合法定程序，可能严重影响司法公正的，应当予以补正或者作出合理解释；不能补正或者作出合理解释的，对该证据应当予以排除。在侦查、审查起诉、审判时发现有应当排除的证据的，应当依法予以排除，不得作为起诉意见、起诉决定和判决的依据"。

与之前的《非法证据排除规定》《办理死刑案件证据规定》相比，2012 年刑事诉讼法所确立的非法证据排除规则沿袭了"两个规定"所设立的基本框架。根据非法证据的不同性质，将排除方式分为了强制排除与裁量排除。即对于非法言词证据采用强制排除，对于非法实物证据采取裁量排除的方式，裁量是否"可能严重影响司法公正"，裁量后认为会"影响司法公正"且补正或解释不能的则予以排除。在启动程序方面，2012 年刑事诉讼法第 55 条、第 56 条同样基本沿袭了《非法证据排除规定》所确立的职权启动与诉权启动相结的启动模式，但又略有不同。《非法证据排除规定》中规定的是检察机关在审查逮捕、审查起诉中发现有非法取证情节的应当依职权进行调查；同时规定，被告人或辩护人可以依诉权在起诉书副本送达后向人民法院申请对非法取得的供述进行调查。[1]

---

[1]《非法证据排除规定》第 3 条规定，"人民检察院在审查批准逮捕、审查起诉中，对于非法言词证据应当依法予以排除，不能作为批准逮捕、提起公诉的根据"；第 5 条规定，"被告人及其辩护人在开庭审理前或者庭审中，提出被告人庭前供述是非法取得的，法庭在公诉人宣读起诉书之后，应当先行当庭调查。法庭辩论结束前，被告人及其辩护人提出被告人审判前供述是非法取得的，法庭也应当进行调查"。

在 2012 年刑事诉讼法出台后，实践中，检察机关一般将非法证据排除方式分为主动排除与被动排除。主动排除是指检察机关发现有非法取证可能的，检察机关应及时进行调查并作出相应处理；被动排除则指检察机关接到关于非法取证的报案、控告、举报或人民法院接到当事人及其辩护人、诉讼代理人要求排除非法证据的申请以及相关证明材料或线索，检察机关应当及时进行调查并依法作出相关处理。[1] 2012 年刑事诉讼法首次以法律的方式将非法证据排除制度予以正式确立，是我国刑事诉讼制度的一大进步。然而，2012 年刑事诉讼法关于非法证据的排除制度的规定只是一种原则性的、概括性的规定，并没有像《办理死刑案件证据规定》那样具体细化到以列举说明的方式界定什么情形获取的证据应当排除。[2] 这使得检察人员在具体运用非法证据排除规定的过程中会有许多困惑。因此，我们有必要从字面规定中走出来，到司法实务中去了解非法证据排除在具体适用中所遇到的困难，了解实践中非法证据排除的实际适用情况，从而为非法证据排除制度的立法完善

---

〔1〕 刑事诉讼法第 55 条规定，"人民检察院接到报案、控告、举报或者发现侦查人员以非法方式收集证据的，应当进行调查核实。对于确有以非法方法收集证据情形的，应当提出纠正意见；构成犯罪的，依法追究刑事责任"。

〔2〕《办理死刑案件证据规定》第 6 条至第 31 条根据证据的分类对什么情况的证据应当排除、什么情况的证据经过补正或说明后可以采用做出了较细致的规定，如第九条规定，"经勘验、检查、搜查提取、扣押的物证、书证，未附有勘验、检查笔录，搜查笔录，提取笔录，扣押清单，不能证明物证、书证来源的，不能作为定案的根据。物证、书证的收集程序、方式存在下列瑕疵，通过有关办案人员的补正或者作出合理解释的，可以采用：（一）收集调取的物证、书证，在勘验、检查笔录，搜查笔录，提取笔录，扣押清单上没有侦查人员、物品持有人、见证人签名或者物品特征、数量、质量、名称等注明不详的；（二）收集调取物证照片、录像或者复制品，书证的副本、复制件未注明与原件核对无异，无复制时间、无被收集、调取人（单位）签名（盖章）的；（三）物证照片、录像或者复制品，书证的副本、复制件没有制作人关于制作过程及原物、原件存于何处的说明或者说明中无签名的；（四）物证、书证的收集程序、方式存在其他瑕疵的。对物证、书证的来源及收集过程有疑问，不能作出合理解释的，该物证、书证不能作为定案的根据"等。

提出有益的实践经验和建议。

二、非法证据排除在检察环节的适用情况

为了了解 2012 年《刑事诉讼法》实施以来非法证据排除规则在检察环节具体适用的情况，我们在东、中、西部选择了四个省（直辖市）的 20 个不同级别的检察院，进行实地调研。在调研中，通过座谈和统计的方式，请各地检察机关的检察人员提供了真实的数据和情况，反映了非法证据排除规则在实践中适用的情况。具体来说，各地人民检察院在适用非法证据排除规则时表现出如下特点：

（一）积极尝试非法证据排除规则的适用

其实在 2012 年《刑事诉讼法》颁布之前，有些地方已经按照"两个规定"的要求进行了一些非法证据排除的尝试。如 H 省的 Z 市早在 2010 年 10 月起即有对非法证据排除规则的适用。从 2010 年 10 月到 2013 年年底，该市检察机关共对 57 件案件适用了非法证据排除规则，排除非法证据 16 份。2012 年《刑事诉讼法》更是为检察机关排除非法证据提供了有力的法律依据。各地人民检察院都积极尝试对非法证据排除规则的适用，所调研的各人民检察院均有对非法证据排除的案件，对非法证据排除制度进行了积极的探讨和实践。例如 H 省的 C 市人民检察院自 2013 年至 2014 年 6 月在审查逮捕、审查起诉阶段共适用非法证据排除规则案件 128 件 146 人，其中侦查监督部门开展非法证据排除工作 42 件 47 人，公诉部门开展非法证据排除工作 86 件 99 人；同省 X 自治州人民检察院则自 2013 年至 2014 年 6 月期间在审查逮捕、审查起诉阶段适用非法证据排除规则案件共 47 件，排除非法证据、无效证据、瑕疵证据 60 余份；再如 G1 省的 Z 市、T 市和 L 市三市自 2013 年新《刑事诉讼法》实施以来至 2015 年 5 月依职权或依申请启动的非

法证据排除案件共 52 件，依法排除非法证据的案件共 17 件。有些地区检察机关虽然适用非法证据规则的情况较少，但是也做出了积极的尝试，如 T 市人民检察院自 2013 年 1 月至 2015 年 5 月仅对两件案件启动了非法证据排除程序，且最终并未对相关证据予以排除，但这无疑是对非法证据排除这一新制度的有益探索，为日后完善非法证据排除规则积累了宝贵的实践经验。当然，并不是一个地方的非法证据排除适用得越多就越好，毕竟如果非法证据排除适用得多，从另一方面也反映出该地司法操作的不规范。但是，在目前中国的法治现状下，检察机关积极运用非法证据排除规则并大胆排除非法证据，无疑是司法理念的成功转变以及司法文明得以提升的表现。

除此之外，各省级人民检察院也高度重视非法证据排除的工作，积极组织省内检察机关人员对非法证据排除规则的学习，并根据相关法律规定和省内实际情况，作出许多工作上的指导意见，便于下级检察机关贯彻、实施非法证据排除规则。例如 H 省人民检察院研究室通过走访、实地调查、召开座谈会等形式，对省内的 Z 市、C 市、X 市及部分所辖基层检察院适用非法证据排除的情况将进行了调研，并撰写了《检察环节非法证据排除的调查与思考》的调研报告。报告内容数据翔实，思考深入，既总结了近年全省适用非法证据排除的经验，也为日后更规范地适用提出了有价值的意见和构想。此外，G1 省人民检察院为了更好地实现人民法院与人民检察院之间的分工、协作和指导下级检察机关正确贯彻非法证据排除规则，不仅出台了《G1 省人民检察院公诉一处关于审查起诉排除非法证据指导意见（试行）》，还根据省高级人民法院的文件下发了《G1 省人民检察院公诉一处关于正确应对〈G1 省高级人民法院关于适用非法证据排除规则的指导意见（试行）〉的通知》。

该通知中对省高院关于非法证据排除的指导意见做出了逐条解读，并提出了积极的应对意见。这种对非法证据排除工作的高度重视，不仅有利于我国刑事司法向以审判为中心的模式转变，更体现了司法人员的人权保障意识逐渐加强。

（二）检察机关成为排除非法证据的主要主体

就整个司法体系而言，检察机关在非法证据排除规则的适用中充当着主力军的作用。以 G1 省 2013 年 1 月至 2014 年 6 月为例，在该期间，全省共对 110 件案件启动非法证据排除程序，其中人民检察院主动启动非法证据排除的有 85 件，占总数的 77.3%，人民法院启动的有 10 件，占总数的 9.1%，依被告人或辩护人申请启动的有 15 件，占总数的 13.6%。之所以会造成这一现象，是与检察机关的职能特点分不开的。检察权的职权分为职务犯罪侦查权、批准和决定逮捕权、公诉权、诉讼监督权和其他权力共五大职权。[1] 从检察权的职权内容即可看出，检察机关可谓参与刑事诉讼的全过程，从侦查、起诉到审判、执行。因此检察机关的职能具有广泛性，这种广泛性为及时发现非法证据提供了土壤。[2] 在检察机关的这些职权中，职务犯罪侦查权、批准和决定逮捕权、公诉权和诉讼监督权均可涉及非法证据排除问题。这几项职权几乎覆盖了检察职权的主要内容。我国刑事诉讼法并没有限定非法证据排除程序启动的阶段，因此在整个刑事诉讼程序中，只要有线索表明非法取证的事实存在，检察机关均可提出非法证据排除。侦监部门在审查逮捕阶段、公诉部门在审查起诉阶段均要求对案件证据的合法性作出审查，这是启动非法证据排除程序的重要阶段。而

---

〔1〕 张智辉主编：《检察权优化配置研究》，中国检察出版社 2014 年版。

〔2〕 吴宪国：《检察机关排除非法证据研究》，吉林大学博士学位论文，2014 年，第 17 页。

监所部门在羁押场所实行的监督职能为发现在押人员因刑讯逼供导致的外伤或遭受其他非法手段取证的可能性为非法证据排除提供了又一层保障。人民检察院是确保诉讼程序合法，保障犯罪嫌疑人合法权利的监督者。因此，非法证据排除是检察机关行使诉讼监督职能的重要表现之一，检察机关成为非法证据排除的主力军也就成为理所当然之事。

（三）审查起诉阶段非法证据排除较多

如上所述，虽然检察机关在审查批准逮捕环节和审查起诉环节均可启动非法证据排除程序，但具体而言则主要集中于起诉环节。以上文所提到的 H 省的 C、X 市两地检察机关自 2013 年 1 月至 2014 年 6 月适用非法证据排除规则的情况为例：

2013 年 1 月—2014 年 6 月 C、X 市人民检察院各环节适用非法证据情况

	C 市	X 市
审查逮捕	42	15
审查起诉	86	32

从数据中可以发现，审查起诉阶段较审查批准逮捕阶段排除非法证据的比率相对较高，甚至有比审查批准逮捕阶段高出近一倍的情况出现。在其他地区，检察机关的非法证据排除的工作也主要集中于审查起诉环节，例如 G1 省 Z 市侦监部门自 2012 年《刑事诉讼法》实施两年内未启动非法证据排除程序，而公诉部门则对 15 件案件启动了非法证据排除程序。上文提到的 H 省的 Z 市人民检察院，虽然自 2010 年 10 月到 2013 年底期间，共对 57 件案件启动了非法证据排除程序，并排除非法证据 16 份，但是由侦监部门在审查批准逮捕阶段排除的案件仅有 1 件，排除的非法证据仅有 4 份，而公诉部门在审查起诉阶段启动非法证据排除程序的案件有 56 件，排除的非法证

据有 12 份，二者差之甚远。

导致这一现象出现的主要原因在于：在审查批准逮捕阶段，侦监部门的批捕时限较短。根据刑事诉讼法的规定，检察机关自接到公安机关提请逮捕书后 7 日内作出批准或不予批准逮捕的决定。7 日内除去双休日，事实上可以审查逮捕材料的工作日最多仅 5 天。在这 5 天内，侦监部门必须花费几天时间阅卷以核实犯罪事实、犯罪嫌疑人身份、逮捕条件等诸多信息，再加上证据材料的录入和讯问犯罪嫌疑人所耗费的时间，[1] 许多案件即便不启动非法证据排除规则都存在时间不够的情形。如果排除非法证据的话，则需要更多的时间去调查核实。相反，在审查起诉阶段的时间则较为宽裕。检察机关的办案期限一般为一个月，遇到重大、复杂的案件还可以延长半个月。[2] 因此，许多可能存在非法证据情况的案件便流转到审查起诉环节再进行启动、核实和排除。

（四）非法证据排除规则适用率整体偏低

虽然各地均有非法证据排除的案件，并且许多检察人员对非法证据排除规则也持积极态度，但整体而言，适用非法证据排除案件的比率还是比较低的。

2013 年 1 月—2014 年 6 月 C 市人民检察院适用非法证据情况

	案件总数	排除非法证据数	占案件总数比
审查逮捕	2864	42	1.47%
审查起诉	3257	86	2.64%

---

〔1〕 吴宪国：《检察机关排除非法证据研究》，吉林大学博士学位论文，2014 年，第 90 页；董坤：《审查批捕中非法证据排除的实证考察与理论反思》，载《法商研究》2014 年第 6 期，第 31 页。

〔2〕 刑事诉讼法第 169 条规定，"人民检察院对于公安机关移送起诉的案件，应当在一个月以内作出决定，重大、复杂的案件，可以延长半个月"。

2013 年 1 月—2014 年 6 月 X 市人民检察院适用非法证据情况

	案件总数	排除非法证据数	占案件总数比
审查逮捕	2864	15	0.79%
审查起诉	3257	32	1.40%

从上述数据中可以看出，该两市的人民检察院自 2013 年 1 月至 2014 年 6 月期间在审查逮捕或起诉阶段排除非法证据的案件数占案件总数的平均比率为 1.58%，其中最低至 1% 以下。

这主要因为，一方面虽然检察机关近年来的法治理念和人权理念有了较大的增强，越来越多的检察人员也逐渐意识到保护犯罪嫌疑人的基本权利是检察职能的基本任务之一。但由于"控诉文化"的惯性影响[1]，检察人员仍然把打击犯罪放在首要位置。在已经认定犯罪嫌疑人的情况下，除非非常明显、且影响恶劣的非法证据以外，一般的则能不排除即不排除。另一方面也是由于非法证据排除规则本身的不完善。作为一项新制度，我国目前的非法证据排除制度在许多方面规定得不够细化，使得检察人员在实践操作中常常遇到一些问题，尤其面对大量存在的非典型性刑讯逼供获取的证据，许多检察人员对此有着诸多疑问和争议，阻碍了非法证据排除程序的正常进行。

（五）因非法证据排除导致不批捕、不起诉的情况少

适用非法证据排除的案件占总案件数的比例不仅不高，而且即便非法证据被排除，其最终对整个诉讼程序的影响也是有限的。以下是本次调研的四个省份（市）的人民检察院在适用

---

[1] 董坤：《审查批捕中非法证据排除的实证考察与理论反思》，载《法商研究》2014 年第 6 期，第 30 页。

非法证据排除规则时从数据上反映出的情况：

2011—2014 年 C 地非法证据排除相关数据

	审查逮捕 总人数	因非法证据排除 不批捕人数	审查起诉 总人数	因非法证据排除 不起诉人数
2013 年	20119	5	32857	1
2014 年	17031	8	31572	1

2011—2014 年 G1 地非法证据排除相关数据

	审查逮捕 总人数	因非法证据排除 不批捕人数	审查起诉 总人数	因非法证据排除 不起诉人数
2013 年	31142	15	39952	11
2014 年	31285	13	41536	19

2011—2014 年 G2 地非法证据排除相关数据

	审查逮捕 总人数	因非法证据排除 不批捕人数	审查起诉 总人数	因非法证据排除 不起诉人数
2013 年	145144	26	158945	4
2014 年	161741	41	168205	10

2011—2014 年 H 地非法证据排除相关数据

	审查逮捕 总人数	因非法证据排除 不批捕人数	审查起诉 总人数	因非法证据排除 不起诉人数
2013 年	38519	18	55730	9
2014 年	37345	23	55759	18

从数据中可以看出，在成千甚至上万的审查逮捕、审查起诉总人数中，因非法证据排除导致不批准逮捕或起诉数量则仅为两位数乃至一位数。其中最多的 G2 地 2014 年因非法证据排除导致的不批捕人数也仅为 41 人，仅占当年审查逮捕总人数的 0.03%。最少的 C 地因非法证据排除导致的不起诉人数，

2013 年、2014 年两年均分别仅为一人。

分析造成这一现象的原因，首先必须要考虑的因素就是适用非法证据排除规则的案件总数的问题。虽然各检察机关勇于尝试对非法证据排除规则的启动，但是适用非法证据排除规则的案件数占整个审查批捕、起诉的案件总数的比率是相当有限的。如果以启动非法证据排除案件的数量作为分母来看，则因非法证据排除导致不批捕、不起诉的比例会上升很多。如 H 省全省侦监部门 2014 年共对 19 件案件、26 人启动非法证据排除的调查程序，最终对 23 人做出不批捕决定，因排除非法证据导致不批捕的比例为 88.5%。再如 G1 省全省公诉部门自 2013 年至 2015 年上半年，共对 22 件案件进行非法证据排除，并最终均作出存疑不起诉的决定，因排除非法证据导致不起诉的比例为 100%。

但是，即便以启动非法证据排除的案件为比较对象，也并非都像 H 省或 G1 省那样有较高的因非法证据排除导致的不捕率或不诉率。比如 C 地某分院公诉部门自 2013 年至 2015 年上半年，共对 9 件案件启动了非法证据排除程序，1 件案件因非法证据排除导致不予起诉，比率为 11.11%。

当然，并不是说因排除非法证据导致不批捕、不起诉比率不够高就不是正常或良好现象。毕竟，决定一个案件批准逮捕或起诉与否，并非依靠一项或几项证据决定，而是要看多项证据相互对应、契合而所形成的证据链是否完整，是否达到"案件事实清楚，证据确实、充分"的标准。因此，将某一项证据予以排除，即便该证据为非法证据，也并不必然导致整个证据链的破坏或断裂。

然而，不得不承认的一个事实是：目前实践中，许多被排除的非法证据并不是案件的关键证据，即便因非法证据排除规则的适用而予以排除，也并不会影响整个案件的认定。这反映出我国检察人员在证据审查过程中还是有着"不敢大胆排除"的思想顾虑，以及非法证据难以排除的现实困扰。毕竟，就我国司法的现状而言，侦查环节依然还是存在许多不规范取证、违法取证的行为。但是，基于担心放纵犯罪分子的心理以及来自公安机关、被害人、普通群众以及内部考核等多方面的压力，使得许多检察人员不敢大胆地、主动地对非法获取的关键证据予以果断排除，以免达不到逮捕或起诉的证据要求。并且，实践中由于情况的复杂性，再加上具体规范的缺位，许多证据的获取方式都是处于模棱两可、性质不明的状态。因此，许多检察人员只能"退而求其次"，排除一些非关键性证据。这也是导致"非法证据排除规则用还是用，但是用了等于没用"现象的一个重要的现实原因。

要让非法证据排除到位，而不是在些无关痛痒的证据上做表面功夫，就必须直面目前检察机关在排除非法证据时所处的现实困境，找出症结所在，对症下药。

三、检察环节排除非法证据的主要问题

调研中我们了解到，检察机关在适用非法证据排除规则时主要存在"发现难"和"界定难""核实难"的问题。

（一）发现难

刑事诉讼法第 54 条第 2 款规定"在侦查、审查起诉、审判时发现有应当排除的证据的，应当依法予以排除"，同时第 55 条对检察机关进一步规定："人民检察院接到报案、控告、举报或者发现侦查人员以非法方法收集证据的，应当进行调查核实。"

从上述规定不难发现，以检察机关的角度而言，排除非法证据的方式分为主动排除与被动排除两种。主动排除指的是检

察机关——侦查阶段为侦查监督部门，审查起诉、审判阶段为公诉部门——自己在案件办理过程中发现有非法取证的可能性，从而启动非法证据排除程序，对证据的合法性进行调查核实。被动排除指的是，根据《最高人民检察院刑事诉讼规则》（以下简称《规则》）第 68 条之规定，当"当事人及其辩护人、诉讼代理人报案、控告、举报侦查人员采用刑讯逼供等非法方法收集证据并提供涉嫌非法取证的人员、时间、地点、方式和内容等材料或者线索"时，检察机关应当对证据的合法性展开调查。

实践中，检察机关主要依靠犯罪嫌疑人或其辩护人的控告，获知可能存在非法取证的情况，以被动方式为主要排除方式。但是，被动排除也有一定的局限性。许多犯罪嫌疑人由于自身文化水平不够高或对法律知识的缺乏，对自己的相关权利及保障措施并不十分清楚。当侦查人员做出了侵犯其基本权利的行为时，他们不知有何种方式可以救济，甚至根本就不知道自己的权利被侵犯了。虽然辩护律师具有专业的法律知识，但是一方面，并不是所有的犯罪嫌疑人都有律师为其代理；另一方面，律师所获知的非法取证情况也主要来源于犯罪嫌疑人的反映。在律师主动调查权有限的现实条件下，犯罪嫌疑人若不自知其权利内容，也很难为律师提供有价值的信息。因此，作为我国的法律监督部门，检察机关主动出击发现非法证据、主动排除非法证据是很有必要的。但是，检察机关主动排除非法证据也确实存在一定的困难。

1. 主动排除非法证据的动力不足

不可否认，近年来检察机关的检察人员在办案理念上有了重大转变，越来越脱离于与侦查机关共同打击犯罪的立场羁绊，而是越来越意识到自己同时负有保障犯罪嫌疑人基本权利、维护司法公正的监督职能。但是"诉控文化"的文化惯性依然残留在普遍意识之中。[1] 追诉犯罪是检察机关不言而喻的职责要求，这是由我国科层式政策实施型的司法制度所决定的。[2] 在这种基本体制下，排除非法证据与追诉犯罪之间必然存在职能冲突。这就面临是在"保障实体正义的前提下保证程序正义"还是在"保障程序正义的前提下保证实体正义"的价值抉择。基于长期以来的实体正义至上的理念影响，检察机关作为国家司法正义的象征以及保障主体，自然而然会将"打击犯罪"作为首要目标。虽然人权保障意识在不断增强，但"保障人权"的目标始终屈于"打击犯罪"的目标之下。检察人员在审查逮捕、审查起诉工作中的执法理念仍是"重实体、轻程序，重结果、轻过程，重打击、轻保护"，甚至对非法证据排除规则有抵触情绪，认为是对犯罪分子的放纵。

并且，不仅是检察人员，"重实体、轻程序"也是我国普遍存在的价值观念。许多时候，检察人员想对非法证据进行排除，但一旦排除后，很可能导致不捕、不诉的结果。这样一来，来自侦查机关、被害人、民众乃至上级的压力扑面而来，甚至导致检察机关公信力的下降，认为检察机关存在腐败，包庇犯罪。再加上排除非法证据后可能造成的"错捕""错诉"后果以及随之而来的考核压力，进一步导致检察人员主动排除非法证据的主观动力不足。

2. 侦查活动的隐蔽性在客观上导致发现非法证据的难度

造成"发现难"的根本原因还是在于检察机关对侦查环节

---

[1] 董坤：《审查批捕中非法证据排除的实证考察与理论反思》，载《法商研究》2014年第6期，第30页。

[2] ［美］米尔伊安·R. 达什卡玛著：《司法与国家权力的多种面孔》，郑戈译，中国政法大学出版社2015年版。

的监督不够深入、全面。众所周知，侦查活动具有隐蔽性和封闭性，要实现案件的突破，必然要让犯罪嫌疑人处于信息阻隔的环境中。而这种封闭的环境，也把作为监督机关的检察机关隔绝在外。虽然原则上，检察机关对侦查活动具有监督的职能，但并非从实质上实现了对侦查活动的领导或引导，检察机关也没有进入侦查机关内部进行案件跟进，而是一种外围的、事后的监督。这种外围性、事后性导致检察机关获取侦查情况的滞后性。犯罪嫌疑人被限制人身自由后至提请批准逮捕前，大多数的案件并未进入检察机关的监督视线。但这一阶段正是固定证据、突破案件的关键时期，最容易导致非法取证、尤其以非法手段获取口供的情况出现，而非法取供本身的"非法性"又决定了侦查人员必然会尽可能地采用隐蔽的方式进行，不让外界轻易发现。

此外，自 2012 年刑事诉讼法实施以来，实践中非常典型的比如肉体上的毒打、酷刑等刑讯逼供的情形，与过去相比大大减少。正所谓"上有政策，下有对策"，为了规避非法取供的行为被追究，侦查人员多采用难以留下证据的逼供方式，比如晒、饿、冻、烤、疲劳审讯等变相刑讯或诱供、骗供。这些方式，基本不会留下非常明显的体表特征，从外观上很难判断。虽然检察机关的自侦案件现已要求对讯问实施全程同步录音录像，[1] 但对于更广大的由公安机关办理的案件而言，仅要求对可能判处无期徒刑、死刑以及重大案件的讯问工作作出了

---

[1]《人民检察院刑事诉讼规则（试行）》第 201 条规定，"人民检察院立案侦查职务犯罪案件，在每次讯问犯罪嫌疑人的时候，应当对讯问过程实行全程录音、录像，并在讯问笔录中注明"。

硬性要求[1]。因此，大部分的刑事案件是没有同步录音录像可供调查核实的。检察机关在审查批捕环节或审查起诉环节中，仅通过对案件进行书面审查，是很难发现非法取证可能性从而主动启动非法证据排除程序。

（二）界定难

根据刑事诉讼法第54条规定应当排除的非法证据有三类：一是刑讯逼供等非法方式取得的犯罪嫌疑人、被告人供述；二是通过暴力、威胁手段取得的证人证言、被害人供述；三是因收集程序不合法而严重影响司法公正，且其无法补正或作出合理解释的物证、书证。其中，非法方式获取的犯罪嫌疑人、被告人供述和证人证言、被害人供述之类的言词证据采用绝对排除的方式，对于非法获取的实物证据则采用裁量排除的方式。[2]《刑事诉讼法》关于非法证据定义内容的法条仅有第54条，且该条文的用语也较为简练、模糊。对于现实中种类繁多的非法取证方式，仅第54条的规定显然是难以涵盖的，因此为实践中适用非法证据排除规则造成一定的困惑。

对于如何界定非法证据的问题，各司法机关之间更是有着不同的认定标准。一般而言，公安机关和检察机关对认定为非法证据而予以排除的要求要稍微严格些，而到了庭审阶段，审判机关的观念则更超前些，一些在公安机关或检察机关看来不需要予以排除的证据，审判机关却可能选择排除。比如 G1 省

---

〔1〕《公安机关办理刑事案件的规定》第203条规定，"讯问犯罪嫌疑人，在文字记录的同时，可以对讯问过程进行录音或者录像。对于可能判处无期徒刑、死刑的案件或者其他重大犯罪案件，应当对讯问过程进行录音或者录像"。

〔2〕刑事诉讼法第54条规定，"用刑讯逼供等非法方法收集的犯罪嫌疑人、被告人供述和采用暴力、威胁等非法方法收集的证人证言、被害人陈述，应当予以排除。收集物证、书证不符合法定程序，可能严重影响司法公正的，应当予以补正或者作出合理解释；不能补正或者作出合理解释的，对该证据应当予以排除"。

高级人民法院在其《关于适用非法证据排除规则的指导意见（试行）》要求同一诉讼阶段内的重复自白一律排除、影响审判公正的"毒树之果"一律排除等。相反，检察机关则认为此类要求不是刑事诉讼法所明确规定的内容，现在就提出予以排除未免操之过急。就现在中国的司法现状而言，侦查人员的素质和侦查水平参差不齐，想要一步到位地实现彻底的"程序公正"是不现实的。

不仅各司法机关之间对何种证据应予以排除持有不同的态度和观点，而且在检察机关内部，也对刑事诉讼法关于非法证据排除的具体规定有不同的理解：

1. 如何认定言词证据中的"非法方式"

刑事诉讼法规定犯罪嫌疑人或被告人的供述不得以刑讯逼供等非法方式获取，否则应当予以排除。这条规定事实上留下了一个缺口：刑讯逼供"等"非法方式中的"等"作何理解？什么样的其他获取供述的方式可以列为这个"等"的范围内？

首先造成办案人员困惑的即是以威胁、引诱和欺骗的方式获取的证据是否属于非法证据而应当排除。从侦查的角度来说，在讯问犯罪嫌疑人的过程中必然需要运用一定的讯问技巧和侦查谋略。因为基于人的本性考虑，一开始便自愿作出供述的犯罪嫌疑人毕竟是少数，需要侦查人员运用讯问技巧和谋略攻破犯罪嫌疑人的心理防线。而这些技巧与谋略往往或多或少带有一定"威胁、引诱或欺骗"的色彩。因此，如何界定和区分侦查讯问技巧和"威胁、引诱、欺骗"的非法方式则成为实践中普遍存在的问题。

其次则是如何界定疲劳审讯。有的地方规定除了吃饭时间外，两次讯问之间应当保证被讯问人 8 小时休息时间。但是，有的地方则认为两次讯问之间保证了五六个小时甚至三四个小时的休息时间就不算疲劳审讯，因为《刑事诉讼法》规定的是"必要"的休息时间而非"充分"的休息时间。对于普通人来说一晚上的睡眠时间可能也就六七个小时，对于正在接受调查的犯罪嫌疑人反而让其有更多的休息时间是否合理？并且鉴于侦查讯问的特点，如果两次讯问之间间隔的时间过长，之前经过努力打开的犯罪嫌疑人的心理防线很有可能又再次封闭而前功尽弃。因此，到底保证犯罪嫌疑人多久的休息时间才不算疲劳审讯的问题一直存在争议，各地做法也不一样。这就导致了非法证据排除的标准也不一致。

2. 如何裁量处理实物证据

调研中反映较多的另一个困惑是：对于一些在取证过程中存在程序不规范情况的证据是否应当视为非法证据而排除，如签名不规范的勘验笔录等。刑事诉讼法对不符合规定收集的书证、物证采取的是裁量排除的方式，即看其是否严重影响司法公正以及是否能够做出合理的说明或补正。但是由于刑事诉讼法并没有具体规定何种程度算是"严重影响司法公正"以及何种说明算作"合理说明"，导致实践中对这类非法实物证据排除与否的意见不一。有些地方或部门认为出于规范司法和保障人权的需要，基本上将"裁量排除"变为了"强制排除"，即无论后果如何，只要取证不规范获取的证据均予以排除；而另一些地方或部门则认为上述做法太过严苛，观念过于超前而不切合我国的司法现状。不过，这些地方或部门的办案人员也坦言，虽然认为有些瑕疵证据并不会严重影响司法公正，认为不应当排除，但同时又担心，由于没有统一而明确的标准，如果到了庭审阶段却被审判机关认定应当排除的话，则会造成检察机关在之后的庭审过程中的被动。

（三）核实难

"发现难"中存在的封闭侦查环境所带来的困难，同样存在于启动非法证据排除程序后的"核实"环节中。实践中提出要求非法证据排除的理由多为变相刑讯或诱供、骗供。侦查人员在非法取证后大多会采取隐蔽手段有意识地逃避法律制裁。再加上侦查阶段本身的封闭性，在没有同步录音录像的条件下，对非法取证的情形不仅难于发现，更难以核实。办案人员只能通过笔录分析、入所前体检表和照片的比对、讯问犯罪嫌疑人和询问相关侦查人员的方式去调查核实。其中对笔录、体检表和照片的分析虽然具有客观性，但其所能反映的情况有限。

在无录音录像，又无明显伤痕的情况下，要核实是否存在非法取供的事实只能依靠犯罪嫌疑人和侦查人员之间的证词。这有点类似于受贿案件中，行贿人和受贿人供词的重要性。只不过行贿人和受贿人之间的供词有可能是相互包庇也可能是相互否认，并且所供述的事实本身会牵涉其他客观事实。这些言词之间的矛盾和所牵涉的客观事实，就为侦查人员突破案件提供了线索。而在犯罪嫌疑人和侦查人员之间，双方都是各执一词，而且所需核实的事情又完全发生在封闭的侦查讯问环节中，不会牵涉外界。也就是说，犯罪嫌疑人和侦查人员之间的非法取供问题，比行贿人与受贿人之间的受贿问题更具有隐蔽性，更难辨别真伪。至于侦查人员所出具的"情况说明"，就好比犯罪嫌疑人的父母出具的证明犯罪嫌疑人没有犯罪的说明。[1] 这种"自证清白"的证明力是相当有限的，也无法为

---

〔1〕 张建伟：《非法证据缘何难以排除——基于刑事诉讼法再修改和相关司法解释的分析》，载《清华法学》2012 年第 3 期，第 65 页。

检察机关核实是否存在非法取供的事实提供多少有价值的信息。

四、对策与建议

针对上面所述的这些问题，结合调研中所获取的部分检察机关的可取经验，提出以下五点建议。

（一）转变司法理念，加强程序正义理念

中国自古以来都是国家本位主义，重集体利益，轻个人利益。社会上普遍存在着这样的观念，即"打击犯罪，维护社会稳定，保障国家安全"才是国家司法机关的第一要务，认为保障犯罪嫌疑人的权利就是在放纵犯罪。殊不知在这个纷繁复杂的社会中，每一个普通公民都有成为犯罪嫌疑人的可能性，每一个犯罪嫌疑人也具有其实是无辜者的可能性。因此保障犯罪嫌疑人的权利正是对每一个公民的权利保障。作为法律监督机关，检察机关更应该带头将理念进行转变。

虽然近年检察人员的人权观念确实得以加强，但事实上是"重实体、轻程序"转变为"重实体的前提下兼顾程序"。当然，跟过去比这无疑是种进步，但还远远不够。正如上文提到的，检察机关虽然愿意排除非法证据，但排除的证据大多并不影响整个案件的进展。因此，目前的"兼顾程序"是有条件的，即在不影响实体的情况下"兼顾程序"。为了保证实体上对真相的追求，不愿受过多的程序性制约。

要解决这一问题，检察机关首先必须明确自己的职责定位。检察机关作为我国的法律监督机关，其职责不仅是维护国家法律的施行、打击犯罪，还要监督司法程序、保障人权。二者为检察机关的左膀右臂，缺一不可。若为了打击犯罪而无视法律程序的正当性，"法律监督"的职能又何以实现？其次，作为我国司法机关的一员，检察机关应当意识到，个人违法远

不如公权力机关坐拥国家权力而违法的危害大[1]。尤其作为法律守护者的司法机关，如果"知法犯法"，通过违法手段去"护法"，势必造成司法机关公信力的丧失，乃至整个国家机器的腐烂以致瘫痪。只有当检察机关清楚认识到这两点的利害关系，才会有动力去保障犯罪嫌疑人的权利，才会愿意积极主动地排除一切应当排除的非法证据。

与此同时，检察机关还应当科学、理性地完善执法质量考评机制。理性分析撤案、不捕、不诉和判决无罪的原因，不能对所有的撤案、不捕、不诉或无罪案件作否定性评价而一律"问责"。否则将导致办案人员即便想排除非法证据而不敢排除的情况出现，不利于非法证据排除规则的贯彻实施。毕竟，诉讼程序中每一阶段都是一环扣一环，后一阶段对前一阶段进行纠正是保证诉讼程序公正进行的必然要求。导致案件撤案、不捕、不诉或无罪的原因，有些是基于办案人员的职责失职，对这类案件进行责任追究、影响考评成绩是必要的。但仍有相当一部分案件是基于诉讼程序中的正常纠错机制所导致，如排除非法证据就是这种纠错机制其中之一。因此，对因排除非法证据导致判无罪或诉后撤回的案件，检察机关不应一律按错案追究，而应理性分析客观原因区别对待。相反，还应对在诉讼各阶段有效实现非法证据排除的办案人员实行奖励，建立非法证据排除的激励机制。

（二）规范非法证据排除程序，多方式主动排除

鉴于在适用非法证据排除这一规则中存在发现难、核实难的问题，各相关部门更应当根据现有法律规定来进一步规范细则，通过完善调查、审核程序来最大限度地整合办案力量，提

---

〔1〕 张智辉主编：《刑事非法证据排除规则研究》，北京大学出版社2006年版，第63页。

高办案效率。

我们调研中了解到，有些检察机关结合本院实际情况出台了相应的适用非法证据排除规则的细则。比如 C 市 J 人民检察院和 J 公安分局会签了审查逮捕阶段排除非法证据的"三步法"工作机制，即"一问、二查、三审核"。通过获取线索、调查核实、审查处理三个步骤，认真审查证据搜集的合法性，严格排除可能存在刑讯逼供等非法方法取得的证据。再比如 C 市人民检察院第二分院建立的"一阅、二问、三对、四析、五论"的"五查法"非法证据审查机制。"一阅"是指坚持一人阅卷审查，保证对案件事实的了解和对证据"真实性、合法性、关联性"的分析具有系统性。"二问"是指坚持对审查逮捕的案件做到"每案必问，每人必问"，通过讯问犯罪嫌疑人或询问其辩护人来了解是否存在非法取证的情况，保证非法证据信息来源的畅通。"三对"是指加强对证据的核实、核对，特别是对伤害后果的核对。"四析"是指坚持对全案的事实认定、证据证明力、逮捕必要性的把握和对刑法条文的适用进行深入分析。"五论"则是根据案件难易程度逐级讨论，建立对同步录音录像的审查机制。这些都是值得学习和借鉴的工作经验。

总体来说，首先承办案件的检察官要做到高度重视对犯罪嫌疑人、被告人的讯问以及对被害人、证人的询问，做到"每案必问"。

其次，虽然侦查工作具有封闭性、隐蔽性，但也绝非"无迹可查"。办案人员要在有限的证据资料中做到认真、细致地排查、审核。对案件的相关卷宗材料进行充分的审查，尤其是犯罪嫌疑人的有罪供述和辩解部分，看是否能与其他证据相印证，是否存在供述、辩解反复的情况。而在共同犯罪中，则应重点查看犯罪嫌疑人之间的供述是否相互矛盾。虽然各犯罪嫌疑人的主观心态和分工不同，但基本的客观事实应当是一致的。相反，如果犯罪嫌疑人之间的供述有过度一致的情形出现，同样应当引起办案人员的注意，看是否存在侦查人员直接宣读事先制成的笔录等逼迫犯罪嫌疑人供述的情况。

再次，要求侦查机关随案移送入所体检表、提讯证、同步录音录像等对侦查过程有记录的材料，以查证侦查过程的合法性。特别注意根据对案卷的排查和犯罪嫌疑人、被告人及其辩护人所提供的线索对同步录音录像进行有针对的审查。注意是否存在同步录音录像的内容与笔录内容不一致的情况以及同步录音录像时间与讯问笔录时间无法衔接的情况。

最后，如果说加强与公安机关的协调需要一定过程，则检察机关内部应做到各部门之间的有机联动。充分实现侦监部门、公诉部门、刑罚执行检察部门和控申部门的信息对接。尤其调动刑罚执行检察部门和控申部门积极参与到非法证据排除工作中来。刑罚执行检察部门应当注意收集和反映犯罪嫌疑人对侦查机关的取证意见，控申部门则注意收集和反映家属、辩护人等对非法证据的控告和举报。多方面扩大发现非法证据的线索来源。

（三）正确理解非法证据排除的含义

就非法证据排除而言，如果将排除的标准定得过严，毫无疑问，这是不利于对犯罪嫌疑人人权的保障；相反，如果标准过于宽松，也是有悖于立法本意，过度倾向于对犯罪嫌疑人的保护而忽视了对犯罪的打击，无疑也是有违法律初衷。所以，只有在现有法律规定的基础上，找到保护犯罪嫌疑人与打击犯罪之间的平衡点，才能对非法证据排除的认定标准有恰当的理解。

"非法证据"是个较为宽泛的概念，凡是违反法律规定的，无论严重与否都属于非法证据。但是，"非法证据"并非完全等于"应排除的非法证据"。即便在非常重视程序正义的英国、美国，也并非对所有非法证据均采取绝对排除的态度，而是根据非法证据的性质以及后果做出不同的处理。[1] 百分之百追求实体正义或者百分之百追求程序正义都是不科学的，二者完全对半开的态度又是过于理想而不现实的。实体正义与程序正义之间许多时候都是一种此消彼长的关系，天平在两方之间稍许摇摆都是正常合理的。为了追求实体正义而刑讯逼供是为现代法治所不能容忍的，为了绝对的程序正义而吹毛求疵也是本末倒置的。因此需要根据不同情形，通过对两项价值的权衡比较来决定向哪一方略微倾斜。就非法证据排除问题而言，通过侵犯基本人权的非法方式获取的证据当然应当排除，而对于一些无严重后果的瑕疵证据则不必然排除。当然，对于这些未排除的非法证据，并不是说不予排除就是对这些非法手段、程序瑕疵的默许，对于非法取证的办案人员同样应当给予相应的处分。

（四）明确应当排除的非法言词证据标准

关于言词证据，刑事诉讼法只规定，对于刑讯逼供等其他方法获取的犯罪嫌疑人或被告人供述以及以暴力、威胁等非法方式获取的证人证言应当排除。其中"刑讯逼供"的定义已经有比较高的共识，如我国已加入的《禁止酷刑公约》中对"酷刑"的界定，即"为了向某人或第三者取得情报或供状……蓄意使某人在肉体或精神上遭受剧烈疼痛或痛苦的任何行为……"

---

〔1〕 顾永忠：《我国司法体制下非法证据的本土化研究》，载《政治与法律》2013年第2期，第98页。

"暴力""威胁"也是不会产生过多歧义的普通用词。所以，关键问题在于如何认定"其他非法方式"。尤其对于犯罪嫌疑人或被告人的供述，由于侦查机关还未摆脱对口供的依赖，在口供的获取上往往铤而走险使用一些不法手段。因此针对口供提出的非法证据排除情况较多，问题与争议也较多。

《规则》第65条第2款指出刑讯逼供是指"使用肉刑或者变相使用肉刑，使犯罪嫌疑人在肉体或者精神上遭受剧烈疼痛或者痛苦以逼取供述的行为"，紧接着在第3款规定"其他非法方法是指违法程度和对犯罪嫌疑人的强迫程度与刑讯逼供或者暴力、威胁相当而迫使其违背意愿供述的方法"。根据这条规定，只有当"其他非法方法"达到肉体或精神上剧烈疼痛或痛苦的程度，以致作出虚假供述时，才被强制排除。由此可见，即便有轻度的肢体冲突或办案人员语言、举止有轻度暴力或不文明的情况时，也不能一概予以排除，而应当根据具体情况分析这种暴力行为是否达到刑讯逼供的程度，是否确实让犯罪嫌疑人或被告人的身体或精神上遭受了剧烈疼痛或痛苦，以致不得不违背自己的真实意愿而作出虚假供述。毕竟，刑讯逼供并不等同于肢体冲突、举止粗鲁等行为。一定是达到了"剧烈"的疼痛程度的暴力行为才能称得上是刑讯逼供。

按照这一标准，实践中常见的晒、饿、冻、烤、强光照射、疲劳审讯等手段，虽然不像传统刑讯逼供那样会在身体上留下明显伤痕，但只要持续时间长、程度深，就会造成犯罪嫌疑人、被告人剧烈痛苦，属于应当排除的"非法方法"。至于是否达到"与刑讯逼供相当"的程度则需要根据具体情况判断。

以疲劳审讯为例，判断是否为疲劳审讯的标准确实应当看是否给犯罪嫌疑人以"必要"的休息时间而非"充分"的休息时间。因为根据上述条文可以看出获取口供方式的底线是不能对肉体或精神造成剧烈的痛苦，而不给犯罪嫌疑人必要的休息时间才能称之为对身体和精神造成剧烈的痛苦。那么如何判断是否给予了必要的休息时间呢？就正常的上班时间而言，一般为工作 4 个小时左右后即休息。针对侦查讯问的特殊性，每次讯问可以在此基础上适当加长点时间。比如可以规定为早、中、晚可各讯问一次，每次讯问时间为 5 小时左右。此外，不仅应规定每次讯问的时间不得过长，同时还应当要求给予的必要休息时间是符合人类休息规律的。比如虽然同样是每讯问时长 5 小时，但是故意将审讯时间安排在凌晨时间段就属于疲劳审讯。另一个实践中可操作的判断标准就是以侦查人员的休息时间为参照标准，保证一名侦查人员全程参与讯问工作。侦查人员基于其立场希望能够在最短的时间内突破案件，因此也就希望尽可能地加大讯问力度。但是这种"讯问力度最大化"的底线是侦查人员本身作为一个人所需要的正常的休息需求。如果该名侦查人员需要休息，犯罪嫌疑人同样需要休息。至于侦查人员"三班倒"地对犯罪嫌疑人进行车轮战般地讯问方式显然是一种疲劳审讯。

实践中另一个具有较多争议的是刑事诉讼法第 50 条[1]规定的以威胁、引诱、欺骗的非法方法获取的口供是否应当排除。

显然，威胁、引诱和欺骗的方法一般难以达到"剧烈疼痛或痛苦"的标准，但其仍应予以排除。刑讯逼供以及"会造成身体或精神上剧烈疼痛或痛苦"的其他方式获取的口供应当排

---

[1] 刑事诉讼法第 50 条规定，"……严禁刑讯逼供和以威胁、引诱、欺骗以及其他非法方法收集证据，不得强迫任何人证实自己有罪……"

除，是因为这些手段是对犯罪嫌疑人、被告人基本人权的极大侵害。而威胁、引诱和欺骗方法获取的口供也应当被排除，是因为这些手段容易造成口供内容的不真实性，基于虚伪排除理论而应当予以排除。[1] 毕竟口供作为言辞证据，具有可变性和不确定性。犯罪嫌疑人或被告人被威胁、引诱和欺骗后的口供，其内容的真实性往往发生扭曲。

之所以没有将威胁、引诱和欺骗方法明确作为非法证据排除，主要是基于这些手段在实践中极容易与侦查谋略或技巧相混淆的考虑。检察人员在排除非法证据的过程中，应当秉持客观监督的心态，通过常识、常理和专业知识来判断侦查人员的行为到底是威胁、引诱或欺骗还是侦查谋略的正常运用。例如，向犯罪嫌疑人阐明我国刑法的量刑规定不能视为威胁，宣讲我国坦白从宽的政策不能视为引诱，不透露侦查情况不能视为欺骗。当然，在许多复杂的情形中，不同的检察人员可能对是否属于威胁、引诱或欺骗的行为会有不同的看法，但只要其判断依据是合乎情理和逻辑的，就应当认可其判断结果。

（五）明确应当排除的非法实物证据标准

根据刑事诉讼法第54条之规定，只有当"可能严重影响司法公正"的且不能予以补正或作出合理解释的实物证据才是应当予以排除的非法证据。因此，判断应排除的非法实物证据有两项标准：一个是"是否严重影响司法公正"，另一个是"是否可以补正或作出合理解释"。并且这两项标准在适用时具有先后顺序，先判断是否严重影响司法公正，再考虑能否作出补正或作出合理解释。也就是说，即便有些非法实物证据无法

---

[1] 张智辉主编：《刑事非法证据排除规则研究》，北京大学出版社2006年版，第58—60页。

作出补正或者合理解释，如果不会对司法公正造成严重影响，也不需要排除。

可见，对于排除非法实物证据，其排除的标准较言词证据更高，这主要是因为实物证据针对的是一些客观事物如信件、作案工具等，即便有非法取证行为，其往往也不同于言词证据会对人身基本权利造成严重侵害。[1] 其次，这也是由实物证据的特性所决定的。一方面，实物证据具有客观性，普通的非法取证行为一般不会改变证据的性质，证据依然具有可信度。另一方面，实物证据又往往具有不可替代性和不可回复性，若轻易排除则难以再予以弥补。[2] 虽然非法实物证据可能造成公民财产权、住宅权等的侵害，并且非法取证行为也会影响公权力机关的公信度。但是，"两利相权取其重，两害相权取其轻"。因此，仅对严重影响司法公正且无法补正或无合理说明的非法实物证据进行排除，正是实体正义与程序正义的有机结合。

除此之外，不将非法实物证据的排除条件规定得过低，也是为了在目前司法现状下更好地适用非法证据排除规则。毕竟目前我国的侦查技术水平有限，侦查人员的素质参差不齐，有待提高。如果将非法实物证据排除的标准定得过低，一味强调绝对的程序正义，则不仅不利于打击犯罪，更为重要的是，也会因为不切实际而使非法证据排除的规则形同虚设，这反而更易造成对犯罪嫌疑人权益的侵害。

有些检察人员提出，应当对"什么程度算严重影响司法公正""如何补正""什么算合理解释"等问题给出更明确的标准。就此，《规则》第66条第3款也作出补充规定，指出"可

---

〔1〕 张军主编：《刑事证据规则理解与适应》，法律出版社2010年版，第345页。

〔2〕 王尚新、李寿伟主编：《关于修改刑事诉讼法的决定解释与适用》，人民法院出版社2012年版，第53页。

能严重影响司法公正是指收集物证、书证不符合法定程序的行为明显违法或者情节严重，可能对司法机关办理案件的公正性造成严重损害；补正是指对取证程序上的非实质性瑕疵进行补救；合理解释是指对取证程序的瑕疵作出符合常理及逻辑的解释"。但是，这种解释只能是较为抽象的解释，在具体实践中仍然需要检察人员以此为基本标准进行自由裁量。这就要求检察人员摆正心态，明确自己的法律监督职能，以善意的态度权衡各方面因素作出综合性判断[1]。这也正是检察官作为国家司法人员，运用法律思维将僵化的成文规定适用于纷繁复杂的实践的价值所在。

（与洪流合著，原载《法治研究》2016年第2期）

---

[1] 陈瑞华：《非法证据排除规则的中国模式》，载《中国法学》2010年第6期，第37页。

二审全面审查制度
应当废除

我国刑事诉讼法第 186 条第 1 款规定："第二审人民法院应当就第一审判决认定的事实和适用的法律进行全面审查，不受上诉或者抗诉范围的限制。"这一规定，确立了我国刑事诉讼中的二审全面审查制度。二审全面审查的理由主要是：第一，全面审查有利于全面保障上诉人的利益及保证法律的正确实施。第二，全面审查是认识一审裁判是否符合客观真实的科学方法，是唯物辩证法的认识论在二审审判程序中的具体体现。第三，全面审查原则是刑事诉讼法"以事实为根据、以法律为准绳"的基本原则在二审程序中的贯彻与落实，是二审程序"实事求是、有错必纠"原则的重要保证。第四，全面审查原则有利于二审人民法院指导和监督下级人民法院的审判工作，增强下级人民法院审判人员的责任感。第五，全面审查原则体现了人民法院对人民、对法律极端负责的精神。[1]

但是，从公认的现代诉讼原理和理念上看，二审全面审查

---

〔1〕 陈卫东、张弢：《刑事普遍程序》，人民法院出版社 1994 年版，第 557—566 页。

的制度存在着许多不尽合理的地方，应当在刑事诉讼法再修改时废除二审全面审查制度，而将二审的范围严格限制在上诉或抗诉的范围之内。

一、全面审查违背了刑事诉讼中控审分离的基本原理

对于既未抗诉也未上诉的判决部分，二审法院自行全面审查，缺乏审判的依据和理由，是"无诉因之审判"。

法院的审判活动应当建立在控诉的基础之上，这是诉讼的基本原理。"与立法机关及行政机关不同，法院不会主动去处理任何一项既没有发生争议也没有被实际提交的事项，它的职责尽管是就被告人刑事责任问题作出权威的裁判，但也必须在有人主动提出申请或控告时才能接受案件、进行审判活动。'从性质上来说，司法权自身不是主动的，要想使它行动，就得推动它。向它告发一个犯罪案件，它就惩罚犯罪的人；请它纠正一个非法行为，它就加以纠正；让它审查一项法案，它就予以解释。但是，它不能自己去追捕罪犯、调查非法行为和纠察事实。'"[1] 正如古代谚语"没有控诉就没有审判"，或如德国的起诉原则"如无公诉人，即无法官"所反映的，起诉之于诉讼的意义在于它根据一定的规则将一定的矛盾和纠纷经过整合作为审判的标的提供给了审判机关，并可以使之进行最后的裁决。这种审判的被动性正是对"不告不理"刑事诉讼基本原则的贯彻和体现。它要求法院如果要开始对任何一个刑事案件的审判，必须有控诉一方提出的正式指控，如果没有公诉人或自诉人的起诉，法院就不能主动地审理刑事案件。

不告不理原则产生的基础，即为控审分离、审判程序的启动必须依赖于控方的起诉、没有起诉就不能开展审判活动的基

---

〔1〕 〔法〕托克维尔：《论美国的民主》（上卷），商务印书馆1991年版，第110页。

本诉讼原理。只有先行起诉，才能确定诉讼法律关系、提供审判标的并以此建立审判的平台，推动审判的运行。否则，审判将没有基础、没有原因。

虽然从表面上看，审判的被动性特征，或者"不告不理"的诉讼原则似乎只强调于一审程序中，而没有特别针对二审再作专门的规定，但是根据刑事诉讼法的规定，至上诉期限届满时，如果被告人不上诉、公诉人不抗诉或者自诉人不上诉，原一审判决即为生效判决，二审不再成立。可见，二审和一审一样，它们都是诉讼程序的审判环节（二审不是一个必然的环节）。因此，和一审程序一样，作为一个审判程序，二审的启动首先也必须依赖于相当于起诉行为的上诉或抗诉的成立，并以上诉人或抗诉人的诉求作为审判的依据和标的。审判的被动性或应答性特征，当然地也应当被反映在二审的启动程序中，二审也应当坚持和贯彻"不告不理"的基本诉讼原则，即二审法院对任何一件未决案件进行复审，首先必须有控辩双方中某一方的上诉或抗诉请求，否则案件就不能进入二审程序。[1]

刑事诉讼法第 186 条第一款关于"第二审人民法院应当就第一审判决所认定的事实和适用的法律进行全面审查，不受上诉或抗诉范围的限制"的规定，却明显违背了审判的被动性特征和不告不理的诉讼原则。

依据不告不理的诉讼原则，二审程序的启动只能依赖于被告人、公诉人或自诉人依法提出的上诉或抗诉，二审的范围自然也应当受到上诉或者抗诉范围的限制。有人认为，二审程序的启动依赖于上诉或者抗诉的提出，但是二审如何审理与上诉或者抗诉的内容没有关系。我们认为，这种观点是不能成立

---

〔1〕 陈瑞华：《刑事审判原理》，北京大学出版社 1997 年版，第 11 页。

的。诚然，二审法院如何审理上诉和抗诉案件，特别是二审法院如何作出裁判，完全是二审法院自己的事情，并不是一定要按照上诉人或者抗诉的检察机关的请求来审理案件。但是二审审判的标的只能是并且必须是上诉或者抗诉的内容。因为二审程序启动的基本前提和理由是上诉或者抗诉的请求，上诉或者抗诉请求的内容自然也就是二审审查的对象。离开了上诉或者抗诉请求的具体内容，就没有二审程序可言，因而也就丧失了审查的根基。虽然上诉或抗诉的内容和不上诉、不抗诉的内容合起来属于同一案件，但就上诉或抗诉程序而言，上诉不上诉或抗诉不抗诉具有不同的诉讼意义。二审审理上诉或抗诉的内容具有诉讼标的，是有诉因的审判；而审理未上诉或抗诉的内容没有诉讼标的，是无诉因的审判。这种"无诉因之审判"是在上诉或抗诉请求中没有明确提及的情况下，由二审法院自行决定审判标的的，它既违背了审判的被动性特征，也和"不告不理"的基本诉讼原则相冲突。

二、全面审查违背了现代司法制度中审判中立的基本原则

公正是诉讼追求的首要价值目标，而司法审判是维护公正的最后一道屏障。在保证公正得以实现的各种理念和制度中，"审判中立"处于显要的地位。"审判中立"不仅体现了一个古老的法律精神，更是现代法治国家普遍遵循的一项基本法律原则。联合国的有关文件和很多国家都将中立性作为公正审判的一个前提和基础作了明确的规定。[1]"审判中立"之所以能够成为人类社会历史久远而且普遍遵循的一项基本法律原则，有其深刻的机理与价值。伴随着人类社会的进化历程，社会解纷机制的发展也经历了由野蛮到文明、由简单到复杂、由粗糙

---

〔1〕 陈光中、汪海燕：《论刑事诉讼的中立理念》，载《中国法学》2002 年第 2 期。

到精细的不断完善的过程。社会力量对纠纷解决过程的介入导致社会解纷机制发生结构性变革，本由纠纷双方当事人组合而成的"两方组合"演化为由纠纷双方和由社会力量扮演的第三方共同组合而成的"三方组合"。在内在运作机理上，这种"三方组合"对纠纷的解决依赖于第三方的中立地位与行为来引导和促成纠纷的合理解决，可以说，这种"三方组合"机制的基本结构和机理特征就是第三方中立。只有第三方保持中立，才有可能保证裁判结果的公正。正如丹宁勋爵说过的："法官在争议当事人之间保持公正，自己并不参与争议，这样才能实现公平。"[1] 现在，法院或法官的独立、中立也已成为联合国保证刑事公正审判最低标准之一。[2] 我国 1996 年修改刑事诉讼法时，也设置了诸多制度以保证法院和法官在审判时保持中立，如由实质性庭前审查向程序性审查转变，明确了控方的举证责任、庭审中控辩对抗性增强，法官趋于消极等。最高人民法院发布的《中华人民共和国法官职业道德基本准则》更是明确要求法官"审理案件应当保持中立"。

审判中立原则就刑事诉讼而言，它要求法院应以控诉、辩护双方的对抗为基础，被动地居中裁判，而不能偏离其中立地位，代替控辩任何一方行使诉讼权利、混淆控审关系或辩审关系。审判的中立性和控辩式审判方式作为现代刑事诉讼的基本特征，并不仅仅是针对一审而言，在二审程序中同样必须得到体现和维护。在二审中，法院也应以刑事上诉人与被上诉人之间的控辩对抗为基础，居中审理所上诉或抗诉的事实和适用的法律，而不能对没有诉讼争议的事实和法律进行主动审理。

---

〔1〕 彼得·斯坦等：《西方社会的法律价值》（中译本），中国人民公安大学出版社 1990 年版，第 99 页。转引自陈瑞华：《刑事审判原理》，北京大学出版社 1997 年版，第 244 页。

〔2〕 陈光中、汪海燕：《论刑事诉讼的中立理念》，载《中国法学》2002 年第 2 期。

在上诉人或者检察机关对一审判决完全不服的情况下，二审全面审查，当然是正确的。但是在上诉人或者检察机关只对一审判决中认定的部分事实不服或者只对一审判决中部分适用法律的情况不服时，二审全面审查就可能导致二审法院的审判活动违背审判中立的诉讼基本原则。

首先，二审法院在上诉或抗诉的范围以外审理既未抗诉也未上诉的部分案件事实，不仅需要依据其自身的审判职能进行审判，而且还要先行在自身的固有职能之外对这些案件事实进行自主"起诉"。这种超越审判职权范围的变相起诉行为，不仅偏离了法院被动审判的中立地位，同时也违背了各司法机关独立行使职权的原则。它使法院在"以事实为根据、以法律为准绳"旗帜下超越了自己的审判职权，公开行使了法定属于检察机关的职权。

其次，提起二审的理由只能是被告人、公诉人或自诉人对一审判决认定的事实和适用的法律不服，其目的也是希望通过二审对不服的一审判决内容进行重新审理，以期得到对其有利的新的裁决结果。但是，按照刑事诉讼法第 186 条第 1 款的规定，二审除了应对上诉或抗诉的内容进行重新审理外，还应当对不上诉或抗诉的内容进行重新审理。也就是说，即使被告人或公诉人、自诉人因服从或愿意接受一审法院的部分判决，而不愿意进行上诉或抗诉，二审法院也要对这部分内容重新审理。这种情况下的重新审理，美其名曰为了达到"不错不漏、不枉不纵"的目的，事实上则是对诉讼当事人诉讼权利的蔑视和不尊重。

最后，二审法院不受上诉或抗诉范围限制，代为行使变相的起诉职权，对上诉或抗诉范围之外的判决内容径直审理的行为，实际上形成了一种二审"独立自主审理机制"，它难以保证案件的事实公正和程序公正。诚然，被告人不上诉或检察机关不抗诉未必就意味着该部分一审判决是正确的，但它毕竟是建立在控辩双方公开对抗基础之上的，在控辩双方地位相对、利益取向相反的前提下，双方都能认可和接受的结果，会在最大限度上保证一审对该部分内容裁决的客观和公正。如果说一审法院在控辩双方公开对抗的情况下对案件的认识和裁决不可能是完全客观公正的，并可能在双方对抗的前提下作出双方认可的恣意裁决，那么，在因为没有诉讼争议而不抗诉或上诉、诉讼当事人之间因为没有控辩而只能由法官独立自主审判的情况下，我们又如何保证二审法院对案件有完全客观的认识，对裁判公正绝对忠实？特别是在二审书面审理的情况下，有什么因素可以保证全面审查的客观性和公正性？

为了片面追求对案件无限真实和无限公正的裁决，为了绝对防止一审法院可能存在的错误，事先建立一个由二审法院独立自主审理案件的机制，必然从根本上否定法院的审判中立性，破坏诉讼中的三角诉讼结构。而法院一旦偏离了其中立性，保证对案件的真实和公正裁判将无从谈起。因此，为了保障诉讼的公正，为了维护法院审判的中立，应该废除我国刑事诉讼法中的二审全面审查制度。

三、全面审查的结果可能导致违背二审目的的判决

设置二审判程序的根本目的是要解决上诉人或者抗诉机关不服一审法院判决的问题，而不是要解决一审法院审判案件的质量问题。有人认为，一审审判质量不高是确立二审全面审查的一个理由。但是，我们知道，一审质量不高是个客观事实，无论被告人是否上诉，检察机关是否抗诉，一审审判质量不高的问题都客观存在。如果为了纠正一审的错误，那么，不管有无上诉或抗诉，二审法院是否都可以对一审的判决进行全面审查？如是，上诉和抗诉的制度就没有存在的必要了。并且，如果二审法院是基于对一审法院审判质量不放心而对上诉或抗诉的案件进行全面审查，那么，在没有上诉和抗诉的情况下，这种不放心依然存在，二审法院是否对一审法院审结的所有案件都要再重新审查一遍？这显然是不可能的。虽然二审的结果可能是纠正一审判决中的错误从而提高案件审判的质量，但是这不是确立二审制度的目的，而是二审制度运行的结果。二审制度确立的目的只能是为了解决争端，即就不服一审法院判决的事项，应被告人、自诉人或者检察机关的请求进行审查，并就不服判决的部分作出裁判。对于被告人、自诉人或检察机关都已经认可而没有提出上诉和抗诉的一审法院判决中认定的案件事实部分以及适用法律的情况，二审法院重新对其进行审查，与二审程序设置的宗旨以及二审审判的目的，是相悖的。

如果二审是由于被告人不服一审判决引起的，在检察机关未抗诉或自诉人未上诉的情况下，二审法院就只能在"上诉不加刑"的前提下做出要么维持原判，要么轻于原判的判决（撤销原判、发回重审除外，且在后面提到二审结果时均不包含这一结果）。"上诉不加刑"是二审所应遵循的一项基本上诉原则和制度，设定它的目的是充分保障被告人的诉讼权利。如果上诉会加刑，则有可能使被告人在不服判决的情况下裹足不前，不敢轻易上诉。"上诉不加刑"的原则可以鼓励和保障被告人行使其诉讼权利，消除其因担心二审加刑而存在的上诉顾虑，使其在不服一审判决时可以大胆地进行上诉。虽然从表面上看，"上诉不加刑"并没有特别规定二审的范围是否以被告人的上诉范围为限，但从设定这一制度和原则的理由分析，它应该是针对被告人的上诉部分而言的。因为在现实生活中，被告人之所以上诉，要么是认为一审判决认定的犯罪事实全部或者部分地不是自己所为或者归咎于自己的责任过重，要么是认为一审判决适用法律过重，给自己判了比自己应当承担的责任重的刑罚，因此请求二审法院判决自己无罪或者减轻处罚。二审法院如果将二审的范围严格限定在上诉请求的范围内，那么其可能做出的判决就会是要么维持原判，要么改判无罪或减轻刑罚。但是如果二审法院对只有被告人上诉的案件进行全面审查，其结果就有可能对被告人已经认可的案件事实或适用法律的部分进行再审查，而审查的结果，如果是二审法院认为一审判决中对事实的认定或者适用法律的情况不当，应当作出比一审判决更重的判决时，二审法院就会处于两难境地：按照"上诉不加刑"的原则维持原判，就违背了"不错不漏""不枉不纵"的原则；按照"实事求是、有错必纠"的原则改判，则又违背了"上诉不加刑"的原则。有人认为，确立二审全面审查的理由之一是被告人可能会因水平不高而使其上诉理由不充分或不准确。但是如果因为被告人上诉理由不充分二审就可以全案审查的话，那么在被告人没有上诉的情况下，是否也可以由二审来对一审的判决进行全案审查？因为被告人同样会因水平不高对一审判决认识不充分或不准确，而根本不上诉。

如果二审是由检察机关提起的，在被告人没有上诉而检察机关提出抗诉的理由是认为一审法院对被告人判处的刑罚过轻的情况下，二审法院如果进行全面审理，同样会处于两难境地。因为在这种情况下，控辩双方对一审法院认定的案件事实都没有争议，而全面审理的结果，则有可能推翻一审法院判决中所认定的、被告人和检察机关都认可的犯罪事实或改变对案件事实的定性。如果二审法院根据全面审理所认定的案件事实，重新认定犯罪的事实和情节，就有可能依照刑法的规定作出或者轻于或者重于一审判决的裁判。而这种轻于一审判决的裁判，不是针对抗诉请求作出的，因而丧失了裁判的前提；重于一审判决的裁判，又直接侵犯了被告人的实体权力，陷被告人于不利。

不仅如此，二审全案审查可能侵犯或剥夺诉讼当事人的诉讼权利。在被告人上诉的情况下，如果二审法院进行全面审查的话，对于上诉外的内容，被告人就不仅完全失去了质证权，同时也完全失去了辩护权。因为被告人就部分一审判决内容提出上诉，说明对于其他内容被告人已经接受或认可，因而没有必要上诉。对于不需要上诉的内容，被告人自然也就不会再对其进行抗辩，因而也就不会提供相关的证据。或者说，对于上诉外的内容，由于被告人基于对一审判决的信赖已经自动放弃了辩护权。但是，二审全面审查的做法，不仅直接否定了被告人的自主选择，并且在被告人没有抗辩意愿、没有抗辩准备的前提下径直做出判决。在只有检察机关的抗诉而没有被告人上诉的情况下，二审法院径直全面审查抗诉以外内容的做法，同样会对被告人的诉讼权利构成侵害。因为对于抗诉外的内容，由于公诉机关已经认可或接受，故在其抗诉书中通常不会再次进行指控，同时由于这一部分内容也是被告人接受和认可的，因而在开庭前双方通常都不会就其再做充分的抗辩准备。因此，在二审过程中，二审法院如果审理一审判决中既没有抗诉也没有上诉的部分，就可能严重影响到被告人在二审审理中辩护权的有效行使。特别是当二审在书面审理的情况下进行时，全面审理更是直接剥夺了被告人的辩护权，同时也剥夺了被告人对二审法院重新作出的判决进行上诉的权利。

因此，二审的范围应当严格限定在上诉或者抗诉的范围之内，二审的判决应当是就上诉人、自诉人或者检察机关不服一审法院判决的部分所作出的裁判。

四、全案审查不符合现代刑事诉讼的诉讼经济原则

诉讼经济原则或称诉讼效率原则，是现代刑事诉讼的一项重要原则。它不仅被确立在我国的刑事诉讼法中，而且也是世界各国普遍遵循的一项诉讼原则。作为一项法律制度，它是人类对社会发展的历史和现实经过理性思考和判断作出的抉择。

作为一项国际性的现代诉讼原则，诉讼效率不仅体现在立法上，更应当被贯彻于司法实践中。正如西方经济法学派的代表人物波斯纳认为的"法律程序在运作过程中会耗费大量的经济资源，为了提高司法活动的经济效益，应当将最大限度地减少这种经济资源的耗费作为以法律程序进行评价的一项基本价值标准，并在具体的司法活动中实现这一目标"[1]。

从诉讼经济的原则分析，二审全面审查制度本身是对一审活动的全部重复，这种对未上诉或抗诉的内容进行的重复审理，违背了诉讼经济的原则。至少在如下情况下，二审完全没有全面审查的必要：

第一，当一个案件在一审判决中涉及多个事实，而被告人或检察机关只对其中一个事实提出上诉或抗诉时，一审判决的其他事实双方都已认可，二审没有必要再行审查。

第二，如果一个案件只有一个犯罪事实，但是当控辩双方对一审判决所认定的事实没有争议，而一方只是对定性提出上诉或抗诉时，二审就没有必要再对全案的事实情况进行全面审查，而应当以一审判决中认定的犯罪事实为依据，解决争议问题。

第三，当双方对一审判决所认定的事实都没有争议，一方或双方只是对量刑问题提出上诉或抗诉时，二审同样没有必要

---

[1] 陈瑞华：《程序价值理论的四个模式》，载《中外法学》1996年第2期，第4页。

再对案件事实进行全面审查。

在上述三种情况下，二审法院重新审理既未上诉也未抗诉的案件事实，必然要耗费相应的司法资源。而诉讼经济的原则首先追求的是对司法资源的节省，或者是尽可能合理而有效地利用司法资源，或者在保证公正的前提下使司法资源的投入降到最低限度，以达到效益的最大化。但是，如果依照二审全面审查制度，对既未上诉也未抗诉的内容投入相应的审理成本，能否得到其效益的产出呢？答案是否定的。因为第一，在上述三种情况下，二审法院依照全面审查原则重新审理的内容都是一审当事人没有争议的事实。从法院审判的任务来讲，其任务就是解决纠纷、裁决矛盾。但在上述情况下诉讼双方当事人既没有纠纷，也没有矛盾，因此法院一方面投入了大量的人力、物力等司法资源，另一方面却做着没有意义的工作。可见，二审法院审理既未上诉也未抗诉的内容的行为，是对司法资源的浪费。从单纯提高诉讼效益的角度出发，二审全面审查制度已经失去了存在的价值。第二，诉讼经济原则追求的是效益和公平的双重目标，体现的是二者的和谐统一。那么，暂且不论二审重新审理既未抗诉也未上诉的内容的行为对司法资源的浪费，单从付出成本后的效益产出要求出发，二审的全面审查是否能够更加保证公正？或者实现公正的目标？答案是否定的。对于一审判决中认定的某些案件事实，当事人没有上诉、检察机关也没有抗诉这一点至少说明，控辩双方对一审判决所认定的事实是共同认可和接受的。控辩双方共同认可和接受的判决，虽然不是衡量判决公正与否的实质性标志，但至少是一个形式标志。而二审法院对于既没有抗诉也没有上诉的一审判决部分在全面审查的基础上重新作出的判决，恐怕连这种形式标志都没有，又如何能够保证判决的公正？第三，二审法院重新审理既未抗诉、也未上诉的内容的行为不仅耗费了司法资源，又无维护公正的收益，不仅由此造成了立法上与起诉便宜原则之间的冲突，同时，也造成了与简易审判程序之间的立法冲突或价值冲突。因为在立法中，一方面为了提高刑事诉讼效率，节约刑事司法成本，在刑事诉讼中需要适当简化审判程序，而另一方面又在明确规定要求二审法院对既没有抗诉也没有上诉的一审判决部分进行重复审查，二者的价值取向是明显冲突的。如果说二审不对一审判决已经确认且为控辩双方人都接受和认可的内容进行重新审理就难以保证案件的客观公正，那么我们又如何保证通过简易程序审理案件所作出的判决是客观公正的呢？因此，这种情况相当于在同一部法典中一边规定可以简化审理，另一边又规定必须重复审理，二者之间在立法上的自我矛盾就很难调和了。综上所述，根据诉讼的经济原则，也应该倡导废除我国刑事诉讼法中的二审全面审查。

五、全案审查不符合世界各国的普遍做法

《法国刑事诉讼法典》第509条规定："案件转归上诉法院，依第515条之规定，以上诉状所确定的限制以及上诉人之身份所定之限制为条件。"第515条第一款规定："上诉法院可以依据检察院提出的上诉，或者维护原判，或者利于或不利于被告人，撤销原判之全部或部分。"据此，法国权威教科书认为："上诉法官的权力实际上有赖于向其提出之上诉的标的。在一审法院的判决书包含数个判刑之主要罪状，但提出的上诉仅针对其中一个或某几个罪状时，上诉法院的法官只能对这一个或数个受到上诉的罪状进行审理裁判。——同样，即使是对整个判决提出上诉——上诉法院也始终没有权力对一审并未提出的新的事实进行审查，而只能对当事人援用的新的理由进行审查。"〔1〕《德国刑事诉讼法典》第 352 条（审查判决的范围）规定："（一）上诉法院只是根据所提出的上诉申请进行审查，如果上诉是依据程序上的错误时，只审查提出上诉申请时所说明的事实。（二）对上诉申请，无需说明第 344 条第 2 款以外的其他理由，即使所说的其他理由是不正确的，也无不利后果。"第 344 条（说明上诉理由）："（一）上诉人应当说明他在何范围内对原判决不服，在何范围内申请撤销、变更原判决（上诉申请），并要说明申请理由。"

《意大利刑事诉讼法》第 597 条"上诉法官的审理"："1. 上诉的提出使第二审法官有权就上诉理由所针对的问题对案件进行审理"。第 609 条"最高法院的审理"："1. 上诉使最高法院有权仅针对上诉中提出的理由进行审理"。

《俄罗斯联邦刑事诉讼法》第 332 条规定："依上诉程序审理案件时，法院应当根据案卷中现有的和补充的材料，检查刑事判决是否合法和有无根据。法院不受上诉或抗诉理由的拘束。"

从上述援引国家刑事诉讼法的规定中，可以看出二审的范围，都是严格限定在上诉和抗诉的范围之内的，而没有全案审查的规定。笔者认为，世界各国的普遍做法也为废除我国刑事诉讼法中的二审全面审查制度提供了可借鉴的依据。

总之，二审全面审理制度的确立是为了避免某些弊端，但是，它本身除了表明了一种愿望外，并不能消除它所要消除的弊端。全面审理制度与它所期待的结果之间没有必然性。即使确立了这一制度，也未必就能实现它的既定目的。但是，我们

---

〔1〕 ［法］卡斯东·斯特法尼等著：《法国刑事诉讼法精义》（下），罗结珍译，中国政法大学出版社 1999 年版，第 827—828 页。

却为了实现这种不确定的目的，为了片面追求对案件无限真实和无限公正的裁决，为了绝对防止一审法院可能存在的恣意枉法，事先建立了这样一个由二审法院自行全面审理案件的制度。而这种制度的确立又是以破坏或违背其他法律基本原则为代价的。这无疑是一种"谋小利而弃大义"的做法。因此应当在立法上废除这个规定[1]。

（与吴小凤合著，原载《现代法学》2006 年第 3 期）

---

[1] 本文是从一般原则上提出废除二审全面审查制度的，这并不排除在某些特殊情况下，如对死刑案件和共同犯罪案件中部分被告人就案件事实和责任提出上诉的情况，法律可以赋予二审法院全面审查的权力。

从控辩关系看律师辩护

刑事诉讼，在一定程度上说，是由控、辩、审三个方面的诉讼活动构成的。[1] 控、辩、审三者的关系，可以说是刑事诉讼中最基本的关系。这三者的关系如何，直接关系到诉讼结果的公正与否。而在控、辩、审关系中，居中裁判的职能决定了审判方的活动具有被动、中立的特点，而控辩双方[2]的活动则具有主动性的特点，控辩双方的活动如何，直接关系到诉讼的结果。因此，控辩关系，在刑事诉讼中，对于查明案件的事实真相、促进司法公正的实现，具有重要的意义。

一、控辩双方在刑事诉讼中具有各自独立的诉讼功能

辩护律师与公诉人，在刑事诉讼中，作为对峙的双方，承

---

〔1〕 在刑事诉讼中，侦查活动是为公诉活动提供证据的，因而属于辅助性活动；被害人的主张，除了附带民事诉讼之外，主要是通过公诉活动来实现的，因而可以说附属于公诉活动。至于执行刑罚的活动，则是以诉讼结果为转移的：如果诉讼结果是无罪判决，就不存在执行刑罚的活动；在有罪判决的情况下，如果执行刑罚，也要根据判决的内容确定。

〔2〕 通常说的控辩双方是指以公诉人为主体的控方与以被告人为主体的辩方。律师辩护是受被告人委托为被告人进行辩护的，因而属于"辩方"的一部分。本文所称"控辩双方"，主要是指公诉方与辩护律师。

担着不同的诉讼任务，扮演着不同的诉讼角色，具有不同的诉讼目的，因而也发挥着不同的诉讼功能。

（一）诉讼任务不同

刑事诉讼法第35条规定："辩护人的责任是根据事实和法律，提出证明犯罪嫌疑人、被告人无罪、罪轻或者减轻、免除其刑事责任的材料和意见，维护犯罪嫌疑人、被告人的合法权益。"律师法第28条也规定："律师担任刑事辩护人的，应当根据事实和法律，提出证明犯罪嫌疑人、被告人无罪、罪轻或者减轻、免除其刑事责任的材料和意见，维护犯罪嫌疑人、被告人的合法权益。"按照这些规定，律师在刑事诉讼中的任务有两个：一个是根据事实和法律，证明犯罪嫌疑人或被告人无罪、罪轻或者应当减轻、免除刑事责任；另一个是维护犯罪嫌疑人或被告人的合法权益。

作为公诉人所属的检察机关，在刑事诉讼中担负着批准逮捕、检察机关直接受理案件的侦查、提起公诉，以及对刑事诉讼实行法律监督等任务。可以说，刑事诉讼法第2条规定的任务，即"保证准确、及时地查明犯罪事实，正确应用法律，惩罚犯罪分子，保障无罪的人不受刑事追究，教育公民自觉遵守法律，积极同犯罪行为作斗争，以维护社会主义法制，保护公民的人身权利、财产权利、民主权利和其他权利，保障社会主义建设事业的顺利进行"，检察机关都应当承担。但是，作为刑事诉讼中与辩护方相对峙的公诉方，或者说，作为与辩护律师相对应的公诉人，其在刑事诉讼中的任务，主要有三个：一是"认为犯罪嫌疑人的犯罪事实已经查清，证据确实、充分，依法应当追究刑事责任"而向人民法院提起公诉（根据刑事诉讼法第141条）；二是在人民法院审判公诉案件的时候"出席法庭支持公诉"（根据刑事诉讼法第153条）；三是在法庭审判过程中提出补充侦查的建议（根据刑事诉讼法第 165 条），以及根据法庭审理情况提出变更、追加或撤回起诉的请求。

（二）诉讼角色不同

诉讼任务的不同，决定了辩护律师和公诉人在刑事诉讼中扮演着不同的诉讼角色。在法庭审理过程中，公诉人始终扮演着控诉犯罪的角色，尽管他也负有保障无罪的人不受追究的义务，但是他的基本职责是指控犯罪。公诉人的诉讼活动也主要是围绕着揭露犯罪、证实犯罪进行的。与之相反，辩护律师在法庭审理过程中扮演着保护被告人的角色。辩护律师的诉讼活动始终是围绕着最大限度地保护被告人的合法权益不受侵害进行的。

这种诉讼角色的不同，决定了公诉方必须站在国家的立场上进行诉讼活动，必须全面地收集证据、全面地审查案件事实，才能完成诉讼任务。而辩护律师则是站在被告人的立场进行诉讼活动，只需要寻找被告人无罪、罪轻的证据和理由，就可以完成诉讼任务。这种诉讼角色的不同也决定了公诉方必须承担举证的责任，必须主动地向法庭提供充分的证据，证明被告人有罪。如果公诉方不能有效地向法庭提供充分确实的、能够证明被告人有罪的证据，就要承担败诉的后果。而辩护律师则没有举证责任。在法庭审理的过程中，辩护律师可以提出新的证据证明犯罪事实不存在或者不是被告人所为，也可以不向法庭提供任何证据，只要指出公诉方提供的证据有瑕疵或不能据以得出犯罪事实是被告人所为的排他性结论，即可达到保护被告人的目的。

（三）诉讼目的不同

辩护律师参与刑事诉讼的目的，具有单一性。辩护律师参与刑事诉讼，是应被告人的委托，维护被告人的合法权益。维护被告人的合法权益，可以说是律师参与刑事诉讼的唯一目的。而公诉方参与刑事诉讼的目的则具有多重性：一方面，公诉方要完成揭露犯罪、证实犯罪的任务，使犯罪人得到应有的法律制裁；另一方面，公诉方也要保护犯罪嫌疑人和被告人，使无罪的人不受刑事追究，使犯罪嫌疑人和被告人的合法权益不受侵犯。同时，公诉方还要维护被害人的合法权益，使其在刑事诉讼中得到应有的保障。我国台湾学者蔡墩铭先生对辩护人与公诉人在刑事诉讼中的不同目的，作过一个精辟的说明。他指出："辩护人为被告正当利益之保护者，亦即为保护被告之利益而附带协助刑事司法之公正实施，在此意义之下，辩护人处于公益地位。然而辩护人之公益地位异于检察官之公益地位，盖检察官为站在具体国家目的之立场为追诉犯罪，借以维持社会秩序，但辩护人仅为保护被告之正当利益，以免无辜之人受国家处罚，或犯轻罪者受罪重之处罚，是其所关心者仅为个人之保护，不在于全社会之保护。由此可见，二者之公益地位所着重者，不完全相同。"[1] 诉讼目的的不同，不仅决定了辩护律师与公诉人在刑事诉讼中具有不同的诉讼功能，而且决定了双方的活动方式甚至思维方式具有显著的差别。辩护律师更多的是考虑如何使被告人不被定罪、不受刑罚处罚或者所受的处罚尽可能轻一些，而公诉人则必须全面地考察案件事实，既要防止所控案件中应当追究刑事责任的人逃避应有的刑事追究，又要防止没有实施犯罪的人受到不应有的追究。

上述三个方面的不同，意味着辩护律师与公诉人在刑事诉讼中具有不同的诉讼功能，担负着不同的任务，对于刑事诉讼的顺利进行，特别是对于保障刑事司法的公正，具有不可替代的作用。

---

[1] 蔡墩铭：《刑事诉讼法论》，台湾五南图书出版公司1993年版，第98页。

二、律师辩护有利于公诉职能的正确实现

律师与公诉人虽然在刑事诉讼中处于相互对峙的状态，对抗性构成控辩关系的基本特点，但是从维护司法公正的角度看，律师辩护有利于公诉职能的正确实现，有助于促进司法公正。

首先，律师辩护有利于公诉方全面地认识案件事实，正确行使公诉权。

按照刑事诉讼法的要求，公诉方在审查起诉和出庭公诉的过程中应当全面地审查证据、客观地认识案件事实，特别是"在法庭审理中，公诉人应当客观、全面、公正地向法庭提供证明被告人有罪、罪重或者罪轻的证据"。[1] 但是由于公诉方在决定提起公诉时，已经认为"犯罪嫌疑人的犯罪事实已经查清，证据确实、充分，依法应当追究刑事责任"，否则，不会提起公诉。对案件事实的这种认识，容易在公诉人的思想上预先形成一种思维定式，即认为被告人有罪。这种"被告人就是有罪之人"的思维定势，在一定程度上妨碍了公诉人客观全面地分析案件的证据材料，进而全面地认识整个案件的事实。

律师辩护，从反向思维的角度，揭示起诉书和公诉词在认定事实和引用法律方面的漏洞，提供证明被告人无罪或者罪轻的证据，可以帮助公诉方全面地认识案件事实，促使公诉方改变一维性的思维方式，从而客观地完成控诉犯罪和保障无罪的人不受追究的任务，避免和纠正由于思维的片面性而可能发生的错误追诉。律师辩护，也有利于审判人员从不同的视角观察案件的证据，客观地分析案件的事实和责任，从而作出公正的裁判。

---

〔1〕《人民检察院刑事诉讼规则》，第332条。

其次，律师辩护有利于监督公诉方的诉讼活动，维护程序公正。

在刑事诉讼中，律师的活动，在很大程度上，是针对公诉方的诉讼活动进行的，因而很容易发现公诉方在诉讼中的不当行为和工作中存在的问题。对这些问题提出异议，有助于公诉方正确地执行法律，维护程序公正。同时，由于律师参与刑事诉讼的任务是维护犯罪嫌疑人或被告人的合法权益，所以，对于刑事诉讼过程中可能发生的滥用刑事强制措施、违反诉讼程序所造成的侵犯犯罪嫌疑人或被告人合法权益的情况，律师比较关注，并且能够利用律师的身份及时向有关机关提出。律师的这类活动，有助于及时发现和纠正司法人员的违法行为，促进刑事诉讼中的人权保障，从而也有助于司法公正的实现。

最后，律师辩护有利于增强被告人的抗辩能力，保障被告人的实体权利和诉讼权利。

保障犯罪嫌疑人和被告人的合法权益，不仅是律师的责任，而且也是公诉方的责任。按照刑事诉讼法第 2 条和第 14 条的规定，人民检察院在刑事诉讼中有义务保障无罪的人不受刑事追究，保障所有诉讼参与人包括被告人依法享有的诉讼权利。但是从实际情况看，公诉方由于受诉讼中的角色定位和控诉职能的影响，往往更多地关注控诉犯罪和证实犯罪，容易忽视对犯罪嫌疑人和被告人的权利保障，而被告人中的绝大多数，由于缺乏专门的法律知识和诉讼技巧，面对公诉方的指控，有时难以有效地为自己的行为进行辩护，甚至在其诉讼权利受到侵犯的时候还难以察觉。相比之下，律师的诉讼角色要求他更多地关注犯罪嫌疑人和被告人的权利保障，律师的法律知识和诉讼技巧使他善于发现公诉方的失误和漏洞，能够为被告人提供必要的法律帮助，从而增强其在公诉方的指控面前进行抗辩的能力。律师在刑事诉讼中的这种作用，在一定意义上，也是在帮助公诉方实现其诉讼任务。正如有的学者指出的："辩护人是在帮助公诉人履行维护法律的正确实施，维护当事人的合法权益，保障无罪的人不受刑事追究的职责。"[1]日本学者也认为："辩护人是维护被告人（嫌疑分子）正当利益的保护者，负有协助刑事司法工作的任务"[2]；辩护人"是被告人的保护者，同时，又是司法制度的协作者"[3]。

因此，在刑事诉讼中，既要看到控辩双方对抗性的一面，也要看到控辩双方具有共同性的一面，在对抗中协作，共同促进司法公正的实现。正如有的律师指出的，控辩双方之间首先是一种对抗关系，其次还应当是一种协作关系，即在职能分离和地位平等基础上为达到共同的诉讼目的——在查清案件事实的基础上公正判决——而进行的一种合作。[4]

三、正确处理控辩双方的关系

基于以上认识，我们应当正确处理公诉人与辩护律师的关系，充分发挥各自在刑事诉讼中的功能作用，共同促进司法公正的实现。笔者认为，在处理指控与辩护的关系方面，辩护律师与公诉人都应当注意两个问题：

（一）理性对抗

辩护律师与公诉人在刑事诉讼中的诉讼任务和角色，必然使他们的诉讼活动特别是在法庭审理过程中的活动处于一种对

---

〔1〕 顾永忠：《控、辩职责与建立刑事证据展示制度探究》，载《司法公正与律师辩护》，中国检察出版社 2002 年版，第 463 页。

〔2〕 〔日〕井户田侃：《辩护人的地位和权限》，载《法学译丛》1980 年第 4 期。

〔3〕 〔日〕多田武：《刑事案件与辩护活动》，载《世界各国律师制度的历史与现状》，吉林省法学会 1985 年编印。

〔4〕 冯军、王海波：《我国刑事诉讼中的控辩关系：检讨与重构》，载《司法公正与律师辩护》，中国检察出版社 2002 年版，第 87 页。

抗关系之中。辩护律师与公诉人之间的对抗关系，是保障犯罪嫌疑人和被告人的合法权益、实现司法公正的重要途径。但是这种对抗，如果不加限制、没有节制，就可能背离律师辩护制度设置的初衷，就可能妨碍刑事诉讼目的的实现。因此，辩护律师与公诉人之间的对抗，应当理智地进行，应当遵循法治的基本理念。笔者认为，正确处理辩护律师与公诉人之间的对抗关系，应当注意两个方面的问题：

第一，必须在法律规定的范围内进行。

刑事诉讼法对律师辩护和公诉人的活动，都作了一些限制性的规定，这些规定既是针对实践中可能出现的问题作出的，也是保障诉讼的正确进行、实现司法公正所必需的。如刑事诉讼法规定："审判人员、检察人员、侦查人员不得接受当事人及其委托的人的请客送礼，不得违反规定会见当事人及其委托的人"（第29条）；"审判人员、检察人员、侦查人员必须依照法定程序，收集能够证实犯罪嫌疑人、被告人有罪或者无罪、犯罪情节轻重的各种证据。严禁刑讯逼供和以威胁、引诱、欺骗以及其他非法的方法收集证据"（第43条）[1]；"辩护律师和其他辩护人，不得帮助犯罪嫌疑人、被告人隐匿、毁灭、伪造证据或者串供，不得威胁、引诱证人改变证言或者作伪证以及进行其他干扰司法机关诉讼活动的行为"（第38条）。如果违反了这些规定，就可能妨害刑事诉讼的正常进行，就可能影响刑事诉讼任务的实现。

但是在实践中，无论是公诉方或者辩护律师，违反刑事诉讼法的规定，采取不正当手段进行对抗的现象，时有发生，妨

---

[1] 《人民检察院刑事诉讼规则》第265条第1款也规定："严禁以非法的方法收集证据。以刑讯逼供或者威胁、引诱、欺骗等非法的方法收集的犯罪嫌疑人供述、被害人陈述、证人证言，不能作为指控犯罪的根据。"

害了刑事诉讼的正常进行。例如，有的公诉人违反规定，私下会见辩护律师，并接受辩护律师的请客送礼；有的公诉人为了证实犯罪，或者为了反驳辩护律师的观点，对于明知是或者可能是以刑讯逼供的手段获得的犯罪嫌疑人供述或者以威胁、引诱、欺骗等手段获得的被害人陈述或证人证言，仍然在法庭上使用。有的律师为了帮助被告人开脱罪责，片面追求胜诉的结果，故意教唆被告人作违背事实的陈述；有的甚至威胁、引诱证人违背事实作伪证。[1] 针对这种情况，有的学者指出："辩护律师旨在维护被告人合法权益的诉讼行为必须依法进行，辩护律师不得采取非法行为，诸如隐匿、毁弃犯罪证据或者编造、伪造无罪证言等行为，为被告人开脱。"[2] 无论是公诉人还是辩护律师，违法进行诉讼活动，都不利于司法公正的实现。因此控辩双方都应当自觉地把自己的诉讼活动控制在合法的限度内，都应当依法履行自己的诉讼职责，而不能片面追求控诉犯罪的成功或抗辩的成功，不惜采取非法的方法进行诉讼活动。

第二，必须尊重事实和对方的权利。

控辩双方的对抗，是在事实和法律的基础上进行的。控辩双方都应当以事实为根据、以法律为准绳。刑事诉讼法第35条规定辩护人的责任时明确规定："辩护人的责任是根据事实和法律，提出证明犯罪嫌疑人、被告人无罪、罪轻或者减轻、免除其刑事责任的材料和意见，维护犯罪嫌疑人、被告人的合

---

〔1〕 有人认为，刑法第306条规定的辩护人、诉讼代理人毁灭证据、伪造证据、妨害诉讼（作证）罪是一个立法错误。但是问题在于，实践中是否不存在辩护人"辩护人、诉讼代理人毁灭、伪造证据，帮助当事人毁灭、伪造证据，威胁、引诱证人违背事实改变证言或者作伪证的"情况？对于可能出现的这种情况，应该不应该追究刑事责任？

〔2〕 樊崇义、张小玲：《论辩护律师的角色定位》，载《司法公正与律师辩护》，中国检察出版社2002年版，第298页。

法权益。"刑事诉讼法第137条规定，人民检察院审查案件的时候，必须查明："犯罪事实、情节是否清楚，证据是否确实、充分，犯罪性质和罪名的认定是否正确。"控辩双方在履行诉讼职能的时候，都应当尊重事实和法律，无论是证明被告人有罪、罪重，还是证明被告人无罪、罪轻，都应当在法庭上提供证据材料，用证据所证明的事实来与对方进行抗辩，不能无视、歪曲有证据证明的案件事实，不能离开案件的证据和事实进行控诉或抗辩，更不应在事实和法律之外寻求胜诉的结果。英国学者在谈到律师的责任时指出："律师在行使其职能的时候，必须尽到五个方面的职责：一、必须对他的当事人负责；二、他必须对对方律师负责；三、他必须对自己负责；四、他必须对法律负责；五、他必须对国家负责"；"与当事人相比，律师对永恒的真理和正义负有更重大的责任"。[1] 在中国，律师不能仅仅考虑对自己的当事人负责，也应当树立对自己、对法律、对国家负责的职业责任感，把对正义的追求置于对胜诉的追求之上。当然，公诉人更应当把对正义的追求、把法律的尊严和国家利益放在首位。

此外，控辩双方都应该尊重对方的权利，特别是公诉方应当充分保障法律赋予辩护律师的权利，不能以种种借口限制律师的权利，或者故意刁难律师履行职责。律师在履行辩护职能中，也应当尊重公诉方的权利。对于法律规定由公诉方行使的权力，如果公诉方没有违反法律的情况，辩护律师就应当尊重公诉方的活动及其结果。

（二）相互协作

辩护律师与公诉人，虽然在刑事诉讼中承担着不同的诉讼

---

〔1〕 ［英］理查德·杜·坎恩著：《律师的辩护艺术》，陈泉生等译，群众出版社1989年版，第24页以下。

任务，但是，有一点是相同的，即双方都是为了维护法律的正确实施，维护当事人的合法权益，保障无罪的人不受刑事追究。为了这个共同的目标，控辩双方在对抗的过程中，应当相互协作，共同促进司法公正的实现。而在控辩双方的协作中，需要解决的问题是庭前证据展示的问题。

所谓证据展示，就是在法庭审理前，控辩双方就各自获得的证据材料互相展示给对方的活动。证据展示的目的是实现诉讼的公正与效率。因为，控辩双方如果在法庭审理前将自己所掌握的证据秘而不宣，在法庭上搞"突然袭击"，就可能不当地利用对方准备的不充分而达到胜诉的目的，或者可能导致诉讼的拖延。这对于诉讼的公正和效率都是不利的。

证据展示应该是双方的而不应当是单方面的。公诉方与辩护律师实际上所掌握的证据在数量上并不相等，不能要求辩护律师向公诉方展示的证据在数量上与公诉方向辩护律师展示的证据相等。但是，为了使双方在法庭审理前能够全面地了解案件情况、充分做好法庭审理前的准备，辩护律师和公诉方应当将各自所掌握的证据展示给对方，不能只强调一方展示的义务而闭口不谈另一方展示其所掌握的证据的义务。辩护律师由于职业的特殊要求，可以不向公诉方展示被告人有罪、罪重的证据，但是必须将准备在法庭上使用的所有证据在庭前展示给公诉方。公诉方则应当将自己所获得的全部证据展示给辩护律师，不论这些证据是否准备在法庭上使用。

证据展示应当是诚意的。如果一方承诺展示，而在对方向其展示证据之后，故意不向对方展示自己获得的证据，并在法庭上使用这种证据，就可能使对方陷入被动不利的境地。对于这种做法，不仅是道义上的谴责问题，而且应当通过延期审理等措施，使另一方有充分的时间准备应对。

　　除了证据展示之外，对于案件所涉及的法律问题，控辩双方也可以在庭前交换意见，阐明各自的观点，以便双方都能够针对对方的观点进行充分的准备。这样做，有利于提高法庭辩论的针对性，有利于正确理解和适用法律。

（原载《"3R"视角下的律师法制建设》，
中国检察出版社 2004 年版）

控辩平等与法律监督

近年来，一些学者质疑我国的法律监督制度提出，认为法律监督在刑事诉讼中必然影响控辩平等，从而危及司法公正。本文试从法律监督与控辩平等的基本概念入手分析论证法律监督与控辩平等之间并行不悖的关系，证明法律监督和控辩平等的基本目的都是实现司法公正，不存在一个否定另一个的问题。

一、控辩平等是特定语境下的平等

控辩平等是现代刑事诉讼追求程序正义过程中提出的一种理念，它要求刑事诉讼程序设计时应当考量两个方面的内容，即程序对等和力量均衡。

所谓程序对等，是指立法者在刑事诉讼程序设计时，要给予控辩双方参与者以平等的机会，使双方在庭审过程中都有可能充分地发表自己的主张、意见并提出支持自己主张、意见的证据。程序对等一般包括三个方面的内容：

第一，程序对等要求程序参与者即控辩双方在刑事庭审过程中处于平等的诉讼地位，程序参与者应在参与刑事庭审过程方面拥有平等的机会、便利以及手段。就诉讼主体性质而言，控辩双方都是平等的，分别行使着控诉和辩护职能。控辩平等理念最根本的价值在于赋予被告人以刑事诉讼主体的地位，保障其以辩护权为中心的各项诉讼权利。无论对被告人予以定罪需要什么样的程序性条件，在他被依法作出有罪判决之前，他所处的地位和身份都不能与犯罪人相同，这是确定无疑的。但是应当注意，被告人在法律上基于无罪的地位，是就其实体法上的地位而言的，他在诉讼程序上仍基于受追诉的地位。

第二，程序对等要求审判者中立。审判者在控辩双方之间保持一种不偏不倚的中立态度，只依照事实和法律作出裁判。这是尊重诉讼对抗的客观事实，取得对抗者双方共同信任，促使诉讼抗争得到正确有效解决的关键，是诉讼程序对等的基本要求。沿用罗杰·科特威尔诉讼结构呈现"三方组合"形态的观点，诉讼法学界一般将理想的诉讼格局用"等腰三角形"或"正三角形"加以形容。[1] 三角结构的"顶点"是法官，享有裁判权，主持审判活动；"等腰"表示法官与诉、辩双方保持等距离，无亲疏，以保证公平主持和裁判；"底边"表示诉、辩双方的平等对抗，以维持各种利益间的平衡。

第三，程序对等要求给予控辩双方同等的机会，即机会均等，并称作当事人对等原则。控辩双方具有对等但绝不是相同的诉讼权利和诉讼义务，程序参与者不仅拥有形式上的平等参与权，而且还拥有实质上对等的参与权，控辩双方各自享受一定的机会、权力或权利，履行一定的义务，如公诉人有控诉

---

[1] 龙宗智：《刑事诉讼的双重结构辨析》，载《现代法学》1991年第3期。

权，被告人有辩护权；起诉人负有证明被告人有罪的责任，被告人享有证明自己无罪的权利；双方均有提供证据的权利，质询证人的权利等。同时法院应保障程序参与者平等地行使诉讼权利，在作出司法处理结果时，司法者应平等考虑各方的主张、意见和证据。

综上所述，程序对等的根本标志在于：控辩双方都有相同的机会来阐述自己的意见、要求和建议，并可平等地与对方进行质证和辩论；审判方以听取控辩双方的陈述和辩论作为其裁判的依据。

在程序对等前提下，为使辩方在诉讼能力上得以与控方均衡，各国普遍采取了一些措施来控制控方的权力、保障辩方的权利，以便使双方能够平等地对抗。例如，赋予检察官以客观、公正地从事刑事追诉活动的义务，并要求其承担证明被告人有罪的责任，从而使拥有侦查能力的一方负有更多的证明义务。一方面，由于检察官拥有起诉权，并且是代表国家来行使这种权力的，因此他尤其要对真实性和合法性肩负更多的责任。另一方面，无罪推定原则要求任何人被认定有罪必须有确实的证据证明，无证据或证据不足不能作出有罪判决。作为国家刑事追诉机关的检察机关，一旦向法院提出了对被告人追究刑事责任的要求和主张，它就有义务向法院证明被告人有罪这一结论的成立。如果检察机关不能以充分证据证明自己的主张，即将被告人有罪这一结论证明到法定的程度和标准，法院将直接判决被告人无罪。证明被告人有罪的责任由作为控诉方的检察官负担；被告人不承担证明自己有罪或无罪的责任；当裁判者对被告人有罪的判断尚存怀疑时，应作出对被告人有利的解释。无罪推定原则下的刑事证明责任分配使控辩双方的诉讼能力得以适当均衡。再如，赋予被告人一些特殊的程序保障或特权，以使他在参与能力和诉讼地位方面逐步接近或赶上他的检察官"对手"，使控辩双方本不平等的诉讼能力得到适当的平衡。被告人尽管处于受追诉者的地位，但他在无罪推定原则的保障下，可获得一系列旨在对抗国家追诉权的诉讼特权和程序保障。这些特权和保障旨在确保被告人拥有足以与国家追诉机关相对抗的武器，使国家与个人之间天然的力量不平衡状态得到弥补。如法律所规定的，检察机关一旦向法院提起控诉，被告人有权及时获知被指控罪名和案由；被告人有权获得充分的时间和便利进行辩护准备活动；被告人有权获得辩护律师的有效协助；等等。

但是，应当清醒地认识到，控辩平等是有其局限性的。就控辩平等的内涵而言，它只能是特定语境下的平等，即对抗制诉讼中的平等。而对抗制的基本特征是控辩双方在法庭上地位平等以及对抗的手段与机会对等，而不是在刑事诉讼的任何阶段控辩双方的地位和权力与权利完全相同。因为诉讼角色和任务的不同决定了他们必须具有符合其诉讼角色的、能够满足其诉讼任务要求的权力或权利。

首先，程序对等是指特定程序范围的对等，而不是所有程序控辩双方均能够对等。程序对等一般仅指法庭审理程序和救济程序的对等，在审前的调查程序以及法庭审理后的执行程序中控辩双方根本不存在平等的问题。例如，就启动刑事诉讼程序而言，是否起诉的决定权在于检察机关，控辩双方是没有平等可言的。刑事诉讼一方面由检察机关控制诉讼的启动，另一方面赋予审判机关最终裁判案件的权力。把程序的启动权和实体的决断权分别由不同机构行使，把调查告发与最终的实体处置权分离开，符合权力合理配置规律，亦符合权力相互制约的现代法治原则。[1] 再如，就执行程序而言，目前我国检察机关对刑事判决执行的监督主要表现在三个方面：人民法院判决被告人无罪、免除刑事处罚的，人民检察院应当监督在押被告人是否被立即释放；被判处死刑的罪犯在被执行死刑时，人民检察院应派员临场监督执行死刑，临场监督执行死刑的检察人员应监督执行死刑的场所、方法和执行死刑的活动是否合法；对收押执行刑罚的，人民检察院应当监督收押罪犯是否符合法定手续，刑罚执行机关是否严格执行判决的刑期，是否正确执行监狱法等监管改造的有关规定，是否正确适用减刑、假释、保外就医的法律规定等。检察机关对刑事执行监督的这种监督也具有专属性，不存在程序对等问题。

其次，从整个刑事诉讼过程的情况来看，检察机关与被告人在参与诉讼的能力方面事实上总是存在重大差别，控辩双方的诉讼能力永远不可能完全相同。这是因为，检察机关作为国家利益的代表，以国家的名义行使刑事追诉权，它对刑事诉讼的参与旨在履行法律所赋予的职责和权力，有效地追诉犯罪。因此检察机关进行刑事追诉活动，可以获得并利用国家提供的司法资源；检察机关可以把被告人的自愿真实陈述作为支持其指控的一项重要证据。而被告人在刑事诉讼中虽然也是诉讼主体，其诉讼权利固然也受到法律的保护，但它是以个人名义并旨在为维护个人利益而进行防御活动的，既不可能拥有国家权力，也不可能拥有国家司法资源，不可能与作为控诉方的检察机关在各个方面都完全平等。

即使是在实行对抗制最典型的美国，也承认基于控方的证明责任而存在的某些程序上的不平等。如美国联邦系统法庭审判

---

[1]　林钰雄：《检察官论》，台湾学林事业有限公司 1999 年版，第 22 页。

的辩论程序是："控方启动辩论。然后允许被告人作出反应，然后再允许控方在辩驳中回应。——尽管偶尔有人提出反对意见认为，允许控方在案件中既作开庭辩论又作终结辩论是不公平的，但是，考虑到控方有责任证明犯罪是排除合理怀疑的，因而这也不是不公平。"[1]

二、控辩平等并不排斥法律监督

首先，法律监督与控辩平等的目的是一致的。

控辩平等理念所强调的，是在承认控辩双方事实上的力量不对等和诉讼角色冲突的前提下，尽可能均衡控辩双方的诉讼能力，给予控辩双方充分展示矛盾，阐述观点、意见和要求的机会，以求裁判者在兼听的基础上作出裁判。也就是说，裁判结果的公正有赖于控辩双方的程序性对抗。控辩平等是程序性对抗的前提，而对抗性诉讼程序的特征和优点在于："双方当事者在一种高度制度化的辩论过程中通过证据和主张的正面对决，能够最大限度地提供关于纠纷事实的信息，从而使处于中立和超然性地位的审判者有可能据此作出为社会和当事者都能接受的决定来解决纠纷。"[2] 也就是说，控辩平等制度设计的目的是保障裁判结果的公平性和正确性。

与控辩平等的制度设计一样，法律监督的制度设计也是为了保障和维护法律的正确实施，实现公平正义。法律监督是我国法律中的一个专门术语，指国家检察机关为保证法律的正确统一实施而依法进行的监察与督导。[3] 准确地说，法律监督是

---

〔1〕 ［美］拉费弗等著：《刑事诉讼法》（下册），卞建林等译，中国政法大学出版社2003年版，第1241页。

〔2〕 ［日］谷口安平著：《程序的正义与诉讼》，王亚新、刘荣军译，中国政法大学出版社2002年版，第27页。

〔3〕 《法学大词典》，中国政法大学出版社1991年第1版，第1043页。

指专门的国家机关根据法律的授权，运用法律规定的手段对法律实施情况进行检查督促并能产生法定效力的专门工作。[1] 法律监督包含了对法律实施的多方面的监督。仅就与控辩平等直接相关的法律监督而言，主要是对审判活动的监督。对审判活动进行监督，即对审判活动中出现的违反法律的情况提出纠正意见，是保障审判活动依法进行和法院正确适用法律的必然要求，符合权力制约的基本原理。因为任何权力都有不受拘束的本性和被滥用的可能性，缺乏监督就可能出现滥用和扩张的危险，以致违背权力设置的初衷。特别是在中国目前的法官大众化的制度设计和现实状况下，对法院和法官适用法律的情况进行监督，是非常必要的。而对审判活动进行监督的目的同样是保障裁判结果的公平性和正确性。这与控辩平等的制度设计是一致的。

其次，控辩平等与法律监督的指向不同，不存在非此即彼的对立。

控辩平等所要解决的问题是辩方与控方的关系问题，是如何保障控辩双方具有平等的机会和手段向法庭提出并证明自己的主张、意见和要求的正确性。而法律监督是对遵守、执行和适用法律过程中出现的严重违反法律的情况所进行的检查督促。在审判过程中主要是对人民法院审判活动是否合法进行监督。审判监督的对象是人民法院的审判活动。因此，检察机关是否拥有法律监督权，与控辩双方的诉讼地位是否平等、与控辩双方在诉讼程序中是否具有对等的表达自己主张、意见和证明自己的主张和意见的机会，是不同层面的问题，因而也是可以并行不悖的。不能说，检察机关不享有法律监督权，控辩平

---

〔1〕 张智辉：《法律监督三辨析》，载《中国法学》2003 年第 5 期。

等就实现了，检察机关享有法律监督权，控辩平等就不能实现。从诉讼制度的历史上看，控辩平等只是与法庭审理的模式有关，只是对抗制诉讼模式的产物；控方没有法律监督权，并不等于辩方就有与控方平等的诉讼地位。因此，用控辩平等来否定法律监督，在逻辑上是讲不通的。并且，检察机关监督法院的审判活动，其目的是保障法院正确地适用法律，其中也包括保护被告人的合法权益免受法庭不当活动的侵害。这是由检察机关在刑事诉讼中的特殊地位决定的。在美国，尽管法庭审理是对抗制的，但是检察官由于其在刑事诉讼中的特殊身份，也经常处于特殊的职责限制之下。"美国检察官在争议中所代表的不是普通当事人，而是主权，它的公正司法义务及其管理义务一样是强制性的：因此在刑事控诉中，它的利益不是要打赢官司而是要实现正义。因此，在特别的或者非常肯定的意义上，他是法律的仆人。他的两个相重叠的目标是：不能让有罪之人逃避惩罚，也不能让无罪的人受到惩罚。"[1] 在法国，公诉人"在所有的案件中，他主要关心的是法律应被正确地解释和运用"[2] 这表明，检察机关或者说公诉人在法庭上除了指控犯罪之外，还具有监督法院（法庭）正确适用法律的职责，是英美法系和大陆法系检察官共同的特点。中国的检察机关具有这样的职责，应该说，也不足为奇。

最后，对审判活动的监督并不是检察机关独有的权力，而是控辩双方对等的权力或权利。

所谓对审判活动的监督，无非是对法庭审理过程中不符合法律规定或法律精神的活动提出意见要求纠正。在实行对抗制

---

〔1〕 〔美〕拉费弗等著：《刑事诉讼法》（下册），卞建林等译，中国政法大学出版社2003年版，第1242页。

〔2〕 〔英〕戴维·M. 沃克：《牛津法律大辞典》，光明日报出版社1989年版，第610页。

诉讼的国家，控辩双方在法庭上都有权随时对法官的决定提出抗议。在我们国家的刑事诉讼制度设计上，控辩双方在刑事诉讼过程中也都有监督法院审判活动是否依法进行的权力或权利。唯有这样才能保证法院裁判的公信度。例如，我国刑事诉讼法第 169 条规定，人民检察院发现人民法院审理案件违反法律规定的诉讼程序，有权向人民法院提出纠正意见。同时，刑事诉讼法也规定了被告人一系列的诉讼权利，并且规定辩护人有责任维护被告人的合法权益。在司法实践中，人民法院审理案件违反法律规定的诉讼程序的情况主要有：人民法院对刑事案件的受理违反管辖规定；人民法院审理案件违反法定审理期限和送达期限；法庭组成人员不符合法律规定；法庭审理案件违反法定程序；侵犯当事人和其他诉讼参与人的诉讼权利和其他合法权利；法庭审理时对有关程序问题所作的决定违反法律规定；等等。对于这些违反法律规定的情况，检察机关根据其享有的法律监督权，"有权向人民法院提出纠正意见"。而被告人及其辩护人根据刑事诉讼法律的相关规定，同样有权向人民法院提出意见，要求予以纠正或者作为启动救济程序的理由。再如，刑事诉讼法第 181 条规定，地方各级人民检察院认为本级人民法院第一审的判决、裁定确有错误的时候，有权向上一级人民法院提出抗诉。刑事诉讼法同时规定，被告人不服地方各级人民法院第一审的判决、裁定，有权用书状或者口头向上一级人民法院上诉。并且规定，"对被告人的上诉权，不得以任何借口加以剥夺"（第 180 条）；"第二审人民法院审判被告人或者他的法定代理人、辩护人、近亲属上诉的案件，不得加重被告人的刑罚"（第 190 条）。这说明，法律在赋予检察机关法律监督权的同时，也赋予了辩护方及其他诉讼参与人监督法院审判活动的权利。这是诉讼民主的必然要求。

所不同的是，由于诉讼角色的不同，控辩双方的监督具有不同的特点：第一，检察机关对审判活动的法律监督是以权力为基础的，而被告人及其辩护人对审判活动的监督是以权利为基础的。检察机关是代表国家行使公诉权的，因而其对审判活动的监督也是作为一种国家权力来行使的。权力赋予一定的主体总是作为职责出现的，权力的拥有者在应该行使权力的时候不行使就是失职，因此法律监督对于检察机关是一种职责，是忠实于法律的一种职责，具有必为性。在赋予检察机关法律监督权力的同时，法律也赋予了辩方监督法律实施的权利。正因为监督法律实施对于辩方而言是一种权利，因此具有可选择性。辩方有权要求不符合法律规定的法庭组成人员回避，有权随时提醒法庭依据法定程序进行审理，作出客观、公正的判决。这本身就意味着辩方具有监督法院审判活动是否合法的权利。当然，权利与权力不同。享有权利只是意味着实施某种行为的可能性，享有监督法律实施权利的辩方可以实施相应的行为，也可以不实施该行为，是否实施以及何时实施，完全取决于权利主体的意愿。辩方完全可以基于事实上之利益性与必要性来决定是否行使监督法律实施的权利。这种对等的权力与权利，由于双方的诉讼角色的不同而有不同的特点。这种特点并不意味着一方可以监督法院的审判活动而另一方不能监督法院的审判活动，而是在双方都有权监督法院的审判活动的基础上，各自监督的角度和称谓不同而已。第二，检察机关监督审判活动的目的是保障法律的正确适用，而辩方监督审判活动的目的主要是维护被告人的合法权益。在刑事诉讼中，检察机关没有任何自身的利益。检察机关提起公诉追诉被告人是为了伸张法律正义，维护法律尊严；检察机关监督法院的审判活动，是为了确保法院遵守法定程序审理案件和正确适用法律，防止不当损害被告人的合法权益或者放纵犯罪分子。而被告人监督法院的审判活动是为了避免自己的合法权益受到不当的侵害，辩护人的职责更是为了维护被告人的合法权益。辩方对审判活动的监督虽然也具有保障法院严格遵守法定程序审理案件、维护法律的正确适用的功能，但是其目的是被告人的利益。因此辩方为了被告人的利益，可以放弃对法院审判活动中可能出现的违反法定程序的情况的监督，对于法院的实体裁判，辩方也可以在权衡利弊的基础上决定是否提出上诉。而检察机关没有这种选择的余地，只要其认为法院在审理案件过程中没有遵守法定程序，或者所作出的实体裁判确有错误，就必须向法院提出纠正意见。这也是为什么检察机关对审判活动的监督叫法律监督，而辩方对审判活动的监督不叫法律监督而是被视为一种权利的一个原因。

三、法律监督并不必然导致控辩失衡

有的学者担心，检察机关拥有监督法院审判活动的权力，法院就会因惧怕检察机关而屈从检察机关的意见，作出对被告人不利的裁判，以致破坏了控辩平等的制度基础。这种担心不能不说是源自对法律监督的误解。

在"监督"的概念中，确有上级对下级的监督，如行政监督、纪律监督等。在这种监督关系中，由于监督者对被监督者具有实体处分的权力，掌握着被监督者的命运，因而确实存在着被监督者畏惧监督者的现象。但是，法律监督并不是这种类型的监督。在中国，检察机关和审判机关是相互独立、地位平等的国家机关，检察机关对审判机关的法律监督也是平等主体之间的监督。从监督的内容上看，检察机关的法律监督实际上是对严重违反法律的情况的监督，对于正常的执行和适用法律的活动，检察机关是不能监督的；从监督的方式上看，检察机关的法律监督主要是提出纠正意见，是否纠正以及如何纠正完全取决于被监督者对检察机关纠正意见的认识和态度。因此，无论是作为审判机关的法院，还是其他国家机关，对检察机关的法律监督，都不应存在惧怕的问题，除非其存在着违反法律的情况。这就如同在大街上，迎面走来一队巡逻警察，一般的路人与其擦肩而过，并不会产生恐惧感，唯有做了坏事的人才心惊胆颤一样。认为检察机关具有法律监督权，法院就会惧怕检察机关的想法是不切实际的。因为法院的审判活动除了有检察机关的法律监督之外，还有来自辩护方的监督、来自被害人方的监督，有来自人大的监督、党委的监督，来自上级法院的监督，以及来自人民群众的监督。在所有这些监督面前，法院照样要依法独立行使审判权。只要法院严格按照法律规定的程序审理案件并遵循法律的精神公正地进行裁判，法院就没有必要惧怕任何监督。因为这些监督的目的都是保障法院依照法律作出公正的裁判。

从法院审判的实际情况看，在刑事案件中，法院作出的有罪判决率远远高于无罪判决率。这并不是因为法院不敢得罪检察院，而是因为提起公诉本身就要求有充分的证据。"因为提起公诉会对被告人带来事实上、法律上的不利，例如心理上、时间上、经济上、社会上的负担，以及停职处分的危险等，所以如果没有高度的嫌疑，就不允许提起公诉。"[1] "作为一个实践问题，检察官可能要求可采性证据显示出有罪的极大可能性，那就是说，有充分证据支持赢得有罪认定的信念。"[2] 在

---

〔1〕〔日〕松尾浩也著：《日本刑事诉讼法》（上卷），丁相顺译，金光旭校，中国人民大学出版社 2005 年版，第 160—161 页。

〔2〕〔美〕拉费弗等著：《刑事诉讼法》（上册），卞建林等译，中国政法大学出版社 2003 年版，第 742 页。

提起公诉之前，检察机关不仅要审查犯罪事实是否确实存在，证据是否确实充分，而且要十分重视是否有交付审判的必要。因此，检察机关提起公诉的案件，法院判决被告人有罪的比率高，几乎是世界各国刑事诉讼中的普遍规律。[1] 尤其是在中国，刑事诉讼法第 141 条对检察机关规定的提起公诉的条件（即"人民检察院认为犯罪嫌疑人的犯罪事实已经查清，证据确实、充分，依法应当追究刑事责任的，应当作出起诉决定，按照审判管辖的规定，向人民法院提起公诉"）与第 162 条第 1 项对审判机关作出有罪判决的要求（即"案件事实清楚，证据确实、充分，依据法律认定被告人有罪的，应当作出有罪判决"）是完全一样的。这就使检察机关在提起公诉时所掌握的标准已经接近了法院作出有罪判决的标准。所以从总体上看，检察机关提起公诉的案件，法院作出有罪判决的可能性本身就很大。这与控辩双方的意见是否平等地被法院采纳，没有必然的联系。不能因为法院作出的有罪判决率高，就认为是法院因惧怕检察机关而偏听偏信，不敢得罪检察机关的结果。

从另一方面看，检察机关通过审判监督程序提出抗诉的情况表明，我们国家的法院并没有因为检察机关是国家的法律监督机关而屈从检察机关的意志。刑事诉讼法第 205 条虽然规定，"最高人民检察院对各级人民法院已经发生法律效力的判决和裁定，上级人民检察院对下级人民法院已经发生法律效力的判决和裁定，如果发现确有错误，有权按照审判监督程序向

---

〔1〕 在日本，"提起公诉是基于慎重考虑的结果，起诉案件的有罪率极高，根据 1996 年的统计，达到了 99.86%。这意味着几乎没有无谓起诉的情况"。1996 年日本第一审法院终局处理人员为 1087071 人，其中有罪的为 1085801 人，无罪的为 54 人，驳回起诉以及其他情况的为 1216 人。参见〔日〕松尾浩也著：《日本刑事诉讼法》（上卷），丁相顺译，中国人民大学出版社 2005 年版，第 182—183 页。

同级人民法院提出抗诉"，但是在司法实践中，对于人民检察院认为"确有错误"从而提起抗诉的生效判决裁定，人民法院经过审理，真正改判的是非常少的[1]。其因为主要是人民法院与人民检察院对案件事实的认识和对法律的理解不完全相同，特别是对某些具有程度性的法律规定掌握的宽严程度不尽相同。这也说明，法院在做出这些裁判的时候，并没有因为检察机关是国家的法律监督机关，有权监督法院的审判活动，就屈从检察机关的意志，不敢严格公正地依法审判。

上述情况表明，检察机关拥有法律监督权，无论是在理论上，还是在事实上，都没有导致人民法院惧怕公诉方而不惧怕辩护方的问题，因而也不存在由于检察机关拥有法律监督权而导致控辩失衡的问题。所以，我们研究如何保障控辩平等并更好地发挥控辩平等的功能作用，不应当把取消检察机关的法律监督作为保持控辩平等的前提，而应当更多地思考如何保障辩护权的有效行使，如何保障更多的被告人在刑事诉讼中能够获得律师的帮助。

（与黄维智合著，原载《法学》2006年第8期）

---

〔1〕 据统计，1998—2002五年间全国检察机关提起公诉的案件有366万余件，按照审判监督程序提出抗诉的有1689件，法院直接改判的仅264件。

优化刑事诉讼职权
配置的几个问题

优化司法职权配置，是十七大政治报告中提出的司法体制改革的一项重要任务，也是建设公正高效权威的社会主义司法制度的一个重要方面。优化司法职权配置，应当成为刑事诉讼法修改中一个重要的价值取向和指导思想。本文仅就刑事诉讼法修改中与刑事司法职权配置有关的几个问题谈一些初步的看法。

一、关于刑事案件管辖权的优化

对刑事案件的管辖权，是刑事司法中的一项重要职权。刑事案件管辖权，既涉及刑事诉讼能否及时启动，也涉及刑事诉讼能否顺利进行。因此，刑事案件管辖权的科学配置，对于保证刑事司法职权的高效运作和刑事诉讼任务的顺利完成，具有十分重要的意义。

按照现行刑事诉讼法和有关法律的规定，刑事案件管辖权的分配具有三个特点：一是以罪名划分为主，即一般刑事案件由公安机关管辖；涉嫌贪污贿赂犯罪，国家工作人员的渎职犯罪，国家机关工作人员利用职权实施的非法拘禁、刑讯逼供、报复陷害、非法搜查的侵犯公民人身权利的犯罪以及侵犯公民民主权利的犯罪案件，由人民检察院管辖（对于国家机关工作人员利用职权实施的其他重大的犯罪案件，需要由人民检察院直接受理的时候，经省级以上人民检察院决定，可以由人民检察院管辖）[1]；涉嫌危害国家安全的案件，由国家安全机关管辖[2]；走私犯罪案件，由海关管辖；自诉案件，由人民法院直接受理[3]。二是兼顾犯罪的特殊性，即军队内部发生的刑事案件包括军人违反职责犯罪的案件，因犯罪发生环境的特殊性或犯罪主体身份的特殊性，由军队保卫部门管辖；罪犯在监狱内犯罪的案件，因犯罪发生环境的特殊性，由监狱管辖[4]。三是以救济手段为补充，即被害人有证据证明对被告人侵犯自己人身、财产权利的行为应当依法追究刑事责任，而公安机关或者人民检察院不予追究被告人刑事责任的公诉案件，作为自诉案件，由人民法院管辖[5]。

刑事案件管辖权的这种配置，从总体上看，是适合我们国家司法制度的实际情况和司法机关职能划分需要的，也有利于对刑事犯罪的法律追究。但是在实践中也还存在一些问题值得研究和解决。这些问题主要是：

第一，管辖权的确定。确定管辖是刑事诉讼的开始，所要解决的问题是一个具体的刑事案件由哪个机关受理并立案侦查。但是由于我国刑事诉讼法对刑事案件的管辖主要是按罪名划分的，而有些案件的罪名只有在查清案件事实之后才能确

---

〔1〕《中华人民共和国刑事诉讼法》第 18 条第 2 款。

〔2〕《中华人民共和国国家安全法》第 4 条、第 6 条。

〔3〕《中华人民共和国刑事诉讼法》第 18 条第 3 款。

〔4〕《中华人民共和国刑事诉讼法》第 225 条。

〔5〕《中华人民共和国刑事诉讼法》第 18 条第 3 款、第 170 条。

定，所以在确定某个案件是否属于自己管辖的范围、决定要不要对该案进行立案侦查时，难以准确把握。例如，国有企业发生的贪污贿赂案件，如果主体身份是国家工作人员，就应当由检察机关管辖，但是如果不是国家工作人员，就应当由公安机关管辖。而在企业改制过程中，企业的性质和管理人员的身份往往很复杂，需要经过多方确认才能确定。又如，随着政府职能的转变和调整，一些国有企业事业单位的管理人员是否行使政府行政管理职能，能否认定为国家机关工作人员，也需要经过调查才能确定。再如，农村基层组织往往是农村集体事务与国家公务交织在一起，国家扶植农村发展的各种国有资金与农村集体资金混合在一起使用，很难截然断定农村基层组织管理人员的哪些行为应当按照准国家工作人员的职务犯罪处理，哪些行为应当按照农村基层组织人员的犯罪处理。如果在侦查过程中或者侦查终结后甚至移送起诉后发现该案不属于本部门管辖，再把案件移交给有管辖权的部门重新立案侦查，往往造成司法资源的浪费，也给犯罪嫌疑人的人身权利造成不必要的过长时间的限制。即使是身份已经确定的犯罪嫌疑人或被告人，无论是在检察机关与审判机关之间，还是在刑法学者之间，就其涉嫌的犯罪的性质，都还存在着不同的认识。如果在法庭审理过程中虽然案件事实十分清楚，证据也足以达到定罪的要求，只是因为辩护律师提出侦查主体不合法而法庭予以认可，就将案件退回有管辖权的侦查机关重新走一遍侦查起诉的诉讼程序，显然是司法资源的浪费，也有悖管辖权划分的初衷。如果因此而径直判定被告人无罪，更是有悖刑事诉讼法的宗旨，不利于有效地打击犯罪。

第二，管辖竞合。在司法实践中，有些案件不是单一的一个犯罪行为。在一案多罪、相互交叉或互相牵涉等情况下，必然出现一个案件有多个侦查机关有权管辖的问题。有的是同一个或同一伙犯罪嫌疑人先后实施了多起犯罪，其中有的犯罪属于公安机关管辖的案件，有的犯罪属于其他侦查机关管辖的案件。有的是同一个案件牵涉到不同身份的犯罪嫌疑人并且应当按不同的罪名定罪。有的是一些犯罪嫌疑人既有共同实施的犯罪，也有分别实施的犯罪，而这些犯罪又分别属于两个或更多的侦查机关有权管辖的案件。在这种情况下，究竟应当由哪个机关管辖，法律没有明确规定。

为了解决这个问题，在刑事诉讼法修改之后，"六部委"[1] 在《关于刑事诉讼法实施中若干问题的规定》中规定："公安机关侦查刑事案件涉及人民检察院管辖的贪污贿赂案件时，应当将贪污贿赂案件移送人民检察院；人民检察院侦查贪污贿赂案件涉及公安机关管辖的刑事案件，应当将属于公安机关管辖的刑事案件移送公安机关。在上述情况中，如果涉嫌主罪属于公安机关管辖，由公安机关为主侦查，人民检察院予以配合；如果涉嫌主罪属于人民检察院管辖，由人民检察院为主侦查，公安机关予以配合。"这个规定虽然进一步强调了管辖分工，规定了互涉案件的管辖原则，但是并没有解决实践中遇到的问题。一是当一个刑事案件涉嫌几个犯罪时，除了极个别情况下犯罪性质和严重程度差别很大的案件之外，很难区分哪个是主罪，哪个不是主罪。特别是在开始受理案件时要区分主罪与非主罪，更是困难。二是当有特定身份的主体与没有特定身份的主体共同实施犯罪时，由哪个机关进行管辖，法律没有规定，"六部委"的规定中也没有明确。三是当公安机关或检

---

〔1〕 即最高人民法院、最高人民检察院、公安部、国家安全部、司法部、全国人大常委会法制工作委员会。

察机关管辖的刑事案件涉及其他有管辖权的机关管辖的犯罪时，由哪个机关管辖，没有明确规定。如普通人员犯罪牵涉到军人的案件、监狱内服刑人员与监外人员共谋实施犯罪的案件，由哪个机关为主侦查，法律没有规定。四是以一个机关为主侦查的案件，其他机关如何配合，是派人参与侦查还是提供情况，也缺乏明确规定。在没有规定或者规定不明确的情况下，对于某些可以给本单位带来利益或好处的案件，就可能出现几个机关争管辖的情况，而对于那些费人费力费时间的案件，则可能出现互相推诿、无人问津的情况。

第三，移送管辖。当一个案件中出现多个犯罪，其中有的属于本部门管辖的范围而有的不属于本部门管辖的范围时，最先受理的机关是先立案侦查自己管辖的犯罪，还是先移交给有关机关，待有关机关侦查终结后再立案侦查本部门管辖的犯罪，侦查机关将面临一个两难选择。无论怎么做，都会导致一个机关丧失最佳侦查时机的后果。例如，在一起国家工作人员贪污案中，检察机关发现犯罪嫌疑人涉嫌非法买卖枪支弹药犯罪，检察机关如果只侦查其涉嫌贪污的案件，待侦查终结后再移送公安机关立案侦查其涉嫌非法买卖枪支弹药的犯罪，就可能贻误侦查非法买卖枪支弹药犯罪的时机；如果停止对贪污犯罪的侦查而立即将犯罪嫌疑人移交公安机关立案侦查其非法买卖枪支弹药的犯罪，同样会贻误侦查贪污犯罪的时机。

第四，管辖效力。侦查机关在侦查过程中获取了大量的犯罪证据，但是最终查明该案不属于本部门管辖时，其所获得的证据是否具有证据效力，有管辖权的侦查机关是否还需要重新侦查取证，法律没有规定。如果有管辖权的侦查机关重新侦查取证，一是势必造成司法资源的极大浪费，人为地去作一些不必要的工作；二是在某些案件中就可能丧失关键证据，使案件的侦查工作陷于僵局。特别是由于诉讼法学界一直强调证据的合法性[1]，没有管辖权的侦查机关所取得的证据是否具有法律效力，往往是证据认定中争议的一个焦点问题。在法律没有明确规定的情况下，这个问题的解决尤为困难。在司法实践中，为了避免因证据的合法性问题受到辩护律师的质疑，公诉机关往往要求有管辖权的侦查机关对证据进行"转化"，把其他侦查机关取得的证据转化为有管辖权的侦查机关取得的证据。这种做法，在一定程度上造成办案期限的不应有的拖延。

第五，救济管辖权难以实现。1979年刑事诉讼法中没有关于被害人不服公安机关、人民检察院对公诉案件不予追究的决定而径直向人民法院提起自诉的规定。1996年修改刑事诉讼法时，为了充分保护被害人的权利，赋予其这样一种救济手段，即"被害人有证据证明对被告人侵犯自己人身、财产权利的行为应当依法追究刑事责任，而公安机关或者人民检察院不予追究被告人刑事责任的案件"（刑事诉讼法第170条第3项），作为自诉案件，被害人可以直接向人民法院起诉。但是在实践中，除了极个别的故意包庇犯罪嫌疑人或被告人的情况之外，公安机关或者人民检察院之所以不予追究，往往是因为办案单位认为情节轻微依法不应当予以追究，或者是认为已经穷尽了各种侦查手段而仍然无法收集到足以证实犯罪的证据。对于前一种情况，案件本应终结，由被害人及其代理人再提起诉讼，本身就是司法资源的一种浪费，同时也由于被害人与公安机关、人民检察院对法律理解上的分歧而影响司法机关办理案件的权威。对于后一种情况，由于被害人收集证据的手段十分有

---

[1] 证据的合法性包括收集、运用证据的主体要合法。参见陈光中主编：《刑事诉讼法》，北京大学出版社、高等教育出版社2002年版，第131页。

限，甚至只是单方面的、支离破碎的证据，而人民法院又没有自行调查取证的权力，离开了侦查机关，作为自诉案件，就更难以达到追诉犯罪的目的。

上述问题的核心是刑事案件管辖权的配置问题，即刑事案件管辖权在不同的侦查机关之间进行分配时对于必然出现的管辖竞合或管辖冲突如何解决的问题。为了解决上述问题，刑事诉讼法的修改，应当从刑事诉讼的实际情况出发，以优化刑事案件管辖权配置、减少司法资源浪费为目标，来确定和规定管辖原则。

笔者认为，鉴于我们国家司法制度的实际状况，在不改变现行司法体制和管辖权分工的前提下，刑事诉讼法应当明确规定：（1）人民法院、人民检察院、公安机关、国家安全机关在立案时，发现不属于自己管辖的，应当及时移送有管辖权的机关立案。（2）依照法定程序对刑事案件行使管辖权的机关在侦查过程中发现案件不属于本部门管辖的，应当继续进行侦查，查明案件的全部事实情况，侦查终结后直接移送检察机关审查起诉。但应及时向对该案有管辖权的机关通报情况，必要时也可以请求有管辖权的机关予以协助。（3）在管辖竞合的时候，应当由法律特别授权的机关立案侦查，公安机关予以协助，必要时也可以参与侦查。（4）案件涉及一个以上法律特别授权的机关时，按照犯罪的性质及其严重程度，协商确定为主侦查的机关。

这样规定的理由主要是：

第一，避免司法资源的浪费，提高司法效率。法律赋予其刑事案件管辖权的机关，虽然隶属不同的部门，具有一定的分工，但是其目的都是有效地打击犯罪，其所进行的管辖都要遵循刑事诉讼法的规定，并且只是因为法律的授权而出现由不同部门管辖的问题，因而没有必要将其绝对化，不能认为一个部门有权管辖的案件其他部门就绝对不能管辖，更不能因为立案时对案件性质判定不准确就认定整个侦查活动违法且自始无效。已经开始侦查的案件，甚至是已经侦查终结的案件，因为管辖范围而移送另一个侦查机关，重新进行侦查取证的活动，不仅浪费司法资源，拖延甚至延误办案时间，而且对犯罪嫌疑人的权利保护不会带来任何好处，甚至因为过度延长侦查羁押期限而违反人权保护的要求。因此，有必要在这种情况下通过法律的特别规定，授权一个侦查机关将案件管辖到底。当然，为了防止管辖权的滥用，有必要作两个方面的限制：一是立案时就发现不属于本部门管辖的，应当按照管辖分工移送案件；二是必须是"依照法定程序对刑事案件行使管辖权"的。也就是说，在受理、立案的时候，有关机关应当确认该案属于本部门管辖的案件，符合法律规定的本部门管辖案件的立案条件。只是在侦查过程中新证据的出现或者随着案情的进一步明了，发现该案不属于本部门管辖时，才可以继续进行侦查，并直接移送检察机关起诉。如果是明知不属于本部门管辖而立案侦查，就是没有按照法定程序行使管辖权的行为，其管辖活动也就不具有法律效力。同时，该规定要求在侦查过程中发现该案不属于本部门管辖时应当及时通报有管辖权的机关，也是为了加强对这种管辖权进行制约，防止其滥用这种特别授权，并取得有关机关的协助。

第二，符合管辖分工的目的。按照刑事诉讼法的规定，刑事案件由公安机关负责侦查，但是法律有特别规定的除外。之所以要有这些特别规定，是因为这些案件具有一定的特殊性。或者是因为犯罪所侵害的法益特别重大，或者是因为案件本身的专业性比较强，或者是犯罪主体具有一定的特殊性。正是因为这些案件的特殊性，法律才特别规定由其他特定的机关进行管辖而不归公安机关统一管辖。因此，在案件涉及其他有管辖权的机关时，应当遵循法律特别规定优先于一般规定的精神，由法律特别授权的机关优先进行管辖。例如，一个案件，既涉及危害国家安全的犯罪，又涉及普通刑事犯罪时，就应当由国家安全机关对全案一并进行侦查，而没有必要由国家安全机关和公安机关分别对各自管辖的犯罪进行侦查。同样地，如果一个案件，既涉及职务犯罪又涉及普通刑事犯罪，就应当由检察机关一并进行侦查。这样既有利于及时有效地查明案件事实，收集和固定证据，防止侦查时机的不当延误，也有利于对法律特别关注的重大利益的保护。对于这类案件，无论是分案侦查，还是交由公安机关进行侦查，都难以体现和满足法律之所以要授权国家安全机关管辖危害国家安全犯罪的案件和授权检察机关直接受理职务犯罪案件的立法宗旨。因此，在立法上确立优先管辖的原则[1]，对于解决管辖冲突、节省司法资源并保障刑事诉讼目的的实现，都是十分必要的。

第三，有利于各机关之间的配合合作。在管辖竞合的情况下，由一个有管辖权的机关进行立案侦查，并不意味着完全不考虑管辖分工而忽视其他机关的管辖权。凡是一个机关管辖的案件涉及其他有管辖权的机关时，如果不移送给其他有管辖权的机关，都应当及时向对该案有管辖权的机关通报情况，以便其他有管辖权的机关参与侦查或者提供意见。出现管辖争议时，应当通过协商确定由哪一个机关进行管辖。即使是一个机关统一管辖涉及其他机关有管辖权的案件，也可以邀请或者允

---

〔1〕 优先管辖可以说在一定程度上缩小了公安机关的刑事案件管辖权。但是应当看到，特别管辖权的设置本身就是从公安机关的刑事案件管辖权中分离出来的，本身就是分割公安机关刑事案件管辖权的结果。

许其他有管辖权的机关参与案件的侦查。这就体现了对管辖竞合的案件，有关机关互相配合、共同完成刑事诉讼任务的精神。

当然，也许有人会认为，这样规定可能模糊了不同侦查机关管辖分工的界限，难以体现互相制约的原则。笔者认为，不同司法机关之间的制约主要体现在办理案件的流程中，即在不同诉讼阶段上后一个机关审查前一个机关的工作。而管辖分工是在平行的侦查机关之间分配案件，重点应当考虑如何有利于查明案件事实。因此，应当遵循有利于查明案件事实真相的原则，优化管辖权的配置，减少司法资源的浪费，而不应当把制约作为管辖权配置的原则来考虑。

至于侦查机关之间"争管辖"的问题，可以说是办案中利益驱动的结果。随着司法机关经费保障体系的完善和"收支两条线"规定的进一步落实，这个问题也将不再成为确定管辖分工应当考虑的因素。

二、关于逮捕执行权的优化

1996 年刑事诉讼法规定：公安机关在侦查中需要逮捕犯罪嫌疑人时，由检察机关批准，由公安机关执行；检察机关在侦查中需要逮捕犯罪嫌疑人时，由检察机关决定，公安机关执行。这样规定，体现了公安机关与检察机关分工负责、互相配合、互相制约的原则。但是就检察机关立案侦查的案件由公安机关执行逮捕而言，在实践中确实存在一定的弊端[1]。

一是违背逮捕的初衷。在侦查过程中逮捕犯罪嫌疑人，其目的主要是防止其再犯罪或者防止其实施串供毁证、威胁证人等妨碍侦查的行为，并且在绝大多数案件中主要是后者。尤其

---

〔1〕 检察机关拘留犯罪嫌疑人也由公安机关执行，与逮捕的原理具有一致性。

是在职务犯罪侦查中，逮捕的必要性集中体现在防止其实施串供毁证、威胁证人等妨碍侦查的行为上。既然要防止其串供毁证，就必须是出其不意，一旦决定逮捕，就应当立即执行，使其来不及串供或者毁证。但是检察机关侦查的职务犯罪案件，公安机关并没有专门的机构和人员负责执行逮捕。检察机关决定逮捕犯罪嫌疑人之后，首先要将决定逮捕的法律文书送达公安机关，公安机关有关部门受理后，经审核确认，再提交县级以上公安机关负责人签发《逮捕令》，有关部门拿到公安机关负责人签发的《逮捕令》之后，再去确定执行逮捕的公安人员。在这个过程中，必然是涉及的环节多、接触案件的人员多、花费的时间长，因而案件的保密工作风险很大，一旦走漏风声，犯罪嫌疑人就可能在逮捕之前已经与同案犯或者有关人员订立了攻守同盟，或者销毁、隐匿了有关证据，甚至逃跑。这与保障侦查工作顺利进行的目的，可以说是背道而驰的。

二是难以落实。虽然公安部在其制定的《公安机关办理刑事案件程序规定》中也强调：人民检察院决定逮捕的，公安机关应当"立即执行"，但是并没有规定谁来执行，不执行时谁对之负责。在机构设置和人员配置上，公安机关并没有专门执行检察机关侦查案件的逮捕工作的机构和人员，检察机关决定逮捕犯罪嫌疑人的案件，交给公安机关以后，究竟由公安机关的哪个机构或者哪些人员具体负责执行逮捕，难以落实。在实践中，一方面由于公安机关在客观上面临着人少事多、任务繁重的压力，特别是随着公安机关侦查工作机制的改革，侦查力量向派出所、警署等一线办案单位倾斜，县级以上公安机关确实难以抽调人员"立即执行"检察机关决定逮捕犯罪嫌疑人的任务；另一方面，由于考评机制的影响，有的公安机关重视自己管辖范围内案件的侦查工作，而不重视其他机关管辖案件的侦查工作，对于检察机关决定逮捕的案件，往往以人手不足、无暇顾及等理由搪塞，以致检察机关决定逮捕的案件难以及时执行。

正是鉴于这种情况的客观存在，"六部委"在《关于刑事诉讼法实施中若干问题的规定》中规定："对于人民检察院直接受理的案件，人民检察院作出的拘留决定，应当送达公安机关执行，公安机关应当立即执行，人民检察院可以协助公安机关执行"（第25条）。最高人民检察院在《人民检察院刑事诉讼规则》中也规定：人民检察院决定逮捕犯罪嫌疑人的，"必要时人民检察院可以协助执行"（第112条）。公安部在《公安机关办理刑事案件程序规定》中也规定：人民检察院决定逮捕的案件，必要时，可以请人民检察院协助执行（第126条）。所谓"必要时"，从实践看，几乎每一个检察机关立案侦查的职务犯罪案件，都是有必要由检察机关协助执行的。而所谓的"协助执行"，实际上就是由公安机关出具《逮捕令》、由检察机关侦查人员执行逮捕，并且要由检察机关的侦查人员充当公安机关的侦查人员。这种做法，实际上与刑事诉讼法的规定是不一致的，甚至有"作假"之嫌，但又是不得不为之。这种状况，反过来说明：检察机关侦查的案件，需要逮捕犯罪嫌疑人时，由公安机关执行的规定不符合实际，在实践中难以行得通。

优化司法职权配置，有必要客观地、实事求是地对待这个问题，按照侦查工作的实际需要和司法机关的实际状况，将检察机关立案侦查案件的逮捕执行权授予检察机关，即检察机关立案侦查的案件，需要逮捕犯罪嫌疑人的，由检察机关侦查监督部门审查批准，由侦查部门负责执行。这样规定，有利于实现逮捕措施适用的目的，保障检察机关职务犯罪侦查职能的有效行使，可以有效地避免人为增加不必要的办案环节而贻误侦查时机。至于对检察机关逮捕权的制约问题，可以通过设置犯罪嫌疑人的救济途径来解决。犯罪嫌疑人不服人民检察院逮捕决定，或者认为人民检察院执行逮捕中有违法行为的，可以向上一级人民检察院或者人民法院提出申诉，由上一级人民检察院复议或者由人民法院裁定。

三、关于二审审理权限的优化

刑事诉讼法第 186 条第一款规定："第二审人民法院应当就第一审判决认定的事实和适用法律进行全面审查，不受上诉或者抗诉范围的限制。"《最高人民法院关于执行〈中华人民共和国刑事诉讼法〉若干问题的解释》第 246 条也规定："第二审人民法院应当就第一审判决、裁定认定的事实和适用法律进行全面审查，不受上诉或者抗诉范围的限制。"这些规定，实际上赋予二审法院在刑事案件的二审程序中对全案进行全面审理的权限。

然而，这种规定，不仅不符合诉讼的基本原理，导致司法资源的浪费，而且在一定程度上否定了一审法院正确裁判的合法性，与优化司法职权配置的要求相去甚远。

首先，全面审理违背诉讼的基本原理。有诉才有讼，是诉讼制度最基本的原理。审判权的被动性决定了现代社会中任何一个国家的法院，都只能对向其提起诉讼的案件和事实进行审判，而无权在控诉之外进行刑事审判。审判权启动的被动性原理，不仅适用于一审，而且同样适用于二审。二审法院之所以有权对一审法院已经作出裁判的案件再次进行审理，完全是因为检察机关提出了抗诉或者当事人提出了上诉。既然二审的根据是抗诉或者上诉，那么，二审的范围就应该严格限定在抗诉或者上诉的标的范围内，除非为了查清抗诉或者上诉的标的而不得不涉及的事项。超出了抗诉或者上诉的标的，二审法院的审理就丧失了根据。正如法国学者指出的："上诉法官的权力实际上有赖于向其提出之上诉的标的。在一审法院的判决书包含数个判刑之主要罪状，但提出的上诉仅针对其中一个或某几个罪状时，上诉法院的法官只能对这一个或数个受到上诉的罪状进行审理裁判。——同样，即使是对整个判决提出上诉——上诉法院也始终没有权力对一审并未提出的新的事实进行审查，而只能对当事人援用的新的理由进行审查。"[1] 在检察机关或者当事人没有对全案提出抗诉或者上诉的情况下，二审法院自行决定对全案进行审理，实际上就是一种无诉的审判。

其次，全面审理不利于维护司法权威。维护一审正确裁判的合法性，是维护司法权威的需要。而二审全面审理的规定恰恰是对一审正确裁判合法性的忽视。无论是检察机关的抗诉，还是当事人的上诉，并不都是认为一审法院的全部裁判确有错误或者不服一审的整个裁判。其中有的可能是认为一审裁判中认定的事实有错误，或者责任没有分清；有的可能是对一审法院在裁判中认定的事实没有争议，而只是认为适用法律不当。如果检察机关和当事人都认可一审法院在判决书中认定的案件事实，这至少说明在检察机关和当事人看来，一审法院对事实的认定是正确的。在这种情况下，二审法院再对一审法院认定的事实进行全面审查，甚至推翻一审法院认定的事实，客观上就是对一审裁判中控辩双方都认为正确的部分的否定。进而言之，在检察机关和当事人对一审法院在判决书中认定的事实都没有异议的情况下，除非有相反的证据，就应当承认一审法院

---

[1] ［法］卡斯东·斯特法尼等：《法国刑事诉讼法精义》（下），中国政法大学出版社1999年版，第827—828页。

在认定事实上的合法性，因而二审法院也就没有理由再对一审法院认定的案件事实进行审查。

最后，全面审理是对司法资源的浪费。优化司法职权配置，应当尽可能地避免司法资源的浪费。对一审法院已经判决而检察机关和当事人都没有争议的事项，二审法院重新进行审理，实际上是对二审法院司法资源的无必要的浪费。特别是在实践中有相当一部分案件都涉及一案多罪的情况。如果一个人实施了多个犯罪或者多次实施同一性质的犯罪，其中有的犯罪或案件事实，当事人对一审法院认定的事实和适用的刑罚没有上诉，检察机关也认为一审法院的裁判是正确的，只是对其他部分案件事实的认定，当事人或检察机关认为，与真实情况有出入或者认定不当，或者对其适用法律错误。在这种情况下，如果按照现行法律的规定，要求二审法院再对一审法院已经解决了的问题进行重复审理，不仅浪费二审法院的人力物力，而且浪费所有案件参与人的时间，实属没有必要。即使是共同犯罪的案件，如果其中一个同案犯只对共同实施的几个或几起犯罪中的一个提出上诉，同样没有必要让二审法院对全案进行审查，除非提出上诉的这一起涉及整个共同犯罪中主犯从犯的认定和责任的区分。

因此，笔者认为，二审法院对检察机关抗诉或者当事人上诉的案件进行审理的权限，应当限定在抗诉或上诉事由的范围之内，而不应当是对全案进行审理。抗诉或者上诉的事由涉及全案的，或者不查清全案事实就无法解决抗诉或上诉事项的，二审法院当然有权对全案进行审理。但是如果不涉及一审法院裁判的其他事项，二审法院就应当只审理抗诉或者上诉的事项，并就抗诉或者上诉所争议的事项作出裁判。这样才能确立一审法院正确裁判的权威，保障审判权的高效运作，才符合十七大提出的"建立公正高效权威的社会主义司法制度"的目标。在这方面，国外有些立法例是可以借鉴的。如《德国刑事诉讼法典》第 352 条（审查判决的范围）规定："（一）上诉法院只是根据所提出的上诉申请进行审查，如果上诉是依据程序上的错误时，只审查提出上诉申请时所说明的事实"。《意大利刑事诉讼法》第 597 条"上诉法官的审理"："1. 上诉的提出使第二审法官有权就上诉理由所针对的问题对案件进行审理"。《法国刑事诉讼法典》第 509 条规定："案件转归上诉法院，依第 515 条之规定，以上诉状所确定的限制以及上诉人之身份所定之限制为条件。"（第 515 条规定第 1 款规定："上诉法院可以依据检察院提出的上诉，或者维护原判，或者利于或不利于被告人，撤销原判之全部或部分。"）。这些规定，应该说是符合诉讼原理的。

四、关于刑罚执行权的优化

按照现行刑事诉讼法的规定，刑罚的执行涉及多个机关。如死刑由审判人员指挥执行（第 212 条）；死刑缓期二年执行、无期徒刑、有期徒刑由监狱执行，但是对于被判处有期徒刑的罪犯，在被交付执行刑罚前，剩余刑期在一年以下的，由看守所代为执行（第 213 条）；拘役由公安机关执行（第 213 条）；对未成年犯判处的刑罚由未成年犯管教所执行（第 213 条）；对罪犯监外执行的，由居住地公安机关执行，基层组织或者罪犯的原所在单位协助进行监督（第 214 条）；徒刑缓刑由公安机关交所在单位或者基层组织予以考察（第 217 条）；对于被假释的罪犯，在假释考验期限内，由公安机关予以监督（第 217 条）；管制、剥夺政治权利的刑罚由公安机关执行（第 218 条）。罚金由人民法院执行（第 219 条）；没收财产由人民法院执行，在必要的时候，可以会同公安机关执行（第 220 条）。

这些规定表明，在我们国家，执行刑罚的机关有"人民法院（审判人员）""监狱""看守所""未成年犯管教所""公安机关""基层组织""罪犯的原所在单位（所在单位）"等。同时，按照最高人民法院、最高人民检察院、公安部、司法部2003年7月10日发布的《关于开展社区矫正试点工作的通知》，对被判处管制的、被宣告缓刑的、被暂予监外执行的、被裁定假释的、被剥夺政治权利并在社会上服刑的罪犯实行社区矫正。社区矫正的试点工作，由司法行政机关牵头组织有关单位和社区基层组织开展，街道、乡镇司法所具体承担社区矫正的日常管理工作，公安机关配合司法行政机关对社区服刑人员的监督考核。

这种多个机关分别或配合执行刑罚的职权配置，究竟是弊大于利还是利大于弊，值得认真研究。从一定意义上说，这样规定符合我们国家司法机关职权设置的状况，有利于发挥多个积极性，并根据不同刑罚的不同特点执行刑罚。但是从另一方面看，这样规定有它的弊端。其弊端主要表现在以下几个方面：

第一，刑罚执行权支离破碎。多元的刑罚执行机构和管理体制，使刑罚的执行难以统一进行规划和管理。比如，哪些罪犯应该送监狱执行，哪些罪犯应该留看守所或者拘留所执行，缺乏一个统一的管理机构，因而也就缺乏统一的标准。另外，法院的生效裁判除了送达检察机关和当事人之外，应该送交哪个机关执行，有时并不是十分明确，以致实践中出现法院已经判决的罪犯长时间没有交付执行，既无人发现，也无人问津。

第二，在某些方面职责不明。社会服刑人员，究竟是公安机关负责刑罚执行，还是司法行政机关负责刑罚执行，"基层组织""有关单位""原所在单位"等如何协助执行，包括司法所负责社会服刑人员的社区矫正工作时，公安机关如何配合，都缺乏明确的规定。众多的机构之间，在刑罚执行中的职责权限，缺乏明确的划分。实践中往往出现互相推诿的现象，影响了刑罚的执行，导致社会服刑人员严重脱管，再犯罪率不断攀升。

第三，某些刑罚难以执行。人民法院是国家的审判机关，由人民法院执行刑罚，既不符合法院的性质和特点，也难以保障刑罚的执行，以致严重影响法院裁判的权威性。比如财产刑由人民法院执行，但是人民法院没有调查手段，在罪犯隐匿财产的情况下，财产刑就难以执行。即使有可执行的财产，罪犯不交出时，人民法院也不便执行，不得不"会同"公安机关执行。而国外在财产刑的执行方面的成功经验，在由法院负责财产刑执行的体制下，也难以借鉴。如被判处罚金或没收财产的罪犯在任何时候（包括主刑执行完毕后若干年）发现有可执行的财产，都要执行法院生效判决所确认的财产刑。这样既可以防止犯罪分子隐匿、转移犯罪所得，也有利于维护法院裁判的权威。但是在法院负责财产刑执行的体制下这种做法是难以实现的。

第四，刑罚执行的效果受到影响。在社会服刑方面，由于刑罚执行主体的不明确性和非专门化，对社会服刑人员的教育和监管难以落实。刑法规定，被宣告缓刑的犯罪分子"离开所居住的市、县或者迁居，应当报检察机关批准"。但是在实践中，有的缓刑犯离开居住地好几年，也没有人发现和问津。监外执行和假释的罪犯，往往由于监狱与罪犯居住地相距甚远，互不隶属，正在服刑的罪犯已经从监狱出来了，而罪犯居住地的监管机关有时还不掌握该人的去向。这些都在一定程度上影响了监外执行刑罚的效果。另外，由于看守所是临时羁押场所而不是罪犯改造场所，罪犯在看守所服刑，难以发挥刑罚改造罪犯的功能。

为了维护法律权威和法院裁判的权威，保障刑罚的有效执行，避免刑罚执行权的过分分散，有必要建立统一的刑罚执行机构，把人民法院生效裁判所确定的所有刑罚全部交由一个机构负责执行[1]。该机构可以根据刑罚的不同种类采取不同的执行方式、选择不同的执行场所，可以动用有关的社会力量协助执行刑罚，但是执行刑罚的责任应当由该机构承担，以防止互相推诿影响刑罚执行的效果。人民检察院应当对刑罚执行机构执行刑罚的情况进行法律监督。

（原载《法学杂志》2008 年第 5 期）

---

〔1〕 在我们国家现有的司法体制下，可以通过改造目前设在司法行政机关的监狱管理部门，设一个刑罚执行局或处，不仅负责自由刑的执行，而且负责其他刑罚的执行。

死刑复核程序改革与检察机关的介入权

死刑是剥夺人的生命的刑罚，死刑案件具有其他刑事案件所不具备的特殊性和敏感性，因而需要慎之又慎。随着最高人民法院统一收回死刑复核权，死刑复核程序改革成为当前亟待研究解决的一个重大问题。本文在对现行死刑复核程序的弊端进行分析的基础上，试图提出中国死刑复核程序改革的基本思路，进而论证检察机关介入死刑复核程序的必要性以及介入的方式。

一、关于死刑复核程序改革的建议

刑法第 48 条规定："死刑除依法由最高人民法院判决的以外，都应当报请最高人民法院核准。"刑事诉讼法第 199 条也规定："死刑由最高人民法院核准。"这种规定的目的是通过诉讼程序严格控制死刑的适用，贯彻我们国家一贯坚持的"少杀、慎杀"的刑事政策。但是，自 1983 年 9 月 7 日最高人民法院决定授权各省、自治区、直辖市高级人民法院和解放军军事法院核准杀人、强奸、抢劫、爆炸等严重危害公共安全和社会治安犯罪死刑案件以来，大部分死刑案件都是由高级人民法院核准的。由于缺乏明确具体的复核程序规则，在实践中，许多高级人民法院核准死刑案件都是把二审程序和复核程序合二为一进行的，而在没有上诉或抗诉的情况下，复核程序则变成了行政审批程序。即使在 1996 年刑事诉讼法修改以后，《最高人民法院关于执行〈中华人民共和国刑事诉讼法〉若干问题的解释》中甚至连刑事诉讼法中明确要求的"最高人民法院复核死刑案件，高级人民法院复核死刑缓期执行的案件，应当由审判员三人组成合议庭进行"（第 202 条），也没有明示。这种死刑复核程序虚置和行政化的现象，明显背离了死刑复核程序设置的初衷，导致种种弊端。

首先，现行的死刑复核程序不符合正当程序的基本要求。根据《布莱克法律词典》的解释，正当程序的中心含义是指："任何权益受到结果影响的当事人都有权获得法庭审判的机会，并且应被告知控诉的性质和理由，……合理的告知、获得庭审的机会以及提出主张和辩护等都体现在程序性正当程序之中。"根据正当程序的要求，控辩双方应当被告知程序的运行情况，能够在法庭中提出自己的主张，与对方当事人对质，并进行充分的辩护。从诉讼构造上看，正当程序要求控辩平等、控审分离、法官中立，要求法官居中裁判，控诉与辩护双方充分参与，并保持平等对抗的格局。由此，符合正当程序要求的死刑复核程序应当是司法裁判的过程，在控辩双方的共同参与并积极行使其权利的前提下查清事实，并正确适用法律。从死刑复核程序的实际运行考察，现行死刑复核程序连最基本的程序公正标准也无法达到。死刑复核程序的运行几乎完全是法院的单方行为，裁判职能缺乏控诉和辩护职能的支撑。控辩双方无法参与死刑复核程序，没有提出自己主张和意见的顺畅渠道，辩护权和对质权无从行使。正是基于这一点，一些学者批评现在的死刑复核程序，认为它背离了正当程序的基本要求，沦为秘密进行的暗箱操作。

其次，死刑复核程序难以实现死刑复核程序设置的目的。死刑复核程序是我国刑事诉讼特有的程序，其目的在于通过严格的高级别的过滤程序限制死刑的适用，坚持少杀、慎杀，防止错杀。刑事诉讼法中虽然明确规定了一系列贯彻落实死刑政策的措施，如死刑案件的管辖法院应当为中级以上人民法院，给予死刑案件的被告人获得法律援助的权利，死刑案件必须经过死刑复核程序等，但在现行死刑复核程序行政化的运行方式之下，法官没有充分听取控辩双方对案件的意见，往往受到原审法院死刑判决书的单方影响，很难发现案件事实中存在的问题和疑点。因此，通过死刑复核程序得到改判的死刑案件相对较少，该程序的过滤作用和把关作用未能充分发挥，从而也使该程序慎用死刑的设置目的难以真正实现。

最后，死刑复核程序难以保障当事人的诉讼权利。我国宪法已经确立了尊重和保障人权的原则，生命权作为最重要的人权，更应该得到充分的尊重和保护。死刑复核程序作为我国刑事诉讼程序中为保障死刑正确、谨慎适用的程序，其原意是为了更充分地保障诉讼主体的诉讼权利，通过独立的诉讼程序实现维护当事人诉讼权利和实体权利的目的。然而，我国刑事诉讼法关于死刑复核程序的规定中并未明确保障当事人的相关诉讼权利，《最高人民法院关于执行〈中华人民共和国刑事诉讼法〉若干问题的解释》虽然作了一定的补充，但仍然无法保障当事人在死刑复核程序中的诉讼权利。例如，最高人民法院复核死刑时并不要求提审被告人，听取被告人的意见；被告人的辩护律师和检察机关能否参与死刑复核程序没有明确规定；诉讼双方当事人没有对死刑复核程序运行的知情权，没有正常的诉讼途径表达对死刑复核程序的意见。也就是说，现行有关死刑复核的法律规定和相关的司法解释并没有赋予诉讼当事人那些可能影响诉讼结果的关键性诉讼权利。因此，在这种以行政化形式秘密进行的死刑复核程序中，检察机关和被告人双方都难以有效参与死刑复核程序，行使其追诉权和辩护权。

正是由于死刑复核程序存在上述无法克服的弊端，我国死刑复核程序改革的呼声日益高涨，已经成为理论界和司法实务界的共识。在我国目前关于死刑复核程序的修改建议中，大致可以归纳出以下三种观点：一是立足国情，尽量改革目前程序，即应当将死刑核准权统一收归最高人民法院行使，并完善死刑复核程序的诉讼化构造。[1] 二是对死刑案件应当进行三审终审制的改造，即在取消死刑复核程序的同时，规定死刑案件实行三审终审制，作为我国两审终审制诉讼原则的例外。[2] 三是对死刑案件应区别对待，即在全国范围内划分若干个司法区，由最高人民法院在每个区设立巡回法庭，对所辖区域的死刑案件进行复核；对那些特别严重，或社会影响特别巨大的案件实行三审终审制，由最高人民法院作为终审法院，对这些案件采取更为审慎的态度，以确保案件的质量和法律适用的准确。[3]

笔者认为，无论是保留死刑复核程序，还是实行死刑案件的三审终审制，或者实行复核与三审终审制相结合，都涉及一个基于死刑复核程序的行政化弊端而进行死刑复核程序的司法化、诉讼化改革问题。死刑复核程序的司法化、诉讼化改革，

---

〔1〕《最高人民法院收回死刑复核权之对策》研讨会发言记录，摘自正义网 http：//www.jcrb.com/zyw/n588/ca368751.htm。

〔2〕 陈卫东、刘计划：《关于死刑复核程序的现状及存废的思考》，载《中国法学》1998 年第 5 期；陈卫东、刘计划：《死刑案件实行三审终审制改革的构想》，载《现代法学》2004 年第 4 期。

〔3〕《最高人民法院收回死刑复核权之对策》研讨会发言记录，摘自正义网 http：//www.jcrb.com/zyw/n588/ca368782.htm。

至少应当做到以下几点：

第一，死刑复核程序应当公开进行。

诉讼程序的公开运行能够获得诉讼当事人和社会公众对诉讼程序及其裁判的信赖，死刑复核程序作为死刑案件的特别保障程序，更应当具有这种公开性。而我国现行的死刑复核程序是上下级法院报送和审批材料的过程，几乎是秘密进行的，诉讼当事人无从知晓。这种状况不改变，检察机关对死刑复核程序的法律监督和当事人对死刑复核程序的诉讼监督，就无法进行，复核结果的认可度也就会大打折扣。

死刑复核程序的公开并不要求所有死刑案件的复核都必须以开庭审理的方式进行，但应当赋予控辩双方申请开庭审理的权利。在我国现行的执法环境下，要求所有的死刑复核案件都开庭审理，一时还难以做到。对于案件事实清楚、证据确实充分，当事人对死刑判决没有异议的，复核死刑可以在听取控辩双方意见的基础上不开庭审理。如果检察机关或辩护方要求开庭审理，死刑复核程序就应当采用开庭审理的方式进行，以便使控辩双方有机会在公开的法庭上进行言词辩论。

死刑复核程序的公开性还体现为控辩双方能够及时了解死刑复核程序的运行情况，从而能够积极、有效地参与其中。在现行死刑复核程序中，程序运行到哪一阶段，甚至死刑是否被核准，控辩双方都没有法定的知悉渠道。死刑复核程序的改革应当明确赋予控辩双方一定的知情手段，及时了解程序的进程，维护其合法权益。

第二，死刑复核程序中应当保障控辩双方充分发表意见的权利。

加强死刑复核程序的诉讼化、司法化，就必须强化控辩双方的诉讼主体地位，而其中最为重要的内容就是保障控辩双方充分发表意见的权利。检察机关作为国家公诉机关，在死刑复核程序中应当继续行使其公诉权，发表对案件的意见，提出自己的观点，反驳对方的观点，提出新的证据，从而对案件的最终结果产生一定的影响。被告人及其辩护人也应当充分参与死刑复核程序，继续陈述其主张。尤其是应当赋予被告方对二审死刑裁判提出异议的权利、请求法院调查证据的权利，保障辩护人会见被告人、查阅案卷和对案件发表辩护意见的权利，以确保被告方辩护权的充分行使，并进而维护其诉讼权利和实体权利。

第三，对审理死刑复核案件的合议庭应当提出明确的要求。

1979 年刑事诉讼法和 1996 年修改后的刑事诉讼法都明确规定：复核死刑案件，应当由审判员三人组成合议庭进行。这个规定，一是强调死刑复核不能由独任法官一人进行；二是排除了由审判员和人民陪审员共同组成合议庭来复核死刑案件的做法。其根本目的就是保证死刑复核案件的质量。改革现行的死刑复核程序，应当坚持这一法律规定。

此外，还应当强调：负责死刑案件复核工作的合议庭与负责死刑案件二审的合议庭不能是同一个合议庭。这些年来，长期流行的负责死刑案件二审的合议庭与负责死刑案件复核工作的合议庭合二为一的做法，实际上等于取消的死刑复核程序。在死刑复核权收回最高人民法院之后，由于某些死刑案件可能是由高级人民法院进行一审的案件，因此最高人民法院也会面临负责死刑案件二审的合议庭要不要、能不能与负责死刑复核的合议庭合二为一的问题。

第四，死刑复核应当遵循严格的程序规则和特殊的证据规则。

目前，我国死刑复核程序尚未建立明确的程序规则，更谈不上比普通刑事案件严格的特殊要求的证据规则。而这个问题，对于保障死刑复核的质量、达到限制死刑适用的目的，具有极为重要的意义。

适用死刑的实体标准，也应当在不断总结审判实践经验的基础上，作出统一的严格的规定。只有从一审判处死刑时开始就严格限制死刑的适用，才有可能使最高人民法院在人力物力资源有限的情况下集中精力提高死刑复核的质量，才有可能避免死刑复核因不得不疲于应付而走过场。

第五，应当建立死刑复核程序的相关配套保障制度。

死刑复核程序的完善涉及诉讼的许多方面，其诉讼化、司法化进程有赖于刑事诉讼程序的整体进步。在刑事诉讼程序中，至少有以下几个与死刑复核的质量密切相关的制度亟待建立或完善：一是死刑案件的强制上诉制度。在我国有相当数量的死刑案件是一审终审后即进入死刑复核程序的，这些案件只经过一次法庭的开庭审判，不利于保障死刑案件的质量。因此，死刑案件中应当确立强制上诉制度，保证每一个死刑案件至少经过两级法院的审判。二是死刑复核程序中被告人的强制辩护制度。我国刑事诉讼法规定，被告人可能被判处死刑而没有委托辩护人的，人民法院应当指定承担法律援助义务的律师为其提供辩护。立法应当明确在死刑复核程序这一死刑案件的最终决定程序中，被告人没有委托律师的，法院也应当提供承担法律援助义务的律师为其辩护。三是确立死刑案件更为严格的证明标准。我国目前实行统一的定罪标准，即犯罪事实清楚、证据确实充分。但是，死刑案件应当确立更高的证明标准。联合国《关于保护死刑犯权利的保障措施》第 4 条规定，只有在对被告的罪行根据明确的和令人信服的证据而对事实没有其他解释余地的情况下，才能判处死刑。[1] 参照该规定，我国死刑案件的证明标准应当确立为案件事实清楚、证据确实充分，排除其他可能性。死刑复核程序只有以死刑案件更高的证明标准为指导，才更能保障死刑复核程序少杀、慎杀价值目标的实现。

二、检察机关应当有权介入死刑复核程序

检察机关作为国家的法律监督机关，在死刑案件的刑事诉讼中，既承担着公诉的职责，也承担着审判监督的职责，因而应当有权介入作为死刑案件最后一道关口的复核程序。检察机关介入死刑复核程序，主要有以下几点理由：

第一，检察机关介入死刑复核程序，是其公诉权的必然延伸。

公诉权是由不同诉讼阶段的具体职权组成的权力集合体，应当贯穿于案件的整个审理过程。对于普通刑事案件而言，检察机关的公诉权包括提起公诉，在一审程序中出庭支持公诉，提起二审程序的抗诉，出庭支持抗诉等权力。在死刑案件中，一审或者二审的死刑判决并不生效，必须经死刑复核程序核准后才能生效。也就是说，死刑案件的诉讼过程包括了一审程序、二审程序和死刑复核程序（在有些案件中，是一审程序、复核程序和核准程序），检察机关在死刑案件中的公诉权自然应当延伸至死刑复核程序。只有经过死刑复核程序作出生效裁判，检察机关的公诉权才真正行使完毕。因此，检察机关介入死刑复核程序，是其公诉权的必要组成部分和必然的延伸。

检察机关介入死刑复核程序，能够保障其公诉目的的实

---

〔1〕 程味秋、〔加〕杨诚、杨宇冠编：《联合国人权公约和刑事司法文献汇编》，中国法制出版社 2000 年版，第 205 页。

现。在死刑案件中，检察机关出于对死刑案件的慎重考虑，在一审、二审程序中积极行使公诉权，其目的在于说服法院支持其公诉主张。所有这些努力能否达到公诉目的，取决于死刑复核程序中生效裁判的作出。如果检察机关无法参与作出生效裁判的死刑复核程序，即使在之前的程序中公诉权能够得到充分行使，检察机关的公诉目的也无法有效实现。因此，检察机关介入死刑复核程序，是实现其公诉目的的必然要求。

第二，检察机关介入死刑复核程序，能够帮助法院全面了解案件事实，以作出正确的判断。

检察机关介入死刑复核程序，作为控诉方与被告方进行辩论，有助于查清案件事实真相。检察机关作为死刑案件的公诉机关，掌握了大量的证据，能够运用专业的诉讼技能向法庭提出据以支持其控诉主张的证据，与被告人就认定事实和适用法律问题进行充分的辩论，使法官做到兼听则明。从审判实践看，在大部分死刑案件的复核程序中，被告人及其辩护人都会重复甚至提出新的证据和理由力图证明被告人无罪或者罪轻。如果没有检察机关作为其对立面参与诉讼，负责死刑复核的合议庭就可能片面地受到诉讼一方的影响，难以客观全面地作出判断。

不仅如此，检察机关介入死刑复核程序，会更有助于法院查明案件事实。我国检察机关并不是作为一方当事人参加诉讼的，而是代表国家行使控诉职能，因而应当也必须站在客观公正的立场上，为发现案件的真实情况而进行诉讼活动。我国刑事诉讼法明确规定，人民检察院应当保障诉讼参与人依法享有的诉讼权利（第 14 条）；收集能够证实犯罪嫌疑人、被告人有罪或者无罪、犯罪情节轻重的各种证据（第 43 条）。在死刑案件中，检察机关介入死刑复核程序，其目的并不是简单的乘胜追击，一味要求法院作出死刑的生效裁判，还应当履行其客观义务，协助法庭查明事实，对于确实应当判处死刑的，做到不放纵罪犯；而对于不应判处死刑的，也应当向法庭陈述不应当判处死刑的意见。这对法院查明案件的事实真相，全面考虑案件的情况，作出公正的裁判，具有积极的帮助作用。

第三，检察机关介入死刑复核程序，是其行使法律监督权的必然要求。

检察机关作为专门的法律监督机关，介入死刑复核程序是其法律监督职能的必然要求，这不仅具有宪法和法律上的依据，也具有非常重要的实践意义。

死刑复核程序作为刑事诉讼程序的组成部分，当然属于检察机关法律监督的范围。刑事诉讼法第8条明确规定，人民检察院依法对刑事诉讼实行法律监督。死刑复核是刑事诉讼法明确规定的一个诉讼程序，理应属于检察机关对刑事诉讼实行法律监督的范围。至于监督的具体权能，由于刑事诉讼法对死刑复核程序本身规定得就过于简单，因而不可能对监督方式作出明确的规定。但是这并不意味着刑事诉讼法对检察机关监督死刑复核程序没有法律授权。因为刑事诉讼法第8条的规定已经明显地包含了检察机关对死刑复核程序的监督。现行刑事诉讼法关于检察机关在监督死刑执行过程中发现不应当判处死刑的，应当提出纠正意见的规定，也可以印证法律规定的检察机关对刑事诉讼的法律监督是贯穿在诉讼的整个过程的，其中当然包括死刑复核程序。如果说检察机关有权对执行死刑的活动进行法律监督而无权对死刑复核的活动进行法律监督，这在逻辑上也是讲不通的。

死刑复核程序的特别重要性也决定了检察机关对其实行法律监督的特殊必要性。死刑复核程序是死刑案件的最后一道关口，与一审、二审程序相比，具有特殊重要的地位，将最终决定一个人生命权利的剥夺与否。即使检察机关的法律监督权在之前的所有程序中都能够有效行使，法律监督在死刑复核程序这一决定性程序中的缺失也会使检察机关法律监督作用功亏一篑。因此，为确保死刑案件的公正性、合法性，就更应当加强检察机关对死刑复核程序的法律监督。

三、检察机关介入死刑复核程序的具体方式

最高人民法院统一收回死刑复核权之后，死刑复核程序的司法化、诉讼化改革就迫在眉睫，检察机关介入死刑复核程序也势在必行。笔者认为，检察机关介入死刑复核程序主要有以下四种方式。

1. 出席死刑复核法庭或发表书面意见，阐明公诉主张及其理由。

对于开庭审理的死刑复核案件，最高人民检察院应当派员出席死刑复核法庭，就案件事实和法律适用继续阐明其公诉主张，参加法庭调查和法庭辩论活动。对于案件事实清楚、证据确实充分，不开庭审理的死刑复核案件，最高人民检察院也应当提供书面意见，阐明其公诉主张及所依据的理由，继续行使其公诉权。

2. 列席最高人民法院审判委员会或者合议庭关于死刑复核案件的讨论。

《人民法院组织法》第11条规定，各级人民法院审判委员会会议由院长主持，本级人民检察院检察长可以列席。根据该规定，最高人民法院审判委员会讨论死刑复核案件，最高人民检察院检察长可以列席。在实践中，检察长因故不能出席时，可以委派副检察长或者其他检察委员会委员代表检察长出席会议。最高人民检察院列席审判委员会的检察人员不是审判委员会的成员，没有案件的表决权。但是，列席人员可以就认定事实和适用法律问题充分发表意见，行使其法律监督权。而且，在必要的情况下，检察人员还应当有权列席合议庭对死刑复核案件的评议。这是因为，每一个死刑案件都涉及是否剥夺一个人生命的问题，都是重大案件。因此，对于不经审判委员会讨论，而案件的性质或情节又使得列席确有必要时，检察机关也应当可以派员列席合议庭对死刑复核案件的讨论，发表自己的意见，以体现对死刑案件格外谨慎的执法态度，切实履行其法律监督职能。

在中央《关于司法体制和工作机制改革的初步意见》中，谈到改革和完善检察监督体制时，首先提出的任务就是改革和完善人民检察院对诉讼活动的法律监督制度。其中包括"完善人民检察院对人民法院刑事审判工作的监督制度。健全人民检察院派员列席人民法院审判委员会会议制度。人民检察院检察长、受检察长委托的副检察长，均可列席人民法院审判委员会讨论有关重大或疑难案件以及人民检察院抗诉案件的会议"。这个意见，也是根据《人民法院组织法》的规定提出的加强检察机关对刑事诉讼活动实行法律监督的有效措施。这种措施在死刑复核程序中尤其显得必要。

3. 对最高人民法院拟予核准死刑的裁定提出复议请求。

死刑复核程序作出的裁判具有终局性。基于维护生效裁判权威性和稳定性的考虑，对于最高人民法院核准的死刑裁判，即使检察机关认为该裁判确有错误，也不宜再按照审判监督程序提起抗诉。但由于死刑案件特殊的严厉性和错误结果的不可挽回性，最高人民检察院应当具有对不应当判处死刑而最高人民法院拟予核准死刑的案件提出复议请求的权利。对于该复议请求，最高人民法院应当另行组成合议庭进行审查，并在死刑复核裁定生效前作出书面答复。

4. 对死刑复核活动是否合法实行法律监督。

检察机关通过参与死刑复核程序，可以发现死刑复核程序是否存在违反法律规定的情况，并应当有权对之实行法律监督。具体而言，检察机关在死刑复核程序中应当行使以下法律监督权：（1）法庭组成人员是否符合法律规定；（2）法庭审理案件是否违反法定程序；（3）是否侵犯当事人和其他诉讼参与人的诉讼权利和其他合法权利；（4）有无其他违反法律规定的审理程序的行为。对于死刑复核程序中，人民法院或者审判人员审理案件如果有违反法律规定的情形，检察机关应当向最高人民法院提出书面纠正意见，最高人民法院应当对最高人民检察院的书面纠正意见及时作出答复。

（与李哲合著，原载《法律科学》
2006 年第 4 期；人大复印报刊资料
《诉讼法学》2006 年第 12 期转载）

认罪认罚与案件分流

推进以审判为中心的诉讼制度改革，对庭审实质化提出了更高的要求。而庭审实质化是一项需要大量司法资源投入的工程。在"案多人少"的矛盾突出、司法资源十分有限的情况下，要保证庭审的实质化进行，就必须对现有的刑事案件进行分流。只有当进入实质化庭审的案件大幅度减少的时候，人民法院才有可能保证案件的实质化审理，以审判为中心的诉讼制度才有可能真正确立。而认罪认罚的案件，正是刑事诉讼中案件分流的切入口。

一、刑事案件分流的基础

对刑事案件进行分流的前提是犯罪嫌疑人、被告人认罪认罚。如果犯罪嫌疑人、被告人不认罪认罚，无论案件的性质如何、情节严重与否，按照刑事诉讼法的规定，都只能启动普通程序进行实质化的审理，而不存在分流的可能。因此，只有对认罪认罚的案件，才可以根据从宽处罚的精神，简化诉讼程序，分别情况，进行分流处理。案件分流也就只能是对认罪认罚案件的分流处理。

认罪认罚案件是指犯罪嫌疑人、被告人承认自己实施了指控他的犯罪，并愿意接受司法机关依法对其处罚的案件。认罪认罚案件应当符合以下条件：

1. 案件事实已经查清

认罪认罚的案件首先必须是侦查机关已经对案件侦查终结，案件本身的事实清楚、证据确实，或者是自诉人提出的指控具有足以认定犯罪事实的证据支撑。如果案件事实本身尚不清楚，犯罪行为是否发生，以及犯罪行为是否确实是犯罪嫌疑人、被告人所为，还不能完全确定，即使犯罪嫌疑人、被告人认罪认罚，也不能作为刑事案件作出处罚决定。

案件事实清楚是指案件的基本事实清楚，即犯罪行为是否发生、是否确实是犯罪嫌疑人、被告人所为，是清楚的、有证据可以证明的。至于案件的具体细节，如果不影响基本事实的认定，并且犯罪嫌疑人、被告人认罪，就没有必要进一步查明。

案件事实清楚是就犯罪嫌疑人、被告人所指控的全部犯罪而言的。如果对一个犯罪嫌疑人、被告人提出了多项指控，其中有的事实清楚，有的事实并不清楚，就不能认定为案件事实清楚。

2. 犯罪嫌疑人、被告人真诚认罪

真诚认罪包括两个方面：一是自愿认罪。犯罪嫌疑人、被告人承认自己实施了所指控的犯罪确实是出于自愿，而不是在别人的强迫、欺骗、利诱下承认的，并且是在了解所指控犯罪的法律意义的情况下承认的。认罪是其真实的意志表示。二是确实认罪。犯罪嫌疑人、被告人对所指控的犯罪事实供认不讳，而不是时供时翻，一会儿认罪，一会儿又不认罪，更不是当着侦查人员的面认罪，当着检察官、法官的面就不认罪，或者在司法人员面前认罪，在自己的律师或家人面前就不认罪。

如果对犯罪嫌疑人、被告人提出指控的犯罪是一个单一的犯罪事实，而犯罪嫌疑人、被告人只承认其中的部分情节，而不是该犯罪事实的全部，就不能认定为犯罪嫌疑人、被告人认罪。如果对其提出指控的是一个罪名下的若干个犯罪事实，犯罪嫌疑人、被告人只承认其中的部分犯罪事实，同样不能认定为犯罪嫌疑人、被告人认罪。如果对其提出指控的是若干个不同种类的犯罪，而犯罪嫌疑人、被告人只承认自己实施了其中的某些犯罪而不是全部犯罪，亦不能认定为犯罪嫌疑人、被告人认罪（这种情况下，对其进行实质化审理的时候，就其承认的犯罪可以简化审理）。因为，真诚认罪是从宽处罚的先决条件。如果犯罪嫌疑人、被告人为了逃避法律制裁，避重就轻，只承认部分犯罪事实甚至是较轻的犯罪事实，企图以此掩盖更严重的犯罪事实，就不能作为认罪认罚案件，予以从宽处理，在程序上也没有分流的必要。

在共同犯罪案件中，如果有的犯罪嫌疑人、被告人认罪，而有的犯罪嫌疑人、被告人不认罪，就不能作为认罪案件来处理。

3. 犯罪嫌疑人、被告人愿意接受依法处罚

在认罪的基础上，犯罪嫌疑人、被告人愿意接受依法处罚，是认罪认罚案件成立的一个重要条件。首先这种处罚必须是于法有据的。犯罪嫌疑人、被告人虽然认罪，但不意味着就可以对其进行法外制裁。检察机关、审判机关应当在法律规定的范围内按照从宽处罚的原则确定对其进行处罚。如果犯罪嫌疑人、被告人只愿意承担依法进行处罚，而不愿意承担对其进行的法外处罚，不能否认其认罚。其次，必须是自愿接受处罚。在司法机关对其说明可能受到的处罚时，犯罪嫌疑人、被

告人在充分了解其法律意义的基础上，自愿表示愿意接受处罚，并且是自愿接受可能给予的全部处罚，才能认定为认罚（当然，在认罚的过程中，犯罪嫌疑人、被告人可以向司法机关提出自己的请求，司法机关应当在法律范围内充分考虑犯罪嫌疑人、被告人的请求，并在此基础上确定对其给予的处罚）。

在有被害人的案件中，认罚还应当包括愿意按照刑事诉讼法规定的刑事和解程序承担对被害人的赔偿。如果对被害人方面提出的合理的赔偿请求，在能满足的情况下不予满足，就不能认定其认罚。

认罚还应当包括愿意交出全部的违法所得。如果犯罪嫌疑人、被告人有意隐瞒或者藏匿犯罪中的违法所得，就不能认定为其认罚。

一个案件，只有同时具备上述三个方面的条件，才能作为认罪认罚案件，进行分流处理。如果缺少其中任何一个条件，都不宜作为认罪认罚案件来处理，都不具备刑事案件分流的基础。其中有从宽处罚情节的，可以依法从宽处罚，但在处理过程中不宜简化审理程序。

二、对认罪认罚案件如何进行分流

对犯罪嫌疑人、被告人认罪认罚的案件，应当根据案件的性质和严重程度，在司法机关之间进行分流，以促使这类案件快速、便捷、及时地处理。

对于认罪认罚案件进行分流，首先，应当充分运用现行法律的规定，尽可能在刑事诉讼法现有的法律框架内，实现案件分流，从而把改革的成本降到最低限度。其次，应当根据刑法中从轻、减轻或者免除处罚的规定，对认罪认罚的犯罪嫌疑人、被告人从宽进行处理。

（一）刑事诉讼法关于案件分流的规定

按照现行法律的规定，刑事案件的分流，主要是通过以下程序进行的：

1. 不起诉程序

刑事诉讼法规定了四种不起诉程序，即：绝对不起诉、相对不起诉、存疑不起诉和附条件不起诉。通过检察机关对不宜或者不需要判处刑罚的案件作出不起诉处理而分流部分刑事案件。其中，对于认罪认罚案件，检察机关可以在三种情况下作出不起诉处理：一是对于情节显著轻微的案件，可以作出绝对不起诉处理。刑事诉讼法第 173 条也规定，对于犯罪嫌疑人有本法第十五条规定的情形之一的，人民检察院应当作出不起诉决定。二是对于情节轻微的案件，可以作出相对不起诉处理。按照刑事诉讼法第 173 条第 2 款的规定，对于犯罪情节轻微，依照刑法规定不需要判处刑罚或者免除刑罚的，人民检察院可以作出不起诉决定。三是对于未成年人犯罪的案件，可以作出附条件不起诉处理。按照刑事诉讼法第 271 条的规定，对于未成年人涉嫌刑法分则第 4 章、第 5 章、第 6 章规定的犯罪，可能判处 1 年有期徒刑以下刑罚，符合起诉条件，但有悔罪表现的，人民检察院可以作出附条件不起诉的决定。这三种情况下的不起诉都可以适用于犯罪嫌疑人认罪认罚的案件。

2. 速裁程序

经全国人大常委会授权，最高人民法院、最高人民检察院从 2014 年 6 月起在北京、天津、上海、重庆、沈阳、大连、南京、杭州、福州、厦门、济南、青岛、郑州、武汉、长沙、广州、深圳、西安 18 个城市开展刑事案件速裁程序试点工作。刑事案件速裁程序主要适用于事实清楚，证据充分，被告人自愿认罪，当事人对适用法律没有争议的危险驾驶、交通肇事、盗窃、诈骗、抢夺、伤害、寻衅滋事等情节较轻，依法可能判处一年以下有期徒刑、拘役、管制的案件，或者依法单处罚金的案件。通过速裁程序可以分流部分常见、多发的轻微刑事案件。某些轻微刑事案件，由于刑法规定必须予以刑罚处罚，所以不能不由人民法院进行审判。这种审判，按照目前正在进行的试点，可以通过速裁程序来处理。

3. 简易程序

按照刑事诉讼法第 19 条、第 208 条的规定，基层人民法院对自己管辖的案件（除危害国家安全、恐怖活动案件和可能判处无期徒刑、死刑的案件以外的所有刑事案件），符合一定条件的，就可以适用简易程序进行审判。这些条件包括：案件事实清楚、证据充分；被告人承认自己所犯罪行，对指控的犯罪事实没有异议；被告人对适用简易程序没有异议。当然，这些条件也包括刑事诉讼法第 209 条规定的排除条件，即有下列情形之一的，不适用简易程序：（一）被告人是盲、聋、哑人，或者是尚未完全丧失辨认或者控制自己行为能力的精神病人的；（二）有重大社会影响的；（三）共同犯罪案件中部分被告人不认罪或者对适用简易程序有异议的；（四）其他不宜适用简易程序审理的。通过简易程序，可以分流大部分刑事案件。可见，简易程序适用的前提就包含了被告人认罪。

4. 普通程序

刑事诉讼法规定的普通程序，适用于三类案件：一是被告人虽然认罪，但属于刑事诉讼法第 209 条明文规定不适用简易程序的案件；二是被告人不认罪的案件；三是可能判处无期徒刑或者死刑的案件。

按照刑事诉讼法的规定，尽管是认罪认罚案件，但可能判处无期徒刑或者死刑的，仍然要按照普通程序审理。这也就是对认罪认罚案件进行分流中，必须按照普通程序审理的部分。这部分案件在整个刑事案件中所占的比例十分有限，并且对被告人而言关系重大，因此应当特别慎重，需要投入更多的司法资源。

（二）目前实践中存在的突出问题

虽然新的刑事诉讼法明文规定了四种不起诉制度，但是在司法实践中，对于犯罪嫌疑人认罪认罚的案件，检察机关很少适用不起诉的法律规定来分流刑事案件，以致几乎所有的公诉案件都移交到人民法院，由人民法院通过审判程序来处理。1996 年修改的刑事诉讼法就确立了相对不起诉的制度，即按照刑事诉讼法第 142 条的规定，人民检察院对于不需要判处刑罚或者免除刑罚的案件，可以作出不起诉的决定。但是 20 年来，人民检察院并没有充分行使这项权力（据 2007 年、2013 年最高人民检察院向全国人大所做的工作报告中披露的数据，2003—2012 年全国各级检察机关决定不起诉的人数只占提起公诉和不起诉总人数的 2.84%）。2012 年修改的刑事诉讼法不仅保留了人民检察院相对不起诉的权力，而且赋予人民检察院对未成年人刑事案件作出附条件不起诉的权力。2012 年刑事诉讼法实施以来，人民检察院也没有充分行使这些权力（从最高人民检察院向全国人大所做的工作报告中看，2013 年提起公诉1324404 人，不起诉 51393 人；2014 年提起公诉 1391225 人，绝对不起诉和存疑不起诉 23269 人，相对不起诉 52218 人，附条件不起诉 4021 人；2015 年提起公诉 1390933 人，绝对不起诉和存疑不起诉 25778 人，相对不起诉 50787 人，平均每年不起诉的案件占审查起诉总数的 4.8%）。

人民检察院之所以没有充分行使不起诉的权力，其主要原因，可以归纳为三个担心：一是担心该权力被滥用。由于检察机关曾经滥用免予起诉的权力受到社会各界的反对，以致该权力在 1996 年修改刑诉法时被取消，因而担心不起诉的权力再次被滥用。二是担心缺乏制约。由于不起诉意味着刑事案件在检察环节的终结，担心检察人员利用不起诉的权力办关系案、人情案、金钱案。三是担心出力不讨好。由于高检院对不起诉案件在程序上作了严格的限制，适用不起诉的案件无形中增加了办案人员的工作量，并且可能被怀疑。许多办案人员宁愿直接把案件起诉到法院，不愿因提出不起诉的建议而将案件提交检委会讨论。基于前两个担心，高检院对不起诉的权力采取了严格限制的态度，一方面在人民检察院刑事诉讼规则中明确规定，作出不起诉决定，必须由检察委员会讨论决定；另一方面，对各地不起诉的案件提出了严格的比例要求。刑诉法修改后，虽然不再控制不起诉的比例，但在新的刑事诉讼规则中仍然规定，不起诉案件必须经检察长或者检委会决定。许多检察官为了减少不必要的解释、汇报，为了防止被怀疑，宁肯把案件直接起诉到法院，而不愿意对其作出不起诉处理。

由于检察机关极少适用不起诉程序，就使得几乎所有刑事案件都通过人民法院的审判程序来处理。尽管有速裁程序和简易程序，但是人民法院审判的每一个刑事案件都必须通过开庭的方式进行，都必须有法庭、法官、法警、书记员等，必然消耗一定的司法资源。这就必然加剧人民法院审判刑事案件的压力。

特别是随着司法体制改革的推进，法官员额制的落实，能够主持法庭审判的法官资源更加紧缺。由检察机关处理那些不需要判处刑罚的轻微刑事案件，就成了一个势在必行的不二选择。

（三）案件分流的构想

在现行法律的框架内分流刑事案件，最有效、最便捷的方案是充分发挥刑事诉讼法规定的不起诉制度的功能，减少刑事案件进入审判程序的数量。同时，应当进一步扩大速裁程序的适用范围，进一步发挥简易程序的作用，使刑事案件真正进入实质化审理的数量极大减少，从而保证人民法院有足够的司法资源对必须按照普通程序审理的案件进行实质化的审理。

充分发挥不起诉制度的功能，需要对其进行必要的改造：

1. 废除对不起诉的限制性规定

保证不起诉制度的适用，应当从四个方面入手：一是在刑事政策上鼓励基层检察院依法适用相对不起诉和附条件不起诉。对于符合不起诉条件的案件，应当允许基层检察院适用不起诉程序处理案件，而不应有比例或者数量的限制，也不应有程序上的限制。二是取消对不起诉的限制性规定。一个案件，是否适用不起诉，应该由承办案件的检察官来决定。特别是实行检察官办案责任制以后，应当取消不起诉案件由检察长或者检委会决定的规定，直接交由有权办案的检察官根据案件的具体情况决定是否适用不起诉。三是适度放宽相对不起诉和附条件不起诉的适用条件。对于犯罪嫌疑人认罪认罚的案件，是否属于犯罪情节轻微不需要判处刑罚，应当适用比较宽松的标准。特别是在有被害人的案件中，当事人双方已经达成和解协议，犯罪嫌疑人又认罪认罚，就可以适度放宽"不需要判处刑罚"的范围。四是改变附条件不起诉的监督考察主体。目前，按照刑事诉讼法的规定，对未成年人适用附条件不起诉的案件，由检察机关负责监督考察。检察机关则规定由作出附条件不起诉决定的未成年人检察部门或者承办案件的检察官负责。如果检察官作出了一个附条件不起诉的决定，他就要花费半年以上的时间来负责对被附条件不起诉人的监督考察，这无形中就给自己增加了很大的负担。因此检察机关几乎不适用附条件不起诉。为了保障这项分流措施的落实，实现制度设计的初衷，就应当把监督考察的主体由人民检察院改为司法行政机关，以解放作出附条件不起诉决定的检察官。

2. 赋予人民检察院一定的处罚权

按照现行刑事诉讼法的规定，人民检察院对作出不起诉决定的案件，没有任何处罚权。即使需要对被不起诉人予以处罚，人民检察院也只能是"提出检察意见，移送有关主管机关处理"。而在实践中，一方面，本来由检察机关处理的案件，检察机关已经作出了不起诉的决定，其他机关往往不愿意再对其进行处理。另一方面，"有关主管机关"的概念不够明确，不起诉的案件当事人究竟由哪个机关来主管，往往互相推诿，导致案件不了了之。因此，要发挥不起诉制度的功效，就应当赋予人民检察院对不起诉案件的处罚权。在作出不起诉决定的时候，不是单纯宣布不起诉，而是根据案件的具体情况，给被不起诉人一定的处罚，以达到教育惩戒的目的。在认罪认罚案件中，人民检察院作出相对不起诉或者附条件不起诉的决定时，应当有权对犯罪嫌疑人作出一定的惩罚性的处罚决定，如责令赔偿、赔礼道歉、接受社区监督或参加社区劳动，要求缴纳一定数额的罚款，禁止其在一定时间内从事某类职业或某项活动等，并监督刑事和解的执行等。这些权力，有利于维护不起诉决定的严肃性，有利于惩戒教育被不起诉人，实现刑事案件分流处理的功效。

3. 赋予当事人在不起诉案件中的辩护权

人民检察院拟作不起诉处理的案件，应当允许犯罪嫌疑人、被害人聘请律师为自己提供法律帮助，包括为自己的行为进行辩解，以避免当事人因不懂法而事后反悔。特别是对于认罪认罚的犯罪嫌疑人和未成年犯罪嫌疑人，法律援助机构应当为其适时提供法律帮助，保证其充分了解认罪认罚和不起诉处理的法律后果。只有在当事人充分了解认罪认罚和不起诉的法律意义的基础上，适用不起诉程序才有可能收到案结事了的效果。人民检察院在作出不起诉决定前，应当征询犯罪嫌疑人、被害人双方的意见，在当事人双方充分发表意见的基础上进行处理。

4. 赋予当事人不服不起诉决定时向人民法院申诉的权利

对于人民检察院作出的不起诉决定，应当赋予当事人一定的救济渠道。除了存疑不起诉之外，人民检察院作出不起诉决定，往往意味着刑事案件的终止。为了防止检察机关滥用不起诉的权力，法律应当规定，当事人任何一方不服人民检察院的不起诉决定时，都有权在一定时间内向人民法院提出申诉。这个程序的设置，可以保证对人民检察院的不起诉权实行有效的外部制约，防止该权力被滥用。同时也是为了保障当事人的诉讼权利，为其提供一个进一步说理的地方（侦查机关不服人民检察院不起诉决定的，应当按照刑诉法规定的复议程序处理）。

5. 增设人民法院审理不服不起诉决定的审判程序

对于当事人不服不起诉决定的申诉，人民法院应当按照普通程序开庭审理，以保证案件的公正处理。

刑事案件在人民检察院和人民法院之间分流，可以说是刑事诉讼制度改革中成本最小、阻力最小、收效明显的措施。它的意义在于：

第一，缩短大部分刑事案件的诉讼周期，提高诉讼效率。按照刑事诉讼法的规定，人民法院开庭审理刑事案件，除了审前的准备工作之外，在法庭上要经过告知（宣布案由、法庭组成人员名单、当事人申请回避的权利、被告人的辩护权等）、公诉人宣读起诉书、法庭调查、法庭辩论、被告人最后陈述等程序，即使是被告人认罪的简易程序，也必须在程序上走完所有的"规定动作"，必须有审、控、辩三方的人到场。这必然要耗费各方面的司法资源，拖延诉讼的周期。如果对没有争议、不需要判处刑罚的轻微刑事案件，由人民检察院直接作出不起诉的处理决定，就可以避免大量刑事案件进入审判程序，进行没有实质必要的审理，节约司法资源，并且可以大大缩短刑事案件的诉讼周期，提高诉讼效率。

第二，减少对犯罪嫌疑人、被告人的羁押和判刑，化解社会矛盾。绝大多数刑事案件的审理都是在被告人被羁押的状态下进行的（有的地方法院为了保证开庭时被告人能够到庭，内部规定，外地被告人没有被羁押的，就不接收检察院移送的案件，以致在一些外地人犯罪的轻微刑事案件中检察院也不得不对被告人采取羁押措施）。让那些没有争议、不需要判处刑罚的轻微刑事案件在检察环节就予以终结，可以大大减少犯罪嫌疑人或被告人被羁押的时间。这不仅有助于及时化解犯罪嫌疑人或被告人与被害人之间的矛盾，减少犯罪嫌疑人或被告人及其亲属对司法机关的仇恨，而且有助于防止犯罪嫌疑人或被告人在羁押期间难以避免的相互感染。

第三，惩戒教育犯罪人，减少惩罚的副作用。实施了轻微犯罪行为的人，在其认罪认罚的前提下，作出不起诉处理，一方面由于对其进行了一定的惩罚，可以促使其从中汲取教训，悔过自新；另一方面由于不予定罪，避免了给其贴上"犯罪分子"的标签，可以方便其学习、就业，防止其"破罐子破摔"，再次走上犯罪的道路。特别是避免了短期自由刑在看守所、监狱中的交互感染，减少了其强化犯罪心理的机会。

第四，减轻人民法院的负担，确保法庭审理的实质化。目前所有的刑事案件都要由人民法院开庭审理来结案。而刑事案件的每一次开庭，都需要法官、书记员、法警等人员的共同参与，都需要走完法律规定的诉讼程序，都需要占用一定时间的法庭。刑事案件分流以后，人民法院由于需要开庭审理的案件大大减少，就有可能保持足够的审判资源来审理必须开庭审理的刑事案件，从而保证被告人及其辩护人在法庭上有充分的时间对案件的证据进行质证并展开法庭辩论，使法庭审理的过程真正成为摆事实、讲道理的过程。如是，被告人及其辩护人就不致因为没有在法庭上充分发表辩护意见的机会而寻求法庭外的申辩途径，刑事审判也就会以看得见的正义展现在人们面前。

三、刑事案件分流中需要研究的问题

（一）能否引入辩诉交易制度

法庭审理的实质化必然扩大存疑不起诉的适用。法庭审理的实质化势必把那些证据难以达到定罪要求的案件排斥在法庭审理之外。这一方面是因为法庭审理的实质化要求检察机关严格把握证据标准。检察机关提起公诉的案件必须在法庭审理中接受辩方的质证和论辩。如果证据出现瑕疵或者难以达到确实充分的程度，就会使公诉人在法庭上陷于被动。为了保证公诉案件法庭审理的顺利进行，检察机关在审查起诉阶段必然要严格审查证据。对于两次退回补充侦查仍然不能达到证据确实充分要求的案件，不会贸然提起公诉。另一方面是因为，一旦法庭审理的实质化进行，法院完全根据法庭审理的情况进行裁判，证据不够确实充分的案件，就可能被宣告无罪，提起公诉的检察机关将承担败诉的风险。为了避免这种风险，检察机关也将会对证据不够确实充分、自认为没有把握指控成功的案

件，作出不起诉处理。

有一种观点认为，检察机关可以通过辩诉交易的方式，在证据难以达到确实充分的情况下，与犯罪嫌疑人、被告人达成认罪认罚从宽处理的协议，从而使这类案件得以处理，以防止部分案件因证据问题而被法院宣告无罪。这种观点，恐怕是一种异想天开的一厢情愿。因为，辩诉交易在中国缺乏制度基础。

一是职业法官审理案件不同于陪审团裁判案件。在美国，犯罪嫌疑人如果不认罪，他可以选择由陪审团来审理案件。由于陪审团成员是由没有受过法律专业训练的普通民众组成的，并且审理时采取直接言词原则，他们判断罪名成立与否的标准不完全是法律，而在很大程度上是根据自己的良知和常识，裁判结果对于被告人也好、检察官也罢，都具有一定的不可预知性，检察官一旦把案件提交陪审团审判，控辩双方都会有一定的风险。为避免这种风险，双方作出一定的让步而不把案件提交陪审团审判就可能成为共同的选择。但是，在中国和大陆法系国家，刑事案件都是由职业法官进行裁判的，他们判断案件事实的标准是证据和法律。如果案件的证据不能达到裁判所坚守的标准，被告人必然被宣告无罪。检察机关如果因为案件的证据不够充分、起诉没有把握，而要求与犯罪嫌疑人进行辩诉交易，许诺在对方认罪认罚的情况下对其从宽处理，恐怕很难与犯罪嫌疑人达成协商一致的结果，因为在这种情况下，犯罪嫌疑人及其辩护人很容易发现指控的犯罪证据不够确实充分，也就不会担心被定罪，从而也就不可能为了从宽处理来认罪。

二是法律没有给检察官留下可用以交易的筹码。在美国，检察官起诉与不起诉的裁量权几乎没有限制，对于已经构成犯罪的案件，检察官完全可以以共同利益的名义不予起诉。构成犯罪的案件以何种罪名起诉，裁量权完全在检察官手里。同一个行为，检察官可以选择不同的罪名起诉；若干个行为，检察官可以选择只起诉其中的一个或几个，无需担心因漏罪而承担失察的责任。检察官甚至可以以"污点证人的豁免权"而放弃对犯罪嫌疑人的指控。而法庭审理只是裁定检察官起诉的罪名是否成立。因此，检察官对案件的处理具有很大的选择余地，手里握有足以与犯罪嫌疑人进行交易的筹码。但是在我们国家，犯罪嫌疑人的行为是否构成犯罪、构成什么犯罪，并不完全取决于检察机关的选择。一方面法律规定的罪名具有确定性，一个行为是否构成犯罪、构成什么犯罪，在法律上往往是确定的。另一方面，在司法实践中，无论是检察官还是法官，都被要求准确地适用法律，严格区分罪与非罪、此罪与彼罪的界限。如果检察机关指控的罪名不够准确，法院可以改变检察院指控的罪名，以确保案件的依法处理。检察机关只有在法律规定的范围内才具有选择权，一旦超出法律规定的范围，就可能被认为违法办案。而在法律规定的范围内，检察机关几乎没有什么选择的余地可以给犯罪嫌疑人以"好处"，犯罪嫌疑人及其辩护人也就没有理由让渡自己的利益与检察机关去交易。正如有的学者指出的："美国的辩诉交易很多是在案件事实有争议或者证据有疑问的情形下，换取被告人的轻罪轻罚认可，我们推行的认罪认罚必须在案件事实清楚证据确实充分的条件下进行，不允许司法机关借认罪认罚之名，让犯罪嫌疑人、被告人承受事实不清证据不足情形下的罪与罚，依此减轻或降低检察机关的证明责任。"[1]

三是社会不允许检察官有罪不诉。在美国，检察官基于公

---

[1] 陈卫东：《认罪认罚从宽制度研究》，载《中国法学》2016年第2期。

共利益考量，不追究犯罪人的刑事责任，在社会上不会引起民众的反对，不会因此承受舆论的巨大压力。特别是像吉普森那样的案件，法院宣判无罪，社会各界都可以接受。而我们的社会，无论是普通民众包括被害人，还是各个领导机关、管理部门，都不允许检察机关有罪不诉。1996 年刑事诉讼法对此特别规定：对人民检察院维持不起诉决定的案件，被害人可以直接向人民法院起诉，2012 年刑事诉讼法进一步确认了这个规定。检察机关自己多年来都是把追诉漏罪作为审查起诉的成绩看待的。如果为了让犯罪嫌疑人认罪而放弃对部分犯罪的追诉，或者把重罪按照轻罪来指控，不但社会各界不答应，检察机关内部管理中恐怕也难以通过办案质量考评这一关。检察机关能够与犯罪嫌疑人做交易的，只有当刑法对同一个犯罪规定了多个法定刑档次时，同意按照较低的法定刑档次提出量刑建议。而这种量刑建议在多大的程度上可能被法院接受，还是一个未知数。

四是缺乏辩诉交易制度运行的人员。辩诉交易制度的运行，一方面需要大量的理性的律师，为犯罪嫌疑人客观地负责任地分析和预测案件的走势，帮助犯罪嫌疑人理智地选择是否认罪；另一方面也需要廉洁的具有良好职业伦理的检察官和法官，站在法律的、公益的立场上处理案件。没有一大批理性的律师和廉洁的司法官，辩诉交易就难免变成"权钱交易"。

基于以上理由，笔者认为，面对法庭审理的实质化之后可能出现的难以定罪的案件，除了提高侦查能力和质量，减少证据不够确实充分的案件之外，唯一可行的办法，就是检察机关依法作出存疑不起诉的决定，而不是通过辩诉交易的方式把这类证据不足的案件起诉到法院，企求通过被告人认罪认罚来达到追诉的目的。因此，对认罪认罚案件从宽处理，并不能解决对证据不足或者有瑕疵的案件成功追诉的问题。

当然，辩诉交易制度的合理内核，我们需要借鉴吸收。所谓其合理内核，主要是指辩诉交易制度中包含的对认罪认罚的案件从宽处罚和从简处理的精神。借鉴这种精神，对认罪认罚案件进行分流，以便快速处理，是我们面对目前的司法状况不得不作出的制度性选择。

（二）如何看待检察机关在刑事案件中的处理权

扩大检察机关不起诉的范围，会不会侵蚀人民法院的刑事审判权？回答应该是否定的。因为：

第一，严格控制进入法院审判的范围，以减轻法院审理刑事案件的压力，是世界性的趋势。

对刑事案件进行分流以便法院集中力量审理重大案件，是一些法治国家的普遍做法。如英国，轻微刑事案件传统上都是由治安法院的治安官和法官审理的（据介绍，伯明翰地区治安法院有 110 名治安法官，有 21000 名治安官，每月有 2000 名治安官在法院处理案件）。这些治安官都是来自社会各界、不在法院领薪水的志愿者，轮流到治安法院审理案件，有权对 6 个月以下监禁（2003 年法案将其延伸到 12 个月）、5000 英镑以下罚款的案件作出裁决。他们在审理刑事案件方面拥有与治安法官同等的权力（区别在于法官是一个人审理案件，治安官必须三个人共同审理案件）。由于大量的轻微刑事案件通过治安官即非职业法官处理了，直接或通过治安法院移送而进入刑事法院的案件十分有限，所以皇家刑事法院就有充足的时间和精力审理那些严重刑事犯罪案件。美国则大量适用检察官与被告方之间的辩诉交易来处理轻微刑事案件。据纽约市 1990 年的统计，该市 1990 年按正式程序开庭审判的案件占所有轻罪和重罪的 7.41%。[1] 到了 2002 年（据美国司法部司法统计局的统计），联邦刑事案件被告人中只有 3463 名进入了正式审判，而 72110 名被告人通过辩诉交易程序或不争辩程序被处理，这意味着只有 5% 左右的联邦刑事案件被告人进入了正式审判程序。[2] 美国大法官沃伦·伯格在总结辩诉交易的实践时曾经指出：一旦有罪答辩从 90% 减少到 80%，法院就需要付出双倍的人力和设施——法官、法庭记录员、法警、书记员、陪审员和法庭。[3] 美国司法系统已经非常依赖效率的提高来维持运行，如果不用类似辩诉交易式的方法将全部刑事案件作适当分流，就可能面临崩溃的危险。[4] 大陆法系国家在传统上将刑事案件分为违警罪、轻罪、重罪，只有轻罪和重罪有法院审理。对于轻罪和重罪，过去一直坚持起诉法定主义，现在则大多采取起诉便宜主义原则，赋予检察机关一定的起诉裁量权。如原来采取起诉法定主义的德国，从 20 世纪 60 年代开始逐渐接受起诉便宜主义，目前德国检察官享有决定不起诉和暂缓起诉等自由裁量权。《日本刑事诉讼法》规定了起诉犹豫制度。我国台湾地区和澳门特别行政区也都建立了暂缓起诉制度。有的正在探索案件分流制度，进一步扩大检察机关对案件的处理权。如荷兰，在鹿特丹市设立了庭外处理轻微刑事案件的"越开越

---

〔1〕 程味秋主编：《外国刑事诉讼法概论》，中国政法大学出版社 1994 年版，第 71 页。

〔2〕 These statistics come from Bureau of Justice Statistics, U. S. Dep't of Justice, Sourcebook of Criminal Justice Statistics Online tbl. 5. 22, at http：//www. albany. edu/sourcebook/pdf/t522. pdf (last visited Mar. 4, 2005). And http：//www. albany. edu/sourcebook/pdf/t546. pdf (last visited Mar. 13, 2005)(showing that only five percent of convictions in state criminal cases were the result of trials).

〔3〕 Wayne R. LaFave, Jerold H. Israel, and Nancy J. King, *Criminal Procedure*, 3rd. ed. (St. Paul, MN：West Group Publishing Company, 2000), p. 957.

〔4〕 ［美］弗洛伊德·菲尼、岳礼玲选编：《美国刑事诉讼经典文选与案例》，中国法制出版社 2006 年版，第 262 页。

好"试点办公室，授权检察官直接裁决轻微刑事案件而不将案件移送法院审理。目前，检察官庭外处理的案件占轻罪案件的80%。据介绍，他们的目标是检察官庭外处理的案件达到整个刑事案件的80%。检察官庭外处理包括庭外刑事和解和不起诉。我们在荷兰访问时，荷兰的检察官、律师、教授都认为，庭外处理速度快、效率高，不用公开审理，对于轻微刑事案件中的初犯、偶犯、少年犯的帮教效果十分明显，有利于他们回归社会。

第二，在中国，人民检察院、人民法院都是国家的司法机关。刑事案件，通过人民法院的审判程序来处理，还是通过人民检察院的不起诉程序来处理，都是按照刑事诉讼法的规定，通过司法程序来处理，都能够保障犯罪嫌疑人、被告人的诉讼权利，能够保证案件的依法公正审理。正如批准逮捕的权力，可以由法院行使，也可以由检察院行使一样，轻微案件的处理权，无论是由法院行使，还是由检察院行使，由于都要受法律程序的约束，都是由通过法律专业资格审查的司法官具体适用的，因而都可以保证案件的公正处理。

第三，人民检察院通过不起诉程序处理刑事案件，并不违反人民法院独享定罪权的原则。由于刑事诉讼法第12条规定了"未经人民法院依法判决，对任何人都不得确定有罪"的原则，有些学者认为，扩大人民检察院不起诉的范围，可能会侵蚀人民法院的定罪权。其实，适用不起诉并不存在对被不起诉人定罪的问题。不起诉处理的案件中，绝对不起诉本身意味着犯罪嫌疑人的行为不需要或者不能追究刑事责任，不存在定罪的问题。存疑不起诉，意味着证据不足，不能追究刑事责任，因此也不存在定罪的问题。相对不起诉和附条件不起诉，表面上看，似乎认定了犯罪嫌疑人有罪。但是实际上，由于通过检察机关作为不起诉案件处理，就避免了对犯罪嫌疑人的定罪，避免给其贴上犯罪的标签。从处理方式上看，检察机关作出不起诉决定，不能同时对其判处刑罚。从处理的效果上看，相对不起诉的案件，犯罪嫌疑人没有前科，不存在犯罪记录。所以，对犯罪嫌疑人而言，被不起诉的，并没有留下犯罪记录的后果，很难说就是对其定罪了。

另外，我们国家违反治安管理处罚条例的行为，依法都是由公安机关处理的。而这些行为在大陆法系国家，通常都属于违警罪，由法院通过审判程序来处理。在我国人们很少认为，公安机关处理违反治安管理处罚条例的行为，就侵犯了人民法院的审判权。同样地，对于那些虽然刑法中规定为犯罪但没有按照犯罪来定罪并判处刑罚的案件，由检察机关通过不起诉程序处理，应该说，与人民法院的审判权没有直接的关系，不存在侵蚀审判权的问题。即使如本文所建议的，赋予检察机关对不起诉案件作出一定数额的罚款，或者责令其赔偿损失、赔礼道歉，或者限制其在一定时间内从事某些活动，那都是非刑罚的处理方式，而不是在定罪的前提下对其适用刑罚。

（三）如何把握不起诉案件的具体适用

1. 关于绝对不起诉

按照刑事诉讼法第 15 条的规定，对于情节显著轻微、危害不大，不认为是犯罪的案件，不追究刑事责任，已经追究的，在侦查阶段，应当撤销案件；在审查起诉阶段，应当作出不起诉处理；在审判阶段，应当终止审理，已经审理了的，应当宣告无罪。刑事诉讼法第 173 条也规定，对于犯罪嫌疑人有本法第 15 条规定的情形之一的，人民检察院应当作出不起诉决定。

问题是，如何理解和把握"情节显著轻微、危害不大，不认为是犯罪"的案件？"情节显著轻微危害不大的，不认为是犯罪"，本是我国刑法中关于犯罪定义的规定所包含的内容，它意味着，一个行为，虽然符合刑法分则规定的具体犯罪的构成要件，但是其情节显著轻微，对社会的危害没有达到依法应受刑罚处罚的程度，就不认为是犯罪。情节是行为过程中出现的能够表明行为的危害程度和行为人人身危险性的各种事实特征，包括行为的方式手段、时间地点、规模程度，行为人对行为过程中出现的各种情况的处理，以及行为人事后的态度，等等。情节是否显著轻微，关键是看行为人在行为过程中表现。当然，行为人在事后的表现，也在一定程度上反映了行为人的人身危险性大小，并且事后采取的某些弥补措施也可能减轻行为对社会造成的危害包括对被害人的伤害程度，因而也可以作为衡量情节是否显著轻微的事实特征。如果一个人所实施的犯罪行为性质并不严重，在行为过程中没有过度危害社会或伤害他人的情况，实际造成的危害结果并不严重，事后又真诚认罪、积极赔偿被害人并取得被害人方面原谅的，就可以认定为情节显著轻微。在这个方面，检察机关应该解放思想，放宽认定标准，不能把所有符合犯罪构成要件的行为都认定为犯罪，依法提起公诉。

如果案件性质和情节都比较轻微，本身不需要判处刑罚，犯罪嫌疑人又认罪认罚，检察机关也可以考虑将其作为不认为是犯罪的案件，予以不起诉。

2. 关于相对不起诉

刑事诉讼法第 173 条第 2 款规定："对于犯罪情节轻微，依照刑法规定不需要判处刑罚或者免除刑罚的，人民检察院可以作出不起诉决定。"所谓"依照刑法规定不需要判处刑罚或者免除刑罚的"，主要是依照刑法总则中关于"可以免除处罚"

的规定来判断的。如刑法第 20 条、第 21 条规定，对于正当防卫过当、紧急避险过当的，可以免除处罚；第 22 条规定，对于预备犯，可以比照既遂犯从轻、减轻处罚或者免除处罚；第 24 条规定，对于中止犯，没有造成损害的，应当免除处罚；第 28 条规定，对于胁从犯，应当按照他的犯罪情节减轻处罚或者免除处罚。这些规定，都意味着某些特定的情节，在刑法中就被认为是情节轻微的。此外，刑法第 37 条还规定："对于犯罪情节轻微不需要判处刑罚的，可以免予刑事处罚"。

这些规定的具体适用，就需要司法人员根据案件的具体情况去判断行为人犯罪的情节是否属于"轻微"的情况，是否可以免除处罚。

从实践中看，判断情节是否轻微，是否不需要判处刑罚，可以从以下几个方面入手：

一看行为的性质。在我国刑法中，对性质严重的犯罪，刑法规定的法定刑起刑点往往比较高。如法定最低刑为 3 年以上有期徒刑的，就是性质严重的犯罪，而法定最高刑为 3 年以下有期徒刑[1]的，往往是性质较轻的犯罪（法定刑第一档次为 3 年以下有期徒刑[2]的，也可能是性质较轻的犯罪）。在一些性质不严重的犯罪中，刑法有时把"情节严重"作为构成犯罪的要件加以规定。在这类犯罪中，情节不严重就不构成犯罪。情节是否严重，就需要司法机关和司法人员去甄别。在某些行为犯中，一旦实施某种行为就构成了犯罪。但在这类犯罪中也存在着一个对情节是否轻微的判断问题。因为行为犯中有相当一

---

〔1〕 现行刑法 468 个罪名中有 92 个罪名的法定最高刑为三年以下有期徒刑（如果除去第一、第七、第八、第九、第十章的，还有 72 个罪名）。

〔2〕 现行刑法 468 个罪名中有 196 个罪名第一档次的法定刑为三年以下有期徒刑（如果除去第一、第七、第八、第九、第十章的，还有 154 个罪名）。

部分是法定刑比较低的，法定刑低本身就意味着这类犯罪的性质不严重。

二看行为实际造成的危害。任何犯罪都是危害社会的行为。行为对社会的危害程度直接决定着犯罪的严重程度。在有被害人的案件，如果犯罪的性质本身不严重，有没有造成严重的后果，就应当认定为情节轻微。当然在某些危害社会公共利益或国家管理活动的犯罪中，犯罪的社会危害性并不表现在具体的物质性的损害结果上，情节是否严重，就不能仅仅看实际造成的损害。

三看行为人的人身危险性。行为人的人身危险性是指行为人在实施犯罪行为的过程中表现出来的危害社会的品性，而不是就行为人的一贯表现而言的。一个人在实施犯罪行为的过程中，如果具有某种被动性，如事出有因，应对性的实施犯罪行为，或者如果有意识地控制自己行为的强度，没有造成严重的损害，或者如果在行为过程中一遇到劝阻，就终止了自己的行为，等等，都表明其人身危险性不大。相反，如果一个人积极主动地寻找加害对象，故意挑起事端实施犯罪行为，或者如果在实施犯罪行为的过程中不顾他人的劝阻，一意孤行，顽固地坚持把犯罪行为进行到底，或者如果在行为中不计后果，恶意伤害对方，甚至对伤及无辜毫不在意，那就表明该人具有较大的人身危险性。

四看行为人的事后态度。行为人的事后态度往往能够表明其对自己行为的认识，也在一定程度上反映了该人的人身危险性。有些人，在某种情形的刺激下往往会失去理智，不计后果地实施某种行为（其中就可能是构成犯罪的行为），事后一旦冷静下来，就会认识到自己的错误，或者在别人的劝导下，也会认识到自己的错误，甚至会悔恨自己的所作所为，对于自己的行为给他人造成的损害，也会积极主动地或者在他人的规劝下尽可能地承担赔偿责任。这种态度，不仅表明其人身危险性不大，而且有助于弥补其行为所造成的危害或不良影响，修复被破坏的社会关系。因此，在法律上受到鼓励而予以从宽处理。这种情况当然是情节轻微的表现之一。

五看是否取得被害人方面的谅解。被害人包括其近亲属是犯罪行为的直接受害者。犯罪行为对被害人造成的伤害程度无疑是衡量犯罪情节轻重的重要因素。一个人，如果在实施了犯罪行为之后，积极主动地向被害人及其近亲属承认错误，真诚忏悔，或者在他人的帮助下积极赔偿对被害人造成的损失，取得了被害人及其近亲属的谅解。那么，可以说，其行为的危害性在一定程度上有所减轻。被破坏的社会关系也在一定程度上得到修复。基于刑事政策的考虑，应当鼓励犯罪人这么做。因此这种情况也可以视为情节较轻的表现之一。（值得注意的是，没有具体被害人的案件，往往是危害社会或国家利益的犯罪，对这类犯罪，就不宜由检察机关作为不起诉的案件来处理。即使犯罪嫌疑人认罪认罚，也应当由人民法院通过速裁程序或者简易程序来处理。）

判断一个人的犯罪行为是否属于情节轻微，应当综合以上几个方面，进行全面考量。如果综合考量的结果，可以认定案件的性质并不严重，并且具有其他能够表明其情节轻微的情况，就可以视为情节轻微的案件。对于这类案件，如果可能判处的刑罚又很轻，就可以考虑作为相对不起诉的案件，由检察机关直接进行处理。

实践中的问题是，对于可能判处 3 年以下有期徒刑的案件，客观上存在着多个可以从轻、减轻或者免除处罚的从宽情节，犯罪嫌疑人又认罪认罚的案件，检察机关敢不敢或者愿意不愿意对其作出相对不起诉的决定。笔者认为，按照宽严相济的精神，对这类案件适用相对不起诉，不仅是合法的，而且是必要的。特别是在以审判为中心的诉讼制度改革中，要保证庭审的实质化进行，就必须对不需要判处刑罚的案件及时地分流出去。检察机关应该有这样的担当和勇气，对不需要判处刑罚的案件作出相对不起诉处理。

3. 关于附条件不起诉

前些年，一些地方检察机关探索试行了暂缓起诉制度。这一制度使检察机关能够综合考虑案件的具体情况，将其中一部分轻微犯罪人员特别是轻微的未成年人犯罪案件在起诉阶段分流出去，减轻了审判负担，尤其是在教育、感化、挽救失足未成年人方面，起到了明显作用，可以给更多的没有前科劣迹、主观恶性不大、偶尔失足且涉嫌罪行较轻的犯罪嫌疑人提供改过自新、尽早回归社会的机会，有利于及时有效地化解社会消极因素，实现刑事诉讼的目的。在刑事诉讼法修改的过程中，社会各界对建立附条件不起诉制度的必要性达成了共识。但对于附条件不起诉的适用范围，存在不同认识。

但是，2012年刑诉法颁布实施以来，检察机关几乎不再适用附条件不起诉。其原因主要有三个方面：一是新刑诉法规定的附条件不起诉仅仅适用于可能判处1年以下有期徒刑的未成年犯罪嫌疑人，而在实践中，如果所犯罪行可能判处1年以下有期徒刑，犯罪嫌疑人又有认罪悔罪表现，并且还是未成年人，完全可以做相对不起诉处理，用不着做附条件不起诉。二是人民检察院刑事诉讼规则规定，对不起诉的案件，一律要提交检察长或检察委员会讨论决定，这既表明严格控制不起诉的适用，又增加了办案人员的负担，不如直接起诉省事。三是按照2012年刑诉法的规定，附条件不起诉的未成年人，要由检察机关自己对其进行半年到 1 年的监督考察。这就使本来就案多人少的公诉部门人员捉襟见肘。为了承担监督考察不到位的风险，检察机关更愿意直接把案件起诉到法院。因此，这些本来很好的制度，在实践中，形同虚设，没有真正发挥其应有的作用。

改变这种状况的出路在于重新设置附条件不起诉的适用条件和监督考察的主体。一方面，建议把附条件不起诉的案件范围放宽到可能判处 3 年以下有期徒刑的案件，以便使未成年人涉嫌刑法分则第四、第五、第六章犯罪的大部分轻微案件都有机会被附条件不起诉。对于罪行本身可能判处 3 年以下有期徒刑的犯罪而言，如果是未成年人犯罪，按照法律规定就可以从轻处罚，再加上其认罪认罚，具有悔改表现，积极赔偿自己的行为给被害人造成的损害，取得被害人的谅解等因素，在多数情况下都可以考虑不判处刑罚。另一方面，建议把监督考察的主体改为司法行政机关。因为在我们国家，社区矫正的主体是司法行政机关。附条件不起诉的未成年人，本身没有脱离他们学习生活的社区，由社区矫正机关进行监督考察更为合适。这样可以减轻检察机关适用附条件不起诉时的压力，尽可能地发挥这项制度的优势。

4. 关于存疑不起诉

按照刑事诉讼法的第 171 条的规定，人民检察院在审查案件中认为证据不足的，可以退回公安机关补充侦查，经二次补充侦查仍然不符合起诉条件的，可以作出不起诉的决定，即所谓存疑不起诉。过去，在侦查中心的诉讼模式下，检察机关很少以证据不足为由直接作出不起诉决定。公安机关移送的案件，检察机关通常都会直接起诉到法院，由法院通过审判的方式作出判决。即使办案人员认为证据不足，不符合起诉条件，也要把案件提交给检察长或者检察委员会讨论决定。

所谓证据不足的案件，根据《人民检察院刑事诉讼规则》第404条的规定，是指证据具有下列情形之一的案件：（一）犯罪构成要件事实缺乏必要的证据予以证明的；（二）据以定罪的证据存在疑问，无法查证属实的；（三）据以定罪的证据之间、证据与案件事实之间的矛盾不能合理排除的；（四）根据证据得出的结论具有其他可能性，不能排除合理怀疑的；（五）根据证据认定案件事实不符合逻辑和经验法则，得出的结论明显不符合常理的。这类案件，由于现有证据不能确定犯罪嫌疑人的行为构成犯罪和需要追究刑事责任的，因而不符合提起公诉的条件，应当作出不起诉处理的决定。但是在实践中，检察机关要对证据不足的案件作出不起诉决定，必须经检察长或者检察委员会讨论决定。其原因有两个方面：一是来自公安机关乃至社会舆论的压力。社会上发生了刑事案件特别是重大刑事案件，公安机关一旦抓获犯罪嫌疑人，案件即告侦破，尤其是犯罪嫌疑人被批准逮捕以后，检察机关如果作出证据不足不起诉的决定，在一定程度上就意味着否定了公安机关的努力，容易引起公安机关的质疑，某些社会影响较大的案件，检察机关如果不起诉，社会各个方面都会给检察机关施加压力，甚至怀疑检察机关包庇犯罪分子。因此，检察机关宁肯把案件起诉到法院，由法院去判处，也不愿自己把案件消化掉。二是担心该权力被滥用。检察机关作出存疑不起诉的案件，尽管在法律上存在着公安机关继续侦查的可能，但实践中很少有继续侦查的，往往意味着犯罪嫌疑人完全获得自由。因此，检察机关一旦作出存疑不起诉的决定，案件就可能永远搁置。而存疑不起诉的权力适用不当，特别是对那些本该依法追究刑事责任的犯罪分子存疑不起诉，就可能真的放纵罪犯。为了防止这项权力被滥用，检察机关采取了十分慎重的态度，严格把关。

随着以审判为中心的诉讼制度改革的推进，庭审实质化地进行，证据不足包括证据有瑕疵的案件，如果起诉到法院，很可能被法院宣判无罪。这将迫使检察机关不得不重新审视对存疑不起诉的态度。

笔者认为，为了适应以审判为中心的诉讼制度改革，检察机关应当采取积极的态度对待证据不足的案件。一方面，要严格审查证据，把好起诉案件的证据关。对于证据不足包括重大瑕疵的案件，坚持不提起公诉，即使是有重大社会影响的案件，无论遇到什么样的压力，都应当要求侦查机关提供足以证明犯罪的确实、充分的证据。证据确实不足的，应当向被害人或有关方面说明情况，而不是带着侥幸去起诉。另一方面，检察机关应当变被动为主动，对于证据不足的案件，不是单纯地列出一个退回补充侦查的提纲，然后就等待侦查的结果，而是应当有条件地介入侦查，督促侦查机关进一步做好取证工作。对于确因证据不足而不起诉的案件，检察机关应当加强侦查监督工作，定期督促侦查机关继续调查取证，尽可能地避免因存疑不起诉而使重大犯罪分子逍遥法外。

（原载《法学杂志》2017 年第 6 期）

内地与香港刑事诉讼之比较[*]

一、刑事法律渊源与原则

（一）刑事法律渊源

内地刑事法律的渊源，从根本上说是宪法。因为宪法是国家的根本大法，各个部门法的规定，均须依据宪法，而不得与宪法相抵触。刑事法律是以宪法为根据而制定的国家的基本法之一。刑事法律中规定的内容，必须符合宪法的基本原则及其所规定的刑事司法制度、组织原则。除宪法外，还有以下几种：

1. 刑法和刑事诉讼法

刑法和刑事诉讼法是国家以"刑法""刑事诉讼法"名称颁布的、系统规定犯罪、刑事责任及其追诉程序的法律。内地现行刑法是 1979 年 7 月 1 日第五届全国人民代表大会第二次会议通过、1997 年 3 月 14 日第八届全国人民代表大会第五次会议修订、1997 年 10 月 1 日起施行的《中华人民共和国刑法》，

***** 本文与鲜铁可、蔺剑合作，在写作过程中得到香港特别行政区律政司和政制事务局等单位的鼎力相助。

现行刑事诉讼法是 1979 年 7 月 1 日第五届全国人民代表大会第二次会议通过、1996 年 3 月 14 日第八届全国人民代表大会第五次会议修订、1997 年 1 月 1 日起施行的《中华人民共和国刑事诉讼法》。修订后的《中华人民共和国刑法》（以下简称刑法）和《中华人民共和国刑事诉讼法》（以下简称刑事诉讼法），是内地刑事诉讼必须遵循的基本法律依据。

2. 单行刑事法

单行刑事法，包括国家立法机关以决定、规定、补充规定、条例等名称颁布的、规定某一类或某一种犯罪及其刑事责任或者刑法适用中的某一事项的法律，以及国家立法机关制定的其他法律、法令中有关刑事诉讼程序的规定和国家立法机关就刑事诉讼程序有关问题所作的决定或补充规定。如《中华人民共和国监狱法》《关于国家安全机关行使公安机关的侦查、拘留、预审和执行逮捕的职权的决定》等。

3. 附属刑事法

附属刑事法，是指附带规定于经济法、行政法等非刑事法律中的罪刑规范。1979 年刑法公布后，出现了 130 余个附属刑法条文，对惩治犯罪起到了一定的作用。但随着 1997 年刑法的颁布与施行，这些附属刑法规范基本上都失去了效力。

此外，民族自治地方的省级人民代表大会根据当地民族的政治、经济、文化特点和刑法、刑事诉讼法的基本原则制定的变通或补充规定，也可谓刑事法律的渊源。但这种规定只在特定地域适用，没有普遍效力。

另外，最高人民法院和最高人民检察院，就审判工作和检察工作中如何具体运用法律所作的解释、通知、批复，国务院及其主管部门为了具体执行刑事法律中的有关规定，或就本部门业务工作中与刑事诉讼有关的问题所作的规定，只要不与宪法和刑法、刑事诉讼法的基本原则相抵触，就是刑事诉讼中必须参照执行的。

香港在刑事法方面，有与内地相似的成文法，即由香港立法机构制定的刑事法律，包括《刑事诉讼程序条例》《刑事罪行条例》、附属立法以及含有刑事内容的其他条例和附属法。除此之外，香港刑事法律渊源还有许多不同于内地的地方，如香港回归前适用于香港的英国刑事判例；香港本地的刑事判例等。

这表明，内地的刑事法律渊源与香港的刑事法律渊源有许多相同之处，但也有一些差别。其不同之处在于内地的法律渊源较为单一，都是以成文法的形式出现的规范性文件，而香港的法律渊源中，除了香港立法机关制定的刑事法律外，还有香港回归前适用于香港的英国普通法以及在香港地区形成的普通法。另外，它还保存了一些传统的法律和习惯。

（二）刑事法律原则

1. 刑法的原则

（1）罪刑法定原则。内地刑法第 3 条规定："法律明文规定为犯罪行为的，依照法律定罪处刑；法律没有明文规定为犯罪行为的，不得定罪处刑。"按照本条的规定，内地罪刑法定原则包括以下四项内容：

第一，只有法律明文规定为犯罪的行为，才能对其追究刑事责任；法律没有明文规定为犯罪的行为，不论其是否具有社会危害性，都不能对其追究刑事责任。

第二，法律明文规定为犯罪的行为，应当按照法律的明文规定确定罪名。对任何犯罪行为确定罪名都必须是被定罪的行为要素符合刑法有关条文关于该罪名所规定的构成要件。

第三，对于法律明文规定为犯罪的行为，应当按照法律的明文规定确定刑罚。没有法律规定的特殊情况，不得在法律规定的法定刑幅度之外确定刑罚。

第四，对于任何犯罪行为追究刑事责任，都必须严格按照法律规定的程序进行，即"依照法律"进行定罪和处罚。此处所说的法律，主要是指刑法和刑事诉讼法，同时也包括全国人大和全国人大常委会颁布的有关犯罪和刑罚问题的实体性和程序性法律规范。

香港刑法承袭英国刑法，也奉行罪刑法定原则。其含义也是"法无明文规定不为罪""法无明文规定不处罚"。这一点，内地与香港的规定基本上是一致的。

（2）法律面前人人平等原则。内地刑法第4条规定："对任何人犯罪，在适用法律上一律平等。不允许任何人有超越法律的特权。"按照本条规定，内地法律面前人人平等原则，包括以下内容：

第一，在是否构成犯罪的问题上，对每个人要一视同仁，而不能因人而异。

第二，在构成什么罪的问题上，要严格按照刑法规定的犯罪构成来认定，不能对相同的行为因行为人的个人出身、社会地位而定不同的罪名。

第三，在法定刑的选择上，只能考虑犯罪的具体情节，而不能把犯罪人的职务大小、人身区别作为选择刑罚种类、法定刑档次和轻重的因素。

第四，在刑罚的执行上，对任何人都不能搞特殊化，不能允许任何人在犯罪之后不执行或不以法定方式执行对其所判处的刑罚。

第五，对任何人追究刑事责任，都要严格按照法定的程序进行，不能因人而异，更不允许对任何人网开一面或法外制裁。

在香港的刑事法律中虽然没有明文规定这一原则，但是在《香港特别行政区基本法》（以下简称《基本法》）及《香港人权法案条例》中则有明确规定，而在实际执法中也体现这一精神。

（3）罪责刑相当原则。内地刑法第5条规定："刑罚的轻重，应当与犯罪分子所犯罪行和承担的刑事责任相适应。"按照本条规定，内地罪责刑相当原则包括以下内容：

第一，犯罪分子应受的刑罚处罚是由其所实施的犯罪行为和应当承担的刑事责任决定的。只有实施犯罪行为的人才应当承担刑事责任并受刑罚处罚。

第二，犯罪分子所受刑罚的轻重取决于自己所实施的犯罪行为的轻重，亦即对社会的危害程度的大小，同时也取决于犯罪分子对自己所实施的犯罪行为应负刑事责任的大小。罪行重、责任大，则应受处罚的刑罚就重；反之就轻。

第三，对犯罪分子实际判处的刑罚轻重应当与其所犯罪行的轻重和应负的刑事责任大小相当或相适应。内地刑法实行的是罪责刑相当原则而不是对等原则。对犯罪分子判处的刑罚轻重只是在刑法的价值评判体系中与犯罪分子实际所犯的罪行轻重和责任大小相适应，而不是完全对等。这表明内地刑法是以惩办与改造和惩办与宽大相结合的刑法思想为基础，而不是以报应刑思想为基础。

（4）遵循先例原则。香港刑法中有一个独特的原则，即遵循先例原则。

香港法律制度是以普通法和衡平法原则为基础的，因此在司法实践中一直适用遵循先例的原则，即法官对其审理的案件作出判决时，必须考虑终审法院或高等法院上诉法庭在已决案件中对与此相同或密切相关的问题作出的判决中所适用的原则，并受其约束。除非这个判例依据的法律后来被废除，否则必须遵循先例。香港前最高法院上诉庭在 1955 年的一项判决中重申遵循先例原则，认为法院的责任是尽力参考一切令人信服的判例。

香港所适用的判例有以下三种：

A. 英国的判例。《基本法》第 8 条保留了香港原有的法律，包括普通法，继续适用，除非这些法律同《基本法》相抵触。因此，回归前适用于香港的英国判例将继续适用。回归以前，通常认为只有英国上议院和枢密院司法委员会的判例，才能构成对香港具有约束力的判例法，而英国其他法院的判例，对香港只具有参考作用。

B. 香港自身的判例。香港法院在审判实践中形成了自身的判例法，并对这种判例法的适用形成了以下准则：第一，一切下级法院必须受上诉法庭判例的约束，有明显错误的除外；第二，高等法院的判例对区域法院、裁判法院具有约束力；第三，在上诉法庭内，任何法官都要服从其他法官行使同等管辖权所作出的判例；第四，区域法院初审或上诉案的判例对同级法院法官没有约束力；第五，上级法院不受下级法院判例的约束。

C. 其他普通法地区的判例。《基本法》第 84 条规定，香港特别行政区法院审判案件时，其他普通法适用地区的司法判例可作参考。

2. 刑事诉讼法的原则

（1）职权原则。职权原则就是追究犯罪、惩罚犯罪的权力由国家专门机关行使的原则。内地《刑事诉讼法》第 3 条规定："对刑事案件的侦查、拘留、执行搜捕、预审，由公安机关负责。检察、批准逮捕、检察机关直接受理的案件的侦查、提起公诉，由人民检察院负责。审判由人民法院负责。除法律特别规定的以外，其他任何机关、团体和个人都无权行使这些权力。人民法院、人民检察院和公安机关进行刑事诉讼，必须严格遵守本法和其他法律的有关规定。"

这一原则主要包括四层含义：

第一，除法律特别规定的以外，只有"公、检、法"三机关有权行使侦查权、检察权、审判权，其他任何机关、团体和个人都无权行使这些权力。

第二，"公、检、法"三机关分别行使侦查、检察、审判职权，不受当事人及其他诉讼参与人意志的约束，任何公民个人和有关机关、团体及企事业单位都无权干预。

第三，"公、检、法"三机关只能分别行使各自的职权，不能混淆和相互取代。但根据刑事诉讼法第84条的规定，立案时"公、检、法"三机关对不属于自己管辖而又必须采取紧急措施的，应当先采取紧急措施，然后移送主管机关。

第四，"公、检、法"三机关必须依法行使职权，严格遵守法定程序。

香港刑事诉讼法中也有职权原则，即追究犯罪、惩罚犯罪的权力也由专门机关行使，但具体的规定稍有不同，如检控权由律政司行使，检控人员不负责侦查工作；贿赂案件由廉政公署专门负责侦查。

（2）审判权、检察权独立行使原则。根据内地刑事诉讼法第5条的规定，人民法院、人民检察院依照法律规定独立行使审判权、检察权，不受行政机关、社会团体和个人的干涉。也就是说，人民法院、人民检察院在审查、处理案件时，只服从法律，并有权抵制任何行政机关、社会团体和个人依仗权势干涉办案的行为。这是人民法院、人民检察院公正司法的首要前提。

在香港，审判权是唯一的司法权，与立法权、行政权一起成为三权鼎立。因此，香港的审判权是三权中独立的一权，而检控权则依据《基本法》第 63 条之规定，由律政司独立行使。

审判独立原则，也就是司法独立原则。在香港，无论是特别行政区行政长官还是行政会议的其他任何成员，都不得干预司法活动。香港法院独立行使审判权，不受任何干涉，并且司法人员履行审判职责的行为不受法律追究。法官在审理案件中遵循"无罪推定"和"无合理疑点"等原则，对案件事实和证据的证明力进行判断。

（3）分工负责、互相配合、互相制约的原则。内地刑事诉讼法第 7 条规定："人民法院、人民检察院和公安机关进行刑事诉讼，应当分工负责，互相配合，互相制约，以保持准确有效地执行法律。"这是指导和处理"公、检、法"三机关在刑事诉讼中的相互关系的一项极为重要的原则。

（4）专门机关与群众相结合原则。内地刑事诉讼法第 6 条规定："人民法院、人民检察院和公安机关进行刑事诉讼，必须依靠群众。"这就是专门机关与群众相结合原则的内容。它是总结长期的司法实践经验后确立的，是内地刑事诉讼独具特色的一项原则。

这一原则也体现在刑事诉讼法第 43 条的规定中，即"必须保证一切与案件有关或了解案情的公民，有客观充分地提供证据的条件，除特殊情况外，并且可以吸收他们协助调查"。为了便利群众参加诉讼活动，法律规定，对正在实施犯罪或者在犯罪后被发觉的人、通缉在案的人、越狱逃跑的人或者正在被追捕的人，任何公民都可以将其立即扭送公安机关；任何公民都可以控告、检举犯罪，控告人、检举人如果不愿公开自己的姓名，在侦查期间，侦查机关应当为他保守秘密；公民控告、检举犯罪后，司法机关不立案的，控告人或检举人可以申请复议。

香港法律虽然没有明文规定这一原则，但在实际工作中与内地基本相似，并强调证人必须出庭作证。

（5）检察监督原则。刑事诉讼法第 8 条规定："人民检察院依法对刑事诉讼实行法律监督。"这是为防止或减少刑事诉讼中的违法行为，正确适用法律，惩罚犯罪，保障无罪的人不受刑事追究，保护诉讼当事人的诉讼权利等目的而在修正后的刑诉法中增补的一项诉讼原则。

检察机关对刑事诉讼的监督主要包括：（1）对公安机关的立案、侦查活动是否合法进行监督；（2）对公安机关提请检察院批准逮捕的案件进行审查批捕；（3）对公安机关移送起诉的刑事案件进行审查起诉；（4）出席法庭支持公诉；（5）对法院的审判活动是否合法进行监督；（6）对认为确有错误的判决、裁定提出抗诉等。

（6）法院统一定罪原则

内地刑事诉讼法第 12 条规定："未经人民法院依法判决，对任何人都不得确定有罪。"

香港实行的是无罪推定原则。所谓无罪推定原则，是指嫌疑人和被告人在法庭作出有罪判决之前，应当被视为无罪的人（即推定为无罪）。香港的检控和司法机关对无罪推定原则的执行，主要体现在以下五个方面：

第一，证明被告人有罪的责任由控方承担，被告人没有证明自己无罪的义务。但是，当被告人以神志不清或者自卫等为主要辩护理由时，被告人则被要求必须提出支持他的申辩的事实证据。此外，在某些特殊情况下，法律规定某些案件的被告人可因一定事实被推定有罪，例如，公务人员收支不符，被告人占有毒品等。对这类犯罪案件，法律赋予被告人申辩无罪的义务。

第二，被告人没有证明自己有罪的义务，司法机关不能强迫被告人证明自己有罪，或回答可能使自己有罪的问题。被告人有权保持沉默和拒绝陈述。证明被告人有罪的责任由控方承担，而控方只能用确实、充分的证据达到证明被告人有罪的目的。

第三，对被告人有罪的证据存在合理的怀疑时，应当作出有利于被告人的解释。这就要求控方提出证据证明被告人有罪，必须达到无"合理怀疑"的程度，否则，即作出对被告人有利的推定。

第四，贯彻疑罪从无原则，即对被告人有罪无罪难以确认时，应判被告人无罪；对被告人轻罪重罪难以确认时，判被告人轻罪。

第五，控方提不出证明被告人有罪的证据时，法庭应作无罪处理，被告人有权得到释放。

除此之外，香港刑事诉讼法中还有一些独特原则，即严格的庭审及证据原则等。如证据的证明力，不是由法律事先加以规定，而是由法官或陪审员依靠自己的经验和常识，在相关的法律规范下，去进行判断。判断过程中不受任何来自外界的影响。法律不要求陪审团说明判定被告人有罪或无罪的理由和根据。

由此可见，内地与香港在刑事诉讼原则中比较相似的是，非经法院判决不得认定被告有罪，被告没有证明自己有罪的义务，除法律有特别规定的个别情况以外，被告并无证明自己无罪的义务。在没有充分证据证明被告有罪的情况下，须作出被告无罪的判决。法院独立行使审判权，不受任何机关、团体和个人的干涉。

二、刑事案件的受理

(一) 刑事案件的管辖

在刑事诉讼中，管辖是指司法机关在受理刑事案件的职权范围上的分工。

内地刑事诉讼中的管辖分为职能管辖和审判管辖两种。

1. 职能管辖

职能管辖是指公安机关、人民检察院和人民法院之间在受理刑事案件方面的分工。

在内地，侦查权由公安机关、人民检察院以及其他由法律特别授权的机关（如国家安全机关、军队保卫部门、监狱和海关走私犯罪侦查部门）行使。由公安机关立案侦查的刑事案件有三百多个罪名，如杀人罪、放火罪、强奸罪、抢劫罪等。但是，贪污贿赂犯罪案件、国家机关工作人员的渎职犯罪案件、国家机关工作人员利用职权实施的非法拘禁、刑讯逼供、报复陷害、非法搜查等侵犯公民民主权利的犯罪案件，由检察机关直接立案侦查。这类案件有五十多个罪名，如贪污罪、贿赂罪、巨额财产来源不明罪、玩忽职守罪、放纵走私罪、刑讯逼供罪、暴力取证罪、非法搜查罪等。间谍、特务案件由国家安全机关立案侦查，有十几个罪名，如背叛国家罪、颠覆国家政权罪、煽动颠覆国家政权罪等。军队保卫部门对军队内部发生的刑事案件进行立案侦查，这类犯罪包括三十多个军职罪和军人犯的普通刑事犯罪，如战时违抗命令罪、战时临阵脱逃罪、武器装备肇事罪等。走私案件由海关走私犯罪侦查部门立案侦查，有十多个罪名，如走私武器弹药罪、走私文物罪、走私贵重金属罪、走私淫秽物品罪、走私毒品罪等。

自诉案件，由人民法院直接受理。

在香港，香港警务处、廉政公署、香港海关和香港入境处等部门都享有侦查权。绝大多数犯罪同样由警察进行侦查。由于警察部门负责侦查的案件范围极其广泛，香港警务处下设不同的部门分管不同类型的案件，如水警负责侦查香港水域发生的罪行；商业罪案调查科负责侦查较严重的公司诈骗案件和有关信用证、空头支票、公司债券、伪造文件及伪币等欺诈案件；毒品调查科负责对毒品案件的侦查。廉政公署负责侦查任何涉嫌《廉政专员公署条例》《防止贿赂条例》及《舞弊及非法行为条例》的罪行及政府人员舞弊或滥用职权等罪行。廉政公署负责侦查的案件类似于内地检察机关管辖的案件，但是其管辖的范围无论是在案件类别上还是在犯罪主体范围上，都比内地检察机关管辖的广。香港海关同内地一样，管辖走私犯罪的侦查。

2. 审判管辖

内地的审判管辖是指各级法院之间、同级法院之间对第一审刑事案件的分工。审判管辖又分为级别管辖、地区管辖和专门管辖。

内地的法院分为基层人民法院、中级人民法院、高级人民法院和最高人民法院四级。级别管辖就是解决这四级法院对第一审刑事案件的分工。如发生一件杀人案，是由基层人民法院进行一审，还是由中级人民法院进行一审，级别管辖就是解决这个问题的。划分级别管辖的依据主要是根据案件的性质、轻重程度和影响面的大小。最高人民法院管辖的第一审刑事案件是全国性的重大刑事案件。高级人民法院管辖的第一审刑事案件是全省（自治区、直辖市）性的重大刑事案件。中级法院管辖的第一审刑事案件是危害国家安全的案件；可能判处死刑、无期徒刑的案件；外国人犯罪的案件。其他刑事案件均由基层人民法院管辖。

除了级别管辖之外，内地还有地域管辖，即同级人民法院在审理第一审刑事案件上的分工。如被告人在云南省实施毒品犯罪，在广东省被抓获的，应由广东省人民法院还是由云南省人民法院管辖，就涉及这个问题。内地刑事诉讼法第 24 条规定："刑事案件由犯罪地的人民法院管辖。如果被告人居住地的人民法院管辖更为适宜的，可以由被告人居住地的人民法院管辖。"第 25 条进一步规定："几个同级人民法院都有权管辖的案件，由最初受理的人民法院管辖。在必要的时候，可以移送主要犯罪地的人民法院管辖。"

另外，与香港不同，内地还有专门法院，如军事法院、铁路运输法院、海事法院，专门管辖特定范围内的刑事案件。

香港的法院管辖类似于内地的审判管辖，香港有刑事审判管辖权的法院有裁判法院（内设少年法庭）、区域法院、高等法院原讼法庭、高等法院上诉法庭和终审法院。这些法院对不同的案件行使管辖权。裁判法院通常审判最高被判处 2 年监禁和罚款 10 万元的刑事案件。区域法院审判不超过 7 年监禁的案件。高等法院原讼法庭管辖不属于其他法院管辖的一审案件，高等法院上诉法庭审理来自区域法院和高等法院原讼法庭的上诉案件，终审法院审理对高等法院上诉法庭和高等法院原讼法庭的判决提出上诉的案件。

（二）刑事案件的受理程序

内地对刑事案件的受理，有一个专门的立案程序。

在内地，刑事案件发生后，可能有几种途径反映到司法机关：（1）单位或个人的报案或举报。如有人在野外发现尸体，向公安机关报警；（2）被害人的报案或控告；（3）犯罪人的自首；（4）司法机关直接发现或获得的材料，如检察机关收到的举报他人贪污的材料；（5）上级机关或有关机关交办的案件，如党的纪律检查部门在办理党员干部违纪案件时，发现构成犯罪时移送检察机关立案侦查的案件等。

为了方便单位和个人报案、控告和举报，刑事诉讼法规定，任何单位和个人发现有犯罪事实或者犯罪嫌疑人，都可以直接向任何公安机关、人民检察院或者人民法院报案、控告或检举。同时，法律又规定，上述机关对于报案、控告或者检举，都应当接受，不得拒绝或推诿。对于不属于自己管辖的案件，应当移送有管辖权的机关，并且通知报案人、控告人、举报人。对于不属于自己管辖而又必须采取紧急措施的，应先采取紧急措施，然后移送有管辖权的机关。如有人将举报他人贪污的材料送到公安机关，并告知该人正准备携款潜逃。公安机关在这种紧急情况下，可先对该犯罪嫌疑人采取强制措施，再将案件移送有管辖权的检察机关。

司法机关对接受的这些案件，首先要进行审查，并决定是否立案。这是内地刑事诉讼中的一个专门程序。经审查，根据已获得的材料和证据，认为有犯罪事实存在，依法应当追究刑事责任，并且属于自己管辖范围的，应当迅速立案。如果经过审查，认为情况不明、证据不足，可以进行调查或要求报案人、控告人、举报人补充证据材料或进一步说明情况。如果认为没有犯罪事实或者不需要追究刑事责任[1]时，就不予立案。

另外，刑事诉讼法规定，检察机关对公安机关的立案活动

---

〔1〕 内地刑事诉讼法第15条规定了不追究刑事责任的6种情形，即：（1）情节显著轻微、危害不大，不认为是犯罪的；（2）犯罪已过追诉时效期限的；（3）经特赦令免除刑罚的；（4）依照刑法告诉才处理的犯罪，没有告诉或者撤回告诉的；（5）犯罪嫌疑人、被告人死亡的；（6）其他法律规定免予追究刑事责任的。并且规定，有上述情形之一，已经追究的，应当撤销案件，或者不起诉，或者终止审理，或者宣告无罪。

有监督权。刑事诉讼法针对实践中的有案不立、有罪不究的现象，第87条明确规定："人民检察院认为公安机关对应当立案侦查的案件而不立案侦查的，或者被害人认为公安机关对应当立案侦查的案件而不立案侦查，向人民检察院提出的，人民检察院应当要求公安机关说明不立案的理由。人民检察院认为公安机关不立案理由不能成立的，应当通知公安机关立案，公安机关接到通知后应当立案。"

自诉案件，被害人有权向人民法院直接起诉。被害人死亡或者丧失行为能力的，被害人的法定代理人、近亲属有权向人民法院起诉。法律规定，对于自诉案件，人民法院应当依法受理。

三、侦查

（一）侦查制度

侦查是刑事诉讼中的一个重要环节。内地的侦查制度有以下特点：（1）侦查手段广泛、多样。侦查机关依法有权开展专门调查工作，包括：讯问犯罪嫌疑人，询问证人、被害人，勘验、检查，搜查，扣压物证、书证，鉴定，通缉。有权采用强制措施，包括拘传、取保候审、监视居住、拘留、逮捕。（2）侦查手段的适用条件比较宽松，侦查机关有权自行决定侦查手段的行使。但逮捕限制比较严，要经过检察机关审查逮捕部门的批准。（3）犯罪嫌疑人没有沉默权。虽然刑事诉讼法第12条规定"未经人民法院依法判决，对任何人都不得确定有罪"，但刑事诉讼法第93条规定，"犯罪嫌疑人对侦查人员的提问，应当如实回答"。这一规定的目的是提高诉讼效率，促使犯罪嫌疑人立功。为了保证这个制度的正确实施，刑事诉讼法规定了相应的制度。如刑事诉讼法第43条规定：严禁刑讯逼供和以威胁、引诱、欺骗以及其他非法的方法收集证据。第46条规定：对一切案件的判处都要重证据，重调查研究，不轻信口供。只有被告人供述，没有其他证据的，不能认定被告人有罪和处以刑罚；没有被告人供述，证据充分确实的，可以认定被告人有罪和处以刑罚。刑法第247条还规定，司法工作人员对犯罪嫌疑人或被告人刑讯逼供的，要依法追究其刑事责任。（4）确立了侦查监督制度。在内地，检察机关不仅是公诉机关，而且是法律监督机关。检察机关除了通过审查批准逮捕、审查起诉等环节对侦查活动进行监督外，还包括对整个侦查过程中的违法行为进行监督。如人民检察院发现公安机关应当立案侦查而没有立案侦查时，有权要求公安机关说明不立案的理由，有权通知公安机关立案，公安机关接到通知后，必须立案。检察机关发现侦查机关在侦查中有刑讯逼供、超过法定期限的羁押等情形时，有权提出纠正意见，侦查机关必须改正。（5）确立了律师在侦查阶段介入诉讼的制度。刑事诉讼法第96条规定，犯罪嫌疑人在被侦查机关第一次讯问后或采取强制措施之日起，可以聘请律师为其提供法律咨询、代理申诉、控告；犯罪嫌疑人被逮捕的，聘请的律师可以为其申请取保候审。受委托的律师有权向侦查机关了解犯罪嫌疑人被涉嫌的罪名，可以会见在押的犯罪嫌疑人，了解有关案情。（6）规定了严格的侦查羁押期限。刑事诉讼法明确规定：对犯罪嫌疑人逮捕后的侦查羁押期限不得超过二个月，但是案情复杂、期限届满不能终结的案件，可以经上一级人民检察院批准延长一个月（第124条）。下列案件在上述期限届满时仍不能侦查终结的，经省、自治区、直辖市人民检察院批准或者决定，可以延长二个月：（一）交通十分不便的边远地区的重大复杂案件；（二）重大的犯罪集团案件；（三）流窜作案的重大复杂案件；（四）犯罪涉及面广，取证困难的重大复杂案件（第126条）。对犯罪嫌疑人可能判处十年有期徒刑以上刑罚，依照刑事诉讼法第126条规定延长期限届满，仍不能侦查终结的，经省、自治区、直辖市人民检察院批准或者决定，可以再延长二个月（第127条）。在侦查期间，发现犯罪嫌疑人另有重要罪行的，自发现之日起依照刑事诉讼法第124条的规定重新计算侦查羁押期限。犯罪嫌疑人不讲真实姓名、住址，身份不明的，侦查羁押期限自查清其身份之日起计算，但是不得停止对其犯罪行为的侦查取证（第128条）。因为特殊原因，在较长时间内不宜交付审判的特别重大复杂的案件，由最高人民检察院报请全国人民代表大会常务委员会批准延期审理（第125条）。

在香港，侦查活动受到《香港人权法案条例》的制约。该条例第11条第1款确立了被指控犯罪的人在证实有罪前假定为无罪的原则。这一点与内地法律基本相同。不同的是，香港的法律规定，犯罪嫌疑人有沉默权。通常，对于一个人来说，没有必须回答警察提出问题的法律义务。《香港人权法案条例》第11条第2款g项规定不能强迫被告人作不利于自己或有罪的供证。但是犯罪嫌疑人的沉默权也有例外。《警队条例》第50条第1款b项规定，如果警察有合理理由怀疑某人犯有某罪，而该人拒绝按要求提供姓名和地址，则警察可以逮捕他们。

香港的贪污贿赂、舞弊案件由廉政公署侦查。廉政公署的侦查人员掌握着比警察更为广泛的权力。这种广泛性表现在某些警察不具有的权力，如：（1）强行揭露权。廉政公署侦查人员有权要求犯罪嫌疑人或者其他与案件有涉的人提供任何有关信息，并交出他们所掌握的任何账目或簿册。如《防止贿赂条例》规定，廉政公署人员有权要求任何人提供某些交易的资料，甚至在某些特殊情况下包括享有法律特权者，如要求律师暴露法律上特许不予泄露的信息和内情。《防止贿赂条例》第

13 条第 3 款规定，任何人没有合理理由而未提供或妨碍调查有关的资料，就构成犯罪并有可能处以罚金 2 万港币，及处 1 年监禁的刑罚。（2）扣押旅行证件和发布限制令。廉政公署的侦查人员可以向裁判法院的裁判官书面申请，要求被调查人交出其旅行证件。如果被调查人没有遵守该命令，他可被逮捕，由裁判官扣留他，但扣留期不得超过 28 天。根据有关的判例，廉政公署只能为进行与《防止贿赂条例》有关的特定调查的目的，在合理的时间内扣押旅行证件，不得滥用。限制令是指如果第三人持有犯罪嫌疑人的财产，廉政公署的侦查人员可以向法院申请限制第三者处理财产及财产的孳息。（3）禁止报道。香港记者有很大的自由报道的权利。但《防止贿赂条例》第 30 条规定，禁止对廉政公署调查的人和该项调查的详情进行报道。这一方面是为了保证侦查顺利进行，不致泄密，另一方面是为了保护被调查人的名誉。从上述规定可以看出，廉政公署在采取与警察相同的侦查措施时，在许多方面其权力还高于警察。内地的反贪污贿赂机关与之相比，侦查中的权力要小一些。

（二）侦查的方式

内地刑事诉讼法规定，侦查是指公安机关、人民检察院在办理案件的过程中，依照法律进行的专门调查工作和有关的强制性措施。内地侦查活动的内容包括"专门调查工作"和"有关的强制性措施"两个方面。所谓"专门调查工作"，是指刑事诉讼法第二编第二章规定的讯问犯罪嫌疑人、询问证人、被害人，勘验、检查，搜查，扣押物证、书证，鉴定，通缉等活动。公安机关、人民检察院通过这些活动所收集的案件材料具有诉讼证据的性质，经查证属实，可以作为认定案情的根据。所谓"有关的强制性措施"，是指刑事诉讼法第一编第六章规定的五种强制措施，即拘传、拘留、逮捕、取保候审和监视居住。其中暂时性限制和剥夺人身自由的刑事强制措施是拘传、拘留和逮捕。这些侦查方式，与香港侦查机关通常使用的侦查方式，是大致相同的。

1. 专门调查工作

（1）讯问犯罪嫌疑人。讯问犯罪嫌疑人的目的是获取犯罪嫌疑人的口供。讯问犯罪嫌疑人是内地刑事诉讼中一个重要的侦查手段。为了保证犯罪嫌疑人的合法权益，内地刑事诉讼法对讯问犯罪嫌疑人规定了严格的程序：讯问犯罪嫌疑人必须由人民检察院或者公安机关的侦查人员负责进行。讯问的时候，侦查人员不得少于二人；对于不需要逮捕、拘留的犯罪嫌疑人，可传唤到犯罪嫌疑人所在市、县内的指定地点或者到他的住处进行讯问，但应当出示人民检察院或者公安机关的证明文件；传唤、拘传持续的时间最长不得超过十二小时；不得以连续传唤、拘传的形式变相拘禁犯罪嫌疑人；侦查人员在讯问犯罪嫌疑人的时候，应当首先讯问犯罪嫌疑人是否有犯罪行为，让他陈述有罪的情节或者无罪的辩解，然后向他提出问题。犯罪嫌疑人对侦查人员的提问，应当如实回答。但是对与本案无关的问题，有拒绝回答的权利；讯问聋、哑的犯罪嫌疑人，应当有通晓聋、哑手势的人参加，并且将这种情况记明笔录；讯问笔录应当交犯罪嫌疑人核对，对于没有阅读能力的人，应当向他宣读；如果记载有遗漏或者差错，犯罪嫌疑人可以提出补充或者改正。犯罪嫌疑人承认笔录没有错误后，应当签名或者盖章。侦查人员也应当在笔录上签名；犯罪嫌疑人请求自行书写供述的，应当准许。必要的时候，侦查人员也可以要犯罪嫌疑人亲笔书写供词。犯罪嫌疑人在被侦查机关第一次讯问后或者采取强制措施之日起，可以聘请律师为其提供法律咨询、代理申诉、控告。犯罪嫌疑人被逮捕的，聘请的律师可以为其申请取保候审。受委托的律师有权向侦查机关了解犯罪嫌疑人涉嫌的罪名，可以会见在押的犯罪嫌疑人，向犯罪嫌疑人了解有关案件情况。律师会见在押的犯罪嫌疑人，侦查机关根据案件情况和需要可以派员在场。涉及国家秘密的案件，律师会见在押的犯罪嫌疑人，应当经侦查机关批准。

在香港，警察有讯问犯罪嫌疑人的权力，这项权力的行使一向受到法官发出的《法官规则》的规范，这些规则后来由保安局编录成《对嫌疑人讯问及录取供词的规则》。警察在讯问嫌疑人之前，须先提醒犯罪嫌疑人有无需回答一定问题的权利。在香港，犯罪嫌疑人有沉默权，犯罪嫌疑人没有义务必须回答警察提出的问题。法官不能因为被告人选择了沉默权而请陪审团形成对被告人不利的意见。但犯罪嫌疑人的沉默权也有例外。

（2）询问证人、被害人。证人证言，不论在内地还是在香港，都是刑事诉讼中最普遍的证据来源。

被害人在香港的地位是证人，其证言就是证人证言。在内地，被害人是当事人，但其证言也相当于证人证言。内地对询问证人、被害人规定了严格的程序：侦查人员询问证人、被害人，可以到证人、被害人所在单位或者住处进行，但是必须出示人民检察院或者公安机关的证明文件；在必要的时候，也可以通知证人、被害人到人民检察院或者公安机关提供证言；询问证人、被害人应当个别进行；询问证人、被害人，应当告知他应当如实地提供证据、证言和有意作伪证或者隐匿罪证要负的法律责任；询问不满 18 岁的证人、被害人，可以通知其法定代理人到场。询问笔录应当交证人、被害人核对，对于没有阅读能力的人，应当向他宣读。如果记载有遗漏或者差错，证人、被害人可以提出补充或者改正。

（3）勘验、检查。侦查人员对于与犯罪有关的场所、物品、人身、尸体应当进行勘验或者检查。在必要的时候，可以指派或者聘请具有专门知识的人，在侦查人员的主持下进行勘验、检查。任何单位和个人，都有义务保护犯罪现场，并且立即通知公安机关派员勘验。

侦查人员执行勘验、检查，必须持有人民检察院或者公安机关的证明文件。

对于死因不明的尸体，公安机关有权决定解剖，并且通知死者家属到场。为了确定被害人、犯罪嫌疑人的某些特征、伤害情况或者生理状态，可以对人身进行检查。犯罪嫌疑人如果拒绝检查，侦查人员认为必要的时候，可以强制检查。检查妇女的身体，应当由女工作人员或者医师进行。勘验、检查的情况应当写成笔录，由参加勘验、检查的人和见证人签名或者盖章。为了查明案情，在必要的时候，经公安局长批准，可以进行侦查实验。

（4）搜查。内地刑事诉讼中，为了收集犯罪证据、查获犯罪人，侦查人员可以对犯罪嫌疑人以及可能隐藏罪犯或者犯罪证据的人的身体、物品、住处和其他有关的地方进行搜查。任何单位和个人，都有义务按照人民检察院和公安机关的要求，交出可以证明犯罪嫌疑人有罪或者无罪的物证、书证、视听资料。

进行搜查，必须向被搜查人出示搜查证。但是在执行逮捕、拘留的时候，遇有紧急情况时，不使用搜查证也可以进行搜查。

在搜查的时候，应当有被搜查人或者他的家属、邻居或者其他见证人在场。搜查妇女的身体，应当由女工作人员进行。

搜查的情况应当写成笔录，由侦查人员和被搜查人或者他的家属、邻居或者其他见证人签名或者盖章。如果被搜查人或者他的家属在逃或者拒绝签名、盖章，应当在笔录上注明。

香港刑事诉讼中搜查也是一种重要的侦查手段。香港的搜查分为对人的搜查和进入房屋搜查。警察进行搜查一般要有搜查手令。

（5）扣押物证书证。内地刑事诉讼中，在勘验、搜查中发现的可用以证明犯罪嫌疑人有罪或者无罪的各种物品和文件，应当扣押；与案件无关的物品、文件，不得扣押。对于扣押的物品、文件，要妥善保管或者封存，不得使用或者损毁。扣押的物品和文件，应当会同在场见证人和被扣押物品持有人查点清楚，当场开列清单一式二份，由侦查人员、见证人和持有人签名或者盖章，一份交给持有人，另一份附卷备查。侦查人员认为需要扣押犯罪嫌疑人的邮件、电报的时候，经公安机关或者人民检察院批准，即可通知邮电机关将有关的邮件、电报检交扣押。不需要继续扣押的时候，应即通知邮电机关。人民检察院、公安机关根据侦查犯罪的需要，可以依照规定查询、冻结犯罪嫌疑人的存款、汇款。但是对于扣押的物品、文件、邮件、电报或者冻结的存款、汇款，经查明确实与案件无关的，应当在3日以内解除扣押、冻结，退还原主或者原邮电机关。

在香港，警方可在调查过程中，扣留犯罪的赃物或作案的工具以及证明犯罪的物证。警方一般在逮捕犯罪嫌疑人后才可以扣留有关财产，但在 Ghani v Jones ［1970］1 QB 693 一案中，法庭认为，警方在某些特殊情况下，没有逮捕或起诉之前，也可以扣留私人物品。在完成使用目的后，警方必须将扣留物品退还。

（6）鉴定。为了查明案情，需要解决案件中某些专门性问

题的时候，应当指派、聘请有专门知识的人进行鉴定。鉴定的
范围十分广泛，包括文书、物品、痕迹、人身、尸体等。鉴定
人进行鉴定后，应当写出鉴定结论，并且签名。对人身伤害的
医学鉴定有争议需要重新鉴定或者对精神病的医学鉴定，由省
级人民政府指定的医院进行。鉴定人进行鉴定后，应当写出鉴
定结论，并且由鉴定人签名，医院加盖公章。鉴定人故意作虚
假鉴定的，应当承担法律责任。侦查机关应当将用作证据的鉴
定结论告知犯罪嫌疑人、被害人。如果犯罪嫌疑人、被害人提
出申请，可以补充鉴定或者重新鉴定。对犯罪嫌疑人作精神病
鉴定的期间不计入办案期限。

（7）通缉。应当逮捕的犯罪嫌疑人如果在逃，公安机关可
以发布通缉令，采取有效措施，追捕归案。各级公安机关在自
己管辖的地区以内，可以直接发布通缉令；超出自己管辖的地
区，应当报请有权决定的上级机关发布。各地公安机关在接到
通缉令后，应立即采取各种有效措施，积极进行缉查。对通缉
在案的犯罪嫌疑人，任何公民都有权扭送公安机关、人民检察
院或者人民法院处理。

2. 强制措施

（1）拘留。内地刑事诉讼中的拘留是指公安机关和人民检
察院对于现行犯或者重大犯罪嫌疑分子，在遇有法定的紧急情
况下采取的依法剥夺其人身自由的强制方法。刑事诉讼法第61
条规定：公安机关对于现行犯或者重大嫌疑分子，如果有下列情
形之一的，可以先行拘留：（1）正在预备犯罪、实行犯罪或者
犯罪后即时被发现的；（2）被害人或者在场亲眼看见的人指认
他犯罪的；（3）在身边或住处发现有犯罪证据的；（4）犯罪后
企图自杀、逃跑或者在逃的；（5）有毁灭、伪造证据或者串供
可能的；（6）不讲真实姓名、住址，身份不明的；（7）有流窜

作案、多次作案、结伙作案重大嫌疑的。

除上述特殊情况外，侦查机关对犯罪嫌疑人进行拘留，要由公安机关或检察机关负责人审批，签发《拘留证》，并且在执行拘留的时候，必须出示拘留证。

按照刑事诉讼法第 64 条的规定，拘留后，除有碍侦查或者因被拘留人身份不明等原因无法通知的情形以外，侦查机关应在 24 小时内，将拘留的原因和羁押的场所，通知被拘留人的家属或他的所在单位。

拘留的期限一般是 10 天，特殊情况可以延长至 14 天。对于流窜作案、多次作案、结伙作案的重大嫌疑分子，拘留的时间可以延长至 37 天。如果期限届满，检察机关没有批准逮捕，侦查机关应当立即释放犯罪嫌疑人。对于需要继续侦查，并且符合取保候审、监视居住条件的，可以依法取保候审或者监视居住。

（2）逮捕。内地刑事诉讼中的逮捕，是指暂时剥夺犯罪嫌疑人或被告人的人身自由，予以羁押的强制措施。逮捕是强制措施中最严厉的一种。它不仅剥夺犯罪嫌疑人、被告人的人身自由，而且逮捕后除发现不应当追究刑事责任和符合变更强制措施的条件以外，对被逮捕人的羁押期间一般要到人民法院判决生效为止。

刑事诉讼法第 60 条规定："对有证据证明有犯罪事实，可能判处徒刑以上刑罚的犯罪嫌疑人、被告人，采取取保候审、监视居住等方法，尚不足以防止发生社会危险性，而有逮捕必要的，应即依法逮捕。"按照该条的规定，逮捕犯罪嫌疑人、被告人必须具备三个条件：（1）有证据证明有犯罪事实。即有证据证明犯罪确已发生，并且该犯罪事实可能是犯罪嫌疑人所为。（2）可能判处徒刑以上刑罚。如果罪行比较轻微，只能判处拘役、管制或独立使用附加刑的，就不能逮捕。（3）有逮捕必要。只有当犯罪嫌疑人或被告人不逮捕就不足以防止发生社会危险性时，才应当逮捕。有的犯罪嫌疑人是先被拘留，然后又被逮捕的；也有的是没有被拘留，直接被逮捕的。

侦查机关要逮捕犯罪嫌疑人，应当写出提请批准逮捕书，连同全部案卷材料和证据，一并移送检察机关审查批准。公安机关对被拘留的人，认为需要逮捕的，应当在拘留后的 3 日以内，提请人民检察院审查批准。在特殊情况下，提请审查批准的时间可延长 1 日至 4 日。对于流窜作案、多次作案、结伙作案的重大嫌疑分子，提请审查批准的时间可以延长至 30 日。

各级检察机关都有审查批准逮捕部门，负责审查批准逮捕。人民检察院应当自接到公安机关提请批准逮捕书后的 7 日以内，作出批准逮捕或者不批准逮捕的决定。人民检察院不批准逮捕的，如果犯罪嫌疑人已被拘留，公安机关应当在接到通知后立即释放被拘留人，并且将执行情况及时通知人民检察院。

公安机关对人民检察院不批准逮捕的决定，认为有错误的时候，可以要求复议，但是必须将被拘留的人立即释放。如果意见不被接受，可以向上一级人民检察院提请复核。上级人民检察院应当立即复核，作出是否变更的决定，通知下级人民检察院和公安机关执行。

公安机关逮捕人的时候，必须出示逮捕证。逮捕后，除有碍侦查或者无法通知的情形以外，应当把逮捕的原因和羁押的处所，在 24 小时以内通知被逮捕人的家属或者他的所在单位。

人民法院、人民检察院对于各自决定逮捕的人，公安机关对于经人民检察院批准逮捕的人，都必须在逮捕后的 24 小时以内进行讯问。在发现不应当逮捕的时候，必须立即释放，发给释放证明。

为了动员广大群众同犯罪作斗争，刑事诉讼法规定了扭送制度。扭送不是刑事诉讼中的强制措施，是刑事强制措施的一种补充，贯彻了"专门机关和群众路线相结合"的政策。刑事诉讼法第 63 条规定："对于有下列情形的人，任何公民都可以立即扭送公安机关、人民检察院或者人民法院处理：（一）正在实行犯罪或者在犯罪后即时被发现的；（二）通缉在案的；（三）越狱逃跑的；（四）正在被追捕的。"

在香港，逮捕是一个比较宽泛的概念，并且常常与拘留混用。当一个人受到限制并剥夺了自由行动的权利时，即为逮捕，或称拘留。这个意义上的逮捕相当于内地刑事诉讼法中拘留、逮捕和扭送所包含的内容。

香港的逮捕分为"由任何人实行的逮捕""由警方实行的逮捕"和"依据手令的逮捕"。在香港普通法中，"由任何人实行的逮捕"是指如果有可能发生破坏社会安宁的行为，在场的任何公民都可以逮捕任何人，尤其是对于"可逮捕罪"。"可逮捕罪"是指法律上规定了刑罚的犯罪或者依据法律可被判处监禁 12 个月以上的犯罪。对于"可逮捕罪"，任何人，包括警察，可以在没有手令的情况下逮捕任何他有理由怀疑犯了可逮捕罪的人。这种逮捕相当于内地刑事诉讼法中的扭送，但比扭送的适用条件更宽松。"由警方实行的逮捕"也是无手令逮捕，警察如果有理由认为行为人有犯罪嫌疑，而这种罪会被判处刑罚或对姓名、地址、身份不明的嫌疑人，就可将其逮捕。"由警方实行的逮捕"与"由任何人实行的逮捕"不同的是，警察必须要有"合理怀疑"。合理怀疑是指不仅要相信有可能性，而且必须基于事实。这类似于内地刑事诉讼法中的拘留，但比拘留的适用范围广。"依据手令的逮捕"是指警察在调查后发现犯罪嫌疑人的行为应当被指控，而向裁判法院的裁判官申请签发逮捕手令；裁判官签发逮捕手令后，警察依照该手令而实行的逮捕。警察执行逮捕时可以适用必要的手段，包括使用武力。这种逮捕同内地刑事诉讼法中的逮捕内容相近，都是经过审批，都是有证逮捕。不同的是，香港的这种逮捕是经过裁判法院的裁判官批准，内地是经过检察机关的审查批捕部门批准。香港的犯罪嫌疑人被逮捕后，羁押期限为 48 小时。如果要延长羁押，必须向裁判法院再次申请。经批准，羁押期限可延长 7 天，但是警察可以多次申请。

另外，在 Holgate‐Mohammed v Duke［1984］All ER 1054一案中，英国上议院司法委员会表明，有合理怀疑某人犯了可逮捕罪的，警察可以逮捕该人，即使逮捕的目的只是在警署对被逮捕者进行审问，有人称之为"为讯问而逮捕"。这种逮捕类似于内地刑事诉讼法中的拘传。拘传是指内地刑事诉讼法五种强制措施种最轻微的一种，指公安机关、人民检察院或者人民法院对于没有拘留、逮捕的犯罪嫌疑人、被告人强制其到指定地点接受讯问的方法。"为讯问而逮捕"同拘传的共同点都是强制犯罪嫌疑人到一定地点接受讯问。但内地刑事诉讼法对拘传规定了严格的手续。拘传要经过有关司法机关负责人批准，并持有《拘传证》才能执行。拘传持续的时间不得超过12 小时，不得以连续拘传的方式变相拘禁犯罪嫌疑人。

（3）取保候审和监视居住。内地刑事诉讼法中的另外两种强制措施是取保候审和监视居住。取保候审是指公安机关、人民检察院和人民法院依法责令犯罪嫌疑人或者被告人提供保证人或者缴纳保证金，并出具保证书，保证不逃避或者妨碍侦查、起诉、审判并随传随到的一种强制措施。监视居住是指公安机关、人民检察院和人民法院为防止犯罪嫌疑人、被告人逃避或妨碍侦查、起诉或审判的顺利进行，依法责令其不得擅自离开住处或指定的居所，并对其行动加以监视的一种强制措施。

刑事诉讼法第58条规定："人民法院、人民检察院和公安机关对犯罪嫌疑人、被告人取保候审最长不得超过十二个月，监视居住最长不得超过六个月。"由于人民法院、人民检察院和公安机关都有对犯罪嫌疑人或被告人采取取保候审、监视居住的权力，所以这一规定被解释为公、检、法三机关各自采取取保候审的期限最长不得超过十二个月、监视居住的期限最长不得超过六个月。

犯罪嫌疑人、被告人可以直接被采取取保候审或监视居住的强制措施，也可以是在被拘留或逮捕后变更为取保候审或监视居住。取保候审和监视居住的条件是：（1）犯罪嫌疑人、被告人可能判处管制、拘役或者独立适用附加刑的；（2）犯罪嫌疑人、被告人可能判处有期徒刑以上刑罚，采取取保候审、监视居住不致发生社会危险性的。

取保候审有两种形式：人保和财产保。人保是用保证人来作担保，保证人必须具备下列条件：（1）与本案无牵连；（2）有能力履行保证义务；（3）享有政治权利，人身自由未受到限制；（4）有固定的住处和收入。

如果被保证人有违反规定的行为，保证人未及时报告的，对保证人处以罚款；构成犯罪的，依法追究刑事责任，如出资帮助被保证人逃跑，则保证人构成包庇罪。

财产保是指由犯罪嫌疑人、被告人缴纳一定数量的保证金作为担保的制度。保证金的数额，根据案件性质、情节和犯罪嫌疑人、被告人的经济状况等因素决定。被取保候审的犯罪嫌疑人、被告人违反有关规定，已缴纳保证金的，没收保证金，并且区别情形，责令犯罪嫌疑人、被告人具结悔过，重新缴纳保证金、提出保证人或者将强制措施改为监视居住或逮捕。犯罪嫌疑人、被告人在取保候审期间未违反有关规定的，取保候审结束的时候，应当退还保证金。

香港刑事诉讼中没有监视居住这样的强制措施，与内地取保候审相类似的制度是保释。保释是犯罪嫌疑人、被告人同意在特定机构出现的前提下所给予的有条件或无条件的释放。有权作出保释决定的机关有警务处、廉政公署、海关、法庭等。保释可以不经过逮捕，直接作出；也可以逮捕犯罪嫌疑人、被告人后再保释。香港的保释，首先由犯罪嫌疑人、被告人提出申请，再由有关部门决定。任何被告人都有提出保释的权利，保释权是《香港人权法案条例》所规定的一项特定的权利。但是否保释，一般可以由警务处、廉政公署、海关决定，超过法定羁押期限的保释问题由法庭决定。如果认为对犯罪嫌疑人、被告人进行保释，可能会发生干扰司法程序等问题，则可以拒绝保释。通常拒绝保释的情况是：（1）可能会不出庭受审；（2）可能会再次犯罪；（3）可能会妨碍司法程序，如串供、毁灭证据、干扰证人作证等；（4）须由警方关押，以便于继续调查相关的罪行；（5）为保证其自身安全。

香港的保释，与内地相同，有财产担保和保证人担保两种。保证金担保是犯罪嫌疑人、被告人向保释决定机关交存一笔现金来保证。在考虑保证金合适的情况下，保释决定机关还要考虑保证金的来源及其他情况。保证人担保是由保证人对保释进行的保证。香港法例对保证人的资格作了规定，即保证人应有足够的财力，法院亦会考虑其品格和有无前科劣迹，以及与被告人的接近程度。保证人的责任是保证被保证人及时受审。如果保证人认为无法再保证被保证人履行义务，担保人有权申请解除担保责任。保释决定机关经调查，有"合理理由相信"被保证人不能及时受审，就解除保证人担保，签发逮捕令，将被保证人逮捕。

另外，香港《刑事诉讼程序条例》第 9D 条第 3 款还规定了保释的特殊条件，如要求被保释人交出任何旅行证件；定期向指定警署或廉政公署办事处报告并居住在特定的住址；禁止被保释人离开香港，禁止进入或接近任何特定地点或建筑，禁止接触特定人员等。但这种特殊条件必须是合理的。《刑事诉讼程序条例》第 9J 条规定对不当的条件被保释人有上诉的权利。对于保释决定机关的拒绝保释或保释的附加条件不服，犯罪嫌疑人、被告人可以就拒绝或附加的条件向法官申请复核，并可以提出新的证据和法律依据。该法官可以确认、取消或改变原决定。

内地刑事诉讼中，公安机关或者人民检察院经过一系列侦查活动，认为已经查明了犯罪事实，收集了足够的证据，就结束侦查程序。对于犯罪事实清楚，证据确实、充分，需要追究刑事责任的，应当制作《起诉意见书》，连同有关案卷材料、证据一并移送人民检察院的起诉部门审查决定。对于不应当追究犯罪嫌疑人刑事责任的，应当撤销案件。犯罪嫌疑人被捕的，应当立即释放。如果犯罪嫌疑人是被错误羁押的，还应当给予刑事赔偿。

（三）证据制度

1. 证据的种类

内地刑事诉讼法规定，证明案件真实情况的一切事实，都是证据。

证据有下列七种：

（1）物证、书证，如杀人案中的凶器，贪污案中的账簿等；（2）证人证言；（3）被害人陈述，如被害人所讲述的犯罪嫌疑人的性别、身高、年龄等特征；（4）犯罪嫌疑人、被告人供述和辩解；（5）鉴定结论，如法医鉴定、会计鉴定、司法精神病鉴定所作出的结论；（6）勘验、检查笔录，如犯罪现场勘验笔录、人身检查笔录等；（7）视听资料，如录音带、录像带、光盘等。

香港将刑事证据分为以下几种：

（1）证人证言，包括内地的被害人陈述；（2）可接纳为证据之文件，相当于内地的书证、鉴定结论、视听资料等；（3）专家意见（相当于内地的鉴定结论）、勘验、检查笔录；（4）犯罪嫌疑人、被告人供述和辩解；（5）证人的书面证词；（6）物证。

2. 证据规则

内地的证据制度主要包括以下内容：证据必须经过查证属实，才能作为定案的根据；审判人员、检察人员、侦查人员必须依照法定程序，全面收集证据，收集能够证实犯罪嫌疑人、被告人有罪或者无罪、犯罪情节轻重的各种证据；严禁刑讯逼供和以威胁、引诱、欺骗以及其他非法的方法收集证据；必须保证一切与案件有关或者了解案情的公民，有客观地充分地提供证据的条件；凡是伪造证据、隐匿证据或者毁灭证据的，无论属于何方，必须受法律追究；对一切案件的判处都要重证据，重调查研究，不轻信口供，只有被告人供述，没有其他证据的，不能认定被告人有罪和处以刑罚；没有被告人供述，证据充分确实的，可以认定被告人有罪和处以刑罚；证人证言必须在法庭上经过公诉人、被害人和被告人、辩护人双方询问、质证，听取各方证人的证言并且经过查实以后，才能作为定案的根据。

　　与内地相比，香港的证据规则更为详细。香港的证据法是一个庞大的体系，香港并没有一部囊括所有证据规则的证据法典。但与内地刑事诉讼法中将证据制度规定在刑事诉讼法中的做法不同，香港有一个专门的证据法——《证据条例》，它不仅规定了刑事证据，而且规定了民事证据。《证据条例》篇幅很大，涵盖范围相当广泛，但仍然不能满足香港地区证据制度发展的需要，香港许多单行的法规条例中对证据制度又作了大量的补充规定。如《刑事诉讼程序条例》《防止贿赂条例》等对证据都有规定。另外，由于香港法律属普通法系，一些证据规则还表现为判例法和习惯法规则，这些规则仍然影响着香港的证据制度，如"不得凭被告的被迫招认将其定罪"等。

　　内地的刑事诉讼法规定，犯罪嫌疑人、被告人的供述和辩解是一种法定证据。犯罪嫌疑人对侦查人员的提问，有如实回答的义务。但是在内地的刑事诉讼中，对犯罪嫌疑人、被告人口供的采信又是十分慎重的。刑事诉讼法第46条规定：对一切案件的判处都要重证据，重调查研究，不轻信口供。只有被告人供述，没有其他证据的，不能认定被告人有罪和处以刑罚；没有被告人供述，证据充分确实的，可以认定被告人有罪和处以刑罚。

　　香港法律规定，犯罪嫌疑人、被告人有沉默权，但犯罪嫌疑人、被告人的供述并没有被排除在证据之外。在香港刑事诉讼法中，犯罪嫌疑人、被告人承认其犯罪事实称为自白。自白只要具备一定的条件，同样成为证据。香港普通法中关于自白的原则是：不能凭被告人的被迫招认将其定罪。也就是说：被告人承认有罪的供述应当是自愿作出的，没有受到任何利诱、威逼、胁迫或其他形式的折磨，同时他也完全明白他所做的行为的意义和后果。为了保证这一点，1992年10月1日，香港保安司（现称保安局局长）依据"法官规则"颁布了《查问疑犯及录取口供的规则及指示》。该规则详细规定了执法人员调查犯罪时录取犯罪嫌疑人、被告人口供的权限、程序，应使用的警诫词，口供记录时的签署方式，甚至包括应使用的文具和讯问期间犯罪嫌疑人、被告人的饮食等有关注意事项。香港刑事诉讼法中也贯彻"不轻信口供"的原则。自白被采纳为证据后，并非就当然地证实了被告人有罪，同样应当与其他证据联系起来作为判案依据。但是在裁判法院和区域法院，对于自愿作出的认罪的自白，可以作为定罪的证据。

内地法律对证人资格规定的比较宽泛。凡是知道案件情况的人，都有作证的义务。但生理上、精神上有缺陷或者年幼，不能辨别是非、不能正确表达的人，不能作证人。内地法律虽然没有专门的证人保护法，但在刑事诉讼法中规定了相应的条款。刑事诉讼法规定，人民法院、人民检察院和公安机关应当保障证人及其近亲属的安全。对证人及其近亲属进行威胁、侮辱、殴打或者打击报复，构成犯罪的，依法追究刑事责任；尚不够刑事处罚的，依法给予治安管理处罚。

在香港，由于实行言词原则和直接原则，大部分证据由证人在法庭上以口头方式提出，因此证人证言是香港证据法中的重要内容。香港证据法中规定，精神不健全者原则上没有资格作证；对间歇性精神病人在其神智清醒期间的认识和陈述与常人无异的，经医生证明，也可以成为证人；聋哑人由于缺乏听觉和口头表达能力，无法口头宣誓，无法贯彻言词原则，但如果可以在他人的帮助下，以手语和文字提供证词，则被认为有作证资格。对14岁以下儿童的作证法律有特别规定。

内地刑事诉讼法规定证人有出庭作证的义务，有获得司法机关保护的权利，但没有规定证人出庭作证的补偿制度和证人不出庭作证的法律后果。香港在这一方面作了规定。香港《高等法院条例》第 52 条规定：在法院所受理的任何诉讼中，证人出庭作证时，法院依法下令核准费用给予所有出庭证人作为他们出庭的费用和补偿。证人有出庭作证的义务，经传唤无正当理由不到庭者，就要受到处罚。《裁判官条例》第 21 条规定：如被传唤者拒绝或因忽略不依时日地点报到，裁判官可以再依法签发手令，拘传该人到案。《刑事诉讼程序》第 36 条规定：凡经法庭传唤强制出庭而拒绝到案者，可依简易程序被判处监禁。

内地法律规定，证人作证时，法官要告知证人应当如实地提供证言和有意作伪证要负的法律责任。《最高人民法院关于执行〈中华人民共和国刑事诉讼法〉若干问题的解释》第 142 条第 2 款规定："证人作证前，应当在如实作证的保证书上签名。"

香港有证人作证前宣誓或发誓的制度。证人出庭作证，在作出证言之前，应先宣誓，非基督教徒可发誓，否则其证言不会被采纳。证人拒绝发誓或宣誓的，还将受到惩罚。如《裁判官条例》第 21 条规定：如到案的证人拒绝宣誓，裁判官可给予罚款处分。这里的例外情况是 14 岁以下的儿童经法庭许可也可不必宣誓而作证，但同样对证词负责。其他一些单行条例，如《小额钱债审裁处条例》也规定了个别情况下证人可不必宣誓。

书面证词在内地是证人证言证据的一种。在内地的法庭审判中，证人出庭作证的比率比较低，很多证人提供书面证词，由律师或检察官在法庭上宣读。但香港的刑事诉讼采取言词原则和直接原则，证人必须亲自到法庭以口头的形式提供证据，否则，不但证据不能被采纳，而且要追究证人的责任。香港

《证据条例》第70条规定，只有下列原因，无法召集某人到法庭作证时，才允许使用其书面证词作为呈堂证据：（1）该人已经死亡；（2）该人不在香港；（3）无法向其送达通知其出庭的令状；（4）该人精神失常；（5）该人因被告人的行为而未能到庭；（6）该人居住国的法律禁止其离境；（7）向其提出出庭的要求，但该人拒绝离开居住的国家；（8）无法于该人在香港的最后所知地址找到该人等。在这些情况下，证人不能到庭，宣读其书面供词，也可被采纳为证据。书面供词，也可经双方同意，根据《刑事诉讼程序条例》第65B条被采纳为证据。

香港的证据法中专门规定了"特权"制度：（1）配偶特权：丈夫或妻子均不得在涉及其配偶的案件中作证或被强迫作供，以提出任何对其配偶不利之证词。在刑事诉讼中，丈夫或妻子不得被强迫透露在婚姻持续期间相互间的任何通信。（2）被告人特权：任何人，如果在刑事诉讼中被控可经公诉或简易程序治罪之罪名，则不得被强迫作任何对自身有利或不利之证词；亦不得被强迫其在诉讼中回答任何可能陷己于罪的问题。（3）证人特权：如果在诉讼中回答任何问题或出示任何文件或物品会导致该人就某一罪项或追讨罚款事宜而陷入诉讼，则该人有权拒绝回答或出示文件或物品。（4）专业特权：对于律师所掌握的当事人的资料和文件，不能强迫律师向法庭透露；只要银行不是某一案件的原告或被告，除非有法院发出的命令，不能强迫银行或银行的职员交出银行的文件，或出庭证明有关记录的事情、交易或账目。

3. 证据披露

内地和香港都有证据披露制度。内地刑事诉讼法第36条规定，辩护律师自人民检察院对案件审查起诉之日起，可以查阅、摘抄、复制本案的诉讼文书、技术性鉴定材料，可以同在押的犯罪嫌疑人会见和通信。其他辩护人经人民检察院许可，也可以查阅、摘抄、复制上述材料，同在押的犯罪嫌疑人会见和通信。辩护律师自人民法院受理案件之日起，可以查阅、摘抄、复制本案所指控的犯罪事实的材料，可以同在押的被告人会见和通信。其他辩护人经人民法院许可，也可以查阅、摘抄、复制上述材料，同在押的被告人会见和通信。在法庭辩论中，公诉人提出开庭前提交给法庭的证据目录中没有的证据时，辩护方可申请休庭以有足够的时间准备。

香港法例规定，控方和辩方互相都有一定的披露证据的责任。香港《刑事诉讼程序条例》第 65DA 条规定，初级侦讯后或者在命令将案件转解到区域法院后，准备提出专家意见的当事人，必须根据实际情况，尽早向另一方当事人递交一份书面声明，提出他们准备使用某个专家的结论和观点。如果对方要求获得专家的结论和观点所依据的所有观察记录、试验或计算，他方必须提供这些观察记录、试验或计算的副本。除非法官同意，或者当事人放弃这一被告知的权利，如果使用专家意见的当事人没有履行披露要求，这些专家意见就不能在审判中提出。如果准备提出专家意见的当事人有合理的理由相信，根据法例的要求披露专家意见，可能会威胁到专家证人的安全或威胁到当事人本人的安全，或将会干扰司法活动的顺利进行，他可以不向另一方当事人提供专家意见。但是，他仍然必须通知另一方当事人，告知拒绝提供专家意见的理由。

在香港的司法实践中，主要是控方向辩方披露证据，并且要给辩方充分的准备时间。律政司决定起诉后，控方向辩方披露证据。控方必须披露其根据《裁判官条例》第Ⅲ部规定准备使用的证词和证物。对于控方在高等法院原讼法庭审判时将要传唤的证人，如果其证词没有包含在初级侦讯时控方交给被告人的所有证词中，控方需将一份补充证据通知，连同提出的证人证词副本送交被告人。如果控方没有遵守这一程序要求，法官可以提出指责，并同意辩方申请延期审理的要求，让控方向辩方提供适当的通知，给辩方提供充分的时间来考虑这样的证人证词。相同程序也适用于地方法院的审判。但当控方相信某材料受到公共利益豁免的保护而不应被提交时，控方可以采取下列措施：（1）控方应通知被告人，控方正在申请排除该材料；（2）控方至少应该向辩方提供这些材料的目录；（3）应该给被告人提出申诉的机会。

辩方在一定程度上也有披露其证据的责任，如被告人不在犯罪现场的证据。《刑事诉讼程序条例》第65D条第1款规定，除非被告人已将不在犯罪现场的证据披露，否则被告人在法庭上不能提出该证据。被告人不在现场的证据是必须披露的证据。《刑事诉讼程序条例》第65D条规定，必须将不在犯罪现场的证据在法庭上提交或以书面方式向检控人员提交，向检控人员提交的通知可送交律政司司长，或者留在律政司司长办公室，或者以邮寄的方式寄往律政司司长办公室。通知中必须包括证人的姓名和地址。如果这时候被告人还不知道证人的姓名和地址，则须证明被告人知道的并确实有助于找到证人的任何材料。如果在通知中没有指出证人的姓名和住址，若法官确认，被告人在提出通知时以及在提出通知后，采取了所有合理的方法和措施在寻找证人，法官仍然可以允许被告人提出不在犯罪现场的证据。如果被告人在以后发现了证人的姓名和地址，或者得到了其他可能确实有助于发现证人的材料，被告人立即通知控方这一发现的，法官也可以允许被告人提出不在犯罪现场的证据。

四、起诉

（一）起诉的主体

内地对公诉案件实行检察机关总揽的制度。最高人民检察院有刑事起诉厅，地方各级人民检察院有刑事起诉处或起诉科，专门负责就公诉案件向法院起诉。

在香港，《基本法》第63条规定，律政司主管刑事检控工作，不受任何干涉。实际上，律政司授权包括警务处、廉政公署、海关、入境处等部门进行某些案件的检控工作。律政司作为香港的主要起诉机关，承担着对可控告罪行和严重罪行的起诉工作。而且对警务处、廉政公署等执法机关的起诉负有领导和监督责任。警务处和廉政公署提起公诉，都视为代表律政司进行诉讼。律政司下设的刑事检控科，负责对较复杂或较严重的案件如杀人、强奸、商业罪案、警务人员犯罪及毒品罪案的起诉。律政司刑事检控科有专门的检察官负责起诉，但律政司也可以雇用私人律师代表律政司进行起诉。通常情况下，严重、复杂的案件由警方侦查破案并收集有关证据，然后交由律政司刑事检控科起诉。警务处也负有一定的起诉职能，但只负责对处刑在2年以下的轻罪案件起诉，而且只能向裁判法院起诉。廉政公署对较轻微的贪污贿赂、舞弊行为及勒索、恐吓索取金钱和欺诈等犯罪，在律政司的指导下，也可直接起诉。入境处有检控小组，负责就伪造入境证件、持有过期证件等轻微犯罪向裁判法院起诉。

内地属于公诉与自诉并存，但以公诉为主的控诉犯罪类型。公诉案件由检察机关起诉，自诉案件由被害人、被害人的法定代理人、被害人的近亲属起诉。法定代理人的范围，按照刑事诉讼法第82条第3项的规定，包括被代理人的父母、养父母、监护人和负有保护责任的机关、团体的代表。近亲属的范围，根据刑事诉讼法第 82 条第 6 项的规定，包括夫、妻、父、母、子、女、同胞兄弟姊妹。内地刑事诉讼法第 88 条规定，对于自诉案件，被害人死亡或者丧失行为能力的，被害人的近亲属有权提起自诉。除了法律规定可以由被害人自诉的案件（参见第五章第六节）之外，其他一切刑事案件都由检察机关代表国家进行公诉，公安等机关对刑事案件没有起诉权。

香港虽然没有专门的法律规定自诉案件，但存在这种判例。对于自诉案件，原告可亲自或通过律师进行起诉，但只能在裁判法院提出，律政司可在诉讼的任何阶段进行干预或直接接管该案的控诉。从理论上讲，一切罪行的控诉都在律政司的控制之下。

（二）审查起诉

1. 起诉的条件

对犯罪进行起诉，必须符合一定的条件。首先，犯罪嫌疑人的行为已经构成犯罪，这是内地和香港对被告人提起公诉都必须具备的条件。否则，检察官的起诉行为被认为是违法的。其次，有证据证明犯罪行为为犯罪嫌疑人所实施。决定证据是否足够的权力，内地和香港有不同的做法。内地由检察官自行决定，检察官对所有的证据材料、文书和物证进行全面审查，认为有足够的理由时，就可以决定提起公诉。而在香港，对一些案件，执法机关自己无权决定是否起诉，还要征得律政司的同意。如《防止贿赂条例》第Ⅱ部规定的贿赂罪，廉政公署要提起公诉必须经过律政司的同意。否则，提起的诉讼是无效的。律政司同意提起诉讼与否不受司法审查。最后，认为依法应当追究犯罪嫌疑人的刑事责任。综合案件的全部资料，没有不应当或者不需要追究刑事责任的情形。

在内地，审查起诉是刑事诉讼中的一个重要阶段。检察机关要审阅案卷材料，了解案情；讯问犯罪嫌疑人，核实口供的可靠性，分析口供和其他证据之间有无矛盾，查清犯罪事实和情节；听取被害人的意见，询问证人，进一步审查核实证据；听取犯罪嫌疑人、被害人委托的人的意见，保障犯罪嫌疑人和被害人的合法权益，保证审查起诉的质量；补充侦查，以使决定起诉的案件有足够的证据。

2. 起诉裁量权

人的行为构成了犯罪，但不一定都要追究刑事责任。公诉机关对是否起诉都有一定的自由裁量权，这一点内地和香港是相同的。

内地检察机关有酌情决定不起诉的权力。检察官决定是否起诉，一要考虑证据是否充分，二要看起诉是否符合公众利益。内地刑事诉讼法规定，人民检察院审查案件，认为证据不足，可以退回侦查机关补充侦查，也可以自行侦查。对于补充侦查的案件，检察机关仍然认为证据不足，不符合起诉条件的，可以作出不起诉的决定。根据最高人民检察院制定的《人民检察院刑事诉讼规则》第286条规定，下列情形属于证据不足，不符合起诉条件的：（1）据以定罪的证据存在疑问，无法查证属实的；（2）犯罪构成要件事实缺乏必要的证据予以证明的；（3）据以定罪的证据之间的矛盾不能合理排除的；（4）根据证据得出的结论具有其他可能性的。如果出现了证据不足的情形，检察机关从节省司法资源和保护犯罪嫌疑人的合法权益的角度出发，可以决定不起诉。

检察机关是否起诉，还要看起诉是否符合公众利益。刑事诉讼法规定，犯罪嫌疑人的行为已经构成犯罪，但由于犯罪情节轻微，根据刑法规定不需要判处刑罚或者免除刑罚的，检察机关可以不起诉。检察机关行使酌定不起诉权必须符合两个条件：（1）犯罪情节轻微；（2）根据刑法规定不需要判处刑罚或者免除刑罚。

香港法例规定，控方也有酌情决定起诉权。同内地一样，检控方是否提起诉讼取决于两种情形，即是否有足够的证据认定被告人有罪，以及提起诉讼是否符合公众利益。下列情形是控方决定是否提起诉讼时予以考虑的问题：（1）可被采纳证据的性质；（2）定罪后可能判处的刑罚；（3）罪行的严重性；（4）被告人的个人特性；（5）起诉是否一定符合公众利益；（6）所花费用是否合理。但主要的问题是，有无充分的证据认定被告人构成犯罪。

3. 起诉时限

内地刑事诉讼法规定，人民检察院对于公安机关移送起诉的案件，应当在一个月以内作出决定，重大、复杂的案件可以延长半个月。人民检察院审查起诉的案件，改变管辖的，从改变后的人民检察院收到案件之日起计算审查起诉期限。人民检察院审查案件，对于需要补充侦查的，可以退回公安机关补充侦查，也可以自行侦查。对于补充侦查的案件，应当在一个月以内补充侦查完毕。补充侦查以二次为限。补充侦查完毕移送人民检察院后，人民检察院重新计算审查起诉期限。

香港的起诉时限则因简易程序罪和公诉罪的不同而不同。《裁判官条例》第 26 条规定，简易程序罪必须在犯罪后 6 个月内提起诉讼，但法例对某一犯罪的时限另有规定的除外。可见，简易程序罪是有起诉时限限制的，但时限的计算方法同内地不同。内地从检察机关收到案件时开始计算，而香港从案件发生时开始计算。而对于公诉案件，在香港，审查起诉没有时限的限制，但控方不应当无故拖延。《香港人权法案条例》要求控方公正迅速地提起诉讼，如果无故拖延，就侵犯了被告人获得公正审判的权利，法庭可以命令终止诉讼。

（三）提起公诉

1. 制作起诉书

内地刑事诉讼法规定，人民检察院决定对犯罪嫌疑人提起公诉的，必须制作起诉书。起诉书是检察机关代表国家指控犯罪的主要法律文书，最高人民检察院制定的《人民检察院刑事诉讼规则》专门规定了起诉书的格式。该规则第281条规定：

起诉书的主要内容包括：

（1）被告人的基本情况。包括姓名、性别、出生年月日、出生地、身份证号码、民族、文化程度、职业、工作单位及职务、住址，是否受过刑事处罚，采取强制措施的情况及在押被告人的关押处所等；如果是单位犯罪，应写明犯罪单位的名称，所在地址，法定代表人及代表的姓名、职务；如果还有应当负刑事责任的直接负责的主管人员或其他直接责任人员，应当按上述被告人基本情况内容叙写。

（2）案由和案件来源。写明以什么罪名起诉，以及案件是公安机关侦查的，还是检察机关自己侦查的。

（3）犯罪事实。包括犯罪的时间、地点、经过、手段、动机、目的、危害后果等与定罪量刑有关的事实要素。

（4）起诉的理由和根据。包括被告人触犯的刑法条款、犯罪的性质、法定从轻、减轻或者从重处罚的条件，共同犯罪各被告人应负的罪责等。

在香港刑事诉讼中，起诉书也是一种非常重要的法律文书。香港的刑事起诉书分为两种，在裁判法院使用的称为传票、告发或申诉；在其他法院使用的称为公诉书。法律规定了公诉书的具体格式。在公诉书中应当分别填写：检控机关的简称和案簿编号；起诉时间；法庭名称；检控方名称；被告资料，包括姓名、性别、国籍、种族、地址和职业等；罪行名称；犯罪事实；证人；证物等。

在香港，公诉书如果有下列情形之一，就被认为是有缺陷的公诉书：（1）形式上或实质上的错误。如被告人身份错误；引用了错误的法律条款等。（2）公诉书的签名。《刑事诉讼程序条例》第17条规定：每份公诉书都要由律政司签名，并注明签名日期。如果没有履行这样的签名，公诉书被认为有错误。（3）重复。香港《公诉书规则》规定：公诉书中的每一项罪名，只能包括一项罪行，否则，即被认为是重复。如果缺陷是轻微的，并且是可以弥补的，控方或法庭可以进行修正，但被告人可以因此申请延期审理，以准备辩护。但是如果缺陷严重，简单的修改已不能修正，控方或被告人都可以提出撤销公诉书的申请。

2. 起诉书的移送

在内地刑事诉讼中，起诉书经检察长审查同意后署名，正本和副本都应加盖人民检察院印章，连同证据目录、证人名单和主要证据复印件或者照片一并移送有管辖权的法院。有被害人的公诉案件，检察机关可以将提起公诉的情况通知被害人。

起诉书应由人民检察院向有管辖权的同级人民法院移送。人民检察院提起公诉后，如果发现犯罪事实不清，证据不足，或者遗漏其他犯罪分子的，应当主动补充起诉或补充材料；如发现不具有应当追究刑事责任的情况，应当主动撤回起诉。

在香港，对于严重犯罪，控方必须在把案件交付高等法院审判后7天内，向高等法院司法常务官提交公诉书。提交公诉书是高等法院诉讼程序的正式开始。如果律政司如果未能在规定期限内提起法律程序，被告人可以向高等法院法官申请颁发释放的命令。对该申请进行聆讯后，法官可以将被告人释放，也可以命令控方在特定的日期内提交公诉书。如果控方没有遵守法官的命令在特定的日期内提交公诉书，法官将释放被告人。除非控方向上诉法院上诉，否则，这样释放被告人的命令效力等同于宣告被告人无罪，并终止诉讼。

同内地一样，对有缺陷的公诉书，法官可允许控方修正。提交公诉书后，控方也可以申请撤回公诉书。

五、初审程序

（一）法院对公诉案件的审查

内地刑事诉讼法第 150 条规定："人民法院对提起公诉的案件进行审查后，对于起诉书中有明确的指控犯罪事实并且附有证据目录、证人名单和主要证据复印件或者照片的，应当决定开庭审判。"这个规定，虽然字数不多，但包含了丰富的内容，反映了现行刑事诉讼法对 1979 年刑事诉讼法的修改，由过去对起诉案件的实体审查改变为现在的程序审查，适应了庭审方式改革的需要。

在香港，拟提交高等法院审判的案件要通过一个审查程序，同内地法院在审判前对案件的审查一样，都是为以后的审判作准备，但二者的具体程序有些不同。

在香港，首先要进行"交付审判"的侦讯程序，即所有案件，首先都要送到裁判法院预审，由裁判法院的法官决定每一个案件由哪一级法院审判。裁判法院进行预审，如果是简易程序罪，就由其自己审理。如果是公诉案件，则视案件的严重程度，或者在裁判法院审理，或者转移区域法院审判，或者移送高等法院原讼法庭审理。但裁判法院在将案件转移高等法院审判前，必须根据《裁判官条例》第Ⅲ部的规定进行"交付审判"的侦讯，以决定控方是否提出了足够的证据和材料，足以将被告人交付高等法院审判。

"交付审判"的侦讯分为经过初级侦讯和不经过初级侦讯两种形式。在进行初级侦讯时，控方证人，或者至少是那些被告人要求盘问的证人，需要在裁判官面前提供口头证据并接受盘问。裁判官在聆讯控辩双方提供的口头证据后，将根据控方提出的证据和材料是否对被告人有定罪的可能性，来决定是否将案件交付高等法院审判。但如果在侦讯时，被告人不要求控方证人在裁判官面前提供口头证据并对证人举行盘问，裁判官可以直接将案件交付高等法院审判。初级侦讯的另一个重要职责是告知被告人的权利和今后的程序。包括告知被告人有申请法律援助的权利；有要求初步调查的权利；有获得公诉书副本、所有证人证言副本和文件证物副本的权利；有作无罪答辩的权利等。对于比较严重的犯罪，在初级侦讯中，裁判法院法官要询问被告人作有罪答辩还是作无罪答辩。如果被告人作有罪答辩，则将被告人转移到高等法院接受没有陪审团的审判；如果被告人作无罪答辩，则将被告人转移到高等法院接受有陪审团的审判。如果裁判法院法官认为，控方提供的证据和材料，不足以将案件提交高等法院审判，他可以解除对被告人采取的强制措施，将被告人释放。如果裁判法官认定，案件的证据"足以或者有可能推定有罪"，则裁定被告人接受高等法院的审判。

不经过初级侦讯的审查叫作"书面交付审判程序"。其中，控方只向被告人送达控方准备在高等法院审判时依据的证人证言和文件证物的副本，证人不口头作证，也不接受盘问。裁判官通过书面调查决定是否将案件交付高等法院审判。

高等法院原讼法庭接受案件后，在正式审判前，还要举行有关预审。预审的形式分为两种：普通案件的初级聆讯和复杂商业罪案的初级聆讯。另外，高等法院原讼法庭在正式开始审判前，有权召集当事人开会，以确定他们对所提供证据的态度、异议和看法，为审判作准备。对复杂商业罪案，高等法院原讼法庭法官可以根据当事人或者自己决定，对案件进行预审。《复杂商业罪行条例》第 11 条规定，预审是高等法院原讼法庭审判复杂商业罪案的一个必经程序。预审开始时，控方要向被告人宣读并解释公诉书的内容，被告人可以对公诉书进行答辩。

（二）庭审前的准备

在内地，对刑事案件的审判，是由合议庭进行的。按照刑事诉讼法第 147 条的规定，基层人民法院、中级人民法院审判第一审刑事案件，应当由审判员 3 人或者由审判员和人民陪审员共 3 人组成合议庭进行；高级人民法院、最高人民法院审判第一审案件，应当由审判员 3 至 7 人或者由审判员和人民陪审员共 3 至 7 人组成合议庭进行，但是基层人民法院适用简易程序的案件可以由审判员一人独任审判。合议庭的审判长必须由审判员担任。合议庭对案件，既有审理权，又有裁判权。

在内地，人民法院决定开庭审判的案件，开庭审判前要做好如下各项准备工作：（1）确定合议庭的组成人员；（2）将人民检察院的起诉书副本至迟在开庭 10 日以前送达被告人，对于被告人未委托辩护人的，告知被告人可以委托辩护人，或者在必要的时候指定承担法律援助义务的律师为其提供辩护；（3）将开庭的时间、地点在开庭 3 日以前通知人民检察院；（4）传唤当事人，通知辩护人、诉讼代理人、证人、鉴定人和翻译人员，传票和通知书至迟在开庭 3 日以前送达；（5）公开审判的案件，在开庭 3 日以前先期公布案由、被告人姓名、开庭时间和地点。

内地法律规定，人民法院审判第一审案件应当公开进行。

但是有关国家秘密或者个人隐私的案件，不公开审理。14岁以上不满16岁未成年人犯罪的案件，一律不公开审理。16岁以上不满18岁未成年人犯罪的案件，一般也不公开审理。对于不公开审理的案件，应当当庭宣布不公开审理的理由。

在香港，控方向裁判法院提起起诉后，裁判法院可向被告人签发传票。受送达传票的人不遵从传票指定的时间和地点到案，裁判官依法可以签发拘票将被告人拘捕到案进行审讯。如果裁判官认为指控的证据确凿，可以不发传票，而直接发拘票，拘捕被告人到案。

（三）辩护制度

被告人有权获得辩护，是内地刑事诉讼法规定的一项基本原则。刑事诉讼法第11条规定：被告人有权获得辩护，人民法院有义务保证被告人获得辩护。根据刑事诉讼法第32条的规定，辩护人的范围相当广泛，包括：（1）律师；（2）人民团体或犯罪嫌疑人、被告人所在单位推荐的人；（3）犯罪嫌疑人、被告人的监护人、亲友。但是根据《刑事诉讼法》第32条和《最高人民法院关于执行〈中华人民共和国刑事诉讼法若干问题的解释〉》第33条的规定，下列人员不能被委托为辩护人：（1）被宣告缓刑和刑罚尚未执行完毕的人；（2）依法被剥夺、限制人身自由的人；（3）无行为能力或限制行为能力的人；（4）人民法院、人民检察院、公安机关、国家安全机关、监狱的现职人员；（5）法院的人民陪审员；（6）与本案审理结果有利害关系的人；（7）外国人或无国籍人。但第（4）（5）（6）（7）项的人员，如果是被告人的近亲属或者监护人，由被告人委托担任辩护人的，法院可以准许。

按照内地刑事诉讼法的规定，辩护分为三种：

（1）自行辩护。即犯罪嫌疑人、被告人自己为自己辩护。

在刑事诉讼中，犯罪嫌疑人、被告人可以要求自行辩护。

（2）委托辩护。即犯罪嫌疑人、被告人委托他人为自己辩护。委托辩护人可以是律师，也可以是其他公民。刑事诉讼法规定，一名犯罪嫌疑人、被告人委托辩护人不超过两人。

（3）指定辩护。即法院在遇有法律规定的特殊情况下，为没有委托辩护人的被告人指定辩护律师为其辩护。法院指定的辩护人只能是承担法律援助义务的律师。指定辩护适用于下列情形：公诉人出庭公诉的案件，被告人因经济困难或者其他原因没有委托辩护人的；被告人是盲、聋、哑或者未成年人而没有委托辩护人的；被告人可能被判处死刑而没有委托辩护人的，人民法院应当指定承担法律援助义务的律师为其提供辩护。

香港有完备的辩护制度和法律援助制度，并且制定了专门的《法律援助条例》，详细规定了法律援助的范围、法律援助的申请及证书的发给、诉讼费用及费用的分担等。

为了保障辩护人能充分行使辩护权，内地法律赋予其如下权利：（1）独立辩护权。（2）阅卷权。辩护律师从人民检察院对案件审查起诉之日起，可以查阅、摘抄、复制本案的诉讼文书，技术性鉴定资料。辩护律师从人民法院受理案件之日起，可以查阅、摘抄、复制本案所指控的犯罪事实材料。其他辩护人经人民检察院或人民法院许可，也可以进行上述行为。（3）会见通信权。辩护律师自人民检察院对案件审查起诉之日起，可以同在押的犯罪嫌疑人会见或通信。辩护律师从人民法院受理案件之日起，可以同在押的被告人会见或通信。其他辩护人经人民检察院或人民法院许可，也可以进行上述行为。（4）调取证据权。辩护律师经证人或其他有关单位和个人同意，可以向他们收集与本案有关的材料，也可以申请检察院、法院收集、调取证据，或申请法院通知证人出庭。（5）司法文书获取权。辩护人有权获得检察院的起诉书和抗诉书副本，有权获得法院的判决书或裁定书副本。

关于辩护人介入刑事诉讼的时间，刑事诉讼法对自诉案件的被告人聘请律师没有时间限制。刑事诉讼法第 33 条规定："自诉案件的被告人有权随时委托辩护人。"对公诉案件，刑事诉讼法规定，自案件移送审查起诉之日起，犯罪嫌疑人有权委托辩护人。但是刑事诉讼法第 96 条又规定，犯罪嫌疑人在被侦查机关第一次讯问后或采取强制措施之日起，可以聘请律师为其提供法律咨询、代理申诉、控告，并为被逮捕的犯罪嫌疑人申请取保候审。受托律师有权了解犯罪嫌疑人涉嫌的罪名，有权会见在押的犯罪嫌疑人，了解案情。

（四）陪审制度

内地和香港都有陪审制度，但内地实行的是陪审员制度，香港实行的是陪审团制度，二者差别较大。

内地的陪审员制度是指在刑事案件的第一审程序中，邀请群众担任人民陪审员，作为合议庭成员参加法庭审判的制度。刑事诉讼法第 147 条第 3 款规定，人民陪审员在人民法院执行职务，同审判员有同等的权利。因此，陪审员有审理权，如可以讯问被告人、询问证人、鉴定人等；同时陪审员还有裁判权，在庭审结束后，合议庭要进行评议，陪审员要参加评议，并发表意见。合议庭最后要根据多数人的意见决定对被告人定罪量刑，作出判决。但并非所有的第一审刑事案件都由陪审员参加合议庭。至于哪些案件邀请人民陪审员参加组成合议庭，可以根据案件的具体情况来确定。如涉及某些专门性问题的案件，如医疗责任事故罪的审理，可以邀请医学专家作为陪审员参加合议庭；一些新型案件，如审理证券犯罪案件，可以邀请证券专家作为陪审团参加合议庭；有较大社会影响的案件，如民愤比较大的案件，可以邀请当地群众作为陪审团成员参加合议庭。

香港的陪审团与内地的陪审员不同。内地的陪审员可以是法律专业人士，香港的陪审团只能由非法律专业人士组成。内地的陪审员对案件不仅有审理权，而且有裁判权，是陪审员和审判员共同审理案件。而香港的陪审团和法官有严格的分工。陪审团参加案件的法庭审理，通过对证据的分析，认定案件事实，裁定被告人是否有罪。如果他们认为被告人无罪，就应当释放被告人。如果他们认为被告人有罪，则由法官依照法律规定对被告人判处刑罚。法官可以对陪审团给予必要的法律指导，但无权左右或诱导陪审团的决定。内地不仅在最高、高级人民法院的一审程序中可以采用陪审制度，而且在基层、中级人民法院一审程序中采用陪审制度。但在香港，只在高等法院原讼法庭一审程序中采用陪审团审理案件。

香港有完善的陪审团制度，而且有专门的关于陪审团的法律——《陪审团条例》。《陪审团条例》规定，每一个年龄在21岁至65岁之间，心智健全，没有聋、哑或其他残疾并居住在香港有足够时间的良好品格的公民，都有资格和责任担任陪审团。《陪审团条例》还规定了议员、在政府法律部门工作的人员、各级法院的法官、纪律部队公职人员、律师、医生、编辑、药剂师、神职人员、学生、船员等不能担任陪审团成员。香港有完善的陪审员挑选制度。最高法院司法常务官有一份具备陪审员资格人员的名单。名单上的人可以以书面形式申请豁免。一旦名单确定下来，即可供公开审查。当需要组成陪审团时，司法常务官从名单中采用随机方式挑出人选。在刑事审判中，陪审团一般有七人组成，特殊情况下也可以由九人组成。

陪审团成员确定后，控方和辩方都有申请不符合条件的陪审员回避的权利。回避包括有因回避和无因回避两种。既可以对整个陪审团提出回避要求，也可以对陪审团中的某个成员提出回避要求，并且要求陪审团有因回避的次数没有限制。

为保证陪审制度的有效运作，香港法律还规定，陪审团成员参加案件的审理由政府给予一定的经济补助。但如果不履行陪审员的司法义务或违反法庭程序，将被认为有罪，最高刑罚可被判处5000港元（第二级罚款）的罚金。

（五）法庭审理

1. 内地的一审程序

按照刑事诉讼法的规定，内地法庭审判程序大体可分为开庭、法庭调查、法庭辩论、被告人最后陈述、评议和宣判五个阶段。

（1）开庭。开庭的时候，审判长查明当事人是否到庭，宣布案由；宣布合议庭的组成人员、书记员、公诉人、辩护人、诉讼代理人、鉴定人和翻译人员的名单；告知当事人有权对合议庭组成人员、书记员、公诉人、鉴定人和翻译人员申请回避；告知被告人享有辩护权利。根据刑事诉讼法规定，审判人员、检察人员、侦查人员，有下列情形之一的，应当自行回避，当事人及其法定代理人也有权要求他们回避：①是本案的当事人或者是当事人的近亲属的；②本人或者他的近亲属和本案有利害关系的；③担任过本案的证人、鉴定人、辩护人、诉讼代理人的；④与本案当事人有其他关系，可能影响公正处理案件的。审判人员、检察人员、侦查人员接受过当事人及其委托的人的请客送礼，或者违反规定会见过当事人及其委托的人的，当事人及其法定代理人有权要求他们回避。

（2）法庭调查。法庭调查是审判中的一个重要环节，其任务是在审判人员的主持下，控、辩双方在其他诉讼参与人的参加下，当庭对案件事实和证据举行审核、核实。法庭调查的步骤是：首先，由公诉人在法庭上宣读起诉书；然后被告人可以就起诉书指控的犯罪进行陈述，公诉人可以讯问被告人；被害人、附带民事诉讼的原告人和辩护人、诉讼代理人，经审判长许可，可以向被告人发问。审判人员可以讯问被告人。其次，出示、核实各种证据。证人作证，审判人员应当告知他要如实地提供证言和有意作伪证或者隐匿证据应负的法律责任。公诉人、当事人和辩护人、诉讼代理人经审判长许可，可以对证人、鉴定人发问。审判人员可以询问证人、鉴定人。公诉人、辩护人应当向法庭出示物证，让当事人辨认，对未到庭的证人的证言笔录、鉴定人的鉴定结论、勘验笔录和其他作为证据的文书，应当当庭宣读。审判人员应当听取公诉人、当事人的辩护人、诉讼代理人的意见。法庭审理过程中，合议庭对证据有疑问的，可以宣布休庭，对证据进行调查核实。人民法院调查核实证据，可以进行勘验、检查、扣押、鉴定和查询、冻结。法庭审理过程中，当事人和辩护人、诉讼代理人有权申请通知新的证人到庭，调取新的物证，申请重新鉴定或者勘验。

（3）法庭辩论。法庭辩论是在审判长的支持下，控、辩双方对案件的证据和案件事实，以及法律适用等问题，提出论点、发表意见，进行论证和互相辩驳。

（4）被告人最后陈述。内地刑事诉讼法第160条规定："审判长在宣布辩论终结后，被告人有最后陈述的权利。"被告人最后陈述是法庭审判的一个独立的阶段。被告人最后陈述的时间一般不加以限制。目的是给被告人一个充分辩解的机会。

（5）评议和宣判。在被告人最后陈述后，审判长宣布休庭，合议庭进行评议，根据已经查明的事实、证据和有关的法律规定，分别作出以下判决：①案件事实清楚，证据确实、充分，依据法律认定被告人有罪的，应当作出有罪判决；②依据法律认定被告人无罪的，应当作出无罪判决；③证据不足，不能认定被告人有罪的，应当作出证据不足、指控的犯罪不能成立的无罪判决。

不论是否公开审判的案件，宣告判决必须一律公开进行。当庭宣告判决的，应当在5日以内将判决书送达当事人和提起公诉的人民检察院；定期宣告判决的，应当在宣告后立即将判决书送达当事人和提起公诉的人民检察院。判决书应当由合议庭的组成人员和书记员署名，并且写明上诉的期限和上诉的法院。

人民法院审理公诉案件，应当在受理后1个月以内宣判，至迟不得超过1个半月。特殊情况下，如案情重大、涉及面广的案件，经省、自治区、直辖市高级人民法院批准或者决定，可以再延长1个月。但是，人民法院改变管辖的案件，从改变后的人民法院收到案件之日起重新计算审理期限；人民检察院补充侦查的案件，从补充侦查完毕移送人民法院之日起，重新计算审理期限。

2. 香港的一审程序

香港的一审程序比较复杂，可以分为简易程序（裁判法院适用的）和公诉程序（区域法院或高等法院原讼法庭适用的）两种，对被告人认罪和不认罪的审理程序也有区别。一般对被告人认罪的案件，法官可以不经法庭质证、辩论径行判刑；而对于被告人不认罪或者部分不认罪的案件，法官则需要传召证人作证，所有证人都须接受控辩双方的盘问，对于高等法院原讼法庭审判的重罪案件，还要组成陪审团参与审理。

区域法院和高等法院都适用公诉程序审理案件。区域法院除了不适用陪审团外，和高等法院的审判程序一样。内地的法律规定，根据案件的严重程度，由不同级别的法院管辖，但是上级法院管辖的案件，不需要经过下级法院审查。而在香港，所有案件，不论多么严重，都首先被送到裁判法院预审，由裁判法院的法官决定每一个案件由哪一级法院审判。

高等法院在受理案件后，为保证正式审判的顺利进行，还要对案件进行预审，即对案件进行实体审查。高等法院对案件的预审，分为普通案件的初级聆讯和复杂商业罪案的初级聆讯。初级聆讯后，案件才正式进入法庭审判程序。

高等法院审判的案件，被告人必须到庭。未被羁押的被告人如果没有到庭，法官可以发出逮捕令强制被告人到庭受审，如果被告人是被保释的，可以没收保释金。法官甚至可以在庭审前将其认为可能会不到庭的被告人提前羁押起来，以保证审判的顺利进行。

庭审开始后，由法庭书记员宣读起诉书，这不同于内地公诉人宣读起诉书的做法。书记员应当用被告人通晓的语言宣读公诉书的内容，如果被告人对公诉书的某些地方不明白，书记员可以进行解释。宣读公诉书后，被告人必须对公诉书指控的内容作出正式的答辩。被告人答辩时需亲自作出，不能由他人包括律师代为作出。被告人是聋、哑人的，答辩可以通过翻译作出。被告是法人的，须由法人的代表人作出。法人的代表人由法人的总经理或者其他管理法人事务的人员签发书面声明指定。被告人的答辩分为两种——有罪答辩和无罪答辩，即承认控罪或否认控罪。

被告人如果认为控方的指控不成立，或者认为控方的指控不构成犯罪，可作无罪答辩。被告人对指控作无罪答辩时，将使案件的所有问题处于争议之中，审判将继续进行，并由裁判官、区域法院法官或者陪审团来裁定被告人是否有罪。

如果被告人对公诉书指控的罪行作有罪答辩，则该答辩是对该罪行及其每一构成要素的承认。如果开始被告人作无罪答辩，审判之中，被告人又作有罪答辩，被告人的有罪答辩应当在法官指引下由陪审团裁定。被告人作有罪答辩，法官必须保证被告人理解答辩的后果。尤其是在没有律师的被告人和少年被告人的案件中，法官更要注意这一点。被告人作有罪答辩后，在法官量刑前的任何时间里，随时可以撤回有罪答辩，但是否允许被告人撤回有罪答辩，由法官决定，被告人必须举证证明其撤回有罪答辩有合理理由。

虽然被告人只能作有罪和无罪答辩两种选择，但对一些特殊情况需要处理。（1）被告人拒绝答辩。法官需要召集陪审团来确定被告人是主观不愿还是客观不能答辩。如果查明被告人为故意缄默，则推定被告人作无罪答辩；如果陪审团查明被告人为先天性哑巴，则重新组成陪审团审查被告人是否适合受审。看被告人能否理解审判程序的内容，能否理解证据等。如果查明被告人不适合受审，就中止诉讼。（2）含糊的答辩。对这种答辩，法官要具体分析。如果被告人的答辩是被迫作出的，法官不接受这种含糊的答辩。但如果被告人是在接受了律师的建议后不情愿地作有罪答辩，该答辩仍然有效，因为这是被告人自愿选择的结果。

被告人作无罪答辩后，法官就召集陪审团进行审判。陪审团宣誓后，将被告人交由陪审团审理。法庭书记官向陪审团宣读公诉书或公诉书的主要内容，告知陪审团被告人对公诉书作了无罪答辩，并告知陪审团认定被告人是否有罪是他们的责任。将被告人交由陪审团审理后，主审法官要向陪审团作开场白，告知当事人的角色、证明责任、证明标准、诉讼程序、犯罪构成要素和陪审团的职责，等等。法庭人员就座后，法官要向陪审团解释需要指定一个陪审团团长，告诉他们陪审团的注意事项，指示他们禁止与其他人讨论案情。一旦将被告人交由陪审团负责审理，只有陪审团可以对被告人作出裁定，除非他们被解散。

召集完陪审团后，控方首先作开审陈词。开审陈词是控方概述控方在审判中传唤的证据，解释证据同案件的关系，试图将陪审团的思想引导至和辩方有争议的地方。为了使陪审团考虑问题更加明白，控方可以提及法律方面的内容。然后由控方传唤控方证人。在证人按照规定发誓或宣誓后，控方对证人进行主询问，然后由辩方对控方证人进行盘问，控方还可以再询问。控方陈述结束后，法官要指引陪审团，如果认为控方的指控没有把握，他们可以裁定被告人无须答辩，中止审讯。

如果被告人须要答辩，由辩方开始陈述。传唤辩方证人作证，呈交物证等。如果被告人愿意作证，他也有权作证。当辩方传唤辩方证人作证时，首先由辩方做主询问，辩方证人同样接受控方的盘问。辩方可以再询问。

控辩双方举证完毕后，双方可分别向陪审团作结案陈词，即法庭辩论。

法庭辩论结束后，陪审团退庭讨论他们的裁定。一旦陪审团退庭，他们就应该保持始终在一起，不允许任何人同他们接触。陪审团在评议过程中，如果有问题，他们应该将问题记下来，通过指定的人员送交主审法官。法官应该召集法庭人员，在法庭上公开处理陪审团的问题。陪审团可以将公诉书、审判过程中提交的证物和被采纳的证据带入评议室。陪审团可以检验、聆听或者观看在审判中提交法庭并已被采纳的书面证据、录音磁带或者录像带。陪审团作出裁定后，必须在法庭上公开向被告人宣布，由首席陪审员代表陪审团宣告对被告人的有罪或无罪认定。陪审团通过裁定，必须以多数通过。《陪审团条例》规定了允许通过的多数。如陪审团为9人时，允许通过的多数为8人或者7人。

在首席陪审员向法庭报告了陪审团的裁定后，法官必须作出是否接受其裁定的决定。如果陪审团的裁定是一致通过或者以一个法律允许的多数通过的，并且不是模棱两可的裁定，这就是一个合法的裁定，法官必须接受，并将该裁定记录在案。

陪审团的无罪裁定如果是合法的，法官就必须接受，并且立即将被告人释放。陪审团对被告人定罪后，法官就将对被告人裁量决定应处的刑罚。

3. 简易程序

内地刑事诉讼第一审程序除了普通程序外，对有些案件可以适用简易程序。《刑事诉讼法》第174条规定，下列案件可以适用简易程序：（1）对依法可能判处3年以下有期徒刑、拘役、管制、单处罚金的公诉案件，事实清楚、证据充分，人民检察院建议或同意适用简易程序的；（2）告诉才处理的案件；（3）被害人起诉的有证据证明的轻微刑事案件。简易程序对程序的简化主要体现在以下几个方面：（1）采用独任制审判，即由一个审判员进行审判；（2）公诉案件检察人员可以不出庭，由审判员代为宣读起诉书，被告人针对起诉书指控的犯罪，进行陈述和辩护；（3）法庭调查、法庭辩论程序大大简化。适用简易程序的案件，不受刑事诉讼法关于普通程序的讯问被告人、询问证人、鉴定人、出示证据、法庭辩论程序规定的限制。

香港也规定了刑事诉讼的简易程序。适用简易程序审判的案件，一是简易程序罪，二是可循简易程序审判之公诉罪。简易程序罪是较轻微的犯罪。如违反《道路交通条例》第 38 条规定的疏忽驾驶罪，其最高刑为六个月监禁，适用简易程序审判。可循简易程序审判的公诉罪，是指本应按普通程序审判的公诉罪，如果情节比较轻微，可以适用简易程序审判。如抢劫罪是公诉犯罪，严重的抢劫罪，如抢劫枪支等，将在高等法院审理，最高可被判处终身监禁；稍轻的抢劫罪，如在电梯里抢劫，将在区域法院审理，最高刑为 7 年监禁；而轻微的抢劫行为，如没有实际暴力行为的抢劫，最高刑为 2 年监禁，可以适用简易程序审理，而只有裁判法院有权适用简易程序审判案件。适用简易程序审判的案件，即使被告人不认罪，也不适用陪审团，而由法官单独审理。如果被告人认罪，裁判法院可以直接作出判决。有些案件，被告人甚至可以不出庭，可以书面认罪，将认罪书邮交给裁判法官就可以了。如《简易程序治罪条例》第 4 (11) 条规定的下列犯罪就可以书面认罪：（1）任由狗乱吠扰乱邻居；任由恶狗逃脱；放任狗咬人或另一只狗；任由其他动物或雀鸟发出声音扰乱邻居；（2）妨碍公众地方；（3）夜间制造声音。此外，《道路交通条例》《猫狗条例》《道路交通规则》《公共卫生及市政事务条例》《电车行车规则》《海底隧道条例》《政府隧道规则》《香港机场交通规则》《人民入境事务条例》《人身登记规则》等都规定了可以书面认罪的犯罪。如果被告人不认罪，法庭的审理程序也比较简单。如司机交通违例后，警察向其发出罚款通知单，如果司机拒绝缴纳或逾期没有缴纳罚款，警察可以向裁判法院控告司机交通违例，裁判法院即可受理并开庭审判。首先向被告人发出传票，要求其必须按时到裁判法院应讯。开庭后，如果被告人认罪，法官就不再审理，直接判处被告人缴纳罚款和诉讼费用。如果被告人不认罪，法官就要求双方举证，然后再作出判决。在被告人没有到庭的情况下，法官可以缺席判决。同内地的简易程序比较，香港的简易程序适用范围更为广泛，适用的程序更为简便。尤其是被告人认罪的案件，审判更是简单。

（六）　自诉程序和附带民事诉讼程序

内地除了有和香港类似的一审普通程序和简易程序外，还有自诉程序和刑事附带民事诉讼程序。这是香港所没有的。

香港的被害人不是当事人，而是作为证人出庭的。而内地的被害人则被规定为当事人，对一些特定的案件，由被害人直接向法院提起刑事诉讼，即自诉案件。

根据刑事诉讼法第170条的规定，自诉案件包括下列案件：（1）告诉才处理的案件，即刑法规定的侮辱案、诽谤案、暴力干涉婚姻自由案和虐待案；（2）被害人有证据证明的轻微刑事案件；（3）被害人有证据证明对被告人侵犯自己人身、财产权利的行为应当依法追究刑事责任，而公安机关或者人民检察院不予追究被告人刑事责任的案件，即公诉转自诉的案件。

人民法院受理自诉案件后，要进行审查，按照下列情形分别处理：（1）犯罪事实清楚，有足够证据的案件，应当开庭审判；（2）缺乏罪证的自诉案件，如果自诉人提不出补充证据，应当说服自诉人撤回自诉，或者裁定驳回。自诉人经两次依法传唤，无正当理由拒不到庭的，或者未经法庭许可中途退庭的，按撤诉处理。

法庭审理过程中，审判人员对证据有疑问，需要调查核实的，可以宣布休庭，对证据进行调查核实。人民法院调查核实证据，可以进行勘验、检查、扣押、鉴定和查询、冻结。

人民法院对自诉案件，可以进行调解；自诉人在宣告判决前，可以同被告人自行和解或者撤回自诉。但公诉转自诉的案件不适用调解。

自诉案件的被告人在诉讼过程中，可以对自诉人提起反诉。反诉适用自诉的规定。对于反诉的案件，原则上人民法院应当与自诉案件合并审理。各方当事人罪责自负，不能互相抵消刑罚。原自诉人撤诉的，不影响反诉案件的继续审理。

在香港，有关刑事诉讼中的民事问题是通过民事诉讼解决的。而内地的刑事诉讼法规定了刑事附带民事诉讼。刑事诉讼法第77条规定：被害人由于被告人的犯罪行为而遭受物质损失的，在刑事诉讼过程中，有权提起附带民事诉讼。如果是国家财产、集体财产遭受损失的，人民检察院在提起公诉的时候，可以提起附带民事诉讼。这是因为，被告人所实施的危害社会的行为，在刑法上构成犯罪，应当追究刑事责任；在民法上有属于民事侵权行为，应当承担民事赔偿责任。这两种责任虽然性质不同，但根源于被告人的同一违法行为，因此在同一诉讼中解决这两种不同性质的责任。

附带民事诉讼的原告人主要是被害人。被害人死亡的情况下，被害人的近亲属可以提出附带民事诉讼；被害人是无行为能力人或者限制行为能力人时，被害人的法定代理人可以提起附带民事诉讼；附带民事诉讼的被告人，一般情况下是刑事被告人。在刑事被告人为未成年人的情况下，对其行为负民事赔偿责任的监护人，可以成为民事被告人。

为了保证将来发生法律效力的判决得到切实执行，刑事诉讼法规定，人民法院在必要的时候，可以查封或者扣押被告人的财产。

附带民事诉讼应当同刑事案件一并审判，只有为了防止刑事案件审判的过分迟延，才可以在刑事案件审判后，由同一审判组织继续审理附带民事诉讼。由于附带民事诉讼性质上属于民事诉讼，按照民事诉讼法的规定，人民法院可以进行调解，当事人双方可以和解，民事原告人有权撤诉，被告人可以提起反诉。一审判决后，附带民事诉讼的当事人和他们的法定代理人如果对判决不服，可以对附带民事诉讼部分提出上诉，对附带民事诉讼部分的上诉不影响刑事判决部分的生效，但二审法院应当对一审判决中的刑事部分和民事部分全面审查。

（七）法官裁量权

在内地，法官有定罪和量刑的裁量权。但是除了在简易程序中独任审判的情况之外，法官的裁量权是通过合议庭具体决定的。合议庭根据已经查明的事实、证据和有关法律规定，在充分考虑控辩双方意见的基础上，进行评议，以确定被告人是否有罪，是否追究刑事责任；构成何罪，是否处以刑罚；判处何种刑罚；有无从重、加重、从轻、减轻或者免除处罚的情节；附带民事诉讼如何解决；赃款赃物如何处理等作出判决。刑事诉讼法第162条规定，合议庭根据已经查明的事实、证据和有关的法律规定，分别作出以下处理：（一）案件事实清楚，证据确实、充分，依据法律认定被告人有罪的，应当作出有罪判决；（二）依据法律认定被告人无罪的，应当作出无罪判决；（三）证据不足，不能认定被告人有罪的，应当作出证据不足、指控的犯罪不能成立的无罪判决。内地的刑罚除死刑外，都有一个量刑幅度，如诈骗罪，刑法规定，处3年以下有期徒刑、拘役或者管制，并处或者单处罚金；数额巨大或者有其他严重情节的，处3年以上10年以下有期徒刑，并处罚金；数额特别巨大或者有其他特别严重的情节的，处10年以上有期徒刑或者无期徒刑，并处罚金或没收财产。这里的3年以下、3年以上10年以下、10年以上都是一个量刑幅度，具体应判处多少年，由合议庭裁量决定。合议庭根据犯罪的事实、性质和情节决定具体的刑罚。除了法定情节之外，还有一些影响量刑的酌定情节，如犯罪的动机，犯罪的时间、地点等环境和条件，犯罪的手段，犯罪行为侵害的对象，犯罪的后果，犯罪分子犯罪后的态度等，是否影响以及在何种程度上影响量刑，是由合议庭自由裁量的。另外，合议庭还可以依照法律的规定，对一些犯罪分子宣告有罪，但免除刑罚，如对共同犯罪中的从犯和胁从犯，合议庭可以免除其刑罚。这些情况，反映了内地法官在刑事审判中的裁量权。

香港与内地略有不同：裁判法院和区域法院的法官既有定罪的裁量权，也有量刑的裁量权，但是高等法院原讼法庭的法官没有定罪的裁量权，只有量刑的裁量权。在高等法院原讼法庭审判的案件，被告人认罪的，由法官直接量刑；被告人不认罪的，则由陪审团对其是否构成犯罪进行裁决，法官只能在陪审团认定被告人构成犯罪后，对其进行量刑。香港法官对被告人进行量刑时，也要考虑以下因素：罪行本身及被告人如何犯罪；法律所容许的科罚；支持案情的事实；被告的案底记录、年龄及背景；有关被告人的医生、感化官及惩教署的报告；罪行的严重程度等。

六、二审程序

（一）二审的提起

1. 判决效力

内地法律规定，内地实行两审终审制。一审判决在上诉期限内，不发生法律效力，因而暂不予执行。如果上诉期限届满，当事人没有提出上诉，检察机关也没有提出抗诉，一审判决即发生法律效力。在上诉期限内，当事人提出上诉或检察机关提出抗诉的，一审判决就不发生法律效力，需由上级法院进行二审。二审作出的判决，即是生效的判决。不论被告人是否接受，都必须立即执行。

内地实行两审终审制，但有一种情况例外，这就是死刑复核程序。死刑复核程序，是指对人民法院判处死刑的案件进行审查核准的一种特殊程序。既包括对判处死刑立即执行案件的复核程序，也包括对判处死刑缓期2年执行的复核程序。死刑复核程序无须通过上诉或抗诉来引起，只要判处死刑的案件，一审、二审后，都要报送有复核权的法院复核。

判处死刑立即执行的案件由最高人民法院核准。中级人民法院判处死刑的第一审案件，被告人不上诉的，应当由高级人民法院复核后，报请最高人民法院核准。高级人民法院不同意判处死刑的，可以提审或者发回重新审判。高级人民法院判处死刑的第一审案件被告人不上诉的，以及判处死刑的第二审案件，都应当报请最高人民法院核准。

香港法院的审级设置比较复杂，是两级终审和三级终审并存的上诉制度。除赔偿令判决暂不予执行外，其他判决一经作出，立即生效。

2. 有权提起上诉或抗诉的人员和机关

在内地，对一审判决不服，由人民检察院提出的叫抗诉，由当事人提出的叫上诉。

根据内地刑事诉讼法的规定，除了最高人民法院作出的一审判决之外，对于地方各级人民法院作出的一审判决，在上诉期限内，下列主体可以提出上诉或抗诉：

（1）人民检察院；（2）被告人；（3）自诉案件的自诉人；（4）被告人和自诉人的法定代理人；（5）被告人的辩护人和近亲属，征得被告人的同意后，也可以提出上诉；（6）公诉案件中的被害人及其法定代理人，对刑事判决部分不服时，可以请求检察机关提起抗诉；对附带民事诉讼中的民事部分不服时，可以直接提出上诉。

在香港，参与诉讼的任何一方，在特定的条件下，都有权提出上诉。《裁判官条例》和《刑事诉讼程序条例》对上诉人的权利作了明确的规定。另外，律政司对法院发出的释放令或开释令、撤销公诉的命令等，可以提出上诉。

3. 上诉期限

内地刑事诉讼法对提出上诉和抗诉的期限作了明确的规定。刑事诉讼法第183条规定，不服判决的上诉和抗诉的期限为10日，不服裁定的上诉和抗诉的期限为5日，从接到判决书、裁定书的第2日起算。刑事诉讼法第182条还规定，被害人及其法定代理人不服地方各级人民法院第一审判决的，自收到判决书后5日以内，有权请求人民检察院提出抗诉。人民检察院自收到被害人及其法定代理人的请求后5日以内，应当作出是否抗诉的决定并且答复请求人。

如果在法定期限内没有提出上诉或抗诉，人民法院的一审判决即发生法律效力，并交付执行。当事人不服的，可以按照审判监督程序提出申诉。

香港的上诉也有期限，如对裁判法院的判决的上诉期限是在判决后14日。《香港诉讼程序条例》规定，逾期后提出上诉的，必须经过法官批准。

4. 上诉的范围

内地刑事诉讼法规定，对当事人的上诉不加任何限制，只要不服一审的判决或裁定，无须任何理由，都可以上诉。但对抗诉权有所限制，即必须是认为一审的判决或裁定"确有错误"时，才能提出抗诉。当事人提出上诉，可以以书面形式也可以以口头形式提出，而人民检察院的抗诉则必须以书面形式提出。

香港法律规定，上诉必须有法定的理由，一般包括以下几点：（1）关于判决适用法律不当的问题；（2）关于定罪事实不当的问题；（3）关于法律及定罪事实不当的混合问题；（4）其他上诉法庭认为充分的理由。

内地法律规定可以直接向上级法院上诉，也可以通过原审法院上诉。刑事诉讼法第 184 条规定，被告人、自诉人、附带民事诉讼的原告人和被告人通过原审人民法院提出上诉的，原审人民法院应当在 3 日以内将上诉状连同案卷、证据移送上一级人民法院，同时将上诉状副本送交同级人民检察院和对方当事人。被告人、自诉人、附带民事诉讼的原告人和被告人直接向第二审人民法院提出上诉的，第二审人民法院应当在 3 日以内将上诉状交原审人民法院送交同级人民检察院和对方当事人。刑事诉讼法第 185 条规定，地方各级人民检察院对同级人民法院第一审判决、裁定的抗诉，应当通过原审人民法院提出抗诉书，并且将抗诉书抄送上一级人民检察院。原审人民法院应当将抗诉书连同案卷、证据移送上一级人民法院，并且将抗诉书副本送交当事人。上级人民检察院如果认为抗诉不当，可以向同级人民法院撤回抗诉，并且通知下级人民检察院。

香港的上诉不一定是向上级法院上诉。其情况比较复杂。具体包括以下种类：（1）不服裁判法院的判决，向高等法院原讼法庭上诉；（2）不服区域法院和高等法院原讼法庭的判决，向高等法院上诉法庭上诉；（3）不服高等法院上诉法庭的判决，向终审法院上诉。只有涉及重大的法律内容和有重大不公平的案件，才可以上诉到终审法院。向终审法院上诉要经过许可。"上诉许可"要由三名终审法院的法官决定。

（二）二审的法庭审理

1. 二审的原则

在内地，不论是人民检察院的抗诉还是当事人的上诉，只要是在法定期限内提出的，法院都必须受理，并且其审理的程序是一样的。

内地法律规定，对上诉或抗诉案件实行全面审查原则。第二审人民法院应当就第一审判决认定的事实和适用法律进行全面审查，不受上诉或者抗诉范围的限制。共同犯罪的案件只有部分被告人上诉的，应当对全案进行审查，一并处理。

香港对上诉案件不进行全面审查。上诉人对事实部分提出上诉，法官就对事实部分进行审查；上诉人对适用法律问题提出上诉，法官就对适用法律问题进行审查；上诉人对量刑问题提出上诉，法官就对量刑部分进行审查。

内地刑事诉讼法第190条规定，第二审人民法院审判被告人或者他的法定代理人、辩护人、近亲属上诉的案件，不得加重被告人的刑罚。但是人民检察院提出抗诉或者自诉人提出上诉的，不受这一规定的限制。即对只有被告人一方提出上诉，而没有人民检察院抗诉或另一方当事人上诉的案件，适用上诉不加刑原则。而香港则不同，对即使是只有被告人提出的上诉，也有加重刑罚的权力。

2. 二审的程序

内地人民法院审理上诉或抗诉案件，应当组成合议庭，进行审查。合议庭经过阅卷，讯问被告人，听取其他当事人、辩护人、诉讼代理人的意见，对事实清楚的，可以不开庭审理。对人民检察院抗诉的案件，第二审人民法院应当开庭审理。

第二审人民法院对不服第一审判决的上诉、抗诉案件，经过审理后，应当按照下列情形分别处理：（1）原判决认定事实和适用法律正确、量刑适当的，应当裁定驳回上诉或者抗诉，维持原判；（2）原判决认定事实没有错误，但适用法律有错误，或者量刑不当的，应当改判；（3）原判决事实不清楚或者证据不足的，可以在查清事实后改判；也可以裁定撤销原判，发回原审人民法院重新审判。

第二审人民法院发现第一审人民法院的审理有下列违反法律规定的诉讼程序的情形之一的，应当裁定撤销原判，发回原审人民法院重新审判：（1）违反刑事诉讼法有关公开审判的规定的；（2）违反回避制度的；（3）剥夺或者限制了当事人的法定诉讼权利，可能影响公正审判的；（4）审判组织的组成不合法的；（5）其他违反法律规定的诉讼程序，可能影响公正审判的。

原审人民法院对于发回重新审判的案件，应当另行组成合议庭，依照第一审程序进行审判。对于重新审判后的判决，可以上诉、抗诉。

第二审人民法院发回原审人民法院重新审判的案件，原审人民法院从收到发回的案件之日起，重新计算审理期限。

第二审人民法院受理上诉、抗诉案件，应当在一个月以内审结，至迟不得超过一个半月。有下列情形之一的，经省、自治区、直辖市高级人民法院批准或者决定，可以再延长一个月：（1）交通十分不便的边远地区的重大复杂案件；（2）重大的犯罪集团案件；（3）流窜作案的重大复杂案件；（4）犯罪涉及面广，取证困难的重大复杂案件。最高人民法院受理的上诉、抗诉案件，审理期限由最高人民法院决定。

七、审判监督程序

香港法院作出的判决、裁定都是生效的判决、裁定，但是对这种生效的判决、裁定，当事人可以提出上诉。而在内地，当事人提出上诉的案件只能是未生效的判决、裁定。对于已经生效的判决、裁定，不能启动上诉程序。如果认为确有错误，可以通过审判监督程序解决。

审判监督程序，是指人民法院、人民检察院对已经发生法律效力的判决和裁定，如果在认定事实和适用法律上确有错误，依法提出并进行重新审理的程序。

当事人及其法定代理人、近亲属，对已经发生法律效力的判决、裁定，可以向人民法院或者人民检察院提出申诉，但是不能停止判决、裁定的执行。当事人及其法定代理人、近亲属的申诉符合下列情形之一的，人民法院应当重新审判：（1）有新的证据证明原判决、裁定认定的事实确有错误的；（2）据以定罪量刑的证据不确实、不充分或者证明案件事实的主要证据之间存在矛盾的；（3）原判决、裁定适用法律确有错误的；（4）审判人员在审理该案件的时候，有贪污受贿，徇私舞弊，枉法裁判行为的。

各级人民法院院长对本院已经发生法律效力的判决和裁定，如果发现在认定事实上或者在适用法律上确有错误，必须提交审判委员会处理。

最高人民法院对各级人民法院已经发生法律效力的判决和裁定，上级人民法院对下级人民法院已经发生法律效力的判决和裁定，如果发现确有错误，有权提审或者指令下级人民法院再审。

最高人民检察院对各级人民法院已经发生法律效力的判决和裁定，上级人民检察院对下级人民法院已经发生法律效力的判决和裁定，如果发现确有错误，有权按照审判监督程序向同级人民法院提出抗诉。对于人民检察院抗诉的案件，接受抗诉的人民法院应当组成合议庭重新审理，对于原判决事实不清或者证据不足的，可以指令下级人民法院再审。

人民法院按照审判监督程序重新审判的案件，应当另行组成合议庭进行。如果原来是第一审案件，应当依照第一审程序进行审判，所作的判决、裁定，可以上诉、抗诉；如果原来是第二审案件，或者是上级人民法院提审的案件，应当依照第二审程序进行审判，所作的判决、裁定，是终审的判决、裁定。

人民法院按照审判监督程序重新审判的案件，应当在作出提审、再审决定之日起 3 个月以内审结，需要延长期限的，不得超过 6 个月。

八、刑罚及其执行程序

（一）刑罚种类

在内地，经过法庭审理，在认定被告有罪的前提下，法院通常都要对被告判处一定的刑罚，并通过一定的方式执行所判处的刑罚，以实现追究犯罪人刑事责任的目的。对犯罪人适用刑罚，应该严格依照刑法、刑事诉讼法的规定，按照刑法规定的原则，在刑法分则规定的刑罚幅度范围内判处一定的刑罚。

在内地，刑法将刑罚分为主刑和附加刑两类。主刑包括死刑、无期徒刑、有期徒刑、拘役和管制五种。附加刑包括罚金、剥夺政治权利、没收财产三种。此外，对外国人，可以单独判处驱逐出境。

在香港刑罚体系中，死刑已经被废除（1993 年 4 月）。其余的刑罚分为监禁刑和非监禁刑两大类。监禁刑中有终身监禁和有期监禁，非监禁刑包括罚金、社会服务令等。不少有期监禁也可由法官判缓期执行。

1. 死刑

死刑是剥夺犯罪人生命的刑罚。内地的死刑包括立即执行与缓期 2 年执行两种情况。死刑是刑罚体系中最为严厉的刑罚。内地刑法虽然保留了死刑但贯彻坚持少杀、防止错杀的政策。法律对死刑的适用作了严格的限制：（1）只有罪行极其严重的，才可以判处死刑。（2）除个别条文外，死刑总是与无期徒刑等刑罚共同构成一个量刑幅度，即使是极其严重犯罪的严重情节，也并非一定要判处死刑。(3) 不得对犯罪的时候不满18周岁的人和审判的时候怀孕的妇女适用死刑（刑法第49条）。(4) 死刑案件只能由中级以上人民法院进行一审。根据刑法第48条以及刑事诉讼法第200条至第202条的规定，死刑除依法由最高人民法院判决的以外，都应当报请最高人民法院核准。中级人民法院判处死刑的第一审案件，被告人不上诉的，应当由高级人民法院复核后，报请最高人民法院核准；高级人民法院判处死刑的第一审案件，被告人不上诉的，以及判处死刑的第二审案件，都应当报请最高人民法院核准。

此外，内地刑法还规定："对于应当判处死刑的犯罪分子，如果不是必须立即执行的，可以判处死刑同时宣告缓期二年执行。"这就是死刑缓期执行制度，简称死缓。死缓不是独立的刑种，而是死刑适用制度。它对于贯彻少杀政策、缩小死刑立即执行的适用范围、促使罪犯改过自新、分化敌对势力具有重要意义。

由于死缓不是独立刑种，故判处死缓后会出现不同结局。根据刑法第50条规定，对于被判处死缓的犯罪人，有三种处理结局：第一，在死刑缓期执行期间，如果没有故意犯罪，2年期满以后，减为无期徒刑。第二，在死刑缓期执行期间，如果确有重大立功表现，2年期满以后，减为15年以上20年以下有期徒刑。第三，在死刑缓期执行期间，如果故意犯罪，查证属实的，由最高人民法院核准，执行死刑。

2. 无期徒刑

内地的无期徒刑，相当于香港的终身监禁。无期徒刑是剥夺犯罪人终身自由，实行强迫劳动改造的刑罚。无期徒刑具有如下特点：

第一，剥夺犯罪人终身自由。刑法对非常严重的犯罪规定了无期徒刑，规定的方式主要表现为两种情况：一是对于规定了死刑的犯罪，一般同时规定将无期徒刑作为选择刑；二是将无期徒刑规定为最高的法定刑，在这种情况下同时规定将较长的有期徒刑作为选择刑。不过，尽管从法律规定上说，无期徒刑是剥夺终身自由，但由于法律同时规定了减刑、假释、赦免等制度，事实上被判处无期徒刑的犯罪人很少有终身服刑的。

第二，无期徒刑的基本内容也是对犯罪人实行劳动改造。根据内地刑法第 46 条的规定，被判处徒刑的犯罪分子，在监狱或者其他执行场所执行；凡具有劳动能力的，应当参加劳动，接受教育和改造。

第三，对于被判处无期徒刑的犯罪分子，应当附加剥夺政治权力终身（刑法第 57 条）。

无期徒刑虽然是仅次于死刑的严厉刑罚，另外对代替死刑的适用起到了积极作用，事实上给应当判处死刑的犯罪人提供了弃恶从善的机会。在内地相当多的死缓犯被减为无期徒刑，也说明了这一点。

香港刑法中的终身监禁，是现行刑法中最为严厉的刑种。适用于叛逆罪、海盗行为罪、谋杀罪、抢劫罪等。这些犯罪虽然均可适用终身监禁，但仍存在不同之处：犯谋杀罪是一律判处终身监禁，法官无选择刑种刑期的权力；但犯杀人罪、强奸罪、严重的非法侵入住宅罪、贩运毒品罪的，虽然最高可以被判处终身监禁，但是法院有自由裁量权。

3. 有期徒刑

内地的有期徒刑在香港称为监禁。有期徒刑是剥夺犯罪人一定期限的自由，实行强迫劳动改造的刑罚。有期徒刑是内地适用面最广的刑罚种类，具有如下特点：

第一，有期徒刑剥夺犯罪人的自由。将犯罪人拘押于监狱或其他执行场所。

第二，有期徒刑具有一定期限。根据刑法第45条、第50条、第69条的规定，有期徒刑的期限为6个月以上15年以下；死缓减为有期徒刑时为15年以上20年以下；数罪并罚时不得超过20年。刑期从判决执行之日起开始计算，判决执行以前先行羁押的，羁押1日折抵刑期1日。

第三，有期徒刑的基本内容是对犯罪人实行劳动改造。刑法第46条规定，被判处徒刑的人"凡有劳动能力的，都应当参加劳动，接受教育和改造"。

香港的有期监禁，也是剥夺犯罪分子一定期限自由的刑罚。香港刑法规定的绝大部分犯罪，在法条上均规定可以适用有期监禁。

4. 拘役

内地的拘役刑是短期剥夺犯罪人自由，就近实行劳动改造的刑罚。拘役是一种有别于有期徒刑的短期自由刑，具有以下特点：

第一，拘役是剥夺自由的刑罚。由于拘役剥夺犯罪人的自由，所以与管制具有明显区别。由于拘役是一种刑罚，所以它与行政拘留、刑事拘留、司法拘留在法律属性、适用对象、适用机关、适用依据、适用程序、适用期限上都有明显区别。

第二，拘役是短期剥夺自由的刑罚。根据刑法第42条、第44条与第69条的规定，拘役的期限为1个月以上6个月以下，数罪并罚时不得超过1年。拘役的刑期从判决执行之日起计算。判决执行以前先行羁押的，羁押1日折抵刑期1日。

第三，拘役由公安机关就近执行。拘役由公安机关在就近的拘役所、看守所或者其他监管场所执行；在执行期间，受刑的犯罪人每月可以回家 1 天到 2 天；参加劳动的，可以酌量发给报酬。

5. 管制

管制是对罪犯不予关押，但限制其一定自由，由公安机关执行和群众监督改造的刑罚。管制具有以下特点：

第一，不予关押，即不剥夺犯罪人的人身自由。

第二，限制犯罪人的一定自由。限制自由的内容是：遵守法律、行政法规，服从监督；未经执行机关批准，不得行使言论、出版、集会、结社、游行、示威自由的权利；按照执行机关规定报告自己的活动情况；遵守执行机关关于会客的规定；离开所居住的市、县或者迁居，应当报经执行机关批准。

第三，具有一定期限，即不得对犯罪人进行无期限的管制。

第四，由公安机关执行和群众监督改造。

6. 罚金

内地的罚金是人民法院判处犯罪分子向国家缴纳一定数额金钱的刑罚。罚金属于财产刑的一种，它在处罚性质、适用对象、适用程序、适用主体、适用依据等方面与行政罚款、赔偿损失等处罚措施具有严格区别。内地刑法第 52 条规定："判处罚金，应当根据犯罪情节决定罚金数额。"以犯罪情节为根据决定罚金数额，主要是由罪责刑相当原则决定的。决定罚金数额时，除了掌握上述原则外，还要遵循刑法分则的规定，考虑罚金数额、罚金缴纳方式及罚金刑的并罚。

香港刑法中的罚金刑，是指判处罪犯向特区政府缴纳一定数额金钱的刑种。这种刑罚适用范围特别广，凡是涉及财产和经济方面的犯罪，几乎都可以适用罚金刑。判处罚金的数额权限因不同级别的法院而不同。《裁判官条例》第 97 条规定，常任裁判官有判处最高为 10 万港元罚金的一般权力；特委裁判官有判处最高为 5 万港元罚金的一般权力，而地方法院和高等法院判处罚金数额则因特定的适用条例而异。但《刑事诉讼程序条例》第 101F 条（b）项规定，判处罚金的数额不应"过高或者不合理"。

另外，根据法律规定的处理被告人的方式，在香港，既可以判处罚金以代替其他刑罚，也可以在判处其他刑罚的同时，再判处罚金。但是法律有特殊规定的除外，如对犯罪人颁发了感化令，就不能判处罚金。

7. 剥夺政治权利

内地的剥夺政治权利，是指剥夺犯罪人参加管理国家和政治活动的权利的刑罚。根据内地刑法第 54 条的规定，剥夺政治权利是剥夺下列权利：选举权与被选举权；言论、出版、集会、结社、游行、示威自由的权利；担任国家机关职务的权利；担任国有公司、企业、事业单位和人民团体领导职务的权利。剥夺政治权利不是只剥夺上述权利的一部分，而是同时剥夺上述四项权利。被剥夺政治权利的犯罪人，在执行期间，应当遵守法律、行政法规和公安部门有关监督管理的规定，服从监督；不得行使上述四项权利。

香港的褫夺公权，是指剥夺犯罪分子一定政治权利或者其他资格的刑罚。例如，《防止贿赂条例》第 33 条规定，任何人士如以该条例所载罪名定罪，则自定罪之日起 10 年内丧失获选、担任或被委为行政会议、立法会、市政局议员及任何其他公共机构之成员的资格。第 33A 条规定，犯罪者从被定罪时起 7 年内，不得担任定罪时或定罪前受雇的某一法人团体或公共机构的董事、经理或其他职位。《道路交通条例》第 69 条第（1）款规定，对交通方面的犯罪，法院可判处吊销驾驶执照。

8. 没收财产

内地的没收财产是将犯罪人所有财产的一部或者全部强制无偿地收归国有的刑罚。内地的没收财产不同于没收犯罪物品。刑法第64条规定："犯罪分子违法所得的一切财物，应当予以追缴或者责令退赔；对被害人的合法财产，应当及时返还；违禁品和供犯罪所用的本人财物，应当予以没收。没收的财物和罚金，一律上缴国库，不得挪用和自行处理。"据此，追缴犯罪所得的财物，不属于没收财产。可见，没收财产事实上是没收犯罪人合法所有并且没有用于犯罪的财产；不得以追缴犯罪所得、没收违禁品与供犯罪所用的本人财物来代替或折抵没收财产。

内地没收财产只能适用于刑法分则明文规定可以判处没收财产的那些犯罪，从刑法分则的规定来看，主要适用于危害国家安全罪、破坏社会主义市场经济秩序罪、侵犯财产罪、贪污贿赂罪等。根据刑法第59条的规定，判处没收财产时，既可以判处没收犯罪人所有的全部财产，也可以判处没收犯罪人所有的部分财产；至于是没收全部财产还是没收部分财产，要根据犯罪的社会危害性与犯罪人的人身危险性确定。但是没收全部财产的，应当对犯罪分子个人及其扶养的家属保留必要的生活费用。并且，在判处没收财产的时候，不得没收属于犯罪分子家属所有的或者应有的财产。

香港的没收财产，是指将犯罪分子在犯罪中所得财产没收充公的一种强制措施。只相当于内地的没收犯罪所得。

此外，内地刑法中还有驱逐出境。它是指人民法院强迫犯罪的外国人离开中国国（边）境的刑罚。内地刑法第35条规定："对于犯罪的外国人，可以独立适用或者附加适用驱逐出境。"独立适用驱逐出境的，从判决之日起执行；附加适用驱逐出境的，从主刑执行完毕之日起执行。

9. 非刑罚处理方法

非刑罚的处理方法，是对犯罪分子适用的刑罚以外的处理方法。非刑罚处理方法有两类：

（1）赔偿经济损失。内地刑法第36条第1款规定："由于犯罪行为而使被害人遭受经济损失的，对犯罪分子除依法给予刑事处罚外，并应根据情况赔偿经济损失。"刑事损害赔偿一般通过刑事附带民事诉讼的方式解决。被害人由于被告人的犯罪行为而遭受经济损失的，在刑事诉讼过程中，有权提起附带民事诉讼。如果是国家、集体财产遭受损失的，人民检察院在提起公诉的时候，可以提起附带民事诉讼。刑法第36条第2款规定："承担民事赔偿责任的犯罪分子，同时被判处罚金的，其财产不足以全部支付的，或者被判处没收财产的，应当先承担民事赔偿责任。"

（2）教育或者行政制裁措施。内地刑法第37条规定："对于犯罪情节轻微不需要判处刑罚的，可以免予刑事处罚，但是可以根据案件的不同情况，予以训诫或者责令具结悔过、赔礼道歉、赔偿损失，或者由主管部门予以行政处罚或行政处分。"

香港的非刑罚处理方法主要有：①感化，即给被告人一定的感化期。感化期不得少于一年或者超过三年。②签保，即以一定数额金钱具结，担保其在一定时间内，保证遵守法纪和行为良好。如果违反了签保的条件，法官可以判处其不超过六个月的监禁。③刑事破产令，即对其罪行引起的损失或损害总额超过15万港元的，法庭可宣布其刑事破产。④没收，即没收被告人的某些财产。⑤吊销驾驶执照，即对认定构成严重交通罪的被告人，除判处其他刑罚外，还可以吊销驾驶执照。

在香港刑法中，还有一些辅助性的刑事措施，主要适用于青少年犯罪和其他轻微的犯罪。这些辅助措施主要有：入劳役中心，入教导所，入感化院，入戒毒所，以及接受精神治疗等。

（二）刑罚的执行

1. 死刑的执行

依照内地刑法的规定，被判处死刑立即执行的判决，由人民法院执行。死刑的执行不是在终审判决之日，而是由最高人民法院院长签发执行死刑命令后才能进行。作出死刑判决的人民法院应该在接到执行死刑命令后 7 日内将罪犯交付执行。为了保证死刑的合法执行，防止残害罪犯身体和侮辱罪犯人格，人民检察院应当派员临场监督死刑执行，死刑执行的全过程都必须置于人民检察院的监督之下。

2. 监禁刑的执行

在内地，无期徒刑、有期徒刑，在监狱、劳动改造管教队等各种劳动改造机构执行。少年犯在少年管教所执行。拘役和刑期较短的有期徒刑，在拘役所、看守所执行。

在香港，执行监禁刑的最一般或者通常的场所也是监狱。除此之外，还有劳教中心、精神病治疗中心等。

在内地，对于被判处有期徒刑或者拘役的罪犯，都应当在劳动改造场所执行所判处的刑罚，但有下列情形之一的，可以暂予监外执行：

（1）有严重疾病需要保外就医的；

（2）怀孕或者正在哺乳自己婴儿的妇女。

另外，对于被判处有期徒刑、拘役，生活不能自理，适用暂予监外执行不致危害社会的罪犯，可以暂予监外执行。

对于暂予监外执行的罪犯，由居住地公安机关执行。

3. 非监禁刑的执行

管制由县（市）公安局、公安分局执行。在实际工作中，可以组织所属公安派出所、公安特派员或者有关单位的保卫组织，依靠治安保卫委员会具体执行。对于被判处管制的犯罪分子，在劳动时应当同工同酬。

内地的罚金刑由人民法院执行。罚金的执行方式有一次缴纳与分期缴纳两种。对于缴纳期满不缴纳罚金而又无正当理由的，人民法院应当强制缴纳。强制缴纳的办法，可以是通过罪犯所在单位扣发工资，通过银行冻结罪犯的存款，或者查封、拍卖罪犯的财产等。

在香港，罚金刑的执行，有一个最大特点是可以易科有期监禁。香港法院判处罚金时，如果认为被告人有支付能力就只判处罚金。法庭可以给出支付罚金的时间并命令分期支付，在被告人不支付罚金时也可以改判监禁。香港刑法规定的罚金刑易科监禁刑的制度主要见于《裁判官条例》。《裁判官条例》第 68 条规定，除非其他法律另有规定，否则裁判官在行使简易审判司法权时，对被宣告有罪后判处的罚金、赔偿没有缴纳的，可以判处就案情而言"符合公正原则"的监禁刑。

对于剥夺政治权利的刑罚，由公安机关执行。剥夺政治权利的执行受到其适用方式及主刑刑种的限制：单处剥夺政治权利的，从判决生效之日起执行；判处管制附加剥夺政治权利的，与主刑同时执行，同时结束；判处拘役、有期徒刑附加剥夺政治权利的，从主刑执行完毕或者假释之日起执行。

九、未成年人刑事诉讼程序

在内地，法律意义上的未成年人是指已满 14 周岁不满 18 周岁者。按照刑法的规定，未成年人的刑事责任分别不同年龄段解决：（1）不满 14 周岁的人，一律不负刑事责任；（2）已满 14 周岁不满 16 周岁的人，犯故意杀人、故意伤害致人重伤或者死亡、强奸、抢劫、贩卖毒品、放火、爆炸、投毒罪的，应当负刑事责任，实施其他行为的不负刑事责任；（3）已满 16 周岁的人犯罪，应当负刑事责任；（4）已满 14 周岁不满 18 周岁的人犯罪，应当从轻或减轻处罚。

香港法律中有成年和未成年的区分，香港 1990 年《成年岁数条例》规定，公民年满 18 周岁即为成年，但要到 21 岁才能享有法律规定的一些权利，如选举权与被选举权。在刑事法律中，香港公民负刑事责任的最低年龄是 7 岁。7 岁以下为绝对不负刑事责任年龄，7 岁至 16 岁为适当负刑事责任年龄。但是按照《劳教中心条例》的规定，青少年犯是指年满 14 岁但未满 25 岁的犯罪人，而《教导所条例》所指的少年犯则是年满 14 岁但未满 21 岁的犯罪人。

（一）未成年人犯罪的诉讼原则

1. 分案处理原则

所谓分案处理，就是对未成年人犯罪案件的处理，在时间、地点上都与成年人犯罪案件的处理分开进行。这是因为未成年人的思想不成熟，与成年人并案处理，同监一处，很容易受到成年人的不良影响，不利于保护未成年人的名誉和人格，也不利于对未成年人进行改造。内地和香港法律都很重视这个原则，并作了相应的规定。

在内地，分案处理原则包括程序分离和分别羁押、分别执行。最高人民法院《关于办理少年刑事案件的若干规定（试行）》第 6 条规定："少年法庭受理案件的范围：被告人犯罪时不满 18 岁的；共同犯罪案件中，犯罪集团的首要分子或罪犯犯罪时不满 18 岁的；共同犯罪案件中，二分之一以上的被告人犯罪时不满 18 岁的。其他涉及少年人的刑事案件是否由少年法庭受理，由法院院长或审判庭庭长决定。"这就从程序上把未成年人和未成年人共同犯罪或其他涉及未成年人的刑事案件分离开来。此外，内地《未成年人保护法》第41条明确规定："公安机关、人民检察院、人民法院对审前羁押的未成年人，应当与羁押的成年人分别看管。对经人民法院判决服刑的未成年人，应当与服刑的成年人分别关押、管理。"

香港在处理未成年人犯罪案件时，也非常注意分案处理原则。《少年犯条例》第6条明确规定：任何儿童或少年人在警署拘留期间，解送刑事法庭或由刑事法庭解回期间，在刑事法庭审讯前后的等候期间，不准和其他被控任何罪名的成年人（非少年的亲属）交往。但如果该少年是与某成年犯同时被控以同一罪名时，则无此类限制。另外，对于少年法庭审理案件时的法庭所在地点也有特别的要求。根据《少年犯条例》第3D条第2款的规定：倘若其他法庭在某房间内开庭，则少年法庭不得在该房间与该其他法庭开庭前1小时内开庭或在该其他法庭开庭后1小时内开庭。其目的是避免少年被告和成年被告碰面而造成对少年被告不利的影响。

2. 充分保障未成年人刑事诉讼权利原则

在未成年人案件的诉讼中，未成年人除享有与成年人相同的诉讼权利外，内地和香港都根据未成年被告人的生理、心理特点，对未成年被告人的诉讼权利作了特殊规定。内地在未成年人案件的刑事诉讼中，坚持教育、感化和挽救政策。要求司法机关要像父母对待子女、教师对待学生、医生对待病人那样，帮助犯罪的青少年认罪服法，重新做人。内地刑事诉讼法第14条第2款规定，对于未满18岁的未成年人犯罪的案件，在讯问和审判的时候，可以通知犯罪嫌疑人、被告人的法定代理人到场；内地刑事诉讼法第34条规定，被告人是未成年人而没有委托辩护人的，人民法院应当指定承担法律援助义务的律师为其提供辩护。

香港也规定了详细的充分保障未成年人刑事诉讼权利的内容。如《少年犯条例》第 8 条规定，儿童或少年人因犯罪被解送少年法庭受审时，法庭须负责尽快以浅白语言向其解释控罪的内容。《少年犯条例》第 9 条规定，当儿童或少年被控犯罪在法庭受审时，其父母或监护人须于全部诉讼过程出庭。法庭在必要的时候可以强迫其出庭。如认为适当，容许他们向证人提出问题。同时该条例还规定，如果法庭认为儿童或少年人的父母或监护人退出法庭对儿童或青少年人更加有利的话，法庭有权令其父母或监护人退出法庭。

3. 法庭审理不公开原则

为了保护未成年人的名誉，促其重新做人，健康成长，内地和香港对未成年人刑事诉讼案件，都贯彻法庭审理不公开原则。

内地刑事诉讼法第 152 条明确规定，14 岁以上不满 16 岁未成年人犯罪的案件，一律不公开审理；16 岁以上不满 18 岁未成年人犯罪的案件，一般也不公开审理。所谓不公开审理，根据有关规定和司法实践，是指人民法院审理未成年人案件时，不公开进行，不允许公民旁听和记者采访报道。各种公开出版物不得报道披露未成年被告人的姓名、年龄、住址、照片或其他重要资料。

香港对出席少年法庭的人员的范围有明确的限制。《少年犯条例》第 3D 条第 3 款明确规定，除下列人士外，任何人均不得出席少年法庭：法庭的工作人员；法庭所审案件的当事人及其律师以及直接与该案有关的证人和其他人士；报章或新闻通讯社的真正代表（但法官有权因为被告人的利益而拒绝他们出席）；经法庭特别授权其出席的任何人士。通过限制出庭人员的范围，把少年案件的社会曝光度控制在最小的范围内。对于诉讼的报道，《少年犯条例》也作了十分严格的限制。该条例第20A条规定：任何人士不得就少年法庭的任何诉讼程序或少年法庭的上诉，刊印书面报告或广播报道。诉讼中有关儿童或少年人的姓名、住址或学校，或者其他任何能使公众认出该儿童或少年人的资料，在书面报告中采用任何图片，或者播映任何图片，而图片是属于该案件中任何有关儿童或少年人的照片，不得使用。倘若少年法庭认为为了公正起见，上述报道诉讼进程及结果、发表有关儿童及年轻人的照片属必要，则可以颁令无须遵守对此的限制，而免予遵守的程度可以在颁发的命令中予以说明。

4. 全面调查原则

全面调查原则，是指司法机关在办理未成年人案件时，对未成年人的生理、心理状态及社会环境进行彻底的社会调查。在内地的有关规定和司法实践中，公安机关、人民检察院和人民法院办理未成年人案件时，不仅要对未成年人的犯罪事实进行调查，而且要对未成年人进行特别调查。特别调查，分为社会调查和生理调查。社会调查是对未成年人的人格、经历（包括个人的嗜好、兴趣、生活方式和受教育的方式等）和生活环境（家庭、生活环境）等因素进行调查，以分析其犯罪的成因。生理调查是对未成年人的智力、体力发育状况和精神障碍的程度等进行调查，以分析促使其犯罪的生理因素。通过这一调查，为对犯罪的未成年人作出最有效的处置提供科学的依据。

香港的司法机关或协助司法机关工作的机构在办理少年案件时，除对案件事实和证据进行收集、审查外，还对导致少年犯罪的主客观因素及其形成、发展、演变的过程，以及对少年特殊性格的形成产生过重要影响的人和事件的详细情况进行全面、彻底的调查，必要时还可以进行医学、心理学及精神病学方面的鉴定。如《少年犯条例》第 8 条规定，法庭在未决定任何处置该儿童或少年人前，应先收集可迅速取得的资料，例如该儿童或少年人的一般行为、家庭环境、学校记录及病历，以便以最有利于该儿童或年轻人的方法处理该案，并可向该儿童或年轻人查询与该类资料有关的问题。对少年被告人的这些资料，香港也十分注意不公开原则，以保护未成年人的权利不受侵害，有利于其彻底改造和重返社会。

5. 迅速简约原则

所谓迅速简约原则，是指对未成年人犯罪案件，应在尽可能短的时间内迅速完成应当进行的工作，并要求尽量简化诉讼程序。贯彻这个原则，是从未成年人的特点出发，保证犯罪的未成年人免受长时间诉讼过程的侵扰和繁杂的诉讼程序的影响，尽可能地减轻其紧张心理、抵触情绪，以利于教育、改造和挽救犯罪的未成年人。

(二) 未成年人犯罪案件的诉讼程序

1. 立案

立案是内地刑事诉讼中一个独立的阶段，标志着刑事诉讼的开始。未成年人刑事案件的立案程序与成年人刑事案件的立案程序有所不同。对未成年人案件，除了需要查明其是否具备立案的一般条件外，还应该查明犯罪人犯罪的确切时间。制作立案报告书的内容也有所不同。除立案报告书的一般内容外，还要着重写明犯罪人的出生时间和依据的材料、生活居住的环境、心理性格特征、走上犯罪道路的原因等有关情况。

2. 侦查

内地和香港在对未成年人犯罪案件的侦查中，都贯彻全面调查原则。香港《少年犯条例》第 8 条规定，法庭在未决定任何处置该儿童或年轻人前，应先收集可迅速取得的资料，以便以最有利于该儿童或年轻人的方法处理该案，并可向该儿童或年轻人查询与该类资料有关的问题。

内地和香港都对未成年犯罪嫌疑人采取强制措施都比较慎重或采用其他替代方法。在内地的刑事诉讼中，对未成年人尽量不采用或少采用强制措施，针对未成年人的特点，可以交由父母、老师或监护人看管。对于必须逮捕的未成年犯罪嫌疑人，应当采取严格的限制条件，羁押后尽可能与成年案犯分押分管。此外，为了防止一些强制措施对未成年人可能造成不必要的危害，对于被拘留、逮捕的未成年人应适当地参加一些活动，如增加户外活动时间，安排听课学习，使其有接受教育的机会。

在香港，如果某少年被警方怀疑触犯法例，警方有权对该可疑少年进行截查、搜身或拘捕。如果发现证据不足，一般应立即释放该少年。警方在没有得到法庭许可的情况下，最长只能拘留该可疑少年 48 小时。如果有犯罪嫌疑的未成年人被羁押的，一般情况下，该少年可保释。由该少年的父母、监护人等出具一笔足以保证该少年于聆讯控罪时出庭的款额即可得到保释，但这种保释可以不附加人事担保。如果无法确知该少年的父母或监护人的住址或下落，法庭可指定社会福利署或其他有关人士为少年的监护人。但如果警方认为该少年所犯罪行性质严重，或者为了防止该少年被保释后会与不良分子接触，影响该少年的利益，就可不给予保释。如果该少年患有不宜扣押的疾病需要治疗，或该少年性格异常，无法安全扣押，则警方应将该情况迅速以证明书的形式向法庭提出，由法庭决定。

3. 起诉

内地的检察机关对未成年人案件，在起诉时注意以下方面的内容：

第一，设立专门的起诉科室或指定专门的人员，负责未成年人案件的起诉工作。负责未成年人案件起诉的检察人员，在业务素质上要具备全面的心理学、生理学、社会学和教育学知识。

第二，刑事诉讼法规定，检察机关有酌定起诉的权利。实践中，检察机关对未成年人案件适用不起诉的比例比较大。而且在宣布不起诉后，检察机关还要做好帮教的延伸工作。

第三，起诉书中要增加未成年被告人的心理、生理及性格特征、家庭和社会环境等内容。公诉词中要对未成年被告人的成长经历、一贯表现、走上犯罪道路的原因，给予充分的论述。

在香港，如果警方发现少年犯罪性质比较轻微，且该少年承认所犯的罪行，则警司级以上的警务人员有权对其提出口头警诫，以替代对其提出起诉。但该少年在一段时间内要受到警方的监管控制，要定期报告其所居住的地点，以及活动情况，等等。只有警方在经过调查后认为未成年人所犯罪行性质比较严重，才会通过刑事诉讼程序对该少年进行起诉。

4. 审判

未成年人刑事案件的审判程序，除适用刑事诉讼的一般规定外，也有若干特别规定。内地《关于办理少年刑事案件若干规定（试行）》第3条规定："人民法院应当在刑事审判庭内设立少年法庭（即少年刑事案件合议庭），有条件的也可以建立与其他审判庭同等建制的少年刑事审判庭。"自1984年在上海市长宁区人民法院建立第一个未成年人刑事案件合议庭以来，内地目前已有近 3000 个类似审理机构。由于未成年人刑事案件的特殊性，内地对合议庭成员的资格有较为严格的规定。《关于办理少年刑事案件若干规定（试行）》第 4 条规定："少年法庭的审判长应当知识面广、政治和业务素质好、熟悉少年特点、善于做失足少年思想教育工作的审判员担任，并且应当保持相对的稳定。少年法庭的人民陪审员一般有熟悉少年特点，热心于教育、挽救失足青少年的人员担任；也可以特别邀请共青团、妇联、工会、学校的教师、干部或者离退休人员等担任。少年法庭的审判人员中应当有女审判员或女人民陪审员。"

人民法院对决定开庭审判的未成年人刑事案件，与普通刑事案件不同，要积极作好开庭前的准备工作。审判长要积极与公诉人联系，了解未成年人的性格、心理状态和在侦查、起诉过程中的表现；审判人员要进行必要的调查和家访，了解未成年人的出生年月日、生活环境、成长过程、社会交往以及被指控犯罪前后的表现等情况，审查被指控的犯罪事实和动机等。

法庭审理要结合未成年被告人的特点，采用启发、疏导的方式进行；法庭的设置要有利于法庭审理。《关于办理少年刑事案件若干规定（试行）》第 23 条规定："少年被告人在法庭上可以坐着回答问题。在法庭上不得对少年被告人使用戒具，司法警察可以不站庭，但应当入庭维持秩序。"少年法庭的这种设置不像对成年被告人那样押上审判台，而是一种特殊的面对面的交谈。这样有利于消除未成年被告人的恐惧、疑虑心理和抵触情绪，缩短被告人和审判人员之间的心理距离。此外，在法庭审理中，应当适时地对未成年被告人进行庭审教育。

香港的少年法庭设置在裁判法院中。少年法庭法官在作出处理决定时要注意听取各方面的意见，包括少年法庭咨询小组的意见，但这些组织的意见只能是对裁判官的判决起一个建议作用而无决定作用。香港的少年法庭在审理案件时，有许多法律明文规定的机构协助其工作，如社会福利署、认可社工、感化官等。

5. 对少年犯的行刑制度

内地改造少年犯的机构有工读学校、劳动教养所、少年管教所等。工读学校的主要对象是 12—17 周岁有违法或轻微犯罪行为不能留在原来学校学习的中学生，也包括少量被学校开除或自动退学流失在社会上的 16 周岁以下的辍学学生。工读学校的学习年限一般为 2 年，实行半工半读，以学为主的教学制度。劳动教养机构是对违反法纪但又不宜追究刑事责任的有劳动能力的人，实行一定期限的强制性教育改造的一种行政措施，类似于香港的劳役中心。劳动教养的期限为 1—3 年，必要时可延长 1 年，一般实行半日劳动半日学习。内地对少年罪犯一般在少年犯管教所实行劳动改造。少年犯管教所的对象是被人民法院依法判处有期徒刑、无期徒刑的年满 14 周岁不满 18 周岁的少年犯。少年犯管教所的主要任务是对少年犯政治思想教育、道德与法制教育、文化教育、劳动教育，强调以"轻微劳动"为辅。

香港的改造机构多种多样，有教导所、感化院、劳教中心、监狱等。针对吸毒的少年犯，还设有戒毒中心等设施，保证在各个方面都能较好地保护少年罪犯的身心健康。

（2000 年香港保安局印发）

论程序公正与诉讼监督

程序公正是司法公正的重要内容和保障。诉讼监督是权力制约理论在诉讼活动中的重要体现，是维护司法公正、保证公民权利的重要措施。程序公正与诉讼监督既具有内在的统一性，又具有一定的冲突。如何认识和协调二者之间的关系，对于深入推进我国的司法改革具有重要的现实意义。

一、程序公正与诉讼监督的统一性

程序公正是一个历史发展的概念，现代意义上的程序公正，是指符合公正和理性要求的程序，即公正合理的诉讼程序。关于程序公正的标准，目前学术界有不同的观点[1]，一般认为，程序公正的标准包括法官中立、双方平等、程序公开、程序参与等。诉讼监督，是指为了维护法律的统一正确实施，有效保障人权，检察机关在诉讼活动中，对参与诉讼活动的执法机关及其人员的执法行为是否合法、适用法律是否正确，进行判断，发现违法行为或适用法律错误的，依法提出纠正意见

---

[1] 目前有两标准说、三标准说、四标准说、五标准说、六标准说等观点。参见：肖建国：《程序公正的理念及其实现》，载《法学研究》1999 年第 3 期。

或建议的一系列诉讼活动。[1]

诉讼监督包括刑事诉讼监督、民事审判监督、行政诉讼监督。程序公正与诉讼监督虽是两个不同的概念，却具有以下内在的统一性。

（一）统一于诉讼规律

诉讼规律是诉讼活动产生、发展和运行过程中所反映出来的内在本质联系或规定性，是司法活动必然遵守的客观规律。关于诉讼规律应当包括哪些内容，人们还在探索和总结之中，尚没有取得完全统一的认识。但是，通过对诉讼活动发展变化的历史考察和分析，笔者认为，追求司法权独立行使、诉讼双方平等、诉讼程序公开透明，应当是司法活动的三项基本诉讼规律。认识、尊重并遵循诉讼规律，不仅是实现司法公正，树立司法权威的根本保障，也是推进司法改革，优化司法职权配置，完善三大诉讼程序所必须遵循的重要原则。

程序公正标准中的法官中立、双方平等和程序公开，都与诉讼规律是一致的。而诉讼监督是否与司法权独立行使、诉讼双方平等一致，学术界尚有不同的看法，有的学者认为，诉讼监督不利于司法权的独立行使和诉讼双方的平等。笔者认为，诉讼监督不仅有利于司法权的独立行使，而且有利于诉讼双方的平等。因为从目前司法实践看，影响司法机关独立行使职权的主要因素来自外部的干扰，而诉讼监督有助于排除外部的影响，从而为司法机关独立行使职权创造良好的环境，保证其依法独立行使职权。同时，诉讼监督是对国家机关滥用职权的防范，不会对其依法行使职权带来影响，不会干扰司法机关独立行使职权。至于诉讼双方平等，由于诉讼监督是以维护法律统

---

〔1〕 伦朝平等著：《刑事诉讼监督论》，法律出版社 2007 年版，第 3 页。

一正确实施为其宗旨和价值追求，这样就可以防止检察机关将控诉作为自己的唯一追求，使自己保持客观中立的地位，从而可以校正检察机关的片面控诉倾向，有利于维护控辩双方平等。同时，诉讼监督还可以防止法院片面打击犯罪，偏离中立地位，自觉或不自觉地站在控诉的一边，剥夺或限制当事人的诉讼权利，破坏控辩双方的平等地位。可见，诉讼监督有利于维护控辩双方的平等。

（二）统一于司法公正

司法公正，作为诉讼活动公平正义的体现，其内容包括实体公正和程序公正。其中，实体公正是司法活动追求的根本目标，程序公正则是实现实体公正的措施和保障，二者相辅相成，辩证统一。诉讼实践反复证明，在诉讼中单纯追求实体公正不仅会导致漠视甚至践踏诉讼参与人的人权，而且会导致司法公正观念的扭曲；而片面追求程序公正不仅可能导致唯程序主义，出现烦琐程序，而且也可能导致实体公正的丧失，造成社会的不稳定。因此，在处理实体公正和程序公正的关系上，只有平等地重视和对待，才能确保司法公正的最终实现。程序公正的确立和实现，不仅凸显了程序的价值，更重要的是促进了司法公正的实现。一方面，程序公正是司法公正不可或缺的重要组成部分，只有程序本身实现了公正，才能保证司法公正的实现。如果程序是不公正的，即使诉讼结果是公正的，也不是完整的司法公正，充其量只能算"半个"司法公正或者是"有最大瑕疵"的司法公正。另一方面，程序公正可以促使实体公正，从而保证司法公正的实现。因为公正的程序是司法实践经验的总结，它通过合理地设定司法机关的权力、诉讼原则和一系列诉讼程序，能够有效地防止司法机关和人员的恣意，使其按照法定的程序收集证据，认定案件事实，正确选择和适用实体法，对案件作出正确的裁判，实现实体公正，从而保证了整个司法公正的实现。诉讼监督的确立和完善，不仅体现了程序公正，而且可以促进实体公正。因为诉讼监督的本质是对国家权力的监督制约，保证诉讼中各种国家权力之间的平衡和严格依法行使，而公正的诉讼程序也是将诉讼中的各种国家权力限制在合理范围之内，以达到司法裁量权与限权之间的平衡[1]可见，诉讼监督无疑体现了程序公正的价值。同时，如果司法机关在诉讼过程中没有正确适用法律，对案件作出错误的裁判，检察机关就可以通过提出抗诉等诉讼监督形式，促使错误的裁判得以纠正，从而确保实体公正的实现。由此可见，程序公正和诉讼监督的目的都在于促进司法公正的实现。

（三）统一于人权保障

人权，不仅反映了人与人之间关系的应然状态，而且反映了公民与国家之间关系的应然状态。从国家与人权的关系来说，国家有义务保障人权。从人权与法律的关系来说，人权既是法律保护的对象，更是现代法律的精神和价值追求。从人权与人类文明的关系来说，人权的确立是人类理性的胜利，是现代文明的重要成果。在现代社会，人权保障程度已成为社会文明和进步的重要标尺[2]。反映在诉讼活动中，诉讼活动不仅承担查明案件事实，对案件实体问题作出客观公正判决的任务，

---

〔1〕 美国著名法学家庞德认为，公正程序的所有制度设计都是为了达到这种平衡，他指出："法律的历史表明人们始终是在推崇广泛的自由裁量权和坚持严苛详尽的规则之间来回摆动。""一个法律制度之所以成功，乃是因为它成功地在专断权力之一端与受限权力之另一端间达到了平衡并维续了这种平衡。这种平衡不可能永远维续下去。文明的进步会不断地使法律制度失去平衡；而通过把理性适用于经验之上，这种平衡又会得到恢复，而且也只有凭靠这种方式，政治组织社会才能使自己得以永远地存在下去。"参见 〔美〕E. 博登海默著：《法理学——法律哲学与法律方法》，邓正来译，中国政法大学出版社 1999 年版，第 148—149 页。

〔2〕 孙谦主编：《中国特色社会主义检察制度》，中国检察出版社 2009 年版，第 253—254 页。

而且负有保护各诉讼参与人依法享有的诉讼权利之责任。因此，人权保障就成为现代诉讼活动追求的重要目标，并受到社会各界的普遍关注。

程序公正的所有内容都与人权保障有着密切的关系，比如程序参与，其目的在于保障诉讼双方当事人有权参与诉讼活动，并通过自己的诉讼行为来影响司法机关，以形成对自己有利的判决，切实保护自己的合法权益。又如控辩平等，不仅要求控辩双方在诉讼中的地位平等，法律赋予辩护方以诉讼主体地位和广泛的诉讼权利，而且要求司法机关应当保证控辩双方在参与诉讼方面享有平等的机会、便利和手段，同时要平等地对待控辩双方提出的主张和意见，这些都有利于保障人权。诉讼监督的目的也在于保障人权，因为历史经验告诉我们，对公民权利威胁最大的是国家权力的滥用，因而限制和保证国家权力的正确行使，就成为保障人权的最有力措施，而诉讼监督是对诉讼中国家权力的监督和制约，它必然有助于保证司法权的正确行使，从而实现对人权的有效保护。

二、诉讼监督应坚持的原则

任何诉讼活动都是由其价值目标决定的，诉讼监督也不例外。诉讼监督的价值目标体现在保障人权与实现司法公正两个方面，因而在诉讼活动中，检察机关进行诉讼监督时，必须从维护国家法治的统一出发，追求保障人权与实现司法公正的价值目标。具体而言，就是检察机关在进行诉讼监督时，既要从维护程序公正，保护犯罪嫌疑人、被告人的合法权利出发，又要考虑有效打击犯罪，实现实体公正，维护社会稳定。因此，为了有效地保障人权和实现司法公正，检察机关在进行诉讼监督时，应当遵循以下三项基本原则：

（一）依法原则

依法原则，就是检察机关在进行诉讼监督时，必须按照法律规定的程序在法律规定的职权范围内来进行，而不能超越法律的规定。[1] 依法原则是检察机关进行诉讼监督的首要原则，也是现代法治原则在检察活动中的具体体现，必须严格遵照执行。依法原则对检察机关的诉讼监督提出了以下要求：首先，检察机关必须在法律规定的职权范围内进行诉讼监督。由于诉讼监督是检察机关通过行使检察职权来体现的，所以，检察机关的诉讼监督必须以其职权为依托，而不得超越其职权范围，否则就是越权；同时，对于法律规定的检察权，检察机关必须忠实地履行职责，否则便是失职。其次，检察机关必须按照法律规定的方式进行诉讼监督。法律规定的诉讼监督的方式是检察机关正确进行诉讼监督的保证，也是检察机关进行诉讼监督能够产生法律效力的根据，因而检察机关进行诉讼监督时，必须按照法律规定的方式进行。从我国法律规定看，检察机关诉讼监督的方式包括批准逮捕或不批准逮捕、提起公诉或不起诉、提出抗诉、提出检察建议或检察意见等，检察机关进行诉讼监督时，必须按照这些方式进行，否则就是违法的，不会产生法律效力。最后，检察机关必须按照法律规定的程序进行诉讼监督。法律规定的程序既是程序公正的体现，也是对权力进行制约的关键。检察机关进行诉讼监督时，必须按照法律规定的程序进行，这既体现了诉讼监督具有程序公正的特性，也保证了检察机关的诉讼监督能够对权力进行有效的监督。

（二）有效监督原则

有效监督原则，就是检察机关进行诉讼监督时，应当达到

---

[1] 孙谦主编：《中国特色社会主义检察制度》，中国检察出版社2009年版，第234页。

法律效果与政治效果、社会效果的有机统一。法律效果就是要切实保证法律的统一正确实施，树立和维护法律权威；政治效果就是要坚持党的领导，有效服务于社会、政治、经济国家大局；社会效果就是要做到司法为民，确实维护最广大人民的根本利益。这"三个效果"是与社会主义法治理念的本质属性"三个至上"相适应的。法律效果是宪法法律至上的要求，是依法治国的本质体现；政治效果是党的事业至上的要求，是坚持党的领导的必然要求；社会效果是人民利益至上的要求，是社会公平正义的体现。可以说，"三个至上"是"三个效果"的理论基础。检察机关在进行诉讼监督时，首先应当做到"依法监督"，即要严格按照宪法法律所规定的法定程序，以宪法法律为监督的依据，切实维护宪法法律在司法活动中的至高无上的权威地位。在合法监督的同时，检察机关也应当做到合理监督，就是要在诉讼监督活动中注重社会效果，要时刻站在人民群众的角度来看待问题，维护人民至高无上的利益。社会主义法治理念要求我们在追寻公平正义，依法治国、执法为民的同时，还要服务于国家经济社会发展的大局，坚持党的领导，这是由我党的先进性所决定的。在我国社会主义初级阶段和法治建设的新时期，检察机关的诉讼监督，只有在党的领导下，才能保证社会主义司法工作正确的政治方向和社会主义国家安定团结的大局。在我国，政治效果、法律效果和社会效果三者之间是有机统一的，政治效果是确保诉讼监督工作顺利开展，取得实效的基础和保障，法律效果是实现政治效果和社会效果的途径和方式，而达到人民满意的社会效果则是诉讼监督工作的归依和追求。

（三）适度原则

辩证唯物主义认为，适度就是事物保持自己质和量的限度、幅度和范围，是和事物的质相统一的数量限度。适度原则，又被称为比例原则或者相应性原则，该原则要求检察机关在进行诉讼监督时，应当根据违法行为的严重性、违法的程度（掌握证据的情况）以及案情的紧急性和必要性，作出相适应的诉讼监督决定。其目的旨在避免检察机关过度地或不当地进行诉讼监督，或者采取不适当的诉讼监督方式，妨害诉讼的正常进行，损害司法的权威性。适度原则是当今世界法治国家普遍采用的一项诉讼基本原则，已经成为国际刑事司法准则中的基本条款。检察机关在进行诉讼监督时，也必然要遵守适度原则。适度原则对检察机关的诉讼监督提出了以下两方面的要求：一是检察机关进行诉讼监督时应当选择适当的监督方式。我国法律规定了多种诉讼监督的方式，如抗诉、检察建议、检察意见等，在司法实践中，检察机关在进行诉讼监督时，只有根据案件的具体情况或者违法行为的程度等，选择最适合的监督方式，才能体现检察机关诉讼监督的正确性和合理性。二是检察机关进行诉讼监督时应当追求适度的诉讼效率。在现代社会，公正与效率已成为司法追求的两大价值目标。在二者的关系上，一般认为，"公正优先，兼顾效率"，如陈光中先生指出："在公正与效率的关系上，在经济领域，应当是效率优先，兼顾公平。也就是说，首先要强调经济发展的速度，再考虑到分配的公平。但在司法领域则应当是公正优先兼顾效率，不能为了效率过分牺牲公正。"[1] 检察机关在进行诉讼监督时，也应当坚持"公正优先，兼顾效率"。即对于诉讼中严重影响公正的违法行为，检察机关要坚决予以监督，但对于那些对公正

---

〔1〕 陈光中：《刑事诉讼法再修改之基本理念——兼及若干基本原则之修改》，载《政法论坛》2004 年第 3 期，第 8 页。

影响不大的轻微违法行为，为了追求诉讼效率，检察机关可以口头等非正式的方式提出监督，不采取法定的监督方式进行监督，这样既可以避免耗费过多的人力、物力和财力，也可以维持司法活动的适度效率。

三、加强诉讼监督的主要途径

党的十七大提出要加强对权力的制约和监督，加强对执法活动和诉讼活动的监督。对于目前进行的司法改革，党中央进一步强调，要"把加强监督作为司法体制改革的重要内容"，检察机关要充分发挥法律监督的职能，保证司法部门的权力受到有效的监督和制约。人民群众也要求检察机关加强监督，维护司法公正。根据中央的精神和人民群众的愿望，加强检察机关的诉讼监督，是当前推进司法体制改革的一项重要任务。从目前司法实践看，检察机关应当从以下几方面加强诉讼监督：

（一）重点加强对侦查活动的监督

在司法实践中，由于受"重实体轻程序"观念的影响，以及破案的压力和侦查手段落后的限制，导致侦查活动中的违法行为较为严重，因此，对侦查活动的监督应当成为检察机关诉讼监督的重点。具体来说，应当重点加强对以下侦查活动的监督：

一是强制性侦查措施。强制性侦查措施直接关系到当事人的人身自由和财产安全，一旦不当适用，就会严重侵犯人权。因此，检察机关应当重点加强对公安机关强制性侦查措施的监督。具体来说，为了防止公安机关滥用强制性侦查措施，保障公民的合法权益，对于公安机关采取拘留、取保候审、监视居住、扣押、冻结等涉及人身自由和财产权利的强制性侦查措施，应当从诉讼程序上加强监督制约。但是，从目前情况看，将公安机关采取的所有强制性侦查措施都交由检察机关审查批准，还不具备条件。从现实出发，可以考虑建立一种事后审查机制，由检察机关进行事后审查监督。即当事人不服公安机关采取的强制性侦查措施，可以向检察机关申诉，由检察机关进行审查监督。与此相应，对于检察机关直接侦查的职务犯罪案件所采取的上述侦查措施，犯罪嫌疑人及其聘请的律师有异议的，可以向上级人民检察院申诉。

二是拘留期限的延长。我国刑事诉讼法规定，对于流窜作案、多次作案、结伙作案的重大嫌疑分子，提请人民检察院审查批准逮捕的时间可以延长至 30 日。这一规定对于保障侦查的顺利进行、有力打击犯罪是必要的。但在实践中，滥用这一规定的现象比较严重，一些明显不属于上述情形的犯罪嫌疑人，拘留期限也被延长至 30 日，有的地方大部分犯罪嫌疑人的拘留期限均被延长至 30 日，这不仅违背了立法本意，而且严重侵犯了被拘留人的合法权益。为了保证正确适用延长拘留期限的规定，切实维护犯罪嫌疑人的合法权益，有必要建立一道监督制约程序，即公安机关需要延长拘留期限至 30 日的，在拘留法定期限届满前报请检察机关审查批准。

三是重新计算羁押期限。根据我国刑事诉讼法规定，在侦查期间，发现犯罪嫌疑人另有重要罪行的，自发现之日起可以重新计算羁押期限。最高人民法院等六部门制定的《关于刑事诉讼法实施中若干问题的规定》，对于需要重新计算羁押期限的，可以由公安机关决定，报检察机关备案。实践中，一些公安机关存在着利用这一规定规避法律，随意重新计算侦查羁押期限的违法问题。而检察机关由于对备案审查存在滞后性等原因，对公安机关违法重新计算羁押期限的行为难以及时发现和监督。因此，有必要建立事前审批制度，即公安机关需要重新计算羁押期限的，应当报请检察机关审查批准。

（二）加强对审判重点活动的监督

从司法实践看，检察机关应当对法院以下重点审判活动进行监督：

一是抗诉案件的审判活动。在目前司法实践中，人民法院对人民检察院二审抗诉的案件，往往发回原审人民法院重新审判或者指令下级法院再审，影响了人民检察院的抗诉效果。对于人民检察院再审抗诉的案件，由于法律没有规定人民法院的审判期限，如果出现长期拖延审判的现象，人民检察院也无法进行监督。因此，要加强对抗诉案件审判活动的监督，有必要修改抗诉案件可以发回原审法院重新审判或指令下级法院再审的规定，明确规定接受抗诉的人民法院应当自行审理，依法作出判决。同时，法律应当明确规定人民法院对人民检察院再审抗诉案件的审结期限，以便于检察机关进行监督。

二是死刑案件的复核活动。死刑案件关乎人的生命，是人权保护的重点。但从目前法律规定看，我国法律却缺乏人民检察院对死刑复核程序进行监督的规定，实践中人民检察院对人民法院的死刑复核也几乎没有进行监督，因而无法防止死刑判决出现错误。从司法实践看，死刑案件出现的许多错案，如"杜培武杀人案""聂树斌杀人案""赵作海杀人案"等，都是典型的代表。这些死刑错案的出现，虽然有多种原因，但是与死刑复核缺乏监督不无关系。因此，要有效防止死刑错案的发生，除了要完善死刑复核的有关程序外，还应当明确规定检察机关对死刑复核进行监督的方式和具体程序，以加强对死刑复核的监督，更加有效地保障人权。

三是民行审判活动。我国现行民事诉讼法和行政诉讼法虽然规定了人民检察院可以对人民法院的民事审判活动和行政诉讼活动进行监督，但由于规定得过于原则，导致实践中检察机关无法进行监督。因此，可以从以下几个方面加强对民行审判监督：（1）明确规定人民检察院在民事诉讼监督中可以调取、查阅人民法院审判卷宗，以保证及时查明民事诉讼活动中是否存在违法行为，民事裁判是否存在错误。（2）将民事执行纳入诉讼监督的范围，明确规定人民检察院有权对民事执行活动进行监督。（3）建立民事行政公诉制度，以保证检察机关能够参与民行审判活动，及时有效地对民行审判活动进行监督，确保国家利益和社会公共利益。

（三）加强对刑罚执行活动重要环节的监督

我国现行法律规定了检察机关有权对刑罚执行活动进行监督，但由于法律规定的不完善，影响了检察机关对刑罚执行的有效监督。从目前司法实践看，应当加强对以下刑罚执行活动重要环节的监督：

一是减刑、假释、暂予监外执行活动。刑罚执行活动是刑事诉讼的最后环节，减刑、假释、暂予监外执行是刑罚变更执行的主要方式，一旦发生错误，就可能因罪犯已被释放而难以纠正。为此，中央2004年21号文件明确指出，要"完善人民检察院对刑罚执行工作的监督制度。进一步加强对减刑、假释、暂予监外执行裁决工作的监督措施"。因此，加强检察机关对减刑、假释、暂予监外执行活动的监督，是确保刑罚正确有效执行的重要措施。从实践看，有必要建立检察机关的同步监督制度，变事后监督为同步监督。即在刑罚执行过程中，如果需要对罪犯进行减刑、假释、暂予监外执行的，检察机关应当对减刑、假释、暂予监外执行的审批和审核裁定活动进行同步监督。

二是死刑执行活动。从实践看，死刑执行是一个复杂的过程，这个过程的每一个步骤都直接与死刑罪犯及其亲属的权益有着密切的关系，一旦在死刑执行过程中出现错误，就会严重侵犯人权。然而，从目前法律规定看，我国法律只规定，人民法院在交付执行死刑前，应当通知同级人民检察院派员临场监督。"临场监督"的范围小于"死刑执行监督"的范围，显然这种规定不利于人民检察院对死刑执行活动的全面监督。因此，我国法律有必要将"临场监督"修改为"人民检察院对死刑执行活动进行监督"，死刑执行活动监督的内容也应当包括死刑执行场所的确定、死刑执行方式的选择、死刑执行的全过程、死刑执行后死刑罪犯尸体或尸体器官的处理和利用等内容，以确保检察机关能够对死刑执行活动进行全面监督，保证死刑执行的正确性。

（原载《河南社会科学》2010 年第 16 卷第 6 期）

诉讼监督问题研究

对诉讼活动进行法律监督，在法律中早有规定。1951 年 9 月 3 日中央人民政府颁布的《各级地方人民检察署组织通则》第二条关于地方人民检察署的职责中就有"对各级审判机关之违法或不当裁判提起抗诉""检察监所及犯人劳动改造机构之违法措施"等。1954 年 9 月 21 日全国人民代表大会通过的《人民检察院组织法》更是明确规定：地方各级人民检察院的职权包括"对于侦查机关的侦查活动是否合法，实行监督""对于人民法院的审判活动是否合法，实行监督""对于刑事案件判决的执行和劳动改造机关的活动是否合法，实行监督"。1979 年的《人民检察院组织法》虽然对检察机关的职权作了一些修改，但是上述三个方面的职权几乎原封不动地保留了下来。[1] 这些法律规定表明，对诉讼活动实行法律监督，历来是检察机关的一项重要职责。

---

〔1〕 1979 年《人民检察院组织法》第 5 条规定的各级人民检察院的职权中包括："对于公安机关的侦查活动是否合法，实行监督""对于人民法院的审判活动是否合法，实行监督""对于刑事案件的判决、裁定和监狱、看守所、劳动改造机关的活动是否合法，实行监督"。

一、强化诉讼监督的重大意义

2003 年，最高人民检察院就提出了"强化法律监督，维护公平正义"的检察工作主题。这个主题明确了检察工作的中心和方向，促进了检察工作的科学发展。但是，多年来，检察机关在诉讼领域的法律监督效果并不明显，司法实践中不作为、乱作为的现象没有明显的改善，司法不公、司法腐败的问题仍然是人民群众反映强烈的问题之一。

现在，情况有了改变，需要我们抓住机遇，大力推进。一是最高人民检察院印发了《关于进一步加强对诉讼活动法律监督工作的意见》（2009 年 12 月 29 日），明确提出了加强诉讼监督的指导思想、基本要求和工作重点等。二是最高人民检察院、公安部联合下发了《关于刑事立案监督有关问题的规定（试行）》，《关于强制性侦查措施监督有关问题的意见》，最高人民法院、最高人民检察院公安部、安全部、司法部联合下发了《关于对司法工作人员在诉讼活动中的渎职行为加强法律监督的若干意见（试行）》等一系列文件。这些规范性文件都要求检察机关进一步加强诉讼监督，并赋予检察机关一定的监督手段和其他司法机关接受检察机关监督的义务。这说明检察机关的诉讼监督在一定程度上得到了其他机关的认可。三是已有 29 个省、自治区、直辖市的人大作出了关于加强检察机关对诉讼活动实行法律监督的决定[1]，强调各级人民检察院应当忠实

---

[1]　截至 2011 年 5 月底，全国已有 29 个省、自治区、直辖市人大常委会作出了关于加强人民检察院对诉讼活动的法律监督工作的决定。其中，16 个省级人大常委会的决定直接使用了"关于加强人民检察院（或检察机关）对诉讼活动的法律监督工作的决定"，13 个人省级大常委会使用了"关于（进一步）加强检察机关（或人民检察院）法律监督工作的决定"。在关于加强检察机关法律监督工作的决定中也都包含了加强对诉讼活动的法律监督。如浙江省人大常委会在《关于加强检察机关法律监督工作的决定》中就明确提出："加强对刑事诉讼各个阶段的法律监督工作""加强检察机关民事、行政诉讼法律监督工作"等。这些内容可以视为对诉讼监督的强调。

履行宪法和法律赋予的法律监督职责,应当以人民群众反映强烈的影响司法公正的突出问题为重点,加强对诉讼活动的法律监督工作。这些情况说明,强化诉讼监督具有重大的现实意义。

首先,强化诉讼监督是检察机关的职责所在。

我国宪法第 129 条明确规定:"中华人民共和国人民检察院是国家的法律监督机关。"作为国家的法律监督机关,检察机关担负着维护国家法律正确实施、保障依法治国顺利进行的重大历史责任。诉讼活动是法律实施的重要领域,依照三大诉讼法的规定,对诉讼活动实行法律监督,是人民检察院组织法和三大诉讼法赋予检察机关的神圣职责。检察机关应当认真履行法律赋予的职责,加强对诉讼活动中违反法律的情况进行切实的监督,以保障人大制定的法律得到正确的适用。发现诉讼活动中的违法行为而不愿监督、不敢监督,放弃对诉讼活动的法律监督,就是检察机关的重大失职。

其次,强化诉讼监督是人民群众的呼声。

有二十多个省级人大常委会就加强检察机关对诉讼活动实行法律监督的问题专门做出规定,充分说明诉讼领域的违法问题是一个人民群众反应强烈的问题,而且这个问题在全国范围内带有一定的普遍性。这么多的人大常委会关注诉讼领域的问题,要求检察机关认真履行法律赋予检察机关的法律监督职责,从一个侧面暴露出诉讼领域违法问题的严重性。诉讼领域的问题,说到底是一个违反遵守法律的规定和精神来执行和适用法律的问题,也就是人民群众常说的司法不公问题,以及其背后可能存在的司法腐败的问题。诉讼中的违法问题,往往是通过一个个具体案件中的当事人反映出来的,但是如果长时间的、众多的当事人都反映类似的问题,并且通过当事人的亲戚朋友扩散这些问题的影响，那就表明诉讼中的违法问题不是一个个独立的问题，而是具有一定的普遍性的严重问题。因此才会引起人民代表大会的重视，才会引起绝大多数省级人大常委会的地方立法。透过这些地方立法，检察机关应当充分认识到，强化诉讼监督，保障诉讼活动的依法进行，是人民群众对检察机关的厚望，是人民群众对法律监督的期待。检察机关应当不辜负人民群众的期望，切实履行法律监督职责，加强对诉讼活动的法律监督。

最后，强化诉讼监督是维护司法公正的现实需要。

检察机关的工作主题是"强化法律监督，维护公平正义"，而诉讼的目的就是寻求公平正义。检察机关追诉犯罪是为了通过伸张法律正义来实现社会正义，当事人打官司更是为了得到一个公平的结果。但是，诉讼活动中的违法却使公平正义大打折扣，让犯罪不能受到应有的惩罚，让当事人的合法权益得不到有效的保护，让当事人的诉求得不到公正的结果。特别是近些年来，执法不严、司法不公的问题，使人民群众对诉讼的功能产生了严重的质疑，甚至在一定程度上动摇了人民群众对诉讼作为维护公平正义的最后手段的信心。因此，强化诉讼监督，保障诉讼活动的依法、公正进行，对于重塑司法的形象，增强人民群众对司法的信任，维护司法公正，具有重大的现实意义。

二、诉讼监督的含义

"诉讼监督"并不是一个法律用语，因此学术界对它的含义存在一定的争议。

有的学者主张在广义上使用诉讼监督的概念，认为它包含了所有主体对诉讼活动的监督。如人大对诉讼活动的执法监督，上级人民法院对下级人民法院判决裁定的监督，当事人对诉讼活动的投诉和申诉，人民检察院的法律监督，等等，只要是针对诉讼活动提出的，都是诉讼监督，检察机关对诉讼活动的法律监督只能称为"检察诉讼监督"。

但是也有学者不同意这种泛化的诉讼监督的概念，主张在狭义上使用诉讼监督的概念，认为诉讼监督仅指人民检察院对诉讼活动的法律监督。一是因为人民检察院对诉讼活动的法律监督在三大诉讼法中具有明确的法律规定，因而是检察机关的法定职责，不同于其他主体可能进行的随机性或随意性的具有监督性质的行为；二是因为检察机关对诉讼活动的法律监督具有常态化、职能化，是对诉讼活动的一种最主要、最常用的监督形式，最能反映对诉讼活动的监督；三是因为检察机关对诉讼活动的法律监督具有主动性和外在性，最有助于监督目的的实现。上级法院对下级法院的判决裁定进行审查，或发回重审，或直接改判，或维持原判，虽然都具有对审判活动进行监督的性质，但是这种监督是被动的，受当事人是否上诉、检察机关是否抗诉的制约，对于一审审判活动中确有错误的判决裁定，如果当事人没有上诉或者检察机关没有抗诉，就难以进入上级法院审查的视野；对于下级法院审判活动中可能存在的违法现象，上级法院也难以进行调查和纠正。并且，上级法院对下级法院的判决裁定进行审查，是诉讼程序内的审查，是审判的一个环节，因此，与其说是诉讼监督，不如说是一个审判程序。

按照多数学者的观点，诉讼监督是指人民检察院依照法律规定对诉讼活动所进行的法律监督。诉讼监督的主体是人民检察院，客体是诉讼活动，监督的方式是法律监督，即是根据法律授权对诉讼活动合法性的监督也是具有法律效力的监督。也就是说，诉讼监督这个概念，在学理上，应当限定在检察机关对诉讼活动的法律监督范围内，从而使其具有特定的含义。这样才有助于对诉讼监督的问题进行专门化的研究。概念过于泛化，就失去了研究的价值。

在此，值得一提的是诉讼监督与法律监督的关系问题。有的学者认为，检察机关自身承担着某些诉讼职能，这些诉讼职能应当与检察机关的诉讼监督职能相分离，因为它不属于法律监督。有的学者认为，能够体现检察机关法律监督职能的实际上就是对诉讼活动的监督。这些观点，有意无意地把法律监督等同于诉讼监督。这是应当引起我们高度警惕的。

笔者认为，诉讼监督只是法律监督的一个组成部分，它本身是法律监督，但不是法律监督的全部，不能用诉讼监督来代替甚至取代法律监督。按照人民检察院组织法以及其他法律的规定，检察机关的法律监督职责是比较广泛的。不仅法律监督的对象具有广泛性，而且法律监督的手段也具有多样性。正如有的学者指出的：检察机关作为国家的法律监督机关，从广义上讲，法律赋予检察机关的所有职权都可以说具有法律监督的性质[1]。在实践中，检察机关依照法律规定对职务犯罪进行立案侦查的活动，实质上就是通过查办法律实施过程中严重违反法定职责的行为保障法律正确实施的行为。检察机关对构成犯罪的行为提起公诉的活动，也是通过法律程序追诉严重违法的行为以保障法律被遵守的行为，这些活动都具有法律监督的性质。这些职能活动与诉讼监督职能一样，都是检察机关法律监督职能的组成部分。当然，这些活动本身是一种诉讼活动，要遵循诉讼的规律，要受到其他诉讼主体的制约，它与检察机关

---

〔1〕 参见陈光中教授 2011 年 6 月 2 日在武汉市人民检察院和武汉市法学会联合举办的"刑事诉讼监督理论与实务研讨会"上的发言。

对诉讼活动的法律监督又是不同类型的职能。因此对检察机关的诉讼职能与诉讼监督职能进行适当的区分是完全可以的，甚至是十分必要的。但是不能因为这种区别，也不能因为诉讼监督的重要性，就用诉讼监督职能来取代或者否认检察机关其他职能的法律监督性质，不能把诉讼监督完全等同于法律监督。我们在确定强化诉讼监督的同时，不能忘记对诉讼以外的活动依照法律的规定实行法律监督。譬如，对于人民警察的执法活动，在刑事诉讼过程中的，要根据刑事诉讼法的规定实行法律监督，这是诉讼监督的内容；在诉讼以外，人民警察在执法活动中存在违法情况的，检察机关要根据人民警察法的规定实行法律监督，这虽然不属于诉讼监督，但也是检察机关法律监督职能的组成部分，并且是法律明确授权的、检察机关的法定职责。即使是对于诉讼活动，在必要的时候，检察机关也可以通过法律规定的诉讼职能来进行监督，例如，对于司法人员在诉讼过程中实施的贪赃枉法构成犯罪的行为，就可以行使职务犯罪侦查权进行立案侦查。这本身也是对诉讼活动进行监督的一种形式。因此，厘清诉讼监督与法律监督的关系，是正确理解诉讼监督含义的一个重要方面。

三、如何界定诉讼监督的范围

如前所述，诉讼监督是对诉讼活动的法律监督，诉讼监督的范围自然就是诉讼活动。2009 年 12 月 29 日发布的《最高人民检察院关于进一步加强对诉讼活动法律监督工作的意见》，把诉讼监督的内容归纳为五个方面 22 项内容：（一）刑事立案监督：1. 加强对应当立案而不立案的监督。探索建立与侦查机关的信息资源共享机制，及时掌握刑事发案和侦查机关立案情况，建立和完善方便群众举报、申诉、听取律师意见以及从新闻媒介中发现案件线索的制度。加强对以罚代刑、漏罪漏犯、另案处理等案件的监督。健全对立案后侦查工作的跟踪监督机制，防止和纠正立而不侦、侦而不结、立案后违法撤案等现象。2. 探索完善对不应当立案而立案的监督机制。依法监督纠正用刑事手段插手经济纠纷以及出于地方保护、部门保护而违法立案等行为。发现侦查机关违反法律规定不应当立案而立案或者违反管辖规定立案的，应当通知纠正。3. 建立和完善行政执法与刑事司法有效衔接的工作机制。会同有关部门推进"网上衔接，信息共享"机制建设，及时掌握行政执法机关对涉嫌犯罪案件的移送以及侦查机关受理移送后的处理情况。加强对行政执法人员滥用职权、徇私舞弊和行政执法机关不移交涉嫌犯罪案件的监督查处力度，构成犯罪的，依法追究刑事责任；对有违法行为但不够刑事追究的，通报有关部门，建议予以党纪、政纪处分。（二）侦查活动监督：1. 加大对侦查活动中刑讯逼供、暴力取证等违法行为的查处力度。健全对刑讯逼供、暴力取证等侦查违法行为开展调查、纠正违法的程序和方式，发现有刑讯逼供、暴力取证等违法行为的，及时提出纠正意见；涉嫌犯罪的，及时立案侦查。会同有关部门建立建议更换办案人制度。探索建立对公安派出所的监督机制。2. 健全排除非法证据制度。在审查逮捕、审查起诉工作中发现侦查机关以刑讯逼供或者威胁、引诱、欺骗等非法方法收集的犯罪嫌疑人供述、被害人陈述以及证人证言，依法予以排除，不能作为指控犯罪的根据。3. 探索对侦查机关采取的强制性侦查措施及强制措施的监督机制。探索建立诉讼当事人对侦查机关采取搜查、查封、扣押、冻结等措施不服，提请检察机关进行监督的制度。加强对侦查机关变更逮捕措施、另案处理以及退回补充侦查后自行处理案件的监督。4. 防止错误逮捕、起诉以及遗漏犯罪嫌疑人或罪行。在审查逮捕、审查起诉中加强审查工作，发现提请逮捕、移送起诉有错误的，及时作出处理；发现遗漏犯罪嫌疑人或罪行的，追加逮捕或起诉；对于已批捕的犯罪嫌疑人在逃的，督促公安机关及时抓捕。（三）刑事审判监督：1. 加强对审判程序违法的监督。在法庭审理中发现人民法院审判活动违反法律规定的程序或者剥夺、限制诉讼参与人诉讼权利的，应当记录在案，并在庭审后依法提出监督意见。2. 加大对审判监督薄弱环节的监督力度。加大对死刑立即执行改判缓期 2 年执行案件、二审不开庭审理后改变一审判决案件、人民法院自行提起再审案件、变更强制措施不当案件的监督，发现违法情形的，及时提出纠正意见或者提出抗诉。3. 突出抗诉重点，加大抗诉力度。加强对不服人民法院生效裁判申诉案件的办理力度，完善检察机关办理刑事申诉案件的程序和机制。加强对有罪判无罪、无罪判有罪、量刑畸轻畸重和职务犯罪案件、经济犯罪案件量刑失衡的监督，经审查认为判决、裁定在事实认定、证据采信、法律适用方面确有错误、量刑明显不当或者审判活动严重违反法定程序、审判人员有贪污受贿、徇私舞弊、枉法裁判情形的，应当及时提出抗诉。上级人民检察院要加强对刑事抗诉案件的审查，对下级人民检察院办理的重大、复杂、疑难或者有阻力的抗诉案件，要及时进行督办。协同有关部门研究检察机关按照审判监督程序提出抗诉的案件，除涉及新的事实、证据外，由受理抗诉的人民法院直接审理的程序，明确"新的事实和证据"的范围。4. 完善对死刑案件审判活动的监督机制。积极做好死刑第一、第二审案件的审查和出庭工作，认真审查死刑上诉和抗诉案件，探索有效开展死刑复核监督的措施，建立对死刑复核案件申诉的受理、备案、审查和办理制度。建立最高人民检察院对最高人民法院不予核准或者长期不能核准的死刑案件发表监督意见的制度。省级人民检察院要依法加强对判处死刑缓期 2 年执行案件复核的监督。（四）刑罚执行和监管活动监督：1. 建立健全预防和纠正超期羁押的长效工作机制。会同有关部门完善刑事诉讼各环节的工作衔接机制，健全羁押期限告知、羁押情况通报、期限届满提示等制度。改革完善换押制度，建立和完善适应第二审程序需要的换押机制，预防超期羁押和违法提讯、提解。完善延长逮捕后的侦查羁押期限审批制度，建立当事人不服批准延长侦查羁押期限决定向检察机关申诉和检察机关进行复查的制度，加强对违法延长羁押期限的监督。2. 完善对刑罚执行活动的监督制度，建立刑罚执行同步监督机制。探索建立检察机关对重大刑事罪犯刑罚变更执行的同步监督制度，发现有关机关减刑、假释、暂予监外执行的提请、呈报、决定、裁定存在不当的，应当及时提出纠正意见。完善对监外执行和社区矫正进行法律监督的方式和措施。3. 健全检察机关对违法监管活动的发现和纠正机制。健全检察机关与监狱、看守所信息交换机制、定期联席会议制度，探索实行与监管场所信息网络互联互通，实行动态监督。完善检察机关受理在押人员投诉和对监管工作人员涉嫌违法犯罪行为进行调查和纠正的机制。完善监管场所发生的重要案件、重大事故及时报告上级人民检察院的机制。4. 加强对执行死刑活动的监督工作。加强执行死刑临场监督，发现不应当执行死刑的，立即建议停止执行。对违反法定执行程序，侵犯被执行人合法权益的，及时监督纠正。（五）民事、行政诉讼监督：1. 完善民事、行政抗诉案件的申诉审查机制。依法保障当事人的申诉权利，进一步规范民事、行政申诉案件的受理和立案工作，严格遵守申诉案件的审查期限，及时将审查结果通知申诉人、被申诉人及其他当事人。认真听取申诉人、被申诉人及其委托律师的意见，实现审查程序的公开、公平、公正。发现受理的申诉案件的生效判决、裁定可能有错误，或者当事人虽未申诉但发现人民法院的生效判决、裁定可能有错误或损害国家、社会公共利益的，依法立案审查。对检察机关作出不立案、不提请抗诉、不抗诉决定的，做好释法说理和息诉工作。2. 突出重点，加大抗诉工作力度。重点做好对涉农维权、弱势群体保护、劳动争议、保险纠纷、补贴救助等涉及民生的确有错误案件的审查抗诉工作；对损害国家和社会公共利益、有重大影响的确有错误案件，严重违反法定程序或者审判人员有贪污受贿、徇私舞弊、枉法裁判等情形的案件，加大审查抗诉力度。3. 完善抗诉工作机制，提高抗诉工作水平。准确理解和适用民事诉讼法关于抗诉事由的规定，正确把握抗诉的条件和标准，强化抗诉书的说理性。充分发挥分、州、市人民检察院和基层人民检察院的基础作用，整合、协调上下级人民检察院的办案力量，改进提请抗诉办案机制，完善办案流程管理，缩短办案周期，提高办案效率。人民法院作出的生效判决、裁定有民事诉讼法第179条规定情形之一的，同级人民检察院应当提请上一级人民检察院抗诉。4. 加强对行政诉讼的监督。对行政诉讼中生效判决、裁定违反法律、法规的，依法采用抗诉等方式予以监督。积极探索对该受理不受理、该立案不立案、违反审理期限等侵害当事人诉讼权利的违法行为进行法律监督的途径和措施。5. 加强对人民法院再审活动的监督。人民法院违反再审的审级、审理期限以及裁定再审的期限规定的，应当督促其纠正。人民法院再审的庭审活动违反法律规定的，在庭审后及时提出纠正意见。发现人民法院再审的判决、裁定有民事诉讼法第179条规定情形之一的，上级人民检察院应当依法提出抗诉。6. 研究检察机关对民事执行工作实施法律监督的范围和程序。会同有关部门，研究人民检察院对民事执行裁定、执行决定和执行行为进行法律监督的范围、途径和措施。执行人员有贪污受贿行为或者因严重不负责任、滥用职权致使当事人或者他人利益遭受重大损失的，应当依照人民检察院关于直接受理案件侦查分工的有关规定立案侦查。7. 探索检察机关对适用特别程序等审判活动进行监督的范围、途径和措施。对适用特别程序、督促程序、公示催告程序和企业法人破产程序的审判活动，探索采用抗诉等方式进行监督。

但是，如何理解诉讼活动的范围进而如何界定诉讼监督的领域，学术界也还存在着某些争论。

第一，诉讼监督仅限于诉讼环节还是可以延伸到与诉讼有关的环节？

一般认为，诉讼监督就是对诉讼活动的法律监督，应当限定在诉讼环节，不是诉讼环节，就不属于诉讼监督的范围。但是也有学者认为，诉讼监督的触角可以延伸到与诉讼有关的环节。如行政执法机关不移交刑事案件的行为，就应当属于检察机关诉讼监督的范围。因为行政执法机关不移交刑事案件的行为，使本应进入诉讼领域的刑事案件无法进入诉讼领域，影响了对这些案件的侦查、起诉和审判，亦即影响了诉讼的正常进行，因而是检察机关诉讼监督的对象。

对此，笔者认为，行政执法机关不移交刑事案件的行为应当纳入检察机关法律监督的视野，因为它直接影响了对具体案件的法律适用。但是这种行为本身并不是诉讼活动，案件还没有进入诉讼领域，对其进行法律监督，很难说是诉讼监督。一方面行政执法机关并不是诉讼法中规定的诉讼主体，不具有诉讼主体的法律地位；另一方面行政执法机关在法律赋予它的职权范围内处理案件本身是一种行政处罚行为，而不是诉讼行为。行政处罚不当或者违法所引起的争议，如果进入诉讼的领域，才有可能作为诉讼监督的对象。在尚未进入诉讼领域之前，有关机关提出纠正意见，只是对行政处罚行为的监督，而不是对诉讼活动的监督。

对行政执法机关不移交刑事案件的行为进行监督，不同于对公安机关不立案行为的监督。按照刑事诉讼法的规定，公安机关发现犯罪事实或者犯罪嫌疑人，应当按照管辖范围，立案侦查。公安机关对于报案、控告、举报和自首的材料，应当按照管辖范围，迅速进行审查，认为有犯罪事实需要追究刑事责任的时候，应当立案；认为没有犯罪事实，或者犯罪事实显著轻微，不需要追究刑事责任的时候，不予立案，并且将不立案的原因通知控告人。人民检察院认为公安机关对应当立案侦查的案件而不立案侦查的，或者被害人认为公安机关对应当立案侦查的案件而不立案侦查，向人民检察院提出的，人民检察院应当要求公安机关说明不立案的理由。人民检察院认为公安机关不立案理由不能成立的，应当通知公安机关立案，公安机关接到通知后应当立案。这些规定表明，对公安机关而言，发现犯罪事实或者犯罪嫌疑人，对其进行立案侦查，是它的法定职责。公安机关违背自己的职责，有案不立，就违反了刑事诉讼法的明文规定。因此，法律要求检察机关对此进行法律监督。但是，对于行政执法机关来说，它本身并没有对刑事案件进行立案侦查的权力，立案不是它的法定职责。公安机关明知有犯罪事实或者犯罪嫌疑人而不立案侦查，就违反了刑事诉讼法的规定，检察机关对其进行监督属于对诉讼活动的法律监督。但是行政执法机关明知有刑事案件存在而不移交，并没有违反刑事诉讼法的规定。如果行政执法人员徇私舞弊，对依法应当移交司法机关追究刑事责任的不移交，情节严重，构成了刑法第

402 条规定的徇私舞弊不移交刑事案件罪，就应当按照刑法的规定追究有关人员渎职罪的刑事责任。但是如果是行政执法机关的行为，或者是行政执法人员不构成犯罪的行为，就属于行政监察的范围，而不是检察机关法律监督的范围，更不是诉讼监督的范围。因此不能把这两种不同性质的行为相提并论。

第二，诉讼监督仅限于对诉讼中的公权力进行监督还是包括对所有诉讼活动的监督？

有的学者认为，诉讼监督就是对整个诉讼活动的监督，其中当然包括对律师、当事人、证人、鉴定人等主体的诉讼活动的监督。否则，这些人的诉讼活动就可能处于无人监督的状况。

但是，多数学者认为，诉讼活动应当限定在对诉讼过程中行使公权力的活动的法律监督。也就是说，诉讼监督的对象只是参与诉讼活动并行使公权力的公安机关、检察机关、审判机关、刑罚执行机关及其工作人员，监督的重点是这些机关及其工作人员在诉讼活动中执行和适用法律的行为是否存在违反法律的情况。这种观点，应该说是有道理的。

诉讼领域终究是公权力作用的场域，享有法定职权的专门机关在诉讼过程中行使国家权力，制约着诉讼的顺利进行，并决定着诉讼的结局。尽管诉讼过程少不了多种主体的参与，但在这个诉讼过程中起主导作用的始终是行使公权力的主体。在刑事诉讼中，犯罪嫌疑人或者被告人是作为被追诉的对象参与诉讼的，他的辩护人包括律师都是为了维护犯罪嫌疑人或者被告人的权利，防止被不当追诉而参与诉讼活动的，被害人及其诉讼代理人也是为了维护自己的权益而参与诉讼活动的。唯有行使公权力的国家机关及其工作人员在刑事诉讼中负有打击犯罪、保护人民的法定职责，是刑事诉讼中的专门机关，必须严格按照法律的规定来追诉犯罪、保护人权。因此他们的诉讼活动才应当作为法律监督的对象。在民事诉讼和行政诉讼过程中，原告和被告都是基于自身的权益而参与诉讼的，唯有审判机关是站在争讼之外代表国家适用法律、居中裁判的。在三大诉讼中，法律能否得到正确的适用，关键在于执法机关和司法机关履行法定职责的情况。所以，执法机关和司法机关在诉讼中的活动应当成为诉讼监督的对象。至于其他参与诉讼的主体，虽然他们的活动也必须遵守诉讼法的规定，违反法律规定也会对其带来不利的法律后果，包括构成犯罪的要受到法律追究，但是由于他们没有法定的职权，他们的所有活动都要受到拥有法定职权的执法机关或司法机关按照诉讼程序的规定进行审查。这种审查本身就具有监督的性质，因而没有必要由检察机关在诉讼活动之外再对其进行监督。

第三，诉讼监督仅限于程序性监督还是包括实体性监督？

有的学者认为，诉讼监督应当限定在程序性监督的范围内，没有必要对实体性问题进行监督。因为实体性问题的判断往往会因为认识主体的不同而得出不同的结论，难以对其进行监督。

但是也有的学者认为，诉讼监督不应当仅仅限定在程序性监督的范围内。监督程序是否合法，最终目的就是实现实体上的公正。放弃对实体性问题的监督，诉讼监督就是残缺不全的。

诉讼监督的重点无疑是诉讼程序是否合法，是否存在公权力在行使过程中侵犯私权利的问题，以及是否按照法定程序办理案件。但是这并不能成为否定对实体性问题进行监督的理由。一方面，诉讼活动的根本目的不仅是为了保障诉讼中的人权，而且是为了实现司法公正。而司法公正与否，主要是通过实体问题的处理反映出来的。如果不对实体问题进行监督，诉讼监督就是残缺不全的，其监督的目的就将其难以实现。另一方面，有的程序性问题中本身包含着实体性的判断。例如立案监督，对应当立案的，公安机关没有立案，检察机关可以通过诉讼监督来要求立案。这其中，是否应当立案就是一个实体性的判断。没有对案件事实的实体性判断，就无法得出是否存在着有案不立的问题。

对于实体性问题，通过诉讼监督增加一个救济渠道，更有利于保障当事人的权益。一般而言，实体性问题应当通过诉讼程序来解决。对诉讼程序的监督就是为了公正地解决实体问题，包括对司法工作人员在诉讼程序之外实施的可能影响司法公正的行为的监督，也是为了防止程序外的操作影响到对案件实体问题的处理。但是如果一个案件，已经经过了二审程序或者判决裁定已经生效，而判决裁定确有错误，那么，通过实体问题的监督提供一个纠正错误的机会，对于保障法律的正确适用，无疑是十分必要的。特别是在民事、行政诉讼中，检察机关并不参与诉讼，主要是根据当事人的申诉发现问题进行监督的，而当事人申诉的问题往往是实体问题即判决裁定不公的问题。如果不对实体问题进行判断并对确有错误的判决裁定提出抗诉，启动审判监督程序，就很难给当事人一个答复。因此，笔者认为，诉讼监督不能完全排除对实体性问题的监督。

第四，诉讼监督仅限于对诉讼活动的监督还是包括对实施诉讼活动的司法工作人员的监督？

有的学者认为，诉讼监督就是对诉讼活动的法律监督，因此监督的范围应当限定在执法机关和司法机关的诉讼活动上。但是也有学者认为，诉讼监督既包括对诉讼活动的监督，也应当包括对实施诉讼活动的人员的监督，因为诉讼活动是通过具体人的行为实现的，对诉讼活动的监督不能脱离实施诉讼活动的司法工作人员而存在。

这个问题争论的焦点实际上是诉讼监督的范围是否包括诉讼活动以外的行为。因为诉讼活动本身都是通过具体的人来实施的，对诉讼活动的监督本身就意味着对实施诉讼活动的主体行为的监督。之所以会出现要不要对实施诉讼活动的人员进行监督的争议，关键还在于实施诉讼活动的执法机关和司法机关的工作人员有可能在诉讼活动之外实施某些可能影响诉讼进行或者影响诉讼活动中法律适用的活动，而这些活动本身并不属于诉讼活动。例如办案人员私下接触案件的当事人或者律师，或者接受吃请，或者透露案情，或者透露对方当事人的秘密，或者接受其对案件的要求，甚至收受贿赂。这些活动本身并不是诉讼活动，但是对诉讼活动的正常进行无疑具有重要的不良的影响。如果诉讼监督仅限于对诉讼活动的监督，这些情况就会成为监督的盲区。因此，笔者认为，诉讼监督应当包括对执法机关和司法机关工作人员在诉讼活动以外实施的可能影响诉讼活动正常、公正进行的活动的监督。这种监督当然是对人的监督。按照"两高三部"《关于对司法工作人员在诉讼活动中的渎职行为加强法律监督的若干规定（试行）》的规定，对司法工作人员的监督，包括了对 12 种渎职行为的监督，即：（一）徇私枉法、徇情枉法，对明知是无罪的人而使其受追诉，或者对明知是有罪的人而故意包庇不使其受追诉，或者在审判活动中故意违背事实和法律作枉法裁判的；（二）非法拘禁他人或者以其他方法非法剥夺他人人身自由的；（三）非法搜查他人身体、住宅，或者非法侵入他人住宅的；（四）对犯罪嫌疑人、被告人实行刑讯逼供或者使用暴力逼取证人证言，或者以暴力、威胁、贿买等方法阻止证人作证或者指使他人作伪证的，或者帮助当事人毁灭、伪造证据的；（五）侵吞或者违法处置被查封、扣押、冻结的款物的；（六）违反法律规定的拘留期限、侦查羁押期限或者办案期限，对犯罪嫌疑人、被告人超期羁押，情节较重的；（七）私放在押的犯罪嫌疑人、被告人、罪犯，或者严重不负责任，致使在押的犯罪嫌疑人、被告人、罪犯脱逃的；（八）徇私舞弊，对不符合减刑、假释、暂予监外执行条件的罪犯，违法提请或者裁定、决定、批准减刑、假释、暂予监外执行的；（九）在执行判决、裁定活动中严重不负责任或者滥用职权，不依法采取诉讼保全措施、不履行法定执行职责，或者违法采取诉讼保全措施、强制执行措施，致使当事人或者其他人的合法利益遭受损害的；（十）对被监管人进行殴打或者体罚虐待或者指使被监管人殴打、体罚虐待其他被监管人的；（十一）收受或者索取当事人及其近亲属或者其委托的人等的贿赂的；（十二）其他严重违反刑事诉讼法、民事诉讼法、行政诉讼法和刑法规定，不依法履行职务，损害当事人合法权利，影响公正司法的诉讼违法行为和职务犯罪行为。这些行为主要是诉讼程序内的行为，但也有程序外的行为。当然这些行为都与诉讼活动有关或者可能影响到诉讼的结果。因此都被纳入诉讼监督的范围。

第五，诉讼监督仅限于对具体行为的监督还是包括对抽象行为的监督？

有的学者认为，诉讼监督仅限于对具体诉讼行为的监督。但是也有学者认为，仅限于对具体诉讼行为的监督是远远不够的。诉讼监督主要是对具体诉讼行为的监督，但也应当包括对抽象行为的监督。例如，对于公安机关就执行刑事诉讼法所作出的内部规定，对人民法院的会议纪要、批复等，对执法活动中某些带有倾向性的问题如"不破不立案"问题、延长拘留期限的特殊规定被普遍适用等，检察机关能否对其进行监督，直接关系到刑事诉讼法的正确实施。

从法律的具体规定上看，诉讼监督只能是对具体诉讼行为的监督。但是从理论上讲，检察机关对诉讼活动的法律监督要不要扩展到对直接关系到诉讼活动的抽象行为的监督，应该说是一个值得研究的问题，并且是一个值得重视的重大问题。因为执法机关和司法机关的抽象行为以及带有普遍性的做法，对诉讼活动的影响，对于诉讼法的正确实施，比具体的诉讼活动影响更大、更直接。如果抽象行为违反法律的规定或精神，有可能导致诉讼结果的不公正或者有可能侵犯当事人的合法权益，妨害诉讼目的和司法公正的实现，检察机关作为国家的法律监督机关，应当有责任提出纠正意见，监督有关机关采取措施予以纠正。而这种监督，作为一种救济渠道，对于保障当事人的权益，对于保障诉讼法的正确实施，无疑是有益的。因此，对这个问题，应当通过完善立法予以明确。

第六，诉讼监督仅限于对其他执法机关和司法机关的诉讼活动进行监督还是包括对检察机关自身的诉讼活动进行监督？

这个问题主要是针对刑事诉讼提出的。因为在民事诉讼和行政诉讼中检察机关并不参与诉讼，只有诉讼监督职能，没有诉讼职能。只有在刑事诉讼中，检察机关既参与诉讼又监督诉讼，确实存在一个检察机关自己的诉讼活动谁来监督的问题。

传统的观点认为，检察机关对诉讼活动的监督，不包括对自身诉讼活动的监督。例如权威的刑事诉讼法教科书中指出：刑事诉讼法将人民检察院对刑事诉讼实行法律监督规定为刑事诉讼法的基本原则，具有重大意义。一方面它为人民法院依法行使审判权和公安机关依法行使侦查权提供了一种制约和监督，从而为刑事案件的正确处理、审判提供了进一步的保障；

另一方面又为纠正可能出现的冤假错案提供了一种途径，从而为保障公民的合法权益以及国家和社会的公共利益提供了更完善的机制。人民检察院的法律监督主要体现在以下几个方面：1. 对公安机关的监督；2. 对审判机关的监督；3. 对刑事执行机关的监督。[1] 可见，刑事诉讼法学界对刑事诉讼法中该条原则的诠释中并不包含对检察机关诉讼活动进行监督的内容。

但是，近年来，有的学者认为，诉讼监督应当包括对检察机关自身的诉讼活动的监督。因为检察机关在刑事诉讼中不仅负有监督的职责，而且承担着某些诉讼职能，如检察机关对职务犯罪的侦查、对公诉案件的审查起诉以及审查批准逮捕等，都是典型的诉讼职能，理应成为监督的对象。检察机关的工作人员在诉讼活动中也可能实施某些影响诉讼进行的行为包括违反法律和规定的行为，也应当受到监督。

也有学者认为，检察机关本身是法律监督机关，法律监督是对外部的监督，检察机关对诉讼活动实行法律监督，不应当包括对自身执法活动的监督。如果检察机关自己监督自己，不仅缺乏公信力，而且不符合法律监督的基本原理。

上述两种观点无疑都有一定的道理。检察机关参与刑事诉讼的活动本身是行使公权力的活动，无疑应当接受监督。否则不足以防止权力的滥用。问题是谁来监督？如何看待这种监督的性质？

从客观上讲，检察机关自己监督自己，不仅公信力大打折扣，而且实际效果也难以保证。特别是当检察机关的诉讼活动是由检察委员会做出决定的情况下，检察机关内部就不可能有

---

〔1〕 陈光中主编：《刑事诉讼法》（全国高等学校法学专业核心课程教材），北京大学出版社、高等教育出版社 2002 年版，第83—84 页。

任何一个部门或人员可以对其进行监督。因为检察委员会是检察机关内部决策的最高机构，检察委员会的决定，检察机关的任何人都无权否定，任何部门都必须执行。这种组织体系就决定了要求检察机关对自身的诉讼活动进行监督是不切实际的。从另一方面看，法律监督只能是一种外部监督。因为法律监督必须根据法律的授权进行，而法律的授权只能是授予检察机关的，而不可能是授予检察机关某个具体部门的。检察机关作为一个整体履行法律监督职责的时候，它本身具有整体性，按照检察一体化的组织原则形成检察权的运行机制。检察机关内部虽然分设了若干个不同的职能部门，这些部门之间也必然形成某种制约关系，但这只是内部分工的不同，它们都是法律监督机关的组成部分，都履行法律监督职责，很难说其中一个部门对另一个部门行使法律监督职权，也不好说一个部门对另一个部门的制约就是法律监督。

从程序设计上看，检察机关的诉讼活动大多是诉讼的中间环节，本身要受到其他机关的制约。这种制约实际上就是一种监督，是防止权力滥用的制度设计。

检察机关的诉讼职能中，唯有不起诉裁量权具有实体处分的性质和终止诉讼的功能。但是在程序设计上，刑事诉讼法对之规定了三重制约机制：一是公安机关的复议权。按照刑事诉讼法第144条的规定，对于公安机关移送起诉的案件，人民检察院决定不起诉的，应当将不起诉决定书送达公安机关。公安机关认为不起诉的决定有错误的时候，可以要求复议，如果意见不被接受，可以向上一级人民检察院提请复核。二是被害人的起诉权。按照刑事诉讼法第145条的规定，对于有被害人的案件，决定不起诉的，人民检察院应当将不起诉决定书送达被害人。被害人如果不服，可以自收到决定书后7日以内向上一级人民检察院申诉，请求提起公诉。人民检察院应当将复查决定告知被害人。对人民检察院维持不起诉决定的，被害人可以向人民法院起诉。被害人也可以不经申诉，直接向人民法院起诉。三是被告人的申诉权。按照刑事诉讼法第 146 条的规定，对于人民检察院依照本法第 142 条第 2 款规定作出的不起诉决定，被不起诉人如果不服，可以自收到决定书后 7 日以内向人民检察院申诉。这三个方面的制约，实际上就是对检察机关不起诉裁量权的一种监督。

除此之外，检察机关的诉讼活动，要受到来自外部的两个方面的监督。一是上级检察机关的监督。由于检察机关实行检察一体化的组织原则，法律明确规定"最高人民检察院领导地方人民检察院和专门人民检察院的工作，上级人民检察院领导下级人民检察院的工作"，所以最高人民检察院和上级人民检察院有责任监督下级人民检察院的工作尤其是办理案件的诉讼活动。对此，最高人民检察院作出了一系列规定，加强上级人民检察院对下级人民检察院的领导，包括案件的督办、督察、备案、审批等，这些都是对下级人民检察院诉讼活动进行监督的具体形式。二是人大的监督。检察机关本身是由人大产生、向人大负责的国家机关，人大对检察机关的工作进行监督是理所当然的。特别是全国二十多个省级人大常委会作出的有关加强人民检察院对诉讼活动的法律监督的决定中，都强调人大及其常委会要加强对检察机关的监督。如《北京市人大常委会关于加强人民检察院对诉讼活动的法律监督工作的决议》第 7 条就明确规定："全市各级人大常委会应当加强对人民检察院工作的监督。"这两个方面的监督，都是外部的有效的监督。但是这种监督不能称为"法律监督"。上级人民检察院是通过它的领导权进行监督的，人大及其常委会是作为国家权力机关进行监督的，所以这两种监督都具有权力监督的性质，在权力的位阶上，都高于法律监督，不属于同等主体的监督；在监督的方式上，也不同于法律监督，不是通过启动程序、提出请求或建议的方式进行的，而是带有质询或命令的性质。

四、如何理解三大诉讼法的相关规定

1989 年 4 月 4 日全国人民代表大会通过的《中华人民共和国行政诉讼法》首次在总则第 10 条中明确规定："人民检察院有权对行政诉讼实行法律监督。"随后，1991 年 4 月 9 日全国人民代表大会通过的《中华人民共和国民事诉讼法》在总则中作为基本原则，明确规定："人民检察院有权对民事审判活动实行法律监督"（第 14 条）。1996 年 3 月 17 日全国人民代表大会通过了《关于修改〈中华人民共和国刑事诉讼法〉的决定》修改后的刑事诉讼法第 8 条规定："人民检察院依法对刑事诉讼实行法律监督。"此外，1994 年 12 月 29 日全国人民代表大会常务委员会通过的《中华人民共和国监狱法》第 6 条也规定："人民检察院对监狱执行刑罚的活动是否合法，依法实行监督。"在讨论诉讼监督问题的时候，这些法律的明文规定是值得我们认真研究的。

首先，如何看待这些规定的法律意义？

有的学者认为，这些条款只具有宣示性的意义，并不包含实质性的内容，检察机关要对诉讼活动实行法律监督，必须以诉讼法中的具体规定为根据，而不能仅仅依据上述条款的规定来实行法律监督。在司法改革的过程中，检察机关要求根据上述法律规定制定对诉讼活动实行法律监督的具体办法时，有的机关也认为，检察机关这样做缺乏法律根据。这就向我们提出了一个重大的法律问题：诉讼法中关于人民检察院有权对诉讼活动实行法律监督的规定，究竟是一种授权性的规定还是一种宣示性的规定？

在形成过程看，这些规定首先出现在行政诉讼法中，其次出现在民事诉讼法中，再后才出现在刑事诉讼法中。而行政诉讼法和民事诉讼法都使用了人民检察院"有权"对行政诉讼或民事诉讼实行法律监督的用语。这种用语十分明确地表达了法律的授权。也就是说，对诉讼活动实行法律监督，是法律明文规定授予检察机关的一项职权。如果承认诉讼法中的这些规定是一种授权性规定，那么，它就应当包含实实在在的权力内容，即检察机关依法享有对诉讼活动实行法律监督的权力。根据这个授权，检察机关就获得了对诉讼活动实行法律监督的合法性，检察机关就应该可以根据诉讼法中的这些规定，对诉讼活动实行法律监督，无需再由法律对检察机关的诉讼监督另行规定。并且，这些规定，只是赋予了检察机关对诉讼活动实行法律监督的权力，并没有限定监督的具体手段和方式。检察机关如何进行法律监督，需要根据诉讼活动的特点以及诉讼活动中可能出现的违法情况采取必要的监督手段。这些手段只要不是法律明文禁止的，只要不涉及到对公民权利的限制，就应该可以使用。例如，对诉讼活动中的违法行为进行调查，尽管诉讼法中没有明确规定，但它是检察机关在履行法律赋予的诉讼监督职责时必须的和必要的手段。没有调查，就难以发现违法行为的存在与否，难以进行法律监督，也难以向反映侦查活动违法或审判活动违法的当事人给出一个令人信服的答复。而这种调查并不是刑事诉讼法中规定的侦查，不属于诉讼活动，因而也不可能在诉讼法中有明文规定。

其次，如何看待这些规定与诉讼法中有关具体规定的关系？

有的学者虽然承认上述条款是一种授权性的规定，但又认为这种授权只是一种抽象性的授权，而诉讼法规定的都是具体的操作性规则，没有具体的操作性规范，诉讼活动就可能乱套。这种观点实际上也否认了上述条款的适用价值。

我们并不否认程序规则的可操作性。但是法律监督并不是诉讼程序本身，而是诉讼程序外的一种救济措施。正如一些学者所主张的，要把检察机关的诉讼职能与监督职能分离开来。之所以要分离，其根据就是诉讼监督不同于诉讼活动本身。诉讼活动必须按照诉讼法的具体规定来操作，在程序规则之外履行诉讼职能，就有违反诉讼法之嫌。但是，关于诉讼监督，诉讼法中只在涉及诉讼活动的时候，才有具体规定，不涉及具体的诉讼活动，就不会有具体规定。在没有具体规定的情况下，检察机关要履行法律监督职责，就必须根据法律的授权能动性地开展工作。如果片面强调诉讼法中没有具体规定，检察机关就不能监督，那么，诉讼法对检察机关实行法律监督的授权就是一个徒有其名的空洞的授权，就是一个没有实际内容的宣示性的授权。事实上，诉讼法中关于检察机关有权对诉讼活动实行法律监督的规定是一种概括性的授权，它应当包括检察机关为履行法律监督职责可能采取的监督手段。当然，检察机关的法律监督如果要进入诉讼程序，就必须按照诉讼法的具体规定来操作，如对公安机关不立案的监督，要求公安机关立案，就必须按照诉讼法规定的立案程序来进行；对生效判决裁定的监督，要求人民法院再审，就必须按照审判监督程序的规定来进行，亦即要遵循诉讼的规律。但是对于没有或者不能进入诉讼程序的行为进行监督，这种情况本身在诉讼法中就没有具体规定，因而检察机关也不可能按照诉讼法的具体规定来进行监督。例如，当事人向检察机关投诉审理案件的法官与对方当事人或其律师多次一起吃喝，一起进出娱乐场所，可能影响公正裁判。检察机关如果对之置之不理，就有懈怠职责之嫌，但是要对之进行监督，就不能仅仅根据当事人的反映来实行法律监督，而必须了解情况，根据调查核实的事实提出监督意见。这种调查核实情况的活动，在诉讼法中是不可能具体规定的，也就不存在遵守诉讼法的具体规定的问题。如果检察机关因为没有法律的具体规定就不能进行调查核实情况的活动，那么，检察机关对诉讼活动实行法律监督就将是一句无法实现的空话。

因此，诉讼法中关于检察机关对诉讼活动实行法律监督的规定，实际上是赋予检察机关一种监督的权力。这种监督权的行使，无疑要尊重诉讼规律，因为它的对象是诉讼活动，直接影响到诉讼本身，但又不可能完全按照诉讼法的具体规定来进行，因为它在一定程度上独立于诉讼活动，是诉讼活动之外的一种救济措施。对诉讼活动实行法律监督所遵循的是监督的规律。检察机关对诉讼活动实行法律监督，要依照诉讼法的规定（即把诉讼法的基本原则和具体规定作为衡量诉讼活动中是否存在违法情况的依据，把诉讼法的授权作为行使职权的依据），并根据法律监督的内在要求来行使诉讼监督的职权。

五、诉讼监督的途径

如果说，发出纠正违法通知书、提出检察建议、抗诉、查办诉讼活动中的职务犯罪案件等是检察机关对诉讼活动实行法律监督的手段的话，那么，为发现和确认诉讼活动过程中违法情况的存在而采取的措施，就应该称之为诉讼监督的途径。从广义上讲，检察机关对诉讼活动实行法律监督的途径是多种多样的。例如，检察机关可以通过要求公安机关说明不立案的理由来确认是否存在应该立案而公安机关不立案的情况；可以通过介入公安机关的侦查活动，发现侦查活动是否存在违反法律的情况；也可以通过对公安机关提请批准逮捕或者提请提起公诉的案件进行审查，发现侦查活动是否存在违反法律的情况；

可以通过检察长列席审判委员会，发现审判委员会讨论案件过程中以及审判活动中是否存在违反法律的情况；可以通过对监狱、看守所执行刑罚的活动进行检察，发现刑罚执行过程是否存在违反法律的情况；可以通过审理举报、申诉，发现司法人员在诉讼活动中是否存在违法行为；甚至可以通过职务犯罪侦查，发现司法人员在诉讼活动中实施的构成犯罪的行为。这些都是法律规定的发现诉讼活动是否存在违反法律的情况的重要途径，也是检察机关对诉讼活动实行法律监督的不可或缺的组成部分。其中有的是通过诉讼职能实现的，有的是通过非诉讼职能实现的。

值得重视的是，"两高三部"《关于对司法工作人员在诉讼活动中的渎职行为加强法律监督的若干规定（试行）》，以及一些地方人大常委会作出的关于加强检察机关对诉讼活动的法律监督的决定中，规定了一种新的监督途径，即监督调查。如"两高三部"《关于对司法工作人员在诉讼活动中的渎职行为加强法律监督的若干意见（试行）》中规定："司法工作人员在诉讼活动中具有下列情形之一的，可以认定为司法工作人员具有涉嫌渎职的行为，人民检察院应当调查核实：（一）徇私枉法、徇情枉法，对明知是无罪的人而使其受追诉，或者对明知是有罪的人而故意包庇不使其受追诉，或者在审判活动中故意违背事实和法律作枉法裁判的；（二）非法拘禁他人或者以其他方法非法剥夺他人人身自由的；（三）非法搜查他人身体、住宅，或者非法侵入他人住宅的；（四）对犯罪嫌疑人、被告人实行刑讯逼供或者使用暴力逼取证人证言，或者以暴力、威胁、贿买等方法阻止证人作证或者指使他人作伪证的，或者帮助当事人毁灭、伪造证据的；（五）侵吞或者违法处置被查封、扣押、冻结的款物的；（六）违反法律规定的拘留期限、侦查羁押期限或者办案期限，对犯罪嫌疑人、被告人超期羁押，情节较重的；（七）私放在押的犯罪嫌疑人、被告人、罪犯，或者严重不负责任，致使在押的犯罪嫌疑人、被告人、罪犯脱逃的；（八）徇私舞弊，对不符合减刑、假释、暂予监外执行条件的罪犯，违法提请或者裁定、决定、批准减刑、假释、暂予监外执行的；（九）在执行判决、裁定活动中严重不负责任或者滥用职权，不依法采取诉讼保全措施、不履行法定执行职责，或者违法采取诉讼保全措施、强制执行措施，致使当事人或者其他人的合法利益遭受损害的；（十）对被监管人进行殴打或者体罚虐待或者指使被监管人殴打、体罚虐待其他被监管人的；（十一）收受或者索取当事人及其近亲属或者其委托的人等的贿赂的；（十二）其他严重违反刑事诉讼法、民事诉讼法、行政诉讼法和刑法规定，不依法履行职务，损害当事人合法权利，影响公正司法的诉讼违法行为和职务犯罪行为。"湖南省人大常委会《关于加强人民检察院对诉讼活动法律监督工作的决议》中规定："人民检察院要依法运用各种监督手段，全面加强对诉讼活动各环节的法律监督。对司法工作人员在诉讼活动中的渎职行为，通过依法审查案卷材料、调查核实违法事实、提出纠正违法意见或者建议更换办案人……进行监督。"广东省人大常委会《关于加强人民检察院对诉讼活动的法律监督工作的决定》中明确规定："各级人民检察院可以采取调查违法行为、提出检察建议、发出纠正违法通知、建议更换办案人、提出抗诉、查办案件等方式依法加强对诉讼活动各个环节的法律监督。"

这些规定，都表明，检察机关为了履行对诉讼活动实行法律监督的职责，可以对诉讼活动是否存在违法情况进行调查。这种调查不同于检察机关对职务犯罪进行的侦查，可以姑且称为"监督调查"。

监督调查是为了对诉讼活动实行法律监督,就诉讼活动中是否存在违法情况而进行的发现事实真相的活动,是对诉讼活动实行法律监督的一个途径。这种途径本身是履行法律监督职责的内在需要。如果说,检察机关为了履行法律规定的对诉讼活动实行法律监督的职责而对诉讼活动的合法性进行调查,在理论上还有争论的话,那么,上述规范性文件中的明文规定,使这种途径成为履行诉讼监督职责的一个重要途径,也可以说是一个前置程序,应该是毋庸置疑的。检察机关应当理直气壮地通过这种途径,对诉讼活动中的违法情况进行调查,以便担负起对诉讼活动实行法律监督的职责。

按照"两高三部"《关于对司法工作人员在诉讼活动中的渎职行为加强法律监督的若干规定(试行)》的规定,人民检察院对诉讼活动中的违法情况进行调查,主要是采取询问有关当事人或者知情人;查阅、调取或者复制相关法律文书或者报案登记材料、案卷材料、罪犯改造材料;对受害人进行伤情检查等方式进行。调查的期限原则上不得超过 1 个月,确需延长调查期限的,可以报经检察长批准,延长 2 个月。

"两高三部"《关于对司法工作人员在诉讼活动中的渎职行为加强法律监督的若干规定(试行)》还规定,人民检察院对司法工作人员在诉讼活动中的涉嫌渎职行为调查完毕后,应当制作调查报告,根据已经查明的情况提出处理意见,报检察长决定后作出处理。包括以下 5 种:(一)认为有犯罪事实需要追究刑事责任的,应当按照刑事诉讼法关于管辖的规定依法立案侦查或者移送有管辖权的机关立案侦查,并建议有关机关停止被调查人执行职务,更换办案人。(二)对于确有渎职违法行为,但是尚未构成犯罪的,应当依法向被调查人所在机关发出纠正违法通知书，并将证明其渎职行为的材料按照干部管理权限移送有关机关处理。对于确有严重违反法律的渎职行为，虽未构成犯罪，但被调查人继续承办案件将严重影响正在进行的诉讼活动的公正性，且有关机关未更换办案人的，应当建议更换办案人。（三）对于审判人员在审理案件时有贪污受贿、徇私舞弊、枉法裁判或者其他违反法律规定的诉讼程序的行为，可能影响案件正确判决、裁定的，应当分别依照刑事诉讼法、民事诉讼法和行政诉讼法规定的程序对该案件的判决、裁定提出抗诉。（四）对于举报、控告不实的，应当及时向被调查人所在机关说明情况。调查中询问过被调查人的，应当及时向被调查人本人说明情况，并采取适当方式在一定范围内消除不良影响。同时，将调查结果及时回复举报人、控告人。（五）对于举报人、控告人捏造事实诬告陷害，意图使司法工作人员受刑事追究，情节严重的，依法追究刑事责任。调查人员与举报人、控告人恶意串通，诬告陷害司法工作人员的，一并追究相关法律责任。

被调查人不服人民检察院的调查结论的，可以向人民检察院提出申诉，人民检察院应当进行复查，并在 10 日内将复查决定反馈申诉人及其所在机关。申诉人不服人民检察院的复查决定的，可以向上一级人民检察院申请复核。上一级人民检察院应当进行复核，并在 20 日内将复核决定及时反馈申诉人，通知下级人民检察院。有关机关对人民检察院提出的纠正违法意见有异议的，应当在收到纠正违法通知书后 5 日内将不同意见书面回复人民检察院，人民检察院应当在 7 日内进行复查。人民检察院经过复查，认为纠正违法意见正确的，应当立即向上一级人民检察院报告；认为纠正违法意见错误的，应当撤销纠正违法意见，并及时将撤销纠正违法意见书送达有关机关。

上一级人民检察院经审查，认为下级人民检察院的纠正违法意见正确的，应当及时与同级有关机关进行沟通，同级有关机关应当督促其下级机关进行纠正；认为下级人民检察院的纠正违法意见不正确的，应当书面通知下级人民检察院予以撤销，下级人民检察院应当执行，并依照本规定第十条第一款第四项的规定，说明情况，消除影响。

这些规定，对于诉讼监督，应该具有普遍适用的效力。当然，检察机关还应当根据诉讼监督的不同情况和监督调查的结果，分别提出有针对性的监督意见。

六、强化监督与理性监督

无论是党中央的要求还是人民群众的呼声，都要求检察机关强化对诉讼活动的法律监督，最高人民检察院也一再发文强调加强对诉讼活动的法律监督。各级检察机关要高度重视诉讼活动中的违法问题，认真对待人民群众特别是案件当事人反映了诉讼活动中违反法律的问题，切实履行法律监督职责。特别是要在监督调查上下功夫，及时发现诉讼活动中违法情况的存在，一定要在确认违法事实存在的基础上提出法律监督的意见。

但是从另一方面看，检察机关应当保持冷静的态度，理性地对待诉讼监督问题。因为诉讼活动有其自身的特殊性。这种特殊性对诉讼活动提出了更高的要求。首先，诉讼活动本身关系到诉讼的顺利进行和诉讼目的的实现。而诉讼监督的对象是其他司法机关进行的诉讼活动。诉讼监督的活动稍有不当，就可能直接影响到其他司法机关诉讼活动的进行，从而可能影响到司法权威和诉讼目的的实现。检察机关在诉讼监督过程中始终保持十分慎重的态度。其次，诉讼监督的对象是司法机关和司法人员在诉讼过程中的行为。监督对象本身不仅具有相对独立的执行和适用法律的权力，而且具有很高的法律专业知识和司法经验，诉讼监督的活动稍有不当，就会被抓住把柄，甚至可能会被最大限度地夸大，从而造成法律监督的被动局面。最后，诉讼活动的广泛性决定了检察机关诉讼监督的领域十分广泛。无论是从检察机关诉讼监督资源的有限性上看，还是从诉讼监督的必要性上看，检察机关都不可能对所有诉讼活动进行监督，更不能对其他司法机关在诉讼活动中的任何瑕疵都进行监督。对于诉讼活动中出现的问题，哪些要进行法律监督，哪些不进行法律监督，必然面临一个选择的问题。而这种选择需要理性，需要保证选择的结果对于保障法律的正确实施是十分必要的。否则，这种选择就可能导致任意执法。特别是在检察机关在诉讼活动中的主张或者在履行诉讼监督职责的过程中提出的监督意见没有被其他相关司法机关或司法机关工作人员接受的时候，检察机关更应当理性地对待其他司法机关和司法机关工作人员，不能以法律监督者自居而滥用诉讼监督权。因此，检察机关既要强化诉讼监督，敢于监督，勇于监督诉讼活动中的违法行为，又要理性监督，慎用诉讼监督权。

理性监督的关键是区分必要的监督与无谓的监督。检察机关要强化对诉讼活动的法律监督，但是监督的重点应当是严重违反法律或者导致司法不公的诉讼活动。对于确实严重违反诉讼程序的诉讼活动，对于司法机关工作人员在诉讼活动过程中导致司法腐败或者裁判不公的违法行为，对于明显不公的裁判，检察机关要运用法律赋予的职权坚决地实行法律监督。但是对于那些并不明显违反法律也没有导致严重的裁判不公的工作中的瑕疵，对于个别司法机关工作人员在诉讼活动中表露的不当语言或做法，尽管当事人可能很不满意，由于其尚未达到严重违反法律的程度，没有导致明显的裁判不公或适用法律不当，检察机关就没有必要进行法律监督。过分地坚持己见，凡是没有尊重自己的意见就要对人家进行法律监督，或者过分地纠缠于某些枝节问题，不是监督者应有的风范，也不符合对诉讼活动实行法律监督的宗旨。

理性监督的表现是监督的节制性和说理性。检察机关在履行诉讼监督职责的过程中要始终保持必要的节制性，尊重司法规律，维护司法权威。即使是其他司法机关在诉讼活动中确实存在违反法律的情况，检察机关实行法律监督，也应当讲究监督方式，尤其是在诉讼监督的过程中不应当采取过激的行为进行监督，尽可能避免损坏司法权威和司法机关形象的结果发生[1]。在履行诉讼监督职责的过程中，要注意监督意见的说理性，尽可能地讲清事实和法理，尽可能地使监督对象心悦诚服地接受监督，从而取得好的监督效果。一味地强调法律监督，而不注重监督效果，并不是法律监督应有的理性。

（原载《检察论丛》第 16 卷，
法律出版社 2011 年版）

---

〔1〕 当然，对于司法权威要有正确的理解。对于确有错误或者明显不公的裁判提出抗诉，对于违法犯罪的司法机关工作人员依法追究，不是损坏司法权威，而是为了维护司法权威。

附录：
有关刑事诉讼法学的
成果索引

一、著作类

1. 《公诉问题研究》（副主编），中国检察出版社 1999 年版。

2. 《刑事非法证据排除规则研究》（主编），北京大学出版社 2006 年版。

3. 《辩诉交易制度比较研究》（主编），中国方正出版社 2009 年版。

4. 《认罪案件程序改革研究》（主编），中国方正出版社 2009 年版。

5. 《公诉疑案研究》（主编之一），中国检察出版社 2009 年版。

6. 《强制措施立法完善》（主编），中国检察出版社 2010 年版。

7. 《简易程序改革研究》（主编），中国检察出版社 2010 年版。

8. 《新刑事诉讼法的理解与适用》，（副主编之一），中国检察出版社 2012 年版。

9. 《审前程序问题研究》（主编），中国检察出版社 2016 年版。

二、文章类

1. 《日本警察法学鸟瞰》，载《警官大学学报》1986 年第 1 期。

2. 《中国检察机关的侦查权》，1997 年提交"中德司法研讨会"。

3. 《刑事司法的理性原则》，载《中国刑事法杂志》1999 年第 4 期。

4. 《也谈批捕权的法理》，载《法学》2000 年第 5 期。

5. 《无起诉即无审判》，载《检察日报》2000 年 6 月 12 日。

6. 《公诉问题研究》（合写），载《检察论丛》（第 2 卷），法律出版社 2002 年版。

7. 《论公诉的法治意义》，载《人民检察》2003 年第 8 期。

8. 《公诉权与法律监督》，载《检察日报》2004 年 2 月 23 日。

9. 《提起公诉的效力》，载《法制日报》2004 年 5 月 27 日。

10. 《从控辩关系看律师辩护》，载《"3R"视角下的律师法制建设》，中国检察出版社 2004 年版。

11. 《二审改判的根据》，载《法制日报》2005 年 1 月 6 日第 9 版。

12. 《正确处理执行实体法与程序法的关系》，载《检察日报》2005 年 1 月 13 日第 4 版。

13. 《重构审前羁押的若干思考》，载《羁押制度与人权保障》，中国检察出版社 2005 年版。

14. 《论非法证据的证明责任》（合写），载《刑事法前沿》（第 2 卷），中国人民公安大学出版社 2005 年版。

15. 《我国刑事强制性措施改革与完善》（合写），载《诉讼法理论与实践》（2005 年卷），中国方正出版社 2005 年版。

16. 《审查逮捕：需要理论阐述，更需实证研究》载《检察日报》2006 年 4 月 9 日第 3 版。

17. 《二审全面审理制度应当废除》（合写），载《现代法学》2006 年第 3 期（中国法学会《法学文摘》2006 年第 18 期转发）。

18. 《控辩平等与法律监督》（合写），载《法学》2006 年第 8 期。

19. 《论我国刑事强制措施制度的改革与完善》（合写），载《法商研究》2006 年第 1 期（人大复印报刊资料《诉讼法学》2006 年第 4 期转载）。

20. 《死刑复核程序改革与检察机关的介入权》（合写），载《法律科学》2006 年第 4 期（人大复印报刊资料《诉讼法学》2006 年第 12 期转载）。

21.《社会主义法治理念初探》，载《今日中国论坛》2006 年第 9 期。

22.《公诉权论》，载《中国法学》2006 年第 6 期（2007 年被最高人民检察院评为 2006 年度检察基础理论研究优秀成果一等奖）。

23.《人权保障与刑事强制措施的改革》，载《人身权利与法治》，社会科学文献出版社 2007 年版。

24.《我们借鉴了辩诉交易的合理成分——访中国检察官协会秘书长张智辉》，载《法制日报》2008 年 8 月 24 日第 2 版。

25.《优化刑事诉讼职权配置的几个问题》，载《法学杂志》2008 年第 5 期。

26.《逮捕制度的价值取向》（合写），载《河南社会科学》2009 年第 6 期。

27.《试论刑事案件侦查管辖权的优化配置》，载《深化刑事司法改革的理论与实践》，中国人民公安大学出版社 2010 年版。

28.《论程序公正与诉讼监督》，载《河南社会科学》2010 年第 6 期。

29.《诉讼监督问题研究》，载《检察论丛》（第 16 卷），法律出版社 2011 年版。

30.《国家权力视野下的职务犯罪侦查权》，载《检察日报》2012 年 8 月 16 日第 3 版。

31.《检察改革与刑事诉讼制度的完善》，载《国家检察官学院学报》2012 年第 5 期。

32.《刑事辩护律师会见在押犯罪嫌疑人、被告人的几个问题》，载《岳麓刑事法论坛》（第 4 卷），中国检察出版社 2014 年版。

33.《落实不起诉制度可促使案件分流》，载《检察日报》2016 年 2 月 15 日第 3 版。

34.《监视居住适用情况调研报告》（合写），载《中国刑事法杂志》2016 年第 3 期（人大复印报刊资料《诉讼法学司法制度》2016

年第 10 期作为第一篇全文转载）。

35. 《检察环节非法证据排除规则的适用》（合写），载《法治研究》
2016 年第 4 期。

36. 《认罪认罚与案件分流》，载《法学杂志》2017 年第 6 期。

图书在版编目（CIP）数据

刑事法研究. 第三卷，刑事诉讼法学 / 张智辉著. —北京：中国检察出版社，2019.10

ISBN 978 - 7 - 5102 - 0845 - 4

Ⅰ.①刑… Ⅱ.①张… Ⅲ.①刑法 - 中国 - 文集②刑事诉讼法 - 中国 - 文集 Ⅳ.①D924.04 - 53②D925.204 - 53

中国版本图书馆 CIP 数据核字（2019）第 096957 号

刑事法研究（第三卷·刑事诉讼法学）

张智辉 著

出版发行：中国检察出版社

社　　址：北京市石景山区香山南路 109 号 （100144）

网　　址：中国检察出版社 （www. zgjccbs. com）

编辑电话：(010)86423750

发行电话：(010)86423726　86423727　86423728
　　　　　(010)86423730　68650016

经　　销：新华书店

印　　刷：鑫艺佳利（天津）印刷有限公司

开　　本：710 mm × 960 mm　16 开

印　　张：28.25

字　　数：323 千字

版　　次：2019 年 10 月第一版　2019 年 10 月第一次印刷

书　　号：ISBN 978 - 7 - 5102 - 0845 - 4

定　　价：98.00 元